Metaética e a Fundamentação do Direito

Metaética e a Fundamentação do Direito

2020 · 2ª Edição

Arthur Maria Ferreira Neto

METAÉTICA E A FUNDAMENTAÇÃO DO DIREITO
© Almedina, 2020

AUTOR: Arthur Maria Ferreira Neto
DIRETOR ALMEDINA BRASIL: Rodrigo Mentz
EDITORA JURÍDICA: Manuella Santos de Castro
EDITOR DE DESENVOLVIMENTO: Aurélio Cesar Nogueira
ASSISTENTES EDITORIAIS: Isabela Leite e Marília Bellio

DIAGRAMAÇÃO: Almedina
DESIGN DE CAPA: Roberta Bassanetto

ISBN: 9786556271224
Novembro, 2020

Dados Internacionais de Catalogação na Publicação (CIP)
(Câmara Brasileira do Livro, SP, Brasil)

Ferreira Neto, Arthur Maria
Metaética e a Fundamentação do Direito / Arthur
Maria Ferreira Neto. – 2. ed. – São Paulo: Almedina, 2020.

Bibliografia
ISBN 978-65-5627-122-4

1. Direito – Filosofia 2. Direito e ética
3. Filosofia moral 4. Positivismo 5. Racionalidade
I. Título.

20-44553 CDU-340.12

Índices para catálogo sistemático:

1. Direito: Filosofia 340.12

Maria Alice Ferreira – Bibliotecária – CRB-8/7964

Universidade Católica de Brasília – UCB
Reitor: *Prof. Dr. Ricardo Pereira Calegari*
Pró-Reitora Acadêmica: *Prof.ª Dr.ª Regina Helena Giannotti*
Pró-Reitor de Administração: *Prof. Me. Edson Cortez Souza*
Diretor de Pós-Graduação, Identidade e Missão: *Prof. Dr. Ir. Lúcio Gomes Dantas*
Coordenador do Programa de Pós Graduação em Direito: *Prof. Dr. Maurício Dalri Timm do Valle*
Editor-Chefe do Convênio de Publicações: *Prof. Dr. Marcos Aurélio Pereira Valadão*

Este livro segue as regras do novo Acordo Ortográfico da Língua Portuguesa (1990).

Todos os direitos reservados. Nenhuma parte deste livro, protegido por copyright, pode ser reproduzida, armazenada ou transmitida de alguma forma ou por algum meio, seja eletrônico ou mecânico, inclusive fotocópia, gravação ou qualquer sistema de armazenagem de informações, sem a permissão expressa e por escrito da editora.

EDITORA: Almedina Brasil
Rua José Maria Lisboa, 860, Conj. 131 e 132, Jardim Paulista | 01423-001 São Paulo | Brasil
editora@almedina.com.br
www.almedina.com.br

"Os primeiros começos têm de ser triviais."

Schelling

Duas pessoas foram fundamentais na elaboração deste trabalho.

Primeiramente, devo dedicar este estudo ao Professor Doutor Draiton Gonzaga de Souza, em razão do seu constante apoio e por ser um exemplo de dedicação profissional e de humildade acadêmica.

Além disso, como não poderia deixar de ser, dedico este trabalho à Luciana Gemelli Eick, não só o amor da minha vida, mas também a minha melhor amiga e companheira, a qual sempre me dá o apoio que preciso nas horas de indecisão e de dificuldade.

AGRADECIMENTOS

Agradeço, primeiramente, à Direção da Faculdade de Direito da Pontifícia Universidade Católica do Rio Grande do Sul, bem como aos colegas do Veirano Advogados, que viabilizaram o meu período de pesquisa na Alemanha, o qual foi fundamental à elaboração deste trabalho.

Agradeço, ainda, ao *Deutscher Akademischer Austausch Dienst – DAAD*, pela concessão da bolsa de estudos que me permitiu realizar pesquisa na Alemanha e ao Prof. Dr. Dr. h.c. mult. Otfried Höffe por me acolher e viabilizar a minha pesquisa junto à *Eberhard Karls Universität Tübingen*.

Agradeço ao Professor Doutor Humberto Bergmann Ávila, por todas as contribuições e provocações apresentadas por ele durante a banca de defesa da tese que deu origem ao presente livro.

Também agradeço aos Professores Doutores Agemir Bavaresco, Elias Grossmann e Elton Somensi, pelos questionamentos e sugestões que muito ajudaram na versão final deste trabalho.

Por fim, agradeço aos meus pais que muito me apoiaram nesse projeto de vida.

APRESENTAÇÃO

Fiquei muito honrado, na qualidade de orientador da tese, com o convite do Prof. Dr. Arthur Ferreira Neto para escrever algumas linhas de apresentação da presente obra, que é uma versão ligeiramente modificada da tese de doutorado apresentada pelo autor no Programa de Pós-Graduação em Filosofia da PUCRS (Pontifícia Universidade Católica do Rio Grande do Sul) e que recebeu unanimemente a nota máxima (aprovação com louvor) bem como recomendação para publicação. O autor é Mestre em Filosofia e em Direito e, em breve, será Doutor em ambas as áreas do conhecimento. Na elaboração da tese, Prof. Arthur pesquisou durante quatro semestres na Universidade de Tübingen (Alemanha), com bolsa do DAAD, sob a orientação de um dos mais destacados filósofos alemães da atualidade, Prof. Dr. Dr. h. c. mult. Otfried Höffe, que, em 2000, recebeu o título doutor *honoris causa* da PUCRS e com quem coopero há mais de quinze anos. Prof. Höffe destacou, reiteradas vezes, o brilhantismo acadêmico do Prof. Arthur, que ratifico plenamente.

O autor não apenas demonstra vasta erudição jurídico-filosófica, mas também se caracteriza por levar muito a sério questões jusfilosóficas, procurando colaborar criticamente para a resolução de problemas teórico-práticos de alta relevância.

Toda a tradição filosófica que se debruça sobre o problema referente ao critério que define a correta/adequada ou incorreta/inadequada ação humana assume e pressupõe uma noção de realidade moral que as pessoas almejam atingir ou representar quando promovem juízos de certo e errado. Este livro possui a pretensão de, primeiramente, conceituar e classificar aquelas que, hoje, são definidas como as principais correntes metaéticas desenvolvidas na filosofia moral, para, em um segundo momento, apontar possíveis influências que essas variadas tradições exercem na formação de alguma das mais destacadas e relevantes linhas de pensamento jurídico. Ressalte-se que o problema da relação entre Ética e Direito é uma daquelas questões que acompanham o pensamento ocidental desde a Antiguidade Clássica. O destacado intelectual brasileiro Henrique Cláudio de Lima Vaz afirma, no belíssimo texto intitulado "Ética e Direito", que:

"As sociedades políticas contemporâneas encontram no âmago da sua crise a questão mais decisiva que lhes é lançada, qual seja a da significação ética do ato político ou a da relação entre Ética e Direito. Na verdade, trata-se de uma questão decisiva entre todas, pois da resposta que para ela for encontrada irá depender o destino dessas sociedades como sociedades *políticas* no sentido original do termo, vem a ser, sociedades *justas*" (Henrique Cláudio de LIMA VAZ, Escritos de Filosofia II, São Paulo: Loyola, 1999, p. 180).

Por todas essas razões, recomendo enfaticamente a leitura dessa obra notável, que interessará tanto a estudiosos da Filosofia como do Direito pela profundidade e rigor que caracterizam esse exímio intelectual, com quem tive o privilégio de conviver tanto no mestrado como no doutorado.

PROF. DR. DRAITON GONZAGA DE SOUZA
Professor Titular e Diretor da Faculdade de Filosofia e Ciências Humanas da PUCRS
Professor Permanente dos Programas de Pós-Graduação em Filosofia
e em Direito da PUCRS

PREFÁCIO À 1ª EDIÇÃO

É difícil produzir uma contribuição importante e original sobre qualquer tema no âmbito das Ciências Sociais. Essa dificuldade cresce quando o tema, além de antigo e controverso, já foi tratado muitas vezes por numerosos autores. E cresce ainda mais quando o tema exige do autor o domínio de conceitos fundamentais, assim do Direito quanto da Filosofia. É que, para dar conta de um tema dessa natureza, antigo, controverso e sofisticado, não basta ser jurista, nem é suficiente ser filósofo; é preciso ser jusfilósofo. Pois são precisamente esses dois elementos, atinentes ao tema e ao autor, que estão presentes no caso deste trabalho, que tenho a sincera alegria de prefaciar.

O tema deste trabalho, originalmente defendido, com muito brilho, como tese de doutoramento em Filosofia na Pontifícia Universidade Católica do Rio Grande do Sul, é justamente um tema antigo, controverso e sofisticado: a relação entre Direito e Moral. Sobre ele, debruçaram-se juristas e filósofos das mais diversas orientações, produzindo os mais variados resultados. Faltava, porém, um trabalho que conjugasse as discussões tradicionais a respeito da separação ou vinculação, mais forte ou mais fraca, entre Moral e Direito, com os mais recentes avanços produzidos pela rica literatura produzida sobre Metaética nas últimas décadas. É exatamente isso que este trabalho faz, em linguagem fluida e clara e com profundidade, ao examinar algumas das diferentes tradições jurídicas que permeiam a evolução da Filosofia do Direito. Depois de apresentar o debate acerca da separação da Moral e do Direito, nos seus vários aspectos e intensidades, o trabalho analisa, primeiro, a necessidade de pressupostos éticos na reconstrução do fenômeno jurídico e, segundo, as várias tradições metaéticas específicas, como o amoralismo, o emotivismo, o subjetivismo, o relativismo, o construtivismo e o realismo. Finalmente, o trabalho examina os pressupostos metaéticos das diferentes tradições jurídicas, notadamente as mais importantes, como o empirismo e o positivismo jurídicos, apresentando, por último, uma proposta intermediária que intitula "cognitivismo moral de estilo realista".

Dentre vários temas examinados ao longo do trabalho, alguns merecem destaque. É particularmente notável a exposição do papel que o desejo, a crença e a justificação exercem na formação dos juízos práticos. Tal exame é extremamente importante, pois permite verificar quais são as condições necessárias para uma fundamentação racional das decisões interpretativas no âmbito do Direito. É igualmente digna de nota a análise feita sobre as atitudes dos sujeitos relativamente a qualquer objeto e/ou interpretação, como são as atitudes emocionais, opinativas ou justificativas. Este ponto também é essencial na seara do Direito, em cujo âmbito são cada vez mais frequentes interpretações motivadas por meros caprichos ou desejos individuais no lugar de serem justificadas com base em argumentos reconduzíveis, de algum modo, ao ordenamento jurídico. Outro ponto que chama a atenção, para pôr fim a uma lista que certamente seria bem mais longa, é a análise de teorias jurídicas tradicionais, como aquelas desenvolvidas por Holmes, Kelsen e Dworkin. Nesse particular, as qualidades do presente trabalho ficam evidentes: as teorias desenvolvidas por esses autores são avaliadas criticamente com base no arsenal teórico proporcionado pelas categorias da Metaética, de tal sorte que cada uma delas é qualificada, justificada e criticada de maneira clara, objetiva e profunda.

O tema deste trabalho, aparentemente teórico e de cunho estritamente filosófico, na verdade se reveste de grande importância tanto prática quanto jurídica. Isso porque, por trás de conceitos jurídicos fundamentais, como os conceitos de Direito ou de interpretação, sempre há conceitos fundamentais de Filosofia e de Filosofia do Direito, mesmo que isso não seja – lamentavelmente, diga-se – percebido, quer para os juristas, quer para os filósofos. É precisamente por isso que é importante, para não dizer urgente, investigar esses fundamentos e as suas variadas implicações. Não fazê-lo é adotar uma prática inconsciente, injustificada e, muito provavelmente, equivocada.

PREFÁCIO À 1ª EDIÇÃO

O autor deste trabalho, Arthur Maria Ferreira Neto, é profundo conhecedor tanto do Direito quanto da Filosofia, mercê de sua longa e profícua formação, especialmente do seu doutorado em Filosofia, concluído com distinção por meio da defesa desta tese, e do seu doutorado em Direito, em vias de conclusão. Essa dupla formação, aliada à sua capacidade crítica e coragem intelectual e ao seu conhecimento em línguas estrangeiras, fazem dele um dos poucos, diria pouquíssimos, jusfilósofos brasileiros aptos a enfrentar um tema da envergadura do tema concernente à relação entre Direito e Moral. Essas características, pessoais e acadêmicas, explicam um fato raro na vida de qualquer professor, mas que tive a grata satisfação de vivenciar.

Ao final de uma longa aula do Curso de Mestrado em Direito na Universidade Federal do Rio Grande do Sul, recebi de um jovem aluno um pedido para autografar um livro de minha autoria. Sem titubear, escrevi: "Ao brilhante colega, com admiração, Humberto". Essa inusitada qualificação deveu-se ao fato de que o tal jovem aluno, que sempre participava ativa e altivamente das aulas, havia formulado severa crítica à crítica que eu próprio estava formulando a uma conhecida teoria cognitivista do Direito, no âmbito do Direito Tributário. Embora não concordasse com as suas considerações, fiquei de tal forma impressionado com a sua capacidade crítica e com sua coragem intelectual que percebi, ali mesmo e com absoluta nitidez, que não estava diante de um aluno qualquer, mas de um futuro colega que um dia fatalmente brilharia. Este jovem aluno era Arthur Maria Ferreira Neto, hoje brilhante colega, Professor da Faculdade de Direito da Pontifícia Universidade Católica do Rio Grande do Sul, que nos presenteia com este precioso livro e de quem espero muitas outras contribuições como esta: fundamental, crítica e original.

Porto Alegre, 28 de abril de 2015.

HUMBERTO ÁVILA
Professor Titular da Faculdade de Direito da USP e da UFRGS

PREFÁCIO À 2ª EDIÇÃO

A pluralidade ética contemporânea pode dificultar o debate sobre questões normativas, levando ao aumento dos desacordos. Diante disso, muitas vezes é necessário recuar um pouco, para identificar os diferentes pressupostos assumidos por cada debatedor, as condições de inteligibilidade, de tradução entre teorias e os pontos eventualmente incomensuráveis entre elas. Daí a utilidade didática das classificações metaéticas, que organizam e relacionam esses diferentes pressupostos.

A metaética tem se mostrado uma disciplina relevante para todas as ciências que lidam com questões humanas, extrapolando a empiria. Isso pode ser visto com grande força no Direito. Mesmo sem saber, os juristas sempre assumem posições sobre a cognoscibilidade no campo dos valores.

É importante lembrar que a metaética não é uma teoria vinculada a apenas um autor, mas é uma disciplina, um esforço metateórico de uma comunidade de filósofos e cientistas. Portanto, suas classificações não são estipuladas por apenas uma pessoa, sendo sempre abertas a variações e controvérsias. Dessa maneira, é possível encontrar conceitos mais abrangentes ou mais restritivos de cognitivismo, que poderão incluir ou deixar de fora algumas subdivisões.

Por isso, uma forma bastante útil de trabalhar com as classificações é não se ater dogmaticamente a conceitos fixos, mas imaginar um contínuo entre posturas cada vez mais não cognitivistas e posturas cada vez mais cognitivistas.

Nesse sentido, Arthur Ferreira Neto propõe um didático "termômetro" ou "régua de medida" metaética, "que é capaz de medir – metaforicamente

– o grau de objetividade que é almejado por diferentes tradições éticas, tendo em vista critérios comuns e comparáveis entre si"[1].

Trazendo essa disciplina para o diálogo com o Direito, Ferreira Neto[2] cogita três dimensões de análise metaética das tradições jurídicas: *(i)* Conhecimento moral, voltado aos juízos de bom/correto/justo que assumem; *(ii)* Conhecimento científico-jurídico, voltado aos juízos de verdade e falsidade que fazem sobre o fenômeno jurídico, em termos de teoria do direito; e *(iii)* Conhecimento aplicativo-decisório, voltado aos juízos de consistência; ou seja, às *avaliações sobre como o Direito é aplicado* – dimensão para a qual tenho chamado atenção.

A tese de Ferreira Neto foi pioneira no Brasil em aplicar a metaética, de maneira sistemática, ao debate jurídico. Defende que a disciplina permite uma visão bem mais sofisticada do conhecimento moral no fenômeno jurídico, superando o velho "problema da demarcação", comum na Teoria do Direito, pelo qual se relacionam Direito e Moral como dois sistemas prescritivos estáticos, segundo as teses da Separação, Conexão Forte e Conexão Fraca. Na verdade, isso constituiria um falso problema, pois só surge diante de uma *restrição* na caracterização da Moral e do Direito; uma restrição quando, em verdade, toda tentativa de se explicar o fenômeno jurídico pressupõe alguma tese que se liga ao conhecimento valorativo; e, essas próprias teses, por sua vez, revestem-se de conteúdo ético. Afinal, como já escrevi de há muito, quem separou Direito e Moral foi a Moral.

Assim, com recursos metaéticos, Ferreira Neto analisou quatro grandes tradições jurídicas, selecionando autores destacados em cada uma delas. Com efeito, tira-se grande proveito da metaética para discutir Teoria do Direito, dogmática jurídica e decisões judiciais, explicitando os *critérios de veracidade* que subjazem à sua fundamentação, tornando-as mais abertas ao controle público. Nesse sentido, veja-se o famoso exemplo dado por Ferreira Neto: o emotivismo do Min. Dias Toffoli ao recorrer à *astrologia* (!) no seu voto no HC 103.412/SP.

Quando me aproximei das discussões metaéticas, o diálogo com Arthur foi fundamental para aclarar minha própria posição. A Crítica Hermenêutica do Direito – movimento jurídico que fundei – pode ser

---

[1] FERREIRA NETO, Arthur Maria. Metaética e a fundamentação do direito. Porto Alegre: Elegantia Juris, 2015. p. 31.
[2] Numa de suas palestras em nosso colóquio anual sobre teoria do direito.

PREFÁCIO À 2ª EDIÇÃO

considerada uma matriz teórica situada no espectro do cognitivismo moral, pois reconhece a *verdade*, seja no campo empírico ou valorativo – como teoria interpretativista, não faz uma separação rígida esses âmbitos. (A CHD, afinal, precisamente porque estabelecida a partir de um paradigma hermenêutico, será uma teoria que rejeita uma dicotomia entre *fato* e *valor*, uma cisão rígida entre as esferas do *is* e do *ought*.) É difícil classificá-la segundo a gramática metaética, muito influenciada pela filosofia analítica. O cerne da sua fundamentação está lançada na linguagem, na historicidade, na intersubjetividade e numa tradição autêntica, compondo um *"mínimo é"*. Isso coloca a CHD numa posição *sui generis*: não é subjetivista, nem relativista, mas também não chega ao realismo, digamos, *hardcore*, indo *all the way down*. O ponto, nesse sentido, é que, a partir da hermenêutica, a CHD vai ser capaz de colocar-se entre posturas jurídicas (demasiadamente) objetivistas, que dependem da assunção de elementos ontológicos *a priori*, e posturas relativistas-subjetivistas, por meio das quais não há qualquer possibilidade de estabelecimento de uma resposta correta. O cognitivismo do tipo ressignificado pela CHD trabalha com a possibilidade do estabelecimento de *critérios*; uma criteriologia que pode ser construída no âmbito da própria autonomia do Direito. O cognitivismo da CHD, portanto, passa pelo estabelecimento de respostas passíveis de serem determinadas corretas ou incorretas – passíveis, portanto, de serem tratadas como respostas *verdadeiras* ou *falsas* – a partir dos critérios próprios que exsurgem da tradição jurídica e, ao mesmo tempo, servem de condição de possibilidade à própria prática tal como constituída.

Se, por um lado, a CHD se alinha às críticas dworkinianas contra a possibilidade de se fazer teoria de um ponto de vista arquimediano – *insight* que Dworkin busca diretamente em Gadamer –, por outro, não endossa sua recusa completa à metaética como disciplina. É possível admitir a utilidade didática da metaética, sem necessariamente admitir que as questões metaéticas não tenham qualquer repercussão ética de primeira ordem, como supõem, de fato, alguns metaéticos.

Nesse sentido, acata-se o argumento de Ferreira Neto, de que o recurso à metaética pode simplesmente querer dizer que não se estuda tudo ao mesmo tempo, sem implicar, com isso, num compromisso com a neutralidade ou com teorias do direito puramente descritivas. Nesse sentido, o próprio Dworkin cunha categorias metaéticas (como "ceticismo interno" e "ceticismo externo") em sua obra. Além disso, juristas ligados à CHD podem fazer um uso crítico da metaética, para identificar a posição moral reivindicada por outros juristas, tal como eles se autoclassificam, mas reservando-se o direito de questionar a própria gramática da classificação.

Ao me posicionar dessa maneira, me irmano a Arthur na crítica ao não cognitivismo moral no direito, especialmente às correntes emotivistas/expressivistas.

Estamos juntos também no combate ao uso incorreto da metaética pelos juristas. Nesse sentido, já me deparei com alguns casos marcantes no debate brasileiro: a confusão que alguns processualistas têm feito sobre as categorias cognitivismo e não cognitivismo para classificar teorias, fugindo ao seu uso convencional no debate (jus)filosófico, referindo-se a teóricos da interpretação da Escola de Gênova; a confusão entre realismo moral e realismo jurídico; e, a confusão metaética de defensores brasileiros da Análise Econômica do Direito, que rejeitam ser classificados como não cognitivistas morais, entendendo que isso implicaria num ceticismo global.

Nesse cenário, ler a obra de Arthur se torna urgente para os juristas brasileiros.

Por fim, devo ir além dos comentários a sua obra, para registrar também meu testemunho sobre a pessoa de Arthur e suas muitas virtudes acadêmicas: trata-se de um professor extremamente didático, um leitor caridoso com as posições divergentes, um escritor erudito e, sobretudo, um pensador de grande honestidade intelectual, sempre aberto ao diálogo crítico.

Tomando partido do cognitivismo, e homenageando a tradição teórica de Arthur, torço para que suas virtudes se tornem mais frequentes em nosso meio!

Boníssima leitura!

LENIO LUIZ STRECK[3]

Escrito na Dacha de São José do Herval, palco de grandes discussões hermenêuticas,
no alto da serra gaúcha, recluso em meio à pandemia do coronavírus, quando o implacável
frio forma a geada, que, como bem disse o poeta, cobre de noiva os galhos da pitangueira
e dos liquidambars que, alguns, ainda guardaram folhas resistentes ao

---

[3] Doutor em Direito (UFSC). Pós-Doutor em Direito (FDUL). Professor titular da Unisinos – RS e Unesa – RJ. Procurador de justiça aposentado. Advogado e parecerista.

SUMÁRIO

INTRODUÇÃO   25

PARTE I
PRESSUPOSTOS METAÉTICOS

1. O DEBATE ACERCA DA SEPARAÇÃO DA MORAL E DO DIREITO   43
   1.1. A concepção restritiva de Moral e o chamado Problema
   da Demarcação   44
       1.1.1. É necessária a diferenciação entre Moral e Ética?   44
       1.1.2. O Direito em visão moral restritiva e o chamado
           Problema da Demarcação   48
           1.1.2.1. A tese da separação (*Trennungsthese*)   53
           1.1.2.2. A tese da conexão forte
                (*Starke Verbindungsthese*)   61
           1.1.2.3. A tese da conexão fraca (*Schwache*
                Verbindungsthese)   66
   1.2. Crítica ao chamado Problema da Demarcação   74

2. A NECESSIDADE DE PRESSUPOSTOS ÉTICOS NA
   RECONSTRUÇÃO DO FENÔMENO JURÍDICO: UMA REVISÃO
   METAÉTICA   93
   2.1. Conceitos metaéticos fundamentais   93
       2.1.1. Crenças, desejos e ações   96

METAÉTICA E A FUNDAMENTAÇÃO DO DIREITO

2.1.2.	Justificação e racionalidade	100
2.2.	O *status* de um juízo prático	108
2.3.	Categorias de juízos práticos	120
2.4.	Três funções de um juízo prático: representação, afetação e direcionamento	124
2.5.	Conhecimento prático e filosofia moral	129

3. UMA PROPOSTA DE ESPECIFICAÇÃO DE TRADIÇÕES METAÉTICAS — 137
  3.1. Não cognitivismo e cognitivismo moral — 137
  3.2. Tradições metaéticas específicas — 145
    3.2.1. Amoralismo — 147
    3.2.2. Emotivismo — 154
    3.2.3. Subjetivismo — 160
    3.2.4. Relativismo moral — 165
    3.2.5. Construtivismo — 170
    3.2.6. Realismo — 176
  3.3. Síntese ilustrativa — 184

PARTE II
A INFLUÊNCIA DO COGNITIVISMO
E NÃO COGNITIVISMO MORAL NA FORMAÇÃO
DO PENSAMENTO JURÍDICO

4. ANÁLISE DE PRESSUPOSTOS METAÉTICOS EM DIFERENTES TRADIÇÕES JURÍDICAS — 189
  4.1. Empirismo jurídico: não cognitivismo emotivista com ceticismo jurídico — 193
    4.1.1. A impropriedade na nomenclatura "realismo jurídico" — 193
    4.1.2. O empirismo jurídico de Oliver Wendell Holmes Jr. — 197
    4.1.3. Os pressupostos metaéticos do empirismo jurídico — 203
  4.2. Positivismo jurídico: não cognitivismo moral com construtivismo deontológico — 212
    4.2.1. As influências filosóficas do positivismo jurídico e as suas premissas básicas — 213

SUMÁRIO

4.2.2. O positivismo jurídico de Hans Kelsen 219
4.2.3. Os pressupostos metaéticos do positivismo jurídico kelseniano 226
4.3. Direito como integridade: cognitivismo moral com relativismo jurídico 238
4.3.1. Uma proposta intermediária entre o positivismo jurídico e o jusnaturalismo 242
4.3.2. O conceito de integridade e o Direito como interpretação 246
4.3.3. Os pressupostos metaéticos do *direito como integridade* 260
4.4. Teoria da lei natural: cognitivismo moral de estilo realista 282
4.4.1. A teoria da lei natural segundo John Finnis 283
4.4.2. Conceito de lei e tipos de lei 296
4.4.3. A ideia de lei natural e os seus níveis de especificação 303
4.4.4. A necessidade de positivação: a lei humana como derivação e determinação da lei natural 319
4.4.5. Os pressupostos metaéticos da teoria da lei natural 325

CONCLUSÕES 335

REFERÊNCIAS 349

Introdução

Antes de se buscar qualquer definição acerca de determinado objeto de conhecimento, é sempre importante estabelecer-se e compreender-se os parâmetros do debate teórico dentro do qual as diferentes propostas conceituais desse objeto são desenvolvidas. Assim, em um cenário de intensas disputas definicionais, mostra-se relevante a atitude epistemológica que pretende organizar e coordenar, dentro de um esquema metateórico, os pressupostos e premissas que são semelhantes ou discrepantes dentre as mais variadas alternativas disponíveis na *babel intelectual* que se faz presente na filosofia contemporânea.

Exatamente por isso, é importante ter-se consciência de que as teorias justificadoras que são produzidas no direito jamais formulam as suas próprias premissas nem alcançam as suas conclusões partindo do zero. Qualquer pretensão teórico-explicativa mais profunda que seja elaborada no campo jurídico deverá ter algum interesse em defender um critério que explique como e porque utilizamos o vocabulário do certo/justo/bom e errado/injusto/mau aplicável à conduta humana. Isso, na verdade, é apenas um corolário necessário do fato de o direito ser um fragmento do campo maior da filosofia prática, ou seja, o ramo filosófico que se dedica a compreender, refletir e criticar os elementos necessários que compõem a ação humana (racionalidade, voluntariedade, emoções, intencionalidade etc...) e que justificam como produzimos, em relação a ela, juízos de valor. Assim, a filosofia do direito, que integra – juntamente

METAÉTICA E A FUNDAMENTAÇÃO DO DIREITO

com a filosofia moral e a filosofia política[4] – o universo teórico da filosofia prática, está, invariavelmente, engajada em definir critérios que facilitem o entendimento da ação humana e que permitam identificar o que é correto/bom/justo em relação a ações humanas que são realizadas dentro de determinado contexto qualificado como jurídico[5].

Não obstante o persistente debate no direito referente à sua independência (ou não) em relação à esfera da moral, seria praticamente inviável, hoje, rejeitar-se, por completo, a ideia de que os conceitos básicos que são trabalhados pela ética – ou, mais especificamente, pelo ramo que a filosofia contemporânea entendeu por bem denominar de metaética – influenciam e participam, mesmo que indiretamente, da elaboração das teorias que tem a pretensão explicativa do fenômeno jurídico ou que são legitimadoras de determinada prática jurídica. Na verdade, o recorrente debate acerca da separação ou da vinculação dos sistemas moral e jurídico – caracterizado como o *"problema da demarcação"* por alguns – somente se torna viável e adquire efetiva relevância quando, de antemão, se parte de uma compreensão reducionista do objeto próprio da moral e de uma caracterização restritiva do fenômeno jurídico. É por esse motivo que, para que sejam bem captadas e visualizadas as inspirações que estruturam as mais variadas propostas teóricas que visam a esclarecer o que fundamenta a nossa prática jurídica, deve-se identificar, com clareza e precisão, quais os pressupostos metaéticos que estão servindo de base e de fundamento para o esquema teórico-jurídico sendo desenvolvido por determinado jurista. As questões que são enfrentadas pela disciplina que a filosofia contemporânea denomina de *metaética* ou de *ética crítica (kritische Ethik)*[6], em razão da sua natureza propedêutica e do seu escopo mais amplo de análise, que visa a analisar as diferentes alternativas que justificam as mais variadas propostas éticas, é capaz de se sobrepor à divergência que se apresenta na explicação da moral e do direito como entidades, absolutamente, separadas ou, totalmente, integradas. Com

---

[4] *"... moral philosophy, political philosophy and legal philosophy are branches of practical philosophy each dealing with a different aspect of human life."* (RAZ, Joseph. *Practical Reason and Norms*. Estados Unidos da América: Oxford University Press, p. 11)

[5] FINNIS, John. *Fundamentals of Ethics*. Estados Unidos da América: Georgetown, 1983, pp. 1-17.

[6] HÖFFE, Otfried. *Ethik und Politik – Grundmodelle und –problem der praktischen Philosophie*. Alemanha: Suhrkamp Taschen, 1979, p. 38.

INTRODUÇÃO

efeito, pretende-se demonstrar que a metaética é capaz de transformar essa eterna disputa travada no ambiente da filosofia do direito em um falso problema[7].

Para se compreender o objeto próprio da disciplina denominada de metaética bastante esclarecedora é a definição apresentada por SMITH[8]. Para ele, a teoria ética – enquanto ramo autônomo da filosofia – pode ser dividida em *ética normativa* e *metaética*. A primeira representa a disciplina filosófica que teria como objeto próprio a análise das perguntas e respostas que os filósofos fornecem a questões práticas substanciais, tais como as questões éticas sobre aborto, eutanásia, pena de morte etc... Por outro lado, a metaética trata do conjunto de questionamentos prévios – acerca da composição essencial das propriedades éticas, dos enunciados externados nessa seara, dos juízos morais (se são meras falsificações, atitudes emotivas, manifestações opinativas individuais, reflexos de convenções sociais contingentes ou se são crenças que captam de modo verdadeiro ou falso uma realidade moral exterior e objetiva) – que devem ser respondidos para se entender como as perguntas éticas materiais podem ser respondidas a partir da perspectiva adotada pelas mais variadas tradições morais[9].

Isso significa dizer que cada proposta metaética específica pretenderá sempre desenvolver e apresentar uma superestrutura da razão prática[10]. Assim, as diferentes visões metaéticas não representam, imediatamente, teorias éticas específicas, mas ilustram *teorias sobre teorias éticas*, de modo a permitir uma identificação mais clara e segura das estruturas primária

---

[7] Evidentemente, a opção pela perspectiva metaética é uma escolha metodológica que se adota neste livro, tendo em vista a pretensão de maior abragência teórica que esta disciplina interna da filosofia prática se propõe a assumir. Não há dúvida de que outra visão (lógica, antropológica ou sociolócia, por exemplo) poderia ter sido adotada. No entanto, um trabalho completamente diferente deveria ter sido elaborado se esse tivesse sido o caso. Quanto a esse ponto, agradeço a Elton Somensi pelo comentário que me leva a apresentar este esclarecimento.

[8] SMITH, Michael. *The Moral Problem*. Estados Unidos da América: Blackwell Publishers, 2005, p. 2.

[9] Para uma exposição das três fases históricas do desenvolvimento da metaética, vide PIETREK, Torsten. *Phänomenologische Metaethik*. Alemanha: Createspace, 2011, pp. 8-11.

[10] AUDI, Robert. *The Architecture of Reason – The Structure and Substance of Rationality*. Estados Unidos da América: Oxford University Press, 2001, p. 13.

METAÉTICA E A FUNDAMENTAÇÃO DO DIREITO

que estão fundamentando uma proposta ética substancial específica[11]. Podem ser, desse modo, visualizadas, segundo WALDRON, como formando uma torre de babel da ética, na qual transitam, em um mesmo plano, as mais distintas tradições filosóficas[12]. Com efeito, enquanto a ética normativa pretende responder e justificar *"o que é correto/bom/justo a ser fazer no caso X?"*, ou seja, o conteúdo do fenômeno moral, a metaética busca esclarecer *"o que é ou o que forma um juízo correto/bom/justo?"*, ou seja, qual a estrutura fundamental do fenômeno moral ou ainda como utilizamos a sua linguagem específica[13]. A metaética trataria, pois, das perguntas que são prévias ao enfrentamento de qualquer problema moral, já que envolveria o conjunto de questões propedêuticas referentes às perguntas éticas que o filósofo pretende responder quando desenvolve sua atividade teórica. Considerando que a metaética pretende esclarecer perguntas relacionadas a perguntas éticas posteriores, assume ela uma espécie de prioridade epistemológica em relação à ética normativa[14]. Por isso, segundo FRANKENA, a maioria das propostas éticas

[11] *"Der Auftrag der Metaethik ist es, linguistische Strukturen und Eigenschaften ethischer Propositionen zu überprüfen. Sie befasst sich mit der Abtrennung von moralischen von nicht-moralischen Erscheinungen und mit dem Fundament sittlicher Ansichten bezüglich der Erkenntnistheorie, der Ontologie und der Sprachphilosophie. Eine wichtige Grundfragstellung der Metaethik ist die, ob sittliche Ansichten in der Lage sind, einen allgemeinen Geltungsanspruch zu stellen. Die Metaethik gehört nicht zum Obergriff der Ethik, sondern is eine Art Abzweigung, die insbesondere Bezug auf die ethischen Propositionen einen neutralen Standpunkt ausübt."* (HILBER, Wolfgang (Coord.). *Lexicon der Philosophie.* Alemanha: 7Hill, pp. 269-70)

[12] WALDRON, Jeremy. *The Irrelevance of Moral Objectivity.* In *Natural Law Theory – Contemporary Essays.* Estados Unidos da América: Oxford University Press, 1994, p. 166.

[13] BIRNBACHER, Dieter. *Analytische Einführung in die Ethik.* Alemanha: Walter de Gruyter, 2ª edição, 2007, p. 58.

[14] Em sentido semelhante, segue a diferenciação promovida por KUTSCHERA, o qual divide a teoria ética em ética *descritiva* ou *Fenomenologia da Moral* (que se dedica a analisar, empiricamente, os códigos morais específicos ou os sistemas de valores concretos, abrangendo, por exemplo, a história da ética e a antropologia ética), ética *normativa* (que discute, não o que é moralmente vigente, mas o que deve ser ou é para ser visto como correto e bom) e *metaética*, sendo que essa última se ocupa: *"nicht nur auf normative Prinzipien, sondern zeigen sich schon in den Auseinandersetzungen über die Bedeutung moralischer Terme, über Status und Funktion ethischer Aussagen, über Möglichkeit, Grenzen und Methoden der Begründung normativer Sätze".* (KUTSCHERA, Franz von. *Grundlagen der Ethik.* Alemanha: WdeG, 1982, pp. 39/42). Sobre a Fenomenologia da Moral, vide, ainda, BIRNBACHER, Dieter. *Analytische Einführung in die Ethik.* Alemanha: Walter de Gruyter, 2ª edição, 2007, p. 57.

INTRODUÇÃO

desenvolvidas pelas diferentes tradições filosóficas pode até encontrar grande concordância em relação ao que é certo e errado em termos de ética normativa, mas cada uma manterá grandes divergências fundamentais no que diz respeito ao desenvolvimento dos seus respectivos *"esquemas de moralidade"*[15].

Em síntese, seguindo PIETREK[16], a metaética pretende responder cinco problemas fundamentais, os quais teriam, respectivamente, natureza ontológica, epistemológica, lógica, praxiológica e linguística, quais sejam:

(i) *"Como se dá a relação entre fatos e valores?"*
(ii) *"Qual é o grau de objetividade que um valor poder assumir?"*
(iii) *"Qual é a relação mantida entre a lógica em geral e a lógica dos valores?"*
(iv) *"Qual é a conexão entre o valor e a motivação?"*
(v) *"Qual é a função comunicativa que exerce uma proposição moral?"*

Não se desconhece a crítica que questiona a própria legitimidade da metaética como uma disciplina filosófica autônoma. Tal crítica mostra-se, sem dúvida, plausível, na medida em que toda reflexão prática mais elaborada e profunda pressupõe, simultaneamente, o adequado desenvolvimento de uma proposta teórica que esclarece os elementos estruturais, existenciais e normativos da ação humana, bem como que indique (ou, ao menos, aponte para) respostas materiais concretas acerca do modo correto/justo/bom de se agir em determinada circunstância. Em uma perspectiva clássica, a filosofia prática (*philosophia moralis*) já qualificaria a ética – considerada como um todo – como a disciplina filosófica que teria como objeto o esclarecimento integral de todos os elementos estruturais e materiais que seriam constitutivos da atividade que, uma vez realizada concretamente, seria capaz de direcionar o ser humano a sua adequada realização[17]. Com efeito, nessa perspectiva, não se mostraria esclarecedora nem didaticamente viável a postura de se fragmentar a filosofia prática

---

[15] FRANKENA, William. *Moral Philosophy at Mid-Century*. In *The Philosophical Review*, n. 60, 1951, p. 44-55.
[16] PIETREK, Torsten. *Phänomenologische Metaethik*. Alemanha: Createspace, 2011, p. 12.
[17] FINNIS, John. *Natural Law and Natural Rights*. Reino Unido: Oxford University Press, 2000; e *Aquinas*. Estados Unidos da América: Oxford University Press, 2004, p. 21.

em questionamentos prévios e estruturais da ação humana, de um lado, e questões relacionadas aos problemas morais substancialmente considerados. O responder, com inteligibilidade, o segundo, exige reflexão sobre o primeiro e o estruturar o primeiro exige ter-se em mente os problemas substanciais que terão de ser respondidos pelo segundo. Assim, qualquer tese ética com alguma pretensão real de dispor sobre a existência humana irá desenvolver a sua proposta metaética já pré-determinando, ao menos em parte, as conclusões que deverão ser alcançadas quando do desenvolvimento das questões de ética normativa. Mesmo que assim seja, não se pode negar que a noção de que a metaética deva ser vista como uma disciplina prática autônoma e propedêutica goza de amplo consenso entre os promotores da filosofia contemporânea. Além disso, não se pode perder de vista que a divisão disciplinar que visualiza a metaética como ramo filosófico independente facilita, em alguns casos, a compreensão estrutural de teses éticas mais complexas, sem mesclar tais considerações formais com as respostas éticas materiais que podem ser justificadas com base nelas, principalmente considerando o fato de haver constante divergência e grande dissenso em relação a tais debates morais, o que, por certo, pode ser um obstáculo da compreensão daqueles traços primários e fundantes de uma teoria ética[18].

Assim, partindo-se da perspectiva que é adotada pela metaética, tornou-se bastante comum na filosofia contemporânea o esforço explicativo por meio do qual se agrupam em um mesmo rótulo inúmeras visões distintas sobre os critérios éticos aplicáveis à ação humana, tendo em vista algumas premissas básicas que sejam compartilhadas por cada vertente de pensamento. Obviamente, tal projeto apresenta uma vantagem, mas também

---

[18] Possivelmente, um exemplo desse tipo de confusão está presente na equivocada crítica que Loyd WEINREB direciona a tese de John FINNIS acerca da auto-evidência dos bens básicos ao ser humano, a qual, segundo WEINREB, indicaria que FINNIS teria sustentado que a imoralidade do aborto ou da eutanásia seria uma verdade auto-evidente. Além de não ser possível atribuir esse tipo de raciocínio a FINNIS – ao menos não existem opiniões registradas nesse sentido – já que ele, em nenhum momento, sustentou que a imoralidade do aborto ou da eutanásia seria evidente ou seria mera dedução lógica de uma premissa auto-evidente, percebe-se que a leitura errônea promovida por WEINREB decorre da sua incapacidade de diferenciar questões de metaética de considerações de ética normativa. (GEORGE, Robert P. *Natural Law and Human Nature*. In *Natural Law Theory – Contemporary Essays*. Estados Unidos da América: Oxford University Press, 1994, p. 37).

INTRODUÇÃO

envolve um risco. A esquematização e a classificação de tradições éticas – tarefa essa que, tipicamente, cabe à metaética[19] – trazem uma evidente vantagem didática, pois explicam, a partir de parâmetros comuns, as mais variadas linhas teóricas que, hoje, são produzidas em abundância na ética contemporânea, permitindo uma visualização simultânea e comparativa de todas elas. Por outro lado, assim como todo esforço de classificação, um exagero no processo de abstração e fragmentação de ideias pode levar a uma simplificação ou, inclusive, falsificação das diferentes tradições éticas que estão sendo organizadas dentro de um mesmo esquema explicativo. Sopesando-se os méritos e deméritos desse tipo de projeto, entende-se ser justificável a assunção do risco é aqui reconhecido, tendo-se sempre em mente, porém, que a esquematização de tradições filosóficas deve ser assumida com ressalvas e que a tese ética sustentada por determinado autor teve de ser diluída em alguns dos seus elementos para que viesse a ser submetida ao processo classificatório.

Pois bem, trilhando-se esse projeto, cabe destacar que, conforme ensina MACINTYRE[20], cada tradição filosófica comportará uma *(a)* narrativa histórica que lhe será própria, *(b)* uma linguagem particular, *(c)* um modo próprio de raciocínio e de especulação, *(d)* uma forma específica de institucionalização das suas ideias, bem como *(e)* um conjunto de crenças contingentes que serão colocadas à prova e atestadas eventualmente como verdadeiras. Todos esses elementos deverão ser levados em consideração pelo teórico do direito que estiver incorporando em suas teses sobre o fenômeno jurídico determinada visão ética (mesmo aquelas vertentes jurídicas céticas que rejeitam qualquer possibilidade de se falar em um conceito objetivo de certo e errado aplicável ao direito). Esse reconhecimento é relevante, já que o teórico do direito somente conseguirá desenvolver, efetivamente, a sua atividade explicativa de dentro e a partir de uma tradição filosófica específica (ou por meio da combinação de mais de uma tradição, recaindo sobre ele o ônus argumentativo de demonstrar a plena coerência da sua proposta e da compatibilidade entre as distintas tradições adotadas), motivo pelo qual deverá compreender com clareza

---

[19] KUTSCHERA, Franz von. *Grundlagen der Ethik*. Alemanha: WdeG, 1982, p. 43.
[20] MACINTYRE, Alasdair. *Three Rival Versions of Moral Enquiry: Encyclopaedia, Genealogy and Tradition*. Estados Unidos da América: University of Notre Dame, 1990, p. 116.

o modo de raciocínio pressuposto, a linguagem própria adotada e a narrativa que mapeia e limita essa mesma tradição[21].

Além disso, não se pode deixar de referir que a moldura básica que se extrai de cada tradição ética também acaba por se refletir, após um período de sedimentação e maturação, naqueles elementos que passarão a ser, rotineiramente, tomados como indicadores daquilo que é visto como o senso comum de determinada prática jurídica, ou seja, algo que é considerado quase intuitivo pela maior parte dos operadores do direito. Assim, uma vez ocorrida a assimilação difusa de um determinado paradigma, os seus conceitos fundantes passam a ser largamente compartilhados, quase que inconscientemente, por aqueles que integram determinado ambiente jurídico. É por essa razão que cada tradição filosófica, em regra, fornecerá elementos mínimos, formadores de um pano de fundo pré-epistêmico que poderão ser muitas vezes aceitos como corretos e verdadeiros quando da reflexão primária, mesmo que leiga, acerca dos questionamentos filosóficos básicos e iniciais, tais como *"o que significa conhecer?"*, *"o que está envolvido na atividade de raciocinar"*, *"o que forma a natureza humana?"*, *"como caracterizamos o espaço no qual iremos viver e conviver?"* etc.

Com efeito, deve-se reconhecer que toda tradição filosófica que se debruça sobre o problema referente ao critério que define a correta/adequada ou incorreta/inadequada ação humana assume e pressupõe uma noção de realidade moral (mesmo que seja essa representada de modo fragmentado ou, inclusive, como algo ilusório ou incapaz de ser conhecido pelos agentes humanos) que as pessoas almejam atingir ou representar quando promovem juízos de certo e errado com pretensão de inteligibilidade. Diante disso, a primeira divergência relevante para se compreender o ponto de partida que é adotado por uma ou outra tradição filosófica diz respeito, precisamente, à natureza dessa realidade moral (a sua composição essencial). É com base nas diferentes respostas sobre a existência ou não dessa dimensão moral, bem como acerca do modo

---

[21] *"A craft in good order has to be embodied in a tradition in good order. And to be adequately initiated into a craft is to be adequately initiated into a tradition. (...) But no one who engages in a craft is only a craftsperson; we come to the practice of a craft with a history qua family member, qua member of this or that local community, and so on. So actions of someone who engages in a craft are at a point of intersection of two or more histories, two or more enacted dramatic narratives."* (MACINTYRE, Alasdair. *Op. cit.*, p. 128).

INTRODUÇÃO

de sua composição e seu surgimento, que as perguntas posteriores sobre a normatividade de obrigações (morais e jurídicas) podem ser formuladas. Isso significa dizer que, dependendo do modo como respondemos a pergunta *"Como se apresenta a nós a esfera dentro da qual os seres humanos agem e produzem juízos sobre a retidão dessas ações?"*, também explicitamos o modo pelo qual respondemos a pergunta *"Como tornamos inteligível e justificamos como cogente uma determinada obrigação (moral ou jurídica)?"*.

Este estudo, portanto, possui a pretensão de, primeiramente, conceituar e classificar aquelas que, hoje, são definidas como as principais correntes metaéticas desenvolvidas na filosofia moral (pretendendo realizar, assim, uma espécie de cartografia das tradições éticas disponíveis), para, em um segundo momento, apontar possíveis influências que essas variadas tradições exercem na formação de alguma das mais destacadas e relevantes linhas de pensamento jurídico. A filosofia prática contemporânea tem buscado facilitar a compreensão desse complexo debate, por meio da esquematização das divergências filosóficas que são produzidas em razão das diferentes premissas básicas que são invocadas por cada linha de pensamento. Com base nessa esquematização, torna-se possível contrastar o que os variados pensadores éticos respondem em relação a questionamentos fundamentais sobre a ação humana, sobre juízos de certo e errado e sobre o espaço em que esses são produzidos e comunicados, permitindo, assim, identificar quais as premissas básicas que são comuns ou divergentes. Feito isso, pode-se realizar um trabalho de separação e de agrupamento de linhas de pensamentos, com base em algumas afinidades teóricas relativa aos pressupostos que são adotados. Portanto, para se esclarecer, didaticamente, esse amplo cenário de debate, duas etapas divisórias são, comumente, realizadas para se esquematizar – agrupar e dividir – as mais variadas tradições metaéticas[22].

---

[22] A classificação aqui realizada espelha-se, prioritariamente, nos trabalhos desenvolvidos por SHAFFER-LANDAU, KOSGARRD e MCCORD-SAYRE. Vide SHAFFER-LANDAU, Russ. *Moral Realism – A Defence*. Estados Unidos da América: Oxford University Press, 2009; KOSGARRD, Christine. *Realism and Constructivism in Twentieth-Century Moral Philosophy*. Estados Unidos da América: Philosophy Documentation Center, 2003; MCCORD-SAYRE, Geoffrey (Ed.). *Essays on Moral Realism*. Estados Unidos da América: Cornell University Press, 1988.

A primeira divisão – mais ampla e genérica – diferencia as correntes cognitivistas das não cognitivistas, tendo em vista as respostas que são fornecidas por cada postura a perguntas éticas de primeira ordem, ou seja, fundantes da própria experiência moral, nas quais interessa saber, por exemplo, se é, de fato, possível falar-se em uma realidade moral, i.e, uma instância –criada ou real – em que juízos de certo e errado sobre a ação humana podem ser produzidos e comunicados com alguma inteligibilidade e objetividade.

Uma segunda divisão relevante – que representa um desdobramento e uma especificação da primeira – apresenta tradições éticas mais específicas nos seus fundamentos, de modo que é comum contrastarem-se, a partir de um único parâmetro comparativo, as posturas niilistas, emotivistas, subjetivistas, relativistas, construtivistas e realistas[23]. Nessa etapa de classificação, separam-se e agrupam-se linhas de pensamento ético com base na forma como descrevem a composição da mencionada realidade moral (ou, no caso da sua inexistência – para o não cognitivista – como essa noção pode representar uma ilusão e, ainda assim, pode nos levar a agir de determinado modo por meio de alguma inclinação ou impulso). Nesse ponto fundamental do desenvolvimento de uma tradição ética, pretende-se responder qual a natureza dessa realidade moral e como juízos de certo e errado podem ter (ou não) a sua objetividade justificada dentro desse cenário. Essas tradições éticas mais específicas – caso esquematizadas e colocadas lado a lado – podem formar uma espécie de *"régua"* comparativa, a qual poderá aproximar o universo, aparentemente incontrastável, das posturas cognitivistas e não cognitivistas. Pode-se, desse modo, apresentar uma espécie de *"termômetro"* que é capaz de medir – metaforicamente – o grau de objetividade que é almejado por diferentes tradições éticas, tendo em vista critérios comuns e comparáveis entre si.

Não obstante a relevância de todas essas diferentes posturas filosóficas, neste trabalho analisaremos com mais vagar, os elementos formadores das tradições éticas construtivistas e realistas, principalmente em razão da grande influência que exercem ou já exerceram na formação do pensamento jurídico. Para o construtivista, o primeiro movimento

---

[23] Vide principalmente os capítulos 1 e 2 de SHAFFER-LANDAU, Russ. *Moral Realism – A Defence*. Estados Unidos da América: Oxford University Press, 2009.

INTRODUÇÃO

para uma reflexão ética pressupõe o reconhecimento de que o intelecto ou a vontade humana exerce uma força criativa da dimensão moral, nas quais juízos de valor poderão ser conhecidos e transmitidos aos demais. Já o realista pressupõe a existência fundante e básica de uma dimensão ontológica da realidade prática que não estaria à plena disposição do arbítrio humano, razão pela qual existiriam propriedades morais que seriam independentes, em termos existenciais, do intelecto humano e dos seus atos de vontade – sem se rejeitar, com isso, a necessidade da participação da vontade humana em etapas posteriores de um raciocínio prático –, o que garantiria a possibilidade de termos juízos de valor objetivos em sentido pleno (i.e., não dependentes de um esquema explicativo posterior).

É, pois, com base nessa classificação das variadas possibilidades metaéticas que se pretende, ao final, identificar os elementos de influência que estão presentes em algumas das mais relevantes escolas de pensamento jurídico (a relevância dessas tradições jurídicas não será, porém, aqui demonstrada nem justificada, já que se presume que há um relativo consenso acerca da importância de cada uma delas para os teóricos do direito, sem, com isso, se rejeitar o fato de que existam inúmeras outras escolas jurídicas também relevantes). Isso porque, sempre que se pretende esclarecer e justificar o fundamento último de determinada prática jurídica ou quando se pretende responder aquelas perguntas que são prévias à correta compreensão do fenômeno jurídico, está-se, invariavelmente, aplicando um ou outro esquema metaético à tese sendo desenvolvida na ciência do direito[24].

Diante disso, neste trabalho, serão submetidas à mencionada classificação de posturas éticas o empirismo jurídico (costumeiramente denominado de *"realismo"* jurídico, denominação essa, porém, que será aqui submetida à crítica), o positivismo jurídico, a visão contemporânea do *direito como integridade* e a tradição da lei natural (*Natural Law Theory*), sendo que será utilizado um autor representativo de cada escola de pensamento, não com a intenção de explorar os detalhes e as idiossincrasias das ideias particulares de cada jurista, mas com o propósito de ilustrar a matriz teórica que esse adota, o que facilitará a demonstração do tipo

---

[24] HOERSTER, Norbert. *Recht und Moral*. Alemanha: Reclams Universal Bibliothek, 2002, p. 75.

METAÉTICA E A FUNDAMENTAÇÃO DO DIREITO

de influência metaética que cada um acaba recebendo e incorporando na explicação e justificação do fenômeno jurídico[25]. Assim sendo, os filósofos do direito que serão aqui invocados como meros instrumentos de demonstração da tese mais ampla que aqui será defendida são Oliver Wendell HOLMES JR., Hans KELSEN, Ronald DWORKIN e John FINNIS. Essa limitação temática, obviamente, não impede que o esquema conceitual aqui desenvolvido possa ser aplicado em relação a outras linhas de pensamento jurídico não abarcadas neste estudo.

Mesmo que a intenção primária deste trabalho seja a de ordenar e esquematizar diferentes tradições éticas sob os auspícios da metaética, não se assumirá, aqui, uma postura neutra, indiferente ou meramente descritiva diante das inúmeras propostas teóricas alternativas aqui apresentadas. Isso porque se pretende também demonstrar, neste estudo, que a pretensão teórica de se justificar a objetividade de um juízo de valor não é irrelevante, como sustenta, por exemplo, WALDRON[26], nem é de pouca consequência prática, na medida em que, supostamente, produz os mesmos efeitos que são esperados quando se reconhece juízos morais como, meramente, arbitrários e subjetivos[27].

A subjetividade ou a arbitrariedade de um raciocínio prático ou de um processo decisório – mesmo quando esse for transparente, público,

---

[25] Com efeito, é importante mencionar que este trabalho não assume a pretensão de apresentar os desdobramentos e detalhamentos de uma tradição jurídica específica nem explicitar todos os elementos constitutivos do pensamento de um autor determinado. A referência a eventuais ideias de uma escola de pensamento ou de um autor específico assume função, meramente, ilustrativa e explicativa do argumento mais amplo que se busca aqui desenvolver, qual seja, demonstrar a participação constante e a influência necessária que uma teoria ética exerce na formação de qualquer proposta explicativa do fenômeno jurídico. Assim sendo, tem o presente estudo uma intenção arquitetônica, na medida em que, ao valer-se dos pressupostos da metaética, visa a esclarecer quais são os fundamentos éticos que podem ser reconduzidos às mencionadas tradições jusfilosóficas.

[26] WALDRON, Jeremy. *The Irrelevance of Moral Objectivity*. In *Natural Law Theory – Contemporary Essays*. Estados Unidos da América: Oxford University Press, 1994.

[27] Ilustra essa postura a crítica de WALDRON ao realismo moral, o qual, segundo ele, não apresenta nenhuma vantagem em relação ao emotivismo, no que tange à previsibilidade e publicidade que os juízos morais podem assumir na justificação de um problema jurídico: *"Either we have the arbitrariness of just taking one attitude over others equally eligible, or we have the arbitrariness of just taking one belief over others equally eligible. But arbitrariness is there, on either meta-ethical account."* (WALDRON, Jeremy. *Op. cit.*, p. 182).

INTRODUÇÃO

informado e, inclusive, universalizável – não são fatores que podem ser tratados como possuindo o mesmo status epistemológico (e argumentativo) que possui um juízo que venha a ser qualificado como dotado de objetividade (não se afirmando, com isso, que a metodologia de certificação desse status objetivo seja sempre simples e evidente). Com efeito, ao fim deste estudo, pretende-se argumentar que as tradições jusfilosóficas que se fundamentam em elementos extraídos de posturas metaéticas não cognitivistas perdem em coerência, higidez teórica e capacidade de convencimento, caso contrastadas com a tradição teórica que, no direito, incorpora com maior intensidade a vertente metaética do cognitivismo, mais especificamente o realismo moral. Por isso, ao final, analisando-se diferentes propostas teóricas desenvolvidas no âmbito do pensamento jurídico, pretende-se assumir como mais coerente e mais justificável o esquema explicativo defendido pela tradição da lei natural, a qual pretende desenvolver, na explicação do fenômeno jurídico, uma concepção de objetividade em sentido forte, pautada em razões básicas que direcionam a ação humana.

Diante dessas considerações, pode ser sintetizado o plano de trabalho a ser desenvolvido neste livro nos seguintes termos:

(i) O debate sobre o chamado *"problema da demarcação"*, envolvendo a separação ou a vinculação entre sistemas morais e sistemas jurídicos (ou dito de forma mais precisa, entre um conjunto de proposições morais e um conjunto de proposições jurídicas), que, no século passado, foi assumido pela maioria dos teóricos como o ponto de partida necessário para o esclarecimento da essência do direito e para a justificação da autoridade de uma norma jurídica, pode ser compreendido como um falso dilema, *i.e.*, um problema teórico que somente existe por causa de uma atitude restritiva na caracterização tanto do fenômeno moral, quanto do fenômeno jurídico, de modo que pode ser superada a caracterização desse confronto de ideias como um dilema mediante uma modificação da perspectiva que se adota;

(ii) Isso porque toda tentativa de se explicar o fenômeno jurídico pressupõe alguma tese que, ao menos, busque esclarecer o tipo de raciocínio que é ou que deve ser esperado daquele que realiza uma ação com consciência e intencionalidade ou que atribua

algum status específico ao juízo que é desenvolvido pelo produtor ou pelo destinatário de uma norma qualquer;

(iii) E, não se pode perder de vista que tais teses são, por essência e invariavelmente, dotadas de natureza ética, na medida em que representam questionamentos teóricos que dispõem sobre os fatores constitutivos dos raciocínios que tem por objeto a ação humana e sobre o ambiente em que esses são produzidos;

(iv) Com efeito, assumindo-se que é perene a participação e/ou influência da ética na compreensão do fenômeno jurídico, é possível promover-se uma análise teórica da moral e do direito que se sobreponha e supere o debate dicotômico sobre a separação ou a vinculação desses dois sistemas de proposições, bastando, para isso, seja redefinido e ampliado o escopo de análise no qual os fenômenos moral e jurídico estão localizados;

(v) Essa redefinição de escopo pressupõe apenas sejam repensados os parâmetros de qualificação do fenômeno prático – i.e. a parcela da realidade que diz respeito à ação humana voluntária, intencional e dotada de um mínimo de inteligibilidade –, valendo--se da perspectiva mais abrangente adotada pela disciplina da metaética, a qual, por meio das concepções do cognitivismo e não cognitivismo moral, é capaz de assumir uma pretensão toda abarcante das mais variadas posturas teóricas, agrupando-as e separando-as com base em premissas básicas e fundantes da experiência humana que, invariavelmente, irão refletir alguma pretensão ética, mesmo que seja apenas para afirmar que, diante da total arbitrariedade ou subjetividade de um juízo moral, os sistemas jurídicos deveriam ser totalmente isolados de qualquer pretensão moral;

(vi) Com efeito, o vocabulário desenvolvido na seara da metaética permite dividir e ordenar com maior precisão e detalhamento as mais diferentes tradições éticas tendo em vista um esquema conceitual comum, o que permite justificar os mais variados modos de relacionamento e de interpenetração que há entre a moral e o direito;

(vii) Assim sendo, mais relevante do que definir se há ou não um abismo separando diferentes sistemas normativos, é preocupar-se em responder questionamentos que deverão ser enfrentados por

aqueles que estão dos dois lados desse debate, ou seja, saber, por exemplo, se é possível falar-se em fatos morais e se esses podem ou não ter objetividade, ou como são produzidos juízos de valor e qual o status epistemológico que esses possuem (*e.g.*, desejos e meras atitudes emocionais, simples opiniões individuais, convenções elegidas e positivadas ou tipos de crenças que podem ser verdadeiras ou falsas), ou ainda se é possível comunicar e certificar a retidão de tais juízos;

(viii) Considerando-se a relevância de tais questionamentos, pretende-se demonstrar que mesmo as mais diferentes tradições jusfilosóficas, que mantenham a mais radical das oposições entre as premissas que adotam, ainda podem ser, entre si, comparadas e reunificadas com base no esquema conceitual que é fornecido pela metaética, especialmente porque as visões metaéticas não são, em si, teorias éticas específicas, mas sim formas de se articular e de se identificar os pressupostos básicos que as fundamentam;

(ix) Defender-se-á, neste estudo, portanto, que – ao invés de se justificar como e porque se separa ou se vincula a moral e o direito – a discussão prática que assume relevância para o progresso científico desse ramo de conhecimento é aquela que pretende melhor esclarecer as propostas metaéticas que são estruturantes de toda e qualquer postura teórica que se dispõe a identificar os critérios avaliativos da ação humana. Para demonstrar como o escopo todo abarcante da metaética é capaz de melhor esclarecer a influência perene que moral exerce sobre o fenômeno jurídico, pretende-se ilustrar tal argumento por meio da submissão aos parâmetros da metaética de quatro das principais tradições contemporâneas da filosofia do direito, quais sejam: o empirismo jurídico, o positivismo jurídico, o direito como integridade e a tradição da lei natural;

(x) Mesmo que se percorra, neste estudo, um caminho mais extenso que descreve as alternativas que são trabalhadas dentro do parâmetro todo abarcante da metaética, não se pretende aqui sustentar que todas as propostas metaéticas alternativas sejam, entre si, neutras ou dotadas de mesmo valor teórico no que tange a sua veracidade e sua coerência. Na verdade, pretende-se demonstrar que uma postura cognitivista de estilo realista, ao ambicionar

uma justificação de juízos morais que podem ser compreendidos como verdadeiros ou falsos, *i.e.*, dotados de objetividade em sentido pleno, manifesta superioridade teórica diante das demais propostas rivais.

PARTE I

PRESSUPOSTOS METAÉTICOS

1.
O debate acerca da Separação da Moral e do Direito

Três são os objetivos centrais deste primeiro capítulo, quais sejam[28]:

(i) o de descrever o cenário teórico em que, normalmente, se estabelece o relacionamento e o possível ponto de contato entre aquilo que alguns qualificam como sendo a esfera coordenadora da *"Moral"* e a esfera regulatória do *"Direito"*[29];

(ii) o de sustentar que, ao se assumir esse tipo de projeto teórico, já se está, mesmo que inconscientemente, adotando-se uma postura reducionista em relação ao nosso universo moral, uma vez que tal atitude pressupõe uma completa fragmentação da ordem prática (i.e. a parcela da realidade em que o ser humana realiza ações voluntárias e intencionais); e

(iii) o de defender que a adequada compreensão do conceito de um juízo prático, bem como a correta distinção entre filosofia moral e conhecimento prático (suas características, seus objetos próprios,

---

[28] Agradeço, profundamente, ao Professor Humberto Ávila pelos comentários e sugestões que muito contribuíram para a versão final deste capítulo.

[29] Representamos, aqui, as expressões *"Moral"* e o *"Direito"* – com letra maiúscula e entre aspas – nas situações em que a ideia ventilada parte de uma visão restritiva do fenômeno moral e do fenômeno jurídico, principalmente quando tais ideias são vinculadas à noção de sistemas de proposições prescritivas.

suas funções etc...) fornecem pressupostos terminológicos que viabilizam a superação desse tipo de postura reducionista em relação à ordem prática e permitem demonstrar que o debate envolvendo a forma de se relacionar a *"Moral"* e o *"Direito"* não é o ponto de partida adequado (nem é determinante) para se esclarecer os elementos que influenciam ou direcionam a ação humana.

Assim, partindo-se desses esclarecimentos propedêuticos, pretender-se desenvolver a tese metaética aqui proposta, qual seja, a de demonstrar que toda e qualquer postura descritiva ou justificadora do fenômeno jurídico assume, como pano de fundo, um projeto teórico dotado de contornos éticos, sendo necessário, portanto, para a correta visualização de cada tradição jurídica, identificar, com total clareza, o tipo de comprometimento ético que é assumido em cada caso. Se esta tese mostrar-se verdadeira ou pelo menos plausível, será necessário concluir que o debate envolvendo a independência ou a submissão do *"Direito"* à *"Moral"* não é outra coisa senão um falso dilema.

1.1. A concepção restritiva de Moral e o chamado Problema da Demarcação

1.1.1. É necessária a diferenciação entre Moral e Ética?

Antes de mais nada, de modo a se evitar ambiguidades no transcurso deste estudo, impõe-se promover alguns esclarecimentos terminológicos no que se refere ao tratamento que será aqui dispensado às expressões *"moral"* e *"ética"*.

Caso se parta de uma análise etimológica de tais palavras, certamente não pode ser, automaticamente, desprezada a postura daqueles que sustentam que esses termos possuem mesmo significado e são, em alguma medida, intercambiáveis, tendo em vista a grande proximidade na significação das duas expressões que formam a raiz linguística desses termos, quais sejam a expressão grega *"ethos"* e o seu correlato latino *"mores"*[30], ambas podendo designar aquilo que é referente a costumes ou hábitos sociais. Assim, em um sentido histórico, *"Moral"* e *"Ética"* podem

---

[30] BIRNBACHER, Dieter. *Analytische Einführung in die Ethik*. Alemanha: Walter de Gruyter, 2ª edição, 2007, p. 1.

O DEBATE ACERCA DA SEPARAÇÃO DA MORAL E DO DIREITO

ser vistos como sinônimos, uma vez que apenas ilustram um mesmo conceito por meio de dois signos diferentes, os quais eram utilizados pelas referidas civilizações da Antiguidade para se reportar, genericamente, à ordem prática, ou seja, a dimensão da realidade em que o ser humano realiza ações voluntárias e intencionais, as quais seriam, segundo esta visão, passíveis de avaliação objetiva e escrutínio racional. Como se vê, nessa perspectiva, não seria adequada nem necessária qualquer tentativa de diferenciação dos vocábulos *"moral"* e *"ética"*.

Aliás, essa proximidade de significações pode, ainda, ser verificada (ao menos parcialmente) no uso contemporâneo das expressões *"moral"* e *"ética"*, principalmente naquelas situações em que são utilizadas como adjetivos. Assim, pelo menos em alguns casos, é possível perceber que esses termos podem ser alternados na adjetivação de certas expressões, sem que haja qualquer perda relevante de sentido (*e.g.*, pode-se dizer *"um juízo ético"* ou *"um juízo moral"* sem alteração necessária de sentido, o que também valeria na mesma adjetivação das expressões *"raciocínio"*, *"conhecimento"*, *"crença"*, *"teoria"* etc...). Exatamente, por isso, alguns autores, simplesmente, assumem tais expressões como sendo sinônimas (*e.g.*, FINNIS[31])[32].

Por outro lado, não se pode, simplesmente, obliterar o fato de que, desde a Modernidade, sempre houve um grande esforço filosófico dedicado à diferenciação de tais conceitos, como pode ser visto, por exemplo, na distinção entre Moralidade (subjetiva) e Eticidade (objetiva) em HEGEL[33] ou, em HABERMAS, na sua caracterização da *"Ethik"*, como campo em que se respondem questões individuais sobre a vida boa, a qual é contrastada com a *"Moral"*, que representaria a seara em que se fixam as normas de justiça e de convivência social[34].

---

[31] FINNIS, John. *Fundamentals of Ethics*. Estados Unidos da América: Georgetown, 1983. Especificamente sobre esse ponto, vide a Nota do Tradutor que consta da versão da mesma obra traduzida por nós para o português (São Paulo: Elsevier, 2012).

[32] Aliás, se formos analisar na língua inglesa, muitas vezes as palavras *Ethics* e *Morals* podem ser usadas como sinônimo.

[33] WEBER, Thadeu. *Ética e Filosofia Política: Hegel e o formalismo kantiano*. Porto Alegre: EDIPUCRS, 1999.

[34] BIRNBACHER, Dieter. *Analytische Einführung in die Ethik*. Alemanha: Walter de Gruyter, 2ª edição, 2007, p. 2.

No entanto, a diferenciação mais comum – que possivelmente pode ser atribuída à filosofia analítica[35] – é aquela que qualifica, primeiramente, a *"Ética"* como sendo a disciplina filosófica (com ênfase teorética, portanto) que se dedica a analisar o fenômeno moral, podendo, assim, ser definida também como *"filosofia moral"* ou *"teoria da Moral"*. Em contrapartida, a *"Moral"* representa o fenômeno (social, cultural, normativo, biológico etc...) a ser analisado pela *"Ética"*, ou seja, aquela é o seu objeto de estudo desta. Com efeito, a *"Moral"*, nesse contexto, poderá ser definida (dependendo da tradição e da postura filosófica adotada por aquele que promove essa distinção), por exemplo, como um sistema normativo que regula a ação humana[36], o conjunto de bens ou valores a serem observados e concretizados pelos seres humanos, uma série de práticas sociais reiteradas e observadas pela maioria dos indivíduos, a totalidade da dimensão existencial em que o ser humano pratica ações etc... É partindo dessa matriz conceitual, portanto, que alguns (principalmente os defensores do relativismo moral) afirmam que existiriam inúmeras *"Morais"* (i.e. inúmeros sistemas morais contingentes) e uma *"Ética"*, a qual deveria ser desenvolvida por aquele que desejasse esclarecer, criticar ou justificar as diferentes manifestações desses fenômenos empíricos. Obviamente, essa forma de conceituação já parte de uma pré-concepção moderna – de inspiração kantiana – acerca da composição bipartida da realidade, na medida em que pressupõe que existiria uma clara e indisputada fronteira no espaço em que o ser humano age, o qual apresentaria, de um lado, a dimensão fenomênica da realidade e, de outra, a dimensão numênica, ou seja, o espaço empírico no qual, de fato, agimos e o espaço normativo no qual pensamos como deveríamos agir. Aliás, conforme se verá no item que segue, é precisamente essa pré-compreensão que fornece a matriz dentro da qual é desenvolvido o debate acerca da separação do *"Direito"* e da *"Moral"*.

Mesmo que se tenha plena consciência da importância que esse esquema de diferenciação assume para alguns, não se pode negar que, dentro dessa proposta, permanece certo elemento de arbitrariedade na

---

[35] BIRNBACHER, Dieter. *Analytische Einführung in die Ethik*. Alemanha: Walter de Gruyter, 2ª edição, 2007, p. 2.

[36] HOERSTER, Norbert. *Was ist Moral? Eine philosophische Einführung*. Alemanha: Reclams Universal Bibliothek, 2008.

O DEBATE ACERCA DA SEPARAÇÃO DA MORAL E DO DIREITO

eleição do termo *"Moral"* para a designação do objeto de estudo daquilo que se escolheu chamar de *"Ética"*. Ora, considerando-se a já relatada identidade nos significados originários das expressões grega e latina que inspiram tais vocábulos, nada impediria que trocássemos, entre si, os significados escolhidos para cada termo, passando a tratar a expressão *"Moral"* para se reportar a disciplina teórica que se dedica a analisar o fenômeno que passaríamos a denominar de *"Ética"*. Certamente, tal substituição semântica não prejudicaria nem aprimoraria o uso técnico de tais expressões, sendo certo, porém, que, mesmo após essa alteração, continuaríamos a ter, ao menos em algumas situações específicas, a possibilidade de um uso intercambiável de tais expressões, sem que houvesse qualquer prejuízo na comunicação.

Assim, é difícil vislumbrar uma vantagem terminológica adicional que surge ao se promover esse tipo de diferenciação, sendo certo, por outro lado, que a sua adoção poderá acarretar alguns riscos teóricos e/ou semânticos. Isso porque, primeiramente, assumir essa distinção já pode ser visto como um indício de adoção de um comprometimento (mesmo que inconsciente) com uma perspectiva moderna acerca do fenômeno prático (na medida em que já se assume como evidente e intransponível o debate ser/dever-ser). Em segundo lugar, conforme já mencionado, no caso da aplicação das palavras *"moral"* e *"ética"* como adjetivos, essa diferenciação conceitual poderá provocar, em alguns casos, uma aparência de plurivocidade no uso desses termos (e.g. *"juízo moral"* e *"juízo ético"* poderiam ser compreendidos como expressões que deveriam, necessariamente, ter significados diferentes), mesmo quando isso não tiver sido desejado pelo seu autor, o que pode acarretar, no leitor, uma falsa sensação de ambiguidade.

Com efeito, neste trabalho, optar-se-á por utilizar as expressões *"moral"* e *"ética"* como sinônimas[37] (tanto no seu uso como substantivo, quanto na sua função de adjetivo), utilizando-se as locuções compostas *"filosofia moral"* ou *"teoria ética"* para se reportar ao esforço especulativo que tem a pretensão de esclarecer os fatores que influenciam ou determinam a ação humana (i.e. aquilo que seria definido como *"Ética"* de acordo com

---

[37] Ressalvando-se, obviamente, as situações em que o uso dessas expressões for feito como referência direta ao pensamento de outro Autor que venha a se valer da distinção conceitual ora criticada.

a postura acima relatada)[38]. Os conceitos assim esclarecidos garantem a mesma vantagem didática que, supostamente, seria obtida por meio da diferenciação terminológico entre *"Moral"* e *"Ética"*, sem se incorrer, porém, nos riscos teóricos e semânticos que a mesma diferenciação pode acarretar. Aliás, será, precisamente, com base nessa especificação conceitual que se poderá, mais adiante (item 1.3.), diferenciar os dois diferentes modos de se acessar e de se analisar o nosso universo prático, quais sejam, por meio do conhecimento prático e por meio da filosofia moral.

1.1.2. O Direito em visão moral restritiva e o chamado Problema da Demarcação

Se existe um debate perene na história do pensamento humano esse pode ser ilustrado pela discussão filosófica envolvendo a definição e a especificação dos parâmetros de conduta que devem direcionar ou que podem influenciar o agir de um indivíduo. Não é de hoje, portanto, que a filosofia discute em que medida o conteúdo de uma atividade humana ou de uma prática social pode ser, objetivamente, determinado ou ainda se os padrões que servirão de critério avaliativo dessas ações podem ser definidos apenas por meio de instrumentos e artifícios elaborados pelos próprios agentes sociais ou se existiriam elementos normativos anteriores e pré-convencionais, cuja observância seria racionalmente necessária ou, ao menos, representaria medida salutar para o adequado desenvolvimento e progresso da sociedade humana. Sempre se questionou, portanto, se existiriam elementos racionais ou fatores naturais que poderiam pré-determinar o conteúdo das escolhas livres dos agentes humanos, os quais, em caso positivo, deveriam se autocompreender como adstritos a limites formais e substanciais que seriam sobrejacentes às decisões individuais ou coletivas que, em um determinado contexto histórico ou social, poderiam ser tomadas.

---

[38] Cabe destacar que, ao se rejeitar a proposta comum de diferenciação entre *"Moral"* e *"Ética"*, não se está aqui negando que exista, de um lado, um fenômeno prático que possa ser, de outro lado, objeto de questionamento e de especulação por algum tipo de empreendimento teórico. Na verdade, está-se apenas defendendo que a diferenciação entre os dois termos possui um traço arbitrário, que não garante, necessariamente, um maior esclarecimento da nossa realidade prática e que, possivelmente, pode gerar situações de ambiguidade linguística (i.e., como no referido caso em que as expressões *"moral"* e *"ética"* são utilizadas como adjetivos).

O DEBATE ACERCA DA SEPARAÇÃO DA MORAL E DO DIREITO

É, pois, dentro dessa eterna moldura de discussões filosóficas que se localiza o debate envolvendo a possível separação ou a possível interrelação entre a *"Moral"* e o *"Direito"*, por meio do qual se questiona em que medida o fenômeno jurídico pode receber influência ou sofrer imposições materiais por parte de algo (possivelmente um sistema de proposições) que seria exterior a ele e que teria propriedades, totalmente, distintas dele. Considerando-se a forma como se apresenta esse tipo de debate verifica-se, de pronto, que ele representa, logicamente, uma espécie dentro de um gênero maior de discussões filosóficas. Isso porque o questionamento sobre a participação de dois sistemas proposicionais prescritivos – a chamada *"Moral"* e o *"Direito"* – na determinação do conteúdo de uma ação humana já pressupõe tenham sido fixadas ou consensualizadas algumas premissas éticas mais básicas, tais como aquelas envolvendo a definição de alguns conceitos metaéticos como realidade prática, crença, juízo prático, conhecimento moral etc... Assim, todo e qualquer projeto teórico que pretenda, com alguma profundidade, responder às perguntas relacionadas ao problema mais amplo acima descrito deverá previamente esclarecer o conteúdo mínimo de tais conceitos. Somente após esses esclarecimentos terminológicos é que se pode desenvolver qualquer discussão relevante sobre a independência ou a interpenetração das esferas da *"Moral"* e do *"Direito"*[39].

Exatamente por isso, mesmo que, na história da filosofia prática, já se pudesse visualizar discussões envolvendo a intensidade com que o direito incorpora ou deveria incorporar em seu conteúdo determinadas proposições valorativas a serem compreendidas como universais e necessárias, independentemente de qualquer convenção ou aceitação

---

[39] É nossa opinião que tal debate prático não se encontra superado nos dias de hoje. Com efeito, não se poderia afirmar que as diferentes propostas que aqui se analisam não representariam mais nenhuma disputa real. Muito pelo contrário, o debate envolvendo o aqui denominado "Problema da Demarcação" ainda ilustra intensa discussão acadêmica, tanto no ambiente da Filosofia, quanto no campo da teoria do Direito. Aliás, caberia ilustrar o ponto fazendo referência ao 25º Congresso Internacional de Filosofia do Direito do IVR (2011), realizado em Frankfurt am Main, no qual um dos principais temas de discussão foi precisamente a existência ou não de uma interpenetração entre moral e direito. Cite-se, por exemplo, o trabalho apresentado por John FINNIS no mencionado encontro: FINNIS, John. *Coexisting Normative Orders? Yes, but No.* The American Journal of Jurisprudence: Oxford University Press, vol. 57, 2012.

METAÉTICA E A FUNDAMENTAÇÃO DO DIREITO

social[40], a disputa envolvendo a separação ou unificação da *"Moral"* e do *"Direito"* – enquanto realidades ou entes autonomamente identificáveis – é mais recente, surgindo (com o vocabulário e com as pré-concepções que, hoje, são assumidas como evidentes) apenas entre o final do Século XVIII e início do Século XIX. Foi na metade do século passado, porém, que esse debate passou a ocupar posição de destaque na maioria das disputas filosóficas envolvendo a definição dos fenômenos moral e jurídico, tendo essa discussão sido considerada, por alguns, como o tema central da filosofia do direito[41]. Passou-se, inclusive, a pressupor que a própria definição do fenômeno jurídico somente poderia ser desenvolvida com sucesso uma vez que resolvido o chamado *"Problema da Demarcação"*[42], i.e., o suposto dilema na estipulação das fronteiras existentes entre o *"Direito"* e a *"Moral"*[43]. Não é a toa que esse problema ocupou a parte mais expressiva dos projetos teóricos de jusfilósofos do calibre de KELSEN[44], HART[45] e RAZ[46].

No entanto, conforme já mencionado, a caracterização desse suposto problema de demarcação exigiu, de antemão, fosse compartilhada uma visão fragmentada e restritiva tanto do fenômeno moral, quanto do

---

[40] Obviamente, não cabe aqui reproduzir, em toda a sua extensão, tal debate histórico, cabendo apenas referir que esse tipo de preocupação especulativa já era abundante na Antiguidade, o que pode ser ilustrado, por exemplo, no diálogo, que mantido por Alcebíades e Péricles – e que nos é relatado por Xenofonte – (*"Então um tirano que, ao assumir o poder de um Estado, determina o que os cidadãos devem fazer, também está criando algo que pode ser considerado uma lei?"*) ou ainda na discussão em Aristóteles, sobre o justo natural e o justo convencional (*Ética à Nicômacos*, Livro V, 7) ou, ainda, na noção de *lei verdadeira* em Cícero (*"True law ... is right reason corresponding to nature, diffused in all unchaging, everlasting, which commanding, calls to duty, and forbiding, deters from wrongdoing"* – *De Republica*, III.XXII, 33).

[41] *"In der Rechtsphilosophie besteht jedoch Streit darüber, ob eine Norm nur dann Rechtlich gilt, wenn sie zugleich auch grunlegende moralische Forderungen erfüllt oder ihnen jedenfalls nicht widerspricht."* (KIRSTE, Stephan. *Einfürung in die Rechtsphilosophie*. Alemanha: WBG, 2010, p. 102)

[42] LEITER, Brian. *The Demarcation Problem in Jurisprudence: A New Case for Scepticism*. Reino Unido: Oxford Journal for Legal Studies, 2011, pp. 1-15.

[43] *"Das hauptproblem im Streit um den Rechtsbegriff ist das Verhaltnis von Recht und Moral."* (ALEXY, Robert. *Begriff und Geltung des Rechts*. Alemanha: Alber Studienausgabe, 2005, p. 15)

[44] KELSEN, Hans. *Reine Rechtslehre*. Alemanha: Mohr Siebeck, 2008.

[45] HART, Herbert. *Positivism and the Separation of Law and Morals*. Estados Unidos da América: *Harvard Law Review*, Vol. 71, 1958, pp. 529-593; e *The Concept of Law*. Reino Unido: Oxford University Press, 1961.

[46] RAZ, Joseph. *The Authority of Law*. Reino Unido: Oxford University Press, 2ª Edição, 2009.

O DEBATE ACERCA DA SEPARAÇÃO DA MORAL E DO DIREITO

fenômeno jurídico, uma vez que ambos passaram a ser analisados a partir de uma perspectiva meramente formal, o que possibilitou a caracterização dos dois elementos formadores da nossa realidade prática como se fossem apenas uma série de proposições que poderiam ser agrupadas, cada uma, dentro de um sistema prescritivo fechado. É, pois, essa atitude teórica, supostamente neutra, que passou a permitir fossem analisados os diferentes modos de se relacionar o *"sistema moral"* com o *"sistema jurídico"*. Nesse contexto, passou-se a se atribuir um dimensionamento quase físico à nossa realidade prática, o que permitiu o início de discussões acerca do modo de se desenhar as suas fronteiras (muitas vezes de modo visual e tangível), o que, aliás, pode ser verificado nas ilustrações didáticas que, em regra, acompanham a explicação daqueles que se engajam no referido problema da demarcação do nosso universo prático[47]. Diante desse cenário, portanto, não representaria nenhuma contradição nem incoerência afirmar que o ser humano poderia ter a sua ação descrita e justificada ou como estando *"dentro da Moral"* ou como estando *"dentro do Direito"*.

Com efeito, a partir do momento em que esse tipo de debate passa a ser visto como o ponto de partida necessário para se compreender a realidade prática na qual os indivíduos agem, três propostas demarcadoras são apresentadas como sendo as opções disponíveis àquele que pretende bem compreender os fatores que direcionam e influenciam o agir humano, quais sejam:

(a) a *"Moral"* e o *"Direito"* estão, de modo indissolvível, fundidas em uma mesma realidade, sendo que a *"Moral"* possui um escopo mais amplo e, ao mesmo tempo, todo abarcante do fenômeno jurídico, o qual, em verdade, não é outra coisa senão uma dedução lógica de proposições morais, axiologicamente, mais relevantes e determinantes;

(b) a *"Moral"* e o *"Direito"* estão posicionados, paralelamente, um ao lado do outro, como objetos isolados, havendo uma independência absoluta de um sistema proposicional em relação ao outro, na

---

[47] Conforme será demonstrado, é por esse motivo que o debate acerca da demarcação é, em regra, representado graficamente por meio de conjuntos estanques, os quais são colocados em posição paralela, sobreposta ou subordinada, tudo de acordo com a predileção do filósofo moral ou o filósofo do direito.

medida em que não se pode confundir o que, de fato, é o direito válido, com aquilo que poderia ser um conjunto ideal de proposições normativas; e

(c) existe um ponto de interconexão entre a *"Moral"* e o *"Direito"*, na medida em que, mesmo possuindo o *"Direito"* certa independência conceitual diante da *"Moral"*, deveriam as proposições jurídicas observar um *"mínimo moral"*[48], não podendo, portanto, o seu conteúdo ser nem absurdo nem excessivamente injusto.

É, portanto, com base nessas três possibilidades descritivas que se desenvolvem, principalmente na literatura alemã, as teses da separação (*Trennungsthese*) e da conexão (*Verbindungsthese*) entre *"Moral"* e *"Direito"*, sendo que esta última proposta forneceria, ainda, duas alternativas paralelas, ou seja, uma tese de conexão forte e uma tese de conexão fraca entre os dois referidos sistemas prescritivos[49].

Conforme se verá, essas três alternativas teóricas são, frequentemente, apresentadas em conjunto, ou seja, de modo simultâneo, dando a impressão de que existiriam esses três caminhos disponíveis, sendo que um deles haveria de ser, necessariamente, eleito por aquele interessado em melhor compreender o universo da razão prática. Seria esse, pois, o *"cardápio de opções"* disponível ao teórico moral e ao teórico do direito que desejasse compreender os parâmetros normativos que influenciam ou direcionam a ação humana. Por outro lado, esse esquema representacional da nossa realidade prática pressupõe que os diferentes caminhos trilhados no desenvolvimento das posturas teóricas que ilustram as três alternativas disponíveis tenham se dado todos em um mesmo momento histórico, sob a influência de uma única matriz teórica, dentro da qual se assumiriam, nas três vertentes, as idênticas preocupações filosóficas. Como se defenderá no tópico que segue, a apresentação do problema da demarcação por meio dessas três alternativas, além de partir de uma

---

[48] A expressão será usada entre aspas, uma vez que *(a)* não é ela auto-explicativa e *(b)* ela recebe, conforme se verá, inúmeras significações distintas, dependendo da visão de cada autor e da forma como se dá a sua composição.

[49] Aliás, para ALEXY, essas três propostas aglutinadoras de visões sobre os fenômenos moral e jurídico representariam as alternativas para a própria conceituação do direito (*"Die Trennungs- und die Verbindungsthese sagen, wie der Begriff des Rechts zu definieren ist."* – ALEXY, Robert. *Begriff und Geltung des Rechts.* Alemanha: Alber Studienausgabe, 2005, p. 39)

O DEBATE ACERCA DA SEPARAÇÃO DA MORAL E DO DIREITO

visão reducionista e fragmentada da ordem prática, comete o equívoco de dar tratamento simétrico (em termos históricos, teóricos e filosóficos) às mais diferentes correntes de pensamento.

Cabe, pois, inicialmente, sintetizar como, normalmente, é apresentado esse recurso didático – que aqui não se tem a pretensão de endossar, mas apenas a de reproduzir –, para, em seguida, verificar se esse artifício explicativo da nossa realidade prática adota premissas, minimamente, aceitáveis e se ele, efetivamente, contribui para o esclarecimento do problema prático mais abrangente descrito no início deste tópico (i.e. o questionamento envolvendo a existência ou não de parâmetros normativos que podem ser vistos como anteriores e pré-convencionais aos instrumentos regulatórios da ação humana que são produzidos, voluntariamente, pelos indivíduos e pelos agentes sociais). Vejamos, pois, como essas três teses alternativas são, comumente, ilustradas.

1.1.2.1. A tese da separação (*Trennungsthese*)

A chamada tese da separação (*Trennungsthese*) – que dá origem ao próprio *"problema da demarcação"* e que, normalmente, é identificada com o movimento do positivismo jurídico[50] – agrupa o conjunto de posturas teóricas que defendem que a adequada definição do direito exige que se compreenda tal fenômeno apartado de qualquer elemento que possa ser qualificado como portador de natureza moral[51]. Sustenta-se, por meio dessa tese, que não existiria qualquer interrelação necessária entre proposições jurídicas válidas e proposições morais, de modo que qualquer exigência prescritiva atribuível à chamada *"Moral"* jamais poderia predeterminar a legitimidade e validade de uma prescrição jurídica[52].

---

[50] É, possivelmente, por causa da identificação do problema da demarcação com o surgimento do positivismo jurídico que ALEXY sustenta que seria mais adequada a separação das tradições jurídicas apenas em *positivistas* e em *não-positivistas*. Assim, para ele, um jusnaturalista seria um típico não-positivista, pois defenderia o argumento de que uma lei injusta não seria verdadeiramente uma lei (ALEXY, Robert. *Begriff und Geltung des Rechts*. Alemanha: Alber Studienausgabe, 2005, p. 20). Obviamente, essa simplificação no esclarecimento das tradições jurídicas não será, neste estudo, adotada.

[51] KAUFMANN, Arthur; HASSEMER, Winfried; NEUMANN, Ulfrid. *Einfürung in Rechtsphilosophie und Rechtstheorie der Gegenwart*. Alemanha: C.F. Müller, 2011, pp. 221/2.

[52] De acordo com esta visão, a estrutura prescritiva não é a diferença específica do direito, mas apenas uma das suas características mais genéricas. Assim, a moral também possui esse

Assim, o conteúdo de uma proposição caracterizada como jurídica não poderia jamais ser justificado por meio de recurso a conceitos de justiça, de igualdade ou de razoabilidade, os quais não deveriam influenciar os mecanismos de produção do *"Direito"*. Isso significa dizer que, de acordo com a tese da separação, não deveria participar do processo de validação do *"Direito"* qualquer elemento material que tivesse a pretensão de ilustrar uma exigência racional que pudesse se qualificar como pré-convencional, universal e necessária. Pressupõe-se, pois, a existência de uma independência radical entre dois sistemas prescritivos: a *"Moral"* e o *"Direito"*[53]. Essas duas esferas formariam sistemas normativos completamente distintos, cada um composto por proposições dotadas de atributos diferentes, estruturando, assim, unidades autônomas que não se tocariam e que não deveriam ser confundidas uma com a outra. Exatamente por isso, os defensores da tese da separação têm o seu argumento central ilustrado, figurativamente, do seguinte modo:

Dentro desse esquema representacional, o possível conteúdo moral de uma proposição jurídica seria meramente acidental, ou seja, mesmo quando, em realidade, o *"Direito"* assumisse o conteúdo de determinada proposição ética, isso jamais representaria uma exigência necessária da nossa racionalidade prática, mas apenas um desejo espontâneo daqueles responsáveis pela fabricação das proposições jurídicas válidas. Com isso, a eventual presença de uma proposição moral no sistema jurídico seria

---

traço específico que mantém em simetria para com o direito. Conforme será referido em seguida, de acordo com KELSEN, a diferença específica do direito perante outras ordens normativas seria o fato desse possuir o traço coercitivo. (KELSEN, Hans. *Reine Rechtslehre*. Alemanha: Mohr Siebeck, 2008, p. 37)

[53] KELSEN, Hans. *Reine Rechtslehre*. Alemanha: Mohr Siebeck, 2008.

mera coincidência, não controlável nem pré-determinável por aquele interessado em estipular os pressupostos que devem, efetivamente, direcionar e regular a correta ação humana. Com efeito, desse contato acidental e esporádico entre proposições morais e proposições jurídicas, surgiria, segundo HOERSTER, quatro possibilidades de uma eventual interação entre o *"Direito"* e a *"Moral"*[54]:

(i) uma proposição jurídica pode proibir uma conduta que é também é ofensiva a uma regra moral (e.g., proibição ao homicídio ou de quebra de promessas[55]);

(ii) uma proposição jurídica pode proibir uma conduta que é considerada obrigatória por parte da *"Moral"* (e.g., salvar um inocente da perseguição estatal);

(iii) uma proposição jurídica pode proibir uma conduta que para a moral é neutra ou indiferente[56], mas que, em razão das consequências que podem ser provocadas por essa conduta, a proibição também acaba assumindo feição moral (e.g., dirigir o carro pela via contrária à eleita pelo *"Direito"*, de modo que tal condução provoca risco de vida aos demais motoristas);

(iv) uma proposição jurídica pode proibir uma conduta que é neutra para a *"Moral"* e que continuará assim sendo, mesmo após a instauração da proibição jurídica (e.g., estacionar o carro em local proibido, em casos em que essa ofensa não gera nenhuma espécie de obstáculo ao tráfego ou ainda, para HOERSTER, a atividade homossexual entre adultos).

Os defensores da tese da separação, em regra geral, compartilham três premissas básicas, quais sejam: *(a)* a bipartição ontológica da realidade; *(b)* o cientificismo verificacionista; e *(c)* a pressuposição de que juízos éticos

---

[54] HOERSTER, Norbert. *Recht und Moral*. Alemanha: Reclams Universal Bibliothek, 2002, p. 140.

[55] Os exemplos aqui transcritos são de HOERSTER.

[56] Interessante notar que, de acordo com esta perspectiva separatista, existiriam algumas ações humanas que seriam moralmente indiferentes, ou seja, o seu conteúdo e as suas consequências previsíveis não teriam qualquer relevância prática. No entanto, a própria possibilidade teórica de se defender a existência de ações humanas moralmente neutras já pressupõe a adesão a determinados pressupostos metaéticos.

são, conceitualmente, carentes de qualquer objetividade. Cabe expor, sucintamente, o significado que, aqui, se atribui a essas três premissas.

Primeiramente, o separatista assume um compromisso ontológico bastante específico, qual seja, o de acreditar que há uma bifurcação na realidade em que o ser humano realiza as suas ações, existindo, assim, dois planos que devem ser diferenciados: o plano do *ser*, que é captado por meio da descrição das propriedades físicas que dão conteúdo aos objetos, aqui, localizados, e o plano do *dever-ser*, o qual pode ser conhecido apenas formalmente e que orienta a escolha de prescrições sobre o agir humano[57]. Com efeito, alguns objetos possuem essência física, podendo ser conhecidos empiricamente, enquanto que outros objetos possuem uma essência normativa, sendo, pois, captados apenas intelectualmente, de acordo com a sua respectiva forma.

Mantendo simetria com essa pressuposição ontológica, o *"problema da demarcação"*, para o separatista, exige, precisamente, que se consiga diferenciar o *"direito como ele é"* do *"direito como ele deveria ser"*[58]. É, pois, a observância dessa premissa ontológica que permite fixar-se o limite entre as proposições que são, de fato, jurídicas, daquelas proposições que representam, idealmente, o que a *"Moral"* poderia impor como conteúdo a ser observado pelo *"Direito"*. Por outro lado, não promover esse tipo de diferenciação – sustentam os defensores da tese da separação – leva a má-compreensão tanto do fenômeno jurídico, quanto do fenômeno moral. E essa falha intelectual na compreensão da *"Moral"* e do *"Direito"*, supostamente cometida por aquele que sustenta que há algum conteúdo ético na formulação de proposições jurídicas, é, frequentemente, caracterizada como sendo uma violação à chamada *"lei de Hume"* ou, ainda, é qualificada como cometimento da denominada falácia naturalística.

Conforme sustentou HUME, no seu *Tratado da Natureza Humana*[59], seria, logicamente, inválido o raciocínio que pretendesse deduzir de premissas

---

[57] *"... so bedeutet dieses 'Sollen' – als Kategorie des Rechts – nur den spezifischen Sinn, in dem Rechtsbedingung und Rechtsfolge im Rechtssatz zusammengehören. Diese Kategorie des Rechts hat... eine rein formalen Charakter."* (KELSEN, Hans. *Reine Rechtslehre*. Alemanha: Mohr Siebeck, 2008, p. 36)

[58] KELSEN, Hans. *Op. cit.*, p. 25.

[59] *"... I have always remarked, that the author proceeds for some time in the ordinary way of reasoning, and establishes the being of a God, or makes observations concerning human affairs; when of a sudden I am surprised to find, that instead of the usual copulations of propositions, is, and is not, I meet with*

descritivas conclusões normativas, não sendo admissível a simples passagem do plano do *ser (is)* para o plano do dever-ser *(ought)*. Diz-se, assim, que, do modo como as coisas são, não se pode jamais concluir como elas deveriam ser (ou ainda, do modo como agimos, não podemos determinar como deveríamos agir)[60]. Foram, possivelmente, os autores utilitaristas os primeiros a se valerem desse tipo de diferenciação para redefinirem os termos do debate sobre a delimitação da *"Moral"* e do *"Direito"*[61], sendo as palavras de John AUSTIN as que melhor captam o espírito que influenciou a formação dessa perspectiva que até hoje é relevante:

> *"The existence of law is one thing; its merit or demerit is another. Whether it be or be not is one enquiry; whether it be or be not conformable to an assumed standard, is a different enquiry. A law, which actually exists, is a law, though we happen to dislike it, or though it vary from the text, by which we regulate our approbation and disapprobation. This truth, when formally announced as an abstract proposition, is so simple and glaring that it seems idle to insist upon it. But simple and glaring as it is, when enunciated in abstract expressions the enumeration of the instances in which it has been forgotten would fill a volume.*
>
> *Sir William Blackstone, for example, says in his 'Commentaries', that the laws of God are superior in obligation to all other laws; that no human laws should be suffered to contradict them; that human laws are of no validity if contrary to them; and that all valid laws derive their force from that Divine original.*
>
> *Now, he may mean that all human laws ought to conform to the Divine laws. If this be his meaning, I assent to it without hesitation. ...Perhaps, again, he means that human lawgivers are themselves obliged by the Divine laws to fashion the laws which they impose by that ultimate standard, because if they do not, God will punish them.*

---

no proposition that is not connected with an ought, or an ought not. This change is imperceptible; but is, however, of the last consequence. For as this ought, or ought not, expresses some new relation or affirmation, it is necessary that it should be observed and explained; and at the same time that a reason should be given, for what seems altogether inconceivable, how this new relation can be a deduction from others, which are entirely different from it". (HUME, David. *A Treatise of Human Nature.* Inglaterra: Oxford University Press, 2000, pp. 301-2).

[60] Interessante notar, porém, que a sugestão de HUME nos diz o que não pode levar a derivação de uma proposição prescritiva, mas jamais nos diz o que pode, em verdade, justificar essa derivação.

[61] HART, Herbert. *Positivism and the Separation of Law and Morals.* Estados Unidos da América: *Harvard Law Review*, Vol. 71, 1958, pp. 529-593.

METAÉTICA E A FUNDAMENTAÇÃO DO DIREITO

To this also I entirely assent. (...) But the meaning of this passage of Blackstone, if it has a meaning, seems rather to be this: that no human law which conflicts with the Divine law is obligatory or binding; in other words, that no human law which conflicts with the Divine law is a law.[62]

Um desdobramento mais recente desse problema lógico pode ser identificado na elaboração da chamada *falácia naturalística*, a qual foi, inicialmente, formulada por G.E. MOORE, no seu *Principia Ethica*[63]. Segundo MOORE, a *falácia naturalística* ocorreria sempre que se pretendesse justificar ou criticar uma ação por meio da invocação de expressões do estilo *"bom"* ou *"ruim"*, valendo-se de tais termos como se eles fossem compostos por propriedades naturais que pudessem ser, empiricamente, verificadas. Para MOORE, nesses casos, estar-se-ia cometendo uma falácia, uma vez que tais expressões não possuiriam nenhuma referência objetiva na realidade (i.e., não existiria nenhuma relação necessária entre as coisas que chamamos de boas e as propriedades físicas que essas mesmas coisas possuem), mas apenas indicaria aquilo que poderia ser compreendido como desejável ou indesejável por aquele que utilizasse tais expressões. E não é por coincidência que a argumentação que inspira a chamada *falácia naturalística* é a mesma que dá forma às outras duas premissas adotadas pela tese da separação.

Quanto ao cientificismo verificacionista, corresponde tal pressuposto à atitude epistemológica que o teórico separatista adota diante do seu objeto de estudo, ou seja, diz respeito ao pressuposto especulativo que ele adota em relação à possibilidade de efetivo conhecimento dos juízos éticos e jurídicos que demarcam os sistemas da *"Moral"* e do *"Direito"*. De acordo com tal pressuposição, somente pode ser considerado verdadeiro conhecimento científico uma proposição ou um raciocínio que seja capaz de ser conferido e justificado a partir de algum elemento passível de verificação empírica. O que não for verificável não é conhecimento, não participando, portanto, da esfera denominada de *"Ciência"*. Tais proposições não verificáveis integram um sistema proposicional paralelo

---

[62] AUSTIN, JOHN. *The Province of Jurisprudence Determined*. Reino Unido: Library of Ideas, 1954, pp. 184-85.

[63] MOORE, G.E. *Principia Ethica*. Estados Unidos da América: Dover Publications, 2004, pp. 09-10.

(não científico) que é formado por todos os juízos que não são passíveis de conferência empírica e que, por isso, seriam irrelevantes (ou, pelo menos, não determinantes) para o progresso do conhecimento humano. A verificabilidade, portanto, representa o critério a ser seguido para a demarcação do território científico – previsível, objetivo e determinável –, de modo a isolá-lo da esfera das crenças não científicas (de acordo com essa visão, seria o campo da metafísica, da religião, da moral etc...), ou seja, aquele conjunto das proposições que jamais poderão ter o seu conteúdo comprovado como verdadeiro em termos empíricos.

Com efeito, do mesmo modo que o desenvolvimento de determinada área de conhecimento pressupõe a especificação de técnicas que permitam diferenciar um dado científico (i.e., passível de verificação) daquilo que seria mera crença não científica (i.e., manifestações pseudocientíficas), seria também necessário isolar o fenômeno jurídico do fenômeno moral[64]. No entanto, para se garantir a verificabilidade das proposições jurídicas que poderiam ser qualificadas como válidas torna-se necessária uma nova delimitação do escopo de compreensão do fenômeno jurídico, o qual passa a ser visualizado (também de modo restritivo, assim como ocorre em relação à esfera moral) ou como as normas que são o resultado final de um procedimento previamente eleito ou como o conjunto de comandos que são expedidos por aquele investido de autoridade ou de poder ou como a série de regras que é, rotineiramente, observada em sociedade e que é imposta pelos aplicadores do direito. O que todas essas caracterizações têm em comum é o fato de definirem as proposições jurídicas que foram o *"Direito"* por meio de um elemento que seria, em tese, passível de verificação empírica. Por outro lado, a esfera da *"Moral"* seria formada por proposições prescritivas que jamais seriam passíveis de algum tipo de certificação ou de conferência empírica. E a razão de ser dessa caracterização da *"Moral"*, segundo o separatista, deve-se à terceira premissa que é por ele seguida.

Como se viu, as proposições jurídicas validamente produzidas formam um sistema prescritivo autônomo, dotado de objetividade, uma vez que essas proposições prescritivas, diferentemente das morais, podem ser conhecidas, cientificamente, tendo em vista a possibilidade de uma

---

[64] LEITER, Brian. *The Demarcation Problem in Jurisprudence: A New Case for Scepticism*. Reino Unido: Oxford Journal for Legal Studies, 2011, pp. 1-15.

METAÉTICA E A FUNDAMENTAÇÃO DO DIREITO

verificação empírica dos fatores que levaram à sua produção. Por outro lado, para o defensor da tese da separação, as proposições morais (e.g. juízos de certo/errado, bom/ruim, justo/injusto) jamais são capazes de receber alguma espécie de certificação objetiva, na medida em que as suas propriedades qualificadoras (o bom, o justo, o correto etc...) não podem ser, empiricamente, verificadas em nenhum objeto, ou seja, esses predicados, mesmo que possam ser formulados prescritivamente no plano do dever-ser, não possuem qualquer localização no plano do *ser*. Na verdade, os juízos morais representam, para o separatista, meras expressões de sentimentos ou atitudes emocionais que apenas ilustram a motivação individual que uma pessoa adota para agir de determinado modo, inexistindo qualquer critério objetivo prévio que possa ser invocado para mensurar o conteúdo da sua eventual ação[65]. Assim, para o separatista, uma proposição do estilo *"X é justo ou bom"* representa o mesmo que expressar o sentimento *"eu gosto de X"*[66]. Tais juízos morais, portanto, jamais poderiam ser analisados racionalmente, motivo pelo qual nenhum elemento valorativo poderia ser invocado como fundamento necessário de uma proposição jurídica. O que poderia garantir objetividade a um juízo ético seria apenas a sua eventual incorporação pela estrutura de uma norma jurídica válida, a qual receberia esse conteúdo, acidentalmente, por meio de um ato de vontade daquele com autoridade ou poder. Esse, por sua vez, ao eleger um valor que deseja positivar juridicamente, estaria apenas manifestando uma preferência pessoal em relação ao valor escolhido, o que jamais poderia ser submetido ao escrutínio da razão.

Assim, tomando-se essas três premissas em conjunto, o que justificaria a separação entre *"Moral"* e o *"Direito"* seria a necessidade de se diferenciar juízos jurídicos válidos, dotamos de objetividade e passíveis de verificação, de juízos morais, que não seriam dotados de qualquer força cogente e que seriam, necessariamente, manifestações pessoais ou, meramente,

---

[65] *"Das Problem der Wert ist vor allem und in erster Linie das Problem der Wertkonflikte. Und dieses Problem kann nicht mit den Mitteln rationaler Erkenntnis gelöst werden. Die Antwort auf die sich hier ergebenden Fragen ist stets ein Urteil, das in letzter Linie von emotionalen Faktoren bestimmt wird und daher einen höchst subjektiven Charakter hat. Das heisst, dass es gültig nur ist für das urteilende Subjekt und in diesem Sinn relativ."* (KELSEN, Hans. *Was ist Gerechtigkeit?*. Alemanha: Philipp Reclam, 2000, p. 15)

[66] Conforme se pretende demonstrar com maior clareza nos capítulos que seguem, a postura metaética que dá substrato à tese da separação ora descrita é o não-cognitivismo.

opinativas. Seria apenas por meio da demarcação precisa dessas duas esferas que se tornaria possível o desenvolvimento, com segurança, de uma ciência do Direito. Isso porque a *"Moral"*, diferentemente do *"Direito"*, não seria capaz de atribuir sentido objetivo para a conduta humana[67], na medida em que, conceitualmente, (para os defensores desta postura) um juízo moral representaria apenas projeção de uma crença subjetiva sobre o mundo. E não prezar por esse tipo de objetividade – defendem os separatistas – é aceitar o risco anárquico de termos uma completa inobservância das proposições jurídicas válidas, na medida em que o Direito poderia ser, constantemente, desobedecido ao simples argumento de que ele estaria sempre aquém do que seria, verdadeiramente, moral ou justo[68].

1.1.2.2. A tese da conexão forte (*Starke Verbindungsthese*)

Em contraste à tese da separação, encontra-se o agrupamento de postu-ras teóricas que são enquadradas – muitas vezes a contragosto do autor entabulado nesse grupo– na chamada tese da conexão (*Verbindungsthese*) entre *"Moral"* e *"Direito"*. De acordo com aqueles que se valem dessa clas-sificação, os defensores da tese da conexão afirmam que o *"Direito"* deve, de modo necessário (e não apenas acidental), incorporar no seu sistema, total ou parcialmente, proposições morais, cuja observância seria uma exigência racional ou, para alguns, representaria uma imposição lógico--dedutiva a ser alcançada a partir de premissas éticas superiores. Assim, de acordo com esta perspectiva, não obstante continue o universo da ordem prática a ser pensado restritivamente (na medida em que formado apenas por dois sistemas proposicionais autônomos e, individualmente, demarcados), reconhece-se que haveria certo conteúdo moral que seria, sim, determinante para a correta formação e compreensão do fenômeno jurídico. Desenvolvem-se dentro dessa corrente, porém, outras duas pro-postas teóricas que não devem ser confundidas, sendo que a diferença entre essas seria ditada de acordo com a intensidade com que o conteúdo das proposições jurídicas ficaria submetido a uma pré-determinação moral. Diante disso, o chamado *"problema da demarcação"* poderia também

---

[67] KELSEN, Hans. Op. cit., p. 17.
[68] HART, Herbert. *Positivism and the Separation of Law and Morals*. Estados Unidos da América: *Harvard Law Review*, Vol. 71, 1958, pp. 529-593.

METAÉTICA E A FUNDAMENTAÇÃO DO DIREITO

ser respondido ou por meio da chamada tese da conexão forte ou por meio da tese da conexão fraca[69]. Vejamos, aqui, a primeira alternativa.

Segundo a teoria da conexão forte (*starke Verbindungsthese*), haveria uma necessária submissão do *"Direito"* à *"Moral"*, na medida em que uma proposição somente poderia ser qualificada como, verdadeiramente, jurídica quando essa pudesse ser declarada compatível com a *"Moral"*[70]. Isso significa dizer que o conteúdo de uma proposição jurídica somente poderia ser considerado válido quando pudesse ser justificado e explicado, integralmente, em termos morais[71], sendo que essa justificação, de acordo com esse entendimento, exigiria uma demonstração, por meio de juízos dedutivos, que comprovasse que a proposição jurídica não seria outra coisa senão uma derivação de uma proposição moral mais ampla. Assim, de acordo com tal visão, o status jurídico de um comando ou de regra estaria em total dependência do conteúdo de proposições mais genéricas que pudessem ser classificadas como morais.

Cabe destacar, porém, que a tese da conexão não pressupõe que as proposições jurídicas devam ser vistas como idênticas às proposições morais, mas apenas que o conteúdo de uma norma jurídica deva ser compatível e coerente com as demais regras morais. Nessa esteira, a *"Moral"* é vista como um sistema de proposições mais amplo e todo abarcante do sistema prescritivo subordinado que conhecemos como o *"Direito"*[72]. Por outro lado, o *"Direito"* seria, axiologicamente, inferior à *"Moral"*, uma vez que os valores ou bens a serem perseguidos por meio do *"Direito"* somente poderiam ser conhecidos por meio de juízos morais. Haveria, supostamente, uma integração absoluta entre os dois sistemas, inexistindo qualquer proposição jurídica que mantivesse independência do sistema moral e que pudesse ser formulada sem que fosse necessária a sua plena

---

[69] ALEXY, Robert. *Begriff und Geltung des Rechts*. Alemanha: Alber Studienausgabe, 2005.

[70] *"Eine Norm ist nur dann legal, wenn sie moralisch ist."* (HOERSTER, Norbert. *Zur Verteidigung der rechtspositivistischen Trennungsthese, Apud* ALEXY, Robert. *Op. cit.*, p. 83)

[71] *"...muss jeder Jurist, der eine Norm als Rechtsnorm identifiziert, diese zugleich als moralisch gerechtfertigt einstufen."* (ALEXY, Robert. *Begriff und Geltung des Rechts*. Alemanha: Alber Studienausgabe, 2005 p. 83)

[72] *"... all moral requirements are also legal requirements"*. (COLEMAN and LEITER. *Legal Positivism*. p. 244, Apud FINNIS, John. *A Grand Tour of Legal Theory. In Philosophy of Law – Collected Essays*: Volume IV. Reino Unido: Orxford University Press, 2011 p. 112).

recondução lógica a proposições morais superiores[73]. Assim, como ocorre em relação à já mencionada tese da separação, o argumento central da suposta tese da conexão forte é, frequentemente, ilustrado, em termos gráficos, do seguinte modo:

Sabidamente, aqueles que se utilizam dessa visão demarcatória dos fenômenos moral e jurídico, vinculam a tese da conexão forte a posturas teóricas que seguem inspiração cognitivista, mais, especificamente, aquelas que ilustram uma espécie de realismo moral, conforme ficará mais claro a partir dos esclarecimentos conceituais que serão apresentados no capítulo seguinte. Por isso, não deve estranhar o fato de a chamada tese da conexão forte ser sempre atrelada às teorias jurídicas caracterizadas como jusnaturalistas[74], em especial àquelas elaboradas por autores qualificados como neotomistas. Importante, porém, destacar que, enquanto a tese da separação é autoimputada, sem qualquer receio, por parte dos autores que a defendem (especificamente autores positivistas), o que é

---

[73] Mesmo que textos anteriores pudessem impedir essa qualificação, DWORKIN pode ser enquadrado na corrente da conexão forte, tendo em vista as teses práticas por ele desenvolvidas no seu livro mais recente, *Justice for Hedgehogs* (Estados Unidos da América: Harvard University Press, 2011). Nesse sentido, veja o seguinte excerto dessa obra: *"I describe a conception of law that takes it to be not a rival system of rules that might conflict with morality but as itself a branch of morality. (...) ... law is a branch of morality, which is itself a branch of a more general personal morality, which is in turn a branch of a yet more general theory of what it is to live well."* (Op. cit., p. 05)

[74] *"Naturrechtstheorien behaupten, dass Rechtsnormen nur solche Normen sein können, die gewissen moralischen Anforderungen genügen."* (HOERSTER, Norbert. *Recht und Moral*. Alemanha: Reclams Universal Bibliothek, 2002, p. 11).

METAÉTICA E A FUNDAMENTAÇÃO DO DIREITO

feito, na maior parte das vezes, como forma de facilitar, didaticamente, a exposição do seu argumento central, a tese da conexão forte, por outro lado, raramente, é invocada em defesa própria e tomada como uma correta ilustração do que é defendido por aqueles autores que esclarecem o direito e a moral por meio de uma perspectiva jusnaturalista. Não seria exagero, portanto, caracterizar a tese da separação como um argumento de defesa e a tese da conexão forte como um argumento de crítica de postura rival, sendo que ambas são utilizadas como recurso argumentativo por aqueles que se encontram em um dos polos do debate envolvendo a natureza do nosso universo prático.

Com efeito, pode-se dizer que o aqui denominado *"problema da demarcação"* não é outra coisa senão instrumento próprio dos defensores de determinadas correntes positivistas, motivo pelo qual esses constroem o ambiente de discussão de modo a melhor acomodar premissas e pressupostos que são compartilhados apenas por uma parte das posturas teóricas que estão em disputa. Em razão disso, frequentemente, inúmeros exageros, inúmeras representações falsas e, inclusive, graves distorções interpretativas são cometidos por aqueles que pretendem enquadrar determinadas posturas teóricas na chamada tese da conexão forte.

Por exemplo, é frequente a vinculação da tese da conexão forte a citações que expressam a ideia de que uma lei que desrespeita determinado comando moral não possa ser caracterizada como verdadeira lei (i.e., uma lei injusta não se adequaria ao sentido pleno de lei). Com base nessa caracterização – quase sempre mal compreendida – é costumeira a atribuição aos defensores dessa postura à visão de que uma lei positiva somente seria, verdadeiramente, válida e legítima (e, segundo esses mesmos autores, dignas de observância por parte dos seus destinatários) quando essa pudesse ser caracterizada também como, perfeitamente, justa[75]. E seria dentro desse cenário que surgiria a alegação de que, ao se adotar a tese da conexão forte, estar-se-ia, assumindo o risco de termos uma verdadeira anarquia jurídica, na medida em que leis poderiam ser sempre desrespeitadas ao simples argumento da sua deficiência moral[76].

---

[75] KIRSTE, Stephan. *Einfürung in die Rechtsphilosophie*. Alemanha: WBG, 2010, p. 102.

[76] Se de um lado, a tese da conexão forte é, comumente, criticada pelo suposto risco anárquico que essa tese, supostamente, estaria encampando, não se pode deixar de referir, por outro lado, que a tese da separação também é, frequentemente, criticada por produzir

O DEBATE ACERCA DA SEPARAÇÃO DA MORAL E DO DIREITO

A partir desse tipo de enquadramento, também se identifica – por exemplo, em ALEXY – a leitura de que os defensores da chamada tese da conexão forte, além de pressuporem a possibilidade de uma espécie de dedução lógica do conteúdo das proposições jurídicas a partir de proposições morais, axiologicamente, superiores, também sustentariam que a adequação formal na positivação de uma lei, bem como a sua eficácia social seriam elementos secundários, sem maior importância, tendo em vista que uma proposição jurídica deveria ser analisada, exclusivamente, de acordo com a retidão moral do seu conteúdo[77].

Conforme se pretende demonstrar, essa leitura e esse esforço classificatório são, extremamente, simplificadores da postura ética que pode ser caracterizada como jusnaturalista, na medida em que pressupõem que um único esquema representacional (o chamado *"problema da demarcação"*) possa dar conta das mais variadas e distantes tradições éticas, as quais, quase sempre, partem de premissas ontológicas, epistemológicas e, inclusive, históricas diferentes.

Exatamente por isso, pretende-se sugerir, a partir do segundo capítulo deste estudo, que, ao invés do problema da demarcação, a questão envolvendo a reconstrução das esferas moral e jurídica é melhor esclarecida quando se parte de uma matriz metaética mais ampla, dentro da qual é possível melhor visualizar as premissas básicas formadoras das mais diferentes tradições éticas – e, por consequência, jurídicas –, fornecendo, assim, um espectro comum que permitirá contrastar e comparar semelhanças e diferenças que existem entre elas[78].

outro tipo de risco naqueles ambientes sociais em que, amplamente, adotada, qual seja, o risco de se instaurar uma atitude geral, absolutamente, acrítica diante das práticas jurídicas consideradas válidas, postura essa que, caso adotada por longo período, acaba suprimindo toda força prescritiva que a moral poderia exercer enquanto critério de direcionamento e de especificação do agir humano correto.

[77] *"Wer der ordnungsgemässen Gesetzheit und der sozialen Wirksamkeit keinerlei Bedeutung beimisst und ausschliesslich auf die inhaltliche Richtigkeit abstellt, erhält einen rein natur- oder vernunftrechtlichen Rechtsbegriff."* (ALEXY, Robert. *Begriff und Geltung des Rechts*. Alemanha: Alber Studienausgabe, 2005, p. 29) Nesse mesmo sentido, KIRSTE, Stephan. *Einfürung in die Rechtsphilosophie*. Alemanha: WBG, 2010, p. 108.

[78] É evidente que uma completa aproximação das mais diferentes tradições será, não apenas inviável, mas até indesejável, na medida em que, caso isso fosse, de fato, pretendido, se estaria, por certo, simplificando e mal representando a complexidade do universo em que os discursos ético e jurídico são desenvolvidos.

1.1.2.3. A tese da conexão fraca (*Schwache Verbindungsthese*)

Como forma de viabilizar uma terceira via em relação ao polarizado debate entre positivistas e jusnaturalistas, filósofos morais e teóricos do direito contemporâneo passaram a esboçar – principalmente, em razão das grandes modificações ideológicas surgidas no período Pós-Guerra – uma solução ao problema demarcatório que tem a pretensão de ser uma opção intermediária entre o completo isolamento do *"Direito"* em relação à *"Moral"* e a absoluta subordinação do *"Direito"* em relação aos comandos superiores da *"Moral"*. Tornou-se comum, assim, denominar-se de tese da conexão fraca (*schwache Verbingdungsthese*) aquelas posturas que buscam se diferenciar das duas grandes tradições jurídicas já referidas, sustentando que a forma mais plausível de se analisar e de se reconstruir, coerentemente, o nosso universo prático seria por meio da pressuposição de que deveria haver uma relação de interdependência entre as esferas normativas da moral e do direito. Os dois sistemas prescritivos teriam, portanto, um conteúdo proposicional específico e determinado, o que permitiria que cada um recebesse uma demarcação própria e diferenciada do outro, mas, mesmo assim, seria necessário reconhecer a existência de um ponto de contato mínimo em que o *"Direito"* deveria assumir elementos universais originários da *"Moral"*. Assim, haveria, segundo essa visão, uma parcial sobreposição do sistema moral sobre o sistema jurídico. Em razão disso, assim como ocorreu em relação às outras duas teses rivais já analisadas, a pretensão teórica ora descrita também é, normalmente, representada por meio de uma ilustração gráfica, a qual, neste caso, é esboçada da seguinte maneira:

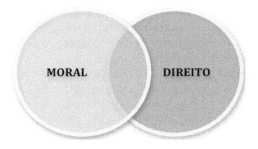

Um defensor da tese da conexão fraca não afirma, portanto, que uma norma jurídica deveria ter, integralmente, o seu conteúdo justificado

O DEBATE ACERCA DA SEPARAÇÃO DA MORAL E DO DIREITO

com base na esfera moral, não existindo, pois, uma relação de absoluta dependência de um sistema para com o outro. Também não sustenta que seja necessário isolar um sistema prescritivo do outro, de modo a preservar a objetividade e a previsibilidade das proposições jurídicas válidas. No entanto, reconhece ele, sim, que uma norma perderá o seu caráter jurídico quando essa for, frontalmente, contraditória com uma proposição moral mais ampla ou quando a sua inadequação com parâmetros morais mínimos for excessiva ou intolerável. Não há, pois, se falar em uma subordinação do *"Direito"* à *"Moral"*, mas passa-se a pensar em uma espécie de barreira mínima que a *"Moral"* fixaria para o *"Direito"*, traçando, assim, núcleos axiológicos que não deveriam ser ultrapassados nem desprezados pelo legislador[79]. Com efeito, com base na tese da conexão fraca, a validade e legitimidade de uma prescrição jurídica não pode mais ser justificada apenas com base simples conferência do rito de produção que foi adotado para a veiculação formal de uma norma nem pode ser apenas atestada, empiricamente, com base na simples verificação da sua obediência reiterada em sociedade (i.e., a sua eficácia social). Exige-se, na verdade, que, a validade de uma proposição jurídica seja também, argumentativamente, sustentada por meio da sua compatibilização mínima com princípios mais amplos e fundamentais (como justiça, igualdade, razoabilidade etc...), os quais possuem, inegavelmente, uma composição moral[80]. Como se vê, para os defensores da tese da conexão fraca, há uma espécie de direito natural mínimo que indicaria elementos supra convencionais que não poderiam ser desprezados pelo legislador quando da confecção das regras jurídicas que deverão ser observadas em qualquer contexto histórico e social.

Interessante notar que os defensores dessa postura não formam, de nenhum modo, um grupo homogêneo de pensadores, razão pela qual é bastante comum encontrarmos autores contemporâneos que concordam com a premissa básica da tese da conexão fraca, mas que mantêm grandes

---

[79] *"Die Schwelle von der Normen der Rechtscharakter verlieren, wird durch minimale moralische Anforderungen markiert."* (ALEXY, Robert. *Begriff und Geltung des Rechts*. Alemanha: Alber Studienausgabe, 2005, p. 84)

[80] *"... die Einzelnorm bedarf eines Minimus an moralischer Rechtsfertigungsfähigkeit. (...) Der Richter erhebe notwendig einen Anspruch auf Richtigkeit, den er mit Argumenten aus Prinzipien einlösen. Diese seien jedoch nicht durch ihre Rechtsform beschränkt, sondern öffneten sich zur Moral."* (KIRSTE, Stephan. *Einfürung in die Rechtsphilosophie*. Alemanha: WBG, 2010, p. 103)

divergências quanto à fonte, à composição e à forma de justificação do conteúdo moral mínimo que deveria ser observado na legitimação de uma proposição jurídica. Não seria exagero reconhecer que, praticamente, todo teórico contemporâneo que tenha alguma pretensão de esclarecer a nossa ordem prática manifestaria certa concordância parcial com a ideia geral sendo defendida pela tese da conexão fraca, na medida em que não há mais, efetivamente, nenhuma polêmica no reconhecimento de que uma proposição jurídica não pode veicular um comando, manifestamente, absurdo ou injusto nem pode querer contraditar uma exigência moral assumida por todos como correta[81]. Aliás, pode-se especular que até mesmo os mais tradicionais defensores de uma pura tese da separação, certamente se adequariam, hoje, a alguma versão da tese da conexão fraca. A polemicidade da questão surge, porém, quando se pretende especificar e justificar como, quando e porque existem elementos morais mínimos que não podem ser desprezados pelo legislador humano. Com efeito, a partir desse momento, ou seja, uma vez visualizada a verdadeira polêmica envolvida nesse tratamento do problema da demarcação, passa-se a perceber que a chamada tese da conexão fraca, em verdade, não representa uma única postura teórica que esteja, hoje, disputando espaço com outras propostas rivais, mas ilustra um receptáculo que abarca a quase totalidade das respostas filosóficas disponíveis no que diz respeito ao problema envolvendo a relação que deve existir entre o fenômeno moral e o fenômeno jurídico.

Para ilustrar a enorme amplitude que há entre os defensores da tese da conexão fraca, pode-se aqui citar duas tendências teóricas bastante distintas no que diz respeito à justificação do critério demarcador do *"mínimo moral"* que se sobrepõe ao *"Direito"*. Com efeito, pode-se aqui citar, de um lado, a postura dos que defendem que o *"mínimo moral"* é, naturalisticamente, determinado e, de outro, a postura dos que sustenta que o *"mínimo moral"* está, linguisticamente, determinado (o que,

---

[81] Esse não era, necessariamente, o caso em relação aos mais tradicionais defensores da tese da separação: *"Eine norm kann auch einen sinnlosen Inhalt haben. Dann ist aber keine Interpretation imstande, ihr einen Sinn abzugewinnen."* (KELSEN, Hans. *Reine Rechtslehre*. Alemanha: Mohr Siebeck, 2008, p. 114); *"Gerechtigkeit ist in erster Linie eine mögliche aber nicht notwendige Eigenschaft einer gesellschaftlichen Ordnung."* (KELSEN, Hans. *Was ist Gerechtigkeit?*. Alemanha: Philipp Reclam, 2000, p. 11)

O DEBATE ACERCA DA SEPARAÇÃO DA MORAL E DO DIREITO

analisando de acordo com os diferentes planos da linguagem, pode se dar ou em termos semânticos ou em termos pragmáticos).

No primeiro grupo, teríamos a postura dos autores que partem de uma espécie de naturalismo cognitivista (ideia essa que se tornará mais clara com os esclarecimentos conceituais que serão apresentados no capítulo seguinte), de acordo com o qual o mínimo moral seria ditado com base em certos elementos naturais contingentes que fixariam, causalmente, a chamada *"natureza das coisas"* ou que indicariam propriedades inerentes à composição orgânica do ser humano. Tais elementos naturais – acessíveis ao nosso conhecimento por representarem fatos ou dados empíricos – ilustrariam barreiras insuperáveis e irrevogáveis no que tange ao comportamento humano, razão pela qual restringiriam, invariavelmente, as opções efetivas que o legislador tem diante de si quando cria uma regra jurídica. Por outro lado, especula-se, hipoteticamente, que, caso fossem alterados tais fatores naturais contingentes que determinam, fisicamente, os rumos da conduta humana, também seria necessário reconhecer que haveria uma modificação no *"mínimo moral"* delimitador do *"Direito"*.

Para visualizar esse tipo raciocínio, seria necessário se pensar em proposições morais mínimas que impediriam o legislador de criar comandos jurídicos que não levassem em consideração fatos naturais evidentes ou que fosse de encontro a certos traços biológicos que pré-determinam a composição orgânica dos seres humanos. Um conhecido exemplo invocado para a concretização dessa ideia seria o reconhecimento de que a vulnerabilidade do corpo humano (i.e., a sua capacidade de sofrer lesões físicas) faz com que tenhamos, naturalmente, regras jurídicas que fixam limites à manifestação de violência corpórea entre seres humanos, razão pela qual a *"Moral"* deveria influenciar o *"Direito"* a criar sanções que proíbam ou que desestimulem a agressão intencional entre indivíduos (*e.g.*, a proibição da prática do homicídio). Assim, a inclinação básica à sobrevivência e à preservação da integridade corporal apontaria para fatores supraconvencionais que, em razão da sua predeterminação natural, formariam um núcleo moral mínimo que deveria ser atentado por todos os legisladores. No entanto, se hipoteticamente os seres humanos viessem a assumir uma composição orgânica intangível ou invulnerável (graças a avanços tecnológicos extraordinários, por exemplo), deveríamos também reconhecer que o antigo *"mínimo moral"* deveria ser, diante desse novo cenário, repensado e readequado.

Herbert HART, mesmo que não seja sempre o autor lembrado como sendo o representante desse tipo de postura, é, possivelmente, aquele que, em períodos mais recentes, deu maior clareza a esse estilo de discurso ético. Em razão da precisão com que HART expõe essa ideia, cabe, aqui, uma transcrição mais delongada do seu raciocínio:

> *"The connection between law and moral standards and principles of justice is therefore as little arbitrary and as "necessary" as the connection between law and sanctions, and the pursuit of the question whether this necessity is logical (part of the 'meaning' of law) or merely factual or causal can safely be left as an innocent pastime for philosophers.*
>
> *We have only to consider how the whole of our social, moral, and legal life, as we understand it now, depends, on the contingent fact that though our bodies do change in shape, size, and other physical properties they do not do this so drastically nor with such quicksilver rapidity and irregularity that we cannot identify each other as the same persistent individual over considerable spans of time. Though this is but a contingent fact which may one day be different, on it at present rest huge structures of our thought and principles of action and social life. Similarly, consider the following possibility (not because it is more than a possibility but because it reveals why we think certain things necessary in a legal system and what we mean by this): **suppose that men were to become invulnerable to attack by each other, were clad perhaps like giant land crabs with an impenetrable carapace,** and could extract the food they needed from the air by some internal chemical process. In such circumstances (the details of which can be left to science fiction) rules forbidding the free use of violence and rules constituting the minimum form of property-with its rights and duties sufficient to enable food to grow and be retained until eaten-would not have the necessary nonarbitrary status which they have for us, constituted as we are in a would like ours. At present, and until such radical changes supervene, **such rules are so fundamental that if a legal system did not have them there would be no point in having any other rules at all. Such rules overlap with basic moral principles vetoing murder, violence, and theft; and so we can add to the factual statement that all legal systems in fact coincide with morality at such vital points, the statement that this is, in this sense, necessarily so. And why not call it a "natural" necessity?***
>
> *Of course even this much depends on the fact that in asking what content a legal system must have we take this question to be worth asking only if we who consider it cherish the humble aim of survival in close proximity to our fellows. Natural-law*

O DEBATE ACERCA DA SEPARAÇÃO DA MORAL E DO DIREITO

*theory, however, in all its protean guises, attempts to push the argument much further and to assert that human beings are equally devoted to and united in their conception of aims (the pursuit of knowledge, justice to their fellow men) other than that of survival, and these dictate a further necessary content to a legal system (over and above my humble minimum) without which it would be pointless. Of course we must be careful not to exaggerate the differences among human beings, but it seems to me that **above this minimum the purposes men have for living in society are too conflicting and varying to make possible much extension of the argument that some fuller overlap of legal rules and moral standards is 'necessary' in this sense"*[82]. (grifou-se)

Em segundo lugar, encontramos um vasto grupo de autores contemporâneos, em especial aqueles que assumem algum tipo de compromisso com a filosofia da linguagem, que sustentam que o já referido *"mínimo moral"* não seria pré-determinado por nenhum tipo de elemento objetivo que estaria fora do alcance dos agentes humanos, mas seria, na verdade, por eles, historicamente, fixado, principalmente por força de determinado eventos civilizatórios da humanidade (e.g. certos movimentos civis revolucionários) ou seria por eles, argumentativamente, construído por meio de interações comunicativas bem sucedidas[83]. Assim, essa constituição humana do *"mínimo moral"* que se sobrepõe ao *"Direito"* dar-se-ia ou de acordo com cada narrativa histórica e social em que esse limite moral estaria sendo observado ou de acordo com os limites formais demarcados pelas próprias regras da linguagem, fora dos quais o uso da linguagem seria, simplesmente, ininteligível, incoerente ou contraditório[84].

No primeiro caso, a determinação linguística do *"mínimo moral"* teria feições histórico-pragmáticas, enquanto que, no segundo caso, ela

---

[82] HART, Herbert. *Positivism and the Separation of Law and Morals*. Estados Unidos da América: *Harvard Law Review*, Vol. 71, 1958, pp. 529-593. A mesma ideia é veiculada na obra *The Concept of Law*.

[83] HABERMAS. Jürgen. *Vorstudien und Ergänzungen zur Theorie des kommunikativen Handelns*. Alemanha: Suhrkamp, 1995; RAWLS, John. *A Theory of Justice*. Estados Unidos da América: Harvard University Press, 2001.

[84] Isso ocorre porque a linguagem, de acordo com esta perspectiva, é vista como o critério último daquilo que é existente, sendo sinônimo da própria racionalidade e inteligibilidade do mundo.

METAÉTICA E A FUNDAMENTAÇÃO DO DIREITO

assumira traços lógico-semânticos[85]. Assim, a suposta objetividade do mencionado *"mínimo moral"* que estaria a direcionar e limitar as opções do legislador quando da fabricação de regras jurídicas seria fruto de reconstruções humanas, seja em razão dos fatores históricos que ditam o que é, minimamente, aceitável e inaceitável em cada contexto prático, seja por força da própria lógica que estrutura a nossa linguagem básica, o que, comumente, se manifesta, na prática jurídica, por meio da invocação de determinados módulos linguísticos como *"igualdade"*, *"justiça"*, *"razoabilidade"*, *"proporcionalidade"*, *"mínimo vital"*, *"proibição de excesso"*[86] etc... Essas expressões metateóricas[87], mesmo que não dotadas, propriamente, de conteúdo específico referente à ação que deverá ser realizada, fixam algumas diretrizes formais que devem ser observadas na elaboração de um raciocínio prático, minimamente, coerente e inteligível. São elas, portanto, que estabelecem as barreiras mínimas de inteligibilidade e aceitabilidade que as proposições jurídicas deverão, invariavelmente, observar[88]. Por isso, tais locuções são capazes de exercer peso na argumentação e na interpretação das proposições jurídicas em vigor, as quais somente poderão ser consideradas legítimas se não agredirem, frontalmente, o *"mínimo moral"* que é delimitado por meio delas.

Como se viu, inicialmente, a tese da separação – ao pressupor um completo isolamento do *"Direito"* em relação às exigências racionais que possam ser imposta pela *"Moral"* – não forneceria qualquer elemento capaz de impedir que eventual conteúdo proposicional perverso ou absurdo

---

[85] Evidentemente, muitas vezes, a proposta teórica de determinados autores acaba mesclando esses dois elementos na justificação daquilo que seria o *"mínimo moral"* a ser observado pelo *"Direito"*.

[86] ALEXY, Robert. *Theorie der Grundrechte*. Alemanha: Suhrkamp, 1986.

[87] São metateóricas na medida em que são prévias ao próprio discurso jurídico normativo, fixando as balizas que garantem a inteligibilidade e aceitabilidade mínima das proposições jurídicas que podem ser aplicadas na execução de um raciocínio prático. Assim, aquele que não reconhece ou não dá valor a tais estruturas metateóricos pode ser qualificado como estando fora do próprio ambiente discursivo em que o *"Direito"* é desenvolvido. Não observar esse mínimo moral metalinguístico acarreta, pois, a exclusão desse espaço argumentativo.

[88] *"Der Rechtscharakter geht nach ihr erst dann verloren, wenn der Widerspruch zwischen Recht und Moral ein 'unerträgliches', also ein extremes Mass erreicht."* (ALEXY, Robert. *Begriff und Geltung des Rechts*. Alemanha: Alber Studienausgabe, 2005, p. 83)

fosse absorvido por meio de normas jurídicas regularmente produzidas que seriam introduzidas no sistema jurídico por força de eventual ato de vontade do legislador. Já na tese da conexão fraca, a legitimação da norma jurídica fica na dependência da observância daquele mínimo delimitador que é imposto pelas regras formais que ordenam a nossa linguagem, i.e., os limites da semântica, da sintática e da pragmática. Assim, para que uma norma jurídica seja afirmada como válida, não basta mais a sua mera conformidade à outra norma jurídica superior, de modo a poder assumir qualquer conteúdo – mesmo que absurdo – desejado pelo legislador. Deve ela, na verdade, manifestar um conteúdo, minimamente, compatível com as exigências que são impostas pela nossa prática linguística, existindo, desse modo, um fundamento exterior para a legitimação do Direito. Existe, pois, um limite para o conteúdo de uma norma jurídica, mas esse não é outra coisa senão o próprio limite de inteligibilidade que as regras formais da linguagem nos impõem (e.g., uma norma jurídica que não obedecer a regras sintáticas mínimas será ininteligível e, por isso, não será, de fato, uma norma).

Conforme já referido nos itens anteriores, é a intenção deste estudo demonstrar que o chamado problema demarcatório não esclarece o que, efetivamente, está por trás das questões envolvidas no relacionamento entre o fenômeno moral e o fenômeno jurídico, razão pela qual aqui se pretende defender e demonstrar que certas considerações metaéticas, além de fornecerem um escopo mais amplo para se analisar o referido problema prático, também garantem um esquema conceitual mais preciso para se averiguar as premissas que são utilizadas pelas mais diferentes tradições jurídicas. Conforme se verá nos capítulos que seguem, a tese da conexão fraca pode ser melhor reordenada por meio da especificação dos conceitos utilizados por determinadas correntes metaéticas, principalmente as de estilo cognitivista, as quais são capazes de indicar com mais clareza os pressupostos que, efetivamente, inspiram aqueles que defendem a existência de um núcleo ético mínimo que deve ser acolhido por todo e qualquer sistema jurídico. No entanto, antes de se adentrar, especificamente, nesse ponto, impõe-se apresentar uma curta apreciação crítica das três soluções ao problema demarcatório que aqui foram descritas.

1.2. Crítica ao chamado Problema da Demarcação

Até aqui, pretendeu-se demonstrar como o chamado *"Problema da Demarcação"*[89] assume como polêmica a questão envolvendo o relacionamento que há ou que deve haver entre o fenômeno moral e o fenômeno jurídico, partindo-se do pressuposto que o próprio problema prático que inspira essa disputa seria homogêneo quanto ao seu conteúdo e linear quanto ao seu desenrolar histórico. Assume-se, assim, que poderiam ser tabuladas e enquadradas em um único esquema representacional as mais diferentes propostas teóricas a partir das quais esse problema foi enfrentado no passar dos séculos pela filosofia moral e pela filosofia do direito. Para tanto, uma série de opções teóricas e metodológicas tiveram de ser assumidas, as quais, porém, talvez não sejam de tão fácil aceitação.

Exatamente por isso, como se viu no tópico anterior, as três diferentes teses antes descritas (a da separação, a da conexão forte e a da conexão fraca), mesmo que forneçam respostas materiais que são, entre si, radicalmente distintas, puderam ser todas tratadas como se estivessem enfrentando o mesmo tipo de questionamento prático, sob uma única matriz teórica e com o recurso ao mesmo vocabulário e à mesma metodologia de análise do fenômeno prático. Consequência disso é o fato de que aqueles que adotam esse tipo de perspectiva agem como se as mais diferentes tradições teóricas pudessem ser, simplesmente, exportadas para dentro de um único tipo de esquema representacional, o qual estaria habilitado a fornecer as três possíveis alternativas capazes de esclarecer o modo de se relacionar a *"Moral"* e o *"Direito"*. Diante disso, caberia ao teórico moral e ao teórico do direito apenas escolher qual definição do fenômeno jurídico lhe pareceria mais palatável, optando por compreender o direito (até porque a moral receberia definição negativa e residual ou parasitária do fenômeno jurídico) como sendo um sistema normativo que ou *(a)* estaria subordinado a padrões normativos universais e pré--convencionais ou *(b)* teria a sua validade justificada apenas pela sua estrutura ou pelo seu rito de produção, sendo irrelevante para esse fim a especificação prévia do seu conteúdo prático ou *(c)* manifestaria certa independência perante a chamada moral, a qual, porém, exerceria uma função limitadora do conteúdo jurídico legítimo e aceitável, em casos

---

[89] LEITER, Brian. *The Demarcation Problem in Jurisprudence: A New Case for Scepticism.* Reino Unido: Oxford Journal for Legal Studies, 2011, pp. 1-15.

O DEBATE ACERCA DA SEPARAÇÃO DA MORAL E DO DIREITO

qualificados como de extrema injustiça e abuso. Haveria, portanto, uma suposta neutralidade do teórico diante do *"cardápio de opções"* que estaria a ele disponível, cabendo apenas eleger a alternativa que melhor se adequasse às suas pretensões teóricas posteriores.

No entanto, conforme já destacado, o esquema representacional da nossa realidade prática que é adotado por aqueles que pretendem resolver o *"problema da demarcação"* pressupõe que os diferentes caminhos trilhados no desenvolvimento das posturas teóricas que ilustram as três alternativas disponíveis tenham se dado todos em um mesmo momento histórico, sob a influência de uma única matriz teórica, dentro da qual se assumiriam, nas três vertentes, as idênticas preocupações filosóficas. Ocorre que esse tipo de atitude explicativa – mesmo que bastante visual e didática – acaba mais confundindo do que esclarecendo, na medida em que não dá conta do fato de que as diferentes tradições práticas que são encampadas pelas três teses rivais que estariam disponíveis na resolução do *"problema da demarcação"*, na verdade, assumem compromissos teóricos, radicalmente, distintos, adotam premissas metodológicas diferentes e, entre si, inconciliáveis e partem de uma moldura conceitual própria que não pode ser, simplesmente, recortada do momento histórico em que foram desenvolvidas. Assim, esse tipo postura fia-se em um tipo de reducionismo metodológico e promove uma espécie de pasteurização histórica que acaba obliterando os pressupostos metaéticos que as diferentes tradições morais e jurídicas adotam, obscurecendo, com isso, os limites e as fronteiras de cada uma. Para não se ficar apenas na acusação vazia de simplificação metodológica e de reducionismo teórico, cabe aqui expor algumas considerações críticas que podem permitir chegar à conclusão já adiantada.

Em primeiro lugar, a possibilidade teórica de divisão ou de unificação da moral e do direito sob um único esquema representacional não é indicativo de simples atitude descritiva acerca de uma realidade pronta e acabada que esteja, univocamente, à disposição daquele que deseja compreender tais fenômenos complexos. Tal postura, de nenhum modo, ilustra uma atitude neutra ou imparcial daquele que assume esse tipo de projeto teórico. Na verdade, esse tipo de empreendimento sempre pressupõe a tomada prévia de algumas opções metodológicas que viabilizam o tratamento dos fenômenos moral e jurídico como entidades autônomas dotadas de propriedades e características que são passíveis de plena individualização. Essas escolhas metodológicas, porém, não são livremente aceitas e compartilhadas por todos aqueles que estão sendo categorizados por meio desse tipo de projeto classificatório. Com efeito, ver o fenômeno moral e o fenômeno jurídico como unidades estanques que possam ser, dentro de um esquema representacional, sobrepostas, contrastadas ou colocadas lado a lado, pressupõe, desde o início, a escolha – consciente ou não – por parte do teórico de certos caminhos metodológicos específicos que, por certo, trarão consequências mais ou menos previsíveis relativamente às conclusões posteriores que serão apresentadas quando do enfrentamento de problemas práticos concretos. Assim, pode-se identificar na postura daquele que segue e aceita esse tipo projeto classificatório do fenômeno prático uma adesão aos seguintes pressupostos teóricos e metodológicos:

(i) Adota-se uma perspectiva exterior dos fenômenos moral e jurídico, assumindo-se a visão de que tais realidades complexas possam ser analisadas a partir de uma posição externa e não com base na percepção de um participante necessário da dimensão prática na qual os seres humanos agem e interagem[90];

(ii) Assume-se uma postura estruturante e formalizadoras da realidade prática, descrevendo-se o fenômeno complexo da moral e do direito em termos de conjuntos, meramente, estáticos[91];

(iii) Assume-se que o esforço explicativo da filosofia prática seja o de organizar os fenômenos moral e jurídico em termos meramente proposicionais, assumindo-se que a moral e o direito possam ser descrita e analisadas como sendo formadas apenas por diferentes tipos de proposições, diferenciadas ou pela sua forma ou pela sua

---

[90] Aliás, é este primeiro pressuposto metodológico que acaba gerando a impressão – falsa – de que o teórico está assumindo uma postura neutra e imparcial diante do seu objeto de estudo.

[91] A atitude formalizadora da realidade prática não é, necessariamente, equivocada, uma vez que toda tendência de simplificação formal de um objeto tem a intenção de reduzir complexidades, de modo a melhor ilustrar os seus traços essenciais ou relevantes, visando, com isso, a ampliar as chances de sua compreensão. No entanto, um excesso nas pretensões formalizadoras acaba gerando simplificações e reducionismos na explicação da realidade, o que culmina em falsificações do objeto sendo analisado, o que, em uma perspectiva teórica, é sempre inadmissível, não importando a vantagem que pode ser obtidas na explicação de tal fenômeno.

fonte ou pelo seu conteúdo, de modo que poderiam ser agrupadas e reordenadas dentro dos referidos conjuntos estanques e fechados[92]; e

(iv) Por fim, ao se assumir uma perspectiva exterior diante de uma realidade prática, reduzida a simples sistemas proposicionais fechados, pressupõe-se que é possível um agrupamento uniforme de proposições morais e de proposições jurídicas, como se todos os juízos valorativos e normativos fossem, entre si, homogêneos e dotados de idêntico status e peso axiológico. Essa opção metodológica, por sua vez, traz como consequência as seguintes repercussões no modo como o discurso prático passará a ser analisado:

(iv.a) a moral e o direito passam a ser representados e classificados em termos quantitativos e não qualitativos, na medida em que, dentro do esquema representacional, o fator determinante é o volume de proposições que participa de cada conjunto graficamente ilustrado, o que permite desenhar o sistema moral e o sistema jurídico como sendo maior ou menor extensão e permite manipulá-los como sendo instâncias de sobreposição, de intercalação ou de posicionamento paralelo;

(iv.b) as proposições morais e jurídicas, dentro do esquema representacional que as trata como realidades estáticas fechadas em si, são assumidas como, *a priori*, dotadas de um mesmo grau de determinabilidade prática, ou seja, pressupõe-se que todos os juízos de valor e juízos normativos determinam com o mesmo grau de precisão e especificação o direcionamento e a coordenação do agir humano que é projetado por meio deles; e

(iv.c) recebendo as proposições morais e jurídicas um tratamento meramente quantitativo e assumindo-se que essas possuem, *a priori*, idêntica densidade prática no que tange ao grau de determinação do seu conteúdo, torna-se possível pensá-las como sendo, entre si, perfeitamente comensuráveis, *i.e.*, ao

---

[92] As normas morais e jurídicas representam o caso mais evidente de tal realidade proposicional, sendo, portanto, a objeto primário de análise daquele que adota esta perspectiva teórica.

serem tratadas como dotadas de mesma carga valorativa e mesmo grau de especificação, imagina-se que todas as proposições podem ser sopesadas e, entre si, ponderadas, tendo em vista uma suposta medida comum.

Como se vê, portanto, a ideia de demarcação dos limites da moral e do direito pressupõe, em si, a existência de realidades que possam ser, física ou topograficamente, ordenadas pelo teórico, como se a ordem prática fosse passível de cortes epistemológicos que permitissem uma identificação de diferentes instâncias de proposições práticas, as quais, uma vez organizadas pudessem ser compreendidas de modo isolado, cada uma na sua seara própria de atuação.

Assim, o chamado projeto da *"demarcação"* acaba sendo, ele próprio, um projeto de fragmentação do nosso universo prático, no qual uma das instâncias práticas que atua na ordenação e no direcionamento do agir humano acaba perdendo relevância. Isso pode ser visto nas propostas teóricas – principalmente nas teses da separação e da conexão fraca – que acabam desqualificando o papel da moral, reduzindo o seu escopo e minorando as suas pretensões, tornando-a um conjunto proposicional de segundo plano, o qual, diante do direito, possui uma existência parasitária, a qual é vista apenas como manifestações práticas que ou são semanticamente indetermináveis (na tese da conexão fraca) ou são juízos que dizem respeito ao foro íntimo de cada indivíduo e que não ditam padrões de conduta que possam ser, racionalmente, vinculantes e que não fornecem parâmetros cogentes para a organização da sociedade humana (na tese da separação).

Uma vez fixado o debate nesses termos, percebe-se que a moral, já de início, é definida restritivamente, pois não há uma preocupação primária em se definir, positivamente, quais seriam as propriedades de um juízo moral, mas sim apenas em compreendê-la pode meio de uma conceituação negativa[93], *i.e.,* por meio da negação de propriedades que seriam identifi-

---

[93] Muitas vezes o fenômeno moral é definido como sendo aquela instância a partir da qual são produzidos juízos valorativos (i.e., indicativos de objetos digno de valor), os quais, porém, jamais vieram a ser incorporados formalmente pelo legislador humano. Assume-se, também nesses casos, uma definição negativa da moral, pois ela é conceituada a partir daquilo que ela não manifesta (não positividade, não coercitividade, ausência de vinculação exterior,

cáveis apenas nas normas tipicamente jurídicas, as quais manifestariam coerção, imputação exterior, procedimento formal de instituição. Uma norma moral, desse modo, somente poderia ser definida por carecer das propriedades materiais que seriam próprias da norma jurídica, ou seja, ausência de coerção, ausência de imputação exterior e falta de procedimento concreto de positivação[94]. Veja-se, pois, que, nesses casos, toda proposta para avaliar se a moral participa ou não da formação do fenômeno jurídico já assume, de início, uma conceituação da moral na qual essa é sempre parasitária do conceito de direito.

Dito de modo mais claro, a moral é definida em termos reducionistas de acordo com tais posturas, pois é compreendida apenas com base naquilo que as suas proposições prescritivas não manifestam, tendo em vista o contraste que se estabelece com as proposições jurídicas, tornando-se, assim, irrelevantes todos os demais elementos que dão forma à nossa ordem prática, como, por exemplo, os demais elementos que participam da formação e, em momento posterior, da justificação de um raciocínio prático ou ainda os fatores exteriores que direcionam a ação humana a determinados fins. Nesse cenário mais amplo, impõe-se levar em consideração uma série de conceitos paralelos que são indispensáveis à promoção, comunicação e, inclusive, efetivação desse tipo de raciocínio prático, como, por exemplo, as noções de crença, motivação, inclinação moral, apreensão da realidade ética, deliberação volitiva, justificação moral. É, na verdade, apenas após o esclarecimento desses termos metaéticos é que se torna possível pretender uma definição bem fundada da noção de norma moral e de norma jurídica.

Como se vê, a visão que contrasta a esfera moral com a esfera jurídica, de modo a justificar a separação ou a interpenetração dessas realidades práticas, já elege, arbitrariamente, apenas um dos fatores que são relevantes para a compreensão do universo prático no qual ações humanas são executadas. Na verdade, é plenamente viável qualificar-se o fenômeno

---

etc...), deixando-se, porém, de explicitar, positivamente, qualquer característica que pudesse sobre ela, efetivamente, atribuída (e.g., pretensão de universalidade). Assim, em verdade, o critério para a definição de um juízo moral continua sendo definidos em termos negativos diante do conceito de direito.

[94] Ilustra esse tipo de definição a postura de Hans KELSEN, in *Reine Rechtslehre*. Alemanha: Mohr Siebeck, 2008. Vide, ainda, ZENTHÖFER, Jochen. *Rechtsphilosophie*. Alemanha: Richter, 2011, p. 90.

METAÉTICA E A FUNDAMENTAÇÃO DO DIREITO

moral, não apenas como proposições prescritivas que estariam agregadas em um sistema fechado, mas como uma realidade complexa, dentro da qual estão presentes, além do sistema ordenado de prescrições normativas que limitam as opções daquele que deseja agir, mas todos os demais fatores que participam diretamente na formatação dessa realidade moral. A escolha por descrever o fenômeno moral de modo restritivo – i.e, em termos meramente proposicionais, pensado apenas pela sua dimensão estrutural e com uma identificação negativa das suas propriedades essenciais – ou optar por explicá-lo de modo a captar a sua maior complexidade ilustra não uma postura neutra e imparcial, mas reflete-se em uma opção metodológica que o teórico faz – consciente ou inconscientemente – quando pretende desenvolver qualquer tese acerca do agir humano.

Analisando-se, novamente, a pretensão básica da já referida tese da separação, mais especificamente a intenção de separar o universo prático em *"aquilo que ele é"* e *"aquilo que ele deveria ser"*, sendo o primeiro o fragmento onde é produzido o direito e o segundo o ambiente em que podemos desejar algumas proposições morais, verifica-se que o esforço almejado pela demarcação da moral significa, em verdade, reduzi-la a uma posição de insignificância prática ou, na melhor das hipóteses, graduá-la por juízos que não são outra coisa senão uma espécie de *wishful thinking* acerca de como o ser humano deveria, idealmente, se portar. Não é por outro motivo que, uma vez assumido esse projeto de demarcação, a moral passa apenas a sombra negativa do direito. Não é à toa, portanto, que, dentro dessa perspectiva, não se perderia significação relevante caso se a nomenclatura *"Direito"* e *"Moral"* fosse substituída pela noção de proposições *"jurídicas"* e *"não jurídicas"*[95].

Já em relação à tese da conexão fraca, analisando-se com mais vagar a sua proposta, verifica-se que ela surge com a intenção de firmar uma espécie de compromisso intermediário entre o defendido pelas outras duas teses rivais. Isso porque pretende, por um lado, resguardar a independência

---

[95] Assumindo essa postura, vide o já citado artigo de LEITER (*The Demarcation Problem in Jurisprudence: A New Case for Scepticism*. Reino Unido: Oxford Journal for Legal Studies, 2011, pp. 1-15), no qual fica claro que a origem desse tipo de pretensão teórica pode ser reconduzida as primeiras discussões filosóficas realizadas pelos Positivistas Lógicos do início do Século XX, os quais, de modo semelhante, buscaram, obsessivamente, encontrar o ponto de demarcação entre juízos científicos (i.e. verificáveis cientificamente) e os chamados juízos não científicos (i.e. pseudo-ciências).

do fenômeno jurídico diante da esfera moral, tal como pretendido pela tese da separação, mas também busca preservar um limite moral que estará se sobrepondo ao direito e que não deverá ser ultrapassado pelo legislador. No entanto, ao querer firmar uma postura de compromisso, buscando fornecer um terreno intermediário localizado entre as outras duas posturas rivais, acaba, na verdade, perdendo dos dois lados, na medida em que, ao querer criar um ponto de consenso, vem a abrir mão das supostas vantagens que eram oferecidas pelas outras duas propostas alternativas. Por um lado, abdica da pretensão de rigor científico almejado pela divisão formal fornecida pela tese da separação, deixando, assim, de garantir um critério absoluto para a demarcação do fenômeno moral e jurídico. Por outro lado, também acaba abdicando da pretensão de fundamentar, materialmente, proposições jurídicas mínimas que poderiam ser reconhecidas como válidas não pela sua estrutura, mas por meio de uma suposta derivação lógico-dedutiva a partir de proposições morais mais básicas. Isso ocorre porque ao tentar resolver o chamado *"problema da demarcação"* por meio da reconstrução de um mínimo moral –linguisticamente determinável – acaba, na verdade, apenas criando mais uma instância de divergências e de indeterminação, tendo em vista que a invocação de expressões que fixariam os limites desse mínimo moral, tais como *"excesso de injustiça", "irrazoabilidade"* ou *"extrema perversidade"*, não garante, infelizmente, nenhuma clareza demarcatória. Assim, ao invés de resolver o suposto *"problema da demarcação"*, vem a obscurecer ainda mais as fronteiras de cada esfera prática.

Veja-se, portanto, que o aceitar tais premissas já pressupõe que se assumam compromissos teóricos e metodológicos profundos. Essas premissas, porém, não gozam de unanimidade entre as diferentes escolas da filosofia prática, já que não são aceitas, de modo uniforme, por todos. Na verdade, seriam tais pressupostos, prontamente, rejeitados por grande parte das tradições filosóficas que acabam sendo encampadas e categorizadas por aqueles que realizam e desenvolvem esse tipo de empreendimento demarcatório do fenômeno prático. Esse é, precisamente, o caso das propostas teóricas que são, forçadamente, enquadradas no rótulo da tese da conexão forte, descrita no tópico anterior. Em relação a essas, o próprio *"problema da demarcação"* seria de difícil tradução, já que os pressupostos antes analisados e que são adotados por aqueles que se engajam nesse tipo de empreendimento teórico não poderiam sequer ser compatibilizados com a matriz conceitual dentro da qual são desenvolvidas as propostas morais que são enquadradas na tese da conexão forte, mais especificamente aquelas caracterizadas como sendo de viés jusnaturalistas.

Essa dificuldade deriva, antes de mais nada, do fato de o *"problema de demarcação"* desprezar as diferenças históricas que dão base às molduras conceituais formadas em cada período do desenvolvimento da filosofia. Para que não se cometa esse tipo de planificação histórica, seria indispensável que se levasse em consideração os diferentes momentos em que é desenvolvido o debate acerca do relacionamento que há entre moral e direito. Normalmente, essa importante especificação histórica é repartida em três períodos distintos[96], nos quais diferentes pressupostos são compartilhados e nos quais o próprio objeto da filosofia prática pode ser considerado, sutilmente, distinto. Com efeito, as três propostas de resolução do *"problema de demarcação"* (*i.e.* a tese da conexão forte, a da separação e a da conexão fraca) não podem ser bem compreendidas senão dentro desses três momentos históricos em que as suas respectivas matrizes teóricas são desenvolvidas e compartilhadas, quais sejam, respectivamente, *(a)* o período que vai da Antiguidade até a Idade Média, o qual dá formatação à chamada tradição filosófica clássica; *(b)* o período que começa com o Iluminismo, indo até os primeiros movimentos positivistas do Século XX, dando forma, assim, à tradição moderna e aos primeiros esboços da tradição pós-iluministas; e *(c)* o período contemporâneo, que abarca as diferentes tradições pós-modernas, mais especificamente as que assumem o enfoque da filosofia da linguagem. Não se quer dizer, com isso, que uma tradição filosófica esteja sempre, historicamente, demarcada, de modo que somente seria relevante no período em que produzida. Na verdade, quer-se apenas ressaltar que não se mostra viável um projeto teórico mais amplo que, simplesmente, despreze os diferentes cenários históricos em que a moldura conceitual de cada tradição é formada.

As dificuldades surgidas a partir da perda dessa perspectiva histórica ficam, claramente, demonstradas quando se analisa, com maior profundidade, a proposta teórica, supostamente, sustentada pelos defensores da tese da conexão forte. É, precisamente, em razão desse tipo de simplificação que se torna inviável bem compreender a relevância do *"problema da demarcação"* a partir da perspectiva teórica que é adotada por aqueles

---

[96] ZENTHÖFER, Jochen. *Rechtsphilosophie*. Alemanha: Richter, 2011, p. 88.

autores que são – a contragosto – entabulados na tese da conexão forte. Conforme já se viu, muitos autores contemporâneos, frequentemente, sustentam que, na Antiguidade e na Idade Média, a postura corriqueira dos pensadores desse período seria aquela que defendesse uma visão de que só haveria, verdadeiramente, *"Direito"* quando esse fosse uma reprodução fiel da chamada *"Moral"* ou que a lei somente poderia ser considerada, verdadeiramente, válida quando fosse, perfeitamente, justa.

Tal descrição, porém, peca pelo seu simplismo, representando, em verdade, uma representação equivocada do problema prático que assume, de fato, relevância para os autores que desenvolvem a filosofia prática sob a moldura conceitual desenvolvida no período clássico[97]. Ora, a preocupação filosófica central desse período não era a de definir se um sistema de proposições seria independente ou subordinado a outro, mas sim a de analisar o escopo da realidade humana em que o indivíduo age, buscando compreender e ordenar os fatores que deveriam influenciar ou determinar o agir humano como um todo. Temos aqui, portanto, antes de mais nada, um problema de contornos ontológicos, uma vez que o desenvolver dessa discussão pretendia não apenas descrever o que, efetivamente, impulsiona o ser humano a agir de determinado modo, mas sim o de esclarecer a própria natureza da ação humana, ou seja, os elementos essenciais que devem ser considerados pelo ser humano quando age, buscando a realização de um fim (ou de um bem). Assim, enquanto as teses da separação e da conexão fraca dedicam-se, prioritariamente, à resolução de um problema, eminentemente, epistemológico, a filosofia moral clássica assume pretensão que possuem também pretensões ontológicas. Por isso, pode-se dizer que os proponentes do *"problema da demarcação"* não cometem apenas uma confusão histórica no que se refere aos diferentes contextos em que cada tradição filosófica é desenvolvida, como também cometem uma confusão acerca dos diferentes tipos de problemas práticos que estão em disputa em cada um desses períodos.

---

[97] No último capítulo deste estudo, a tradição jurídica que sustenta a existência de uma lei natural pertinente à ação humana será analisada em maiores detalhes, principalmente com o intuito de identificar os pressupostos metaéticos que esta postura teórica assume. De qualquer modo, neste tópico, mostra-se relevante que já sejam apresentadas algumas noções importantes que servem de premissa para esta tradição, devendo-se ressaltar que a análise aqui promovida visa apenas a averiguar como o problema da demarcação pode, efetivamente, ser compreendido a partir da moldura conceitual desta tradição.

METAÉTICA E A FUNDAMENTAÇÃO DO DIREITO

Isso ocorre porque, de acordo com a perspectiva clássica, o objeto primário de especulação da filosofia moral (*moralis philosophia*) seria a ordem prática como um todo, compreendida na sua unidade e não como um agrupamento de sistemas prescritivos independentes. Assim, quando se pretende entender por que o ser humano age de determinado modo, está-se diante daquela parcela da realidade que podemos conceituar como sendo a *ordem prática*. Entender a composição essencial dessa ordem prática – antes de definir o que é um sistema jurídico e o que é um sistema ético – pressupõe saber compará-la e diferenciá-la de outras ordens da realidade que são, em um sentido primário, relevantes para o ser humano, na medida em que podem ser, intelectualmente, captadas e compreendidas.

Com efeito, para a tradição clássica, o objeto primário de estudo da filosofia prática – campo de conhecimento mais amplo no qual estão, simultaneamente, localizados a moral, a política e o direito[98] – procura responder perguntas do estilo *"o que é para ser feito neste caso?"* ou *"o que devo eu fazer em geral?"* ou ainda *"o que devemos nós realizar ou promover no nosso contexto social?"*[99]. A atividade de responder tais questionamentos envolve, não apenas a identificação de padrões normativos que poderão, adequadamente, avaliar e mensurar quais opções são racionais e irracionais ou são mais ou menos razoáveis. Também pressupõe o conhecimento satisfatório sobre determinados fatos relevantes acerca de como é a realidade e de como o mundo, efetivamente, funciona. Assim, um raciocínio prático – que se desdobra em raciocínios específicos da ética,

---

[98] *"...both legal philosophy and political philosophy are parts of aspects of a wider enterprise, no part of which can safely be pursued without some attention to the others and to the character of the whole. That wider enterprise could be characterized as Aristotle does: 'philosophy of human affairs'."* (FINNIS, John. *A Grand Tour of Legal Theory*. In Philosophy of Law – Collected Essays: Volume IV. Reino Unido: Oxford University Press, 2011, p. 110)

[99] Em perspectiva aristotélico-tomista, tanto o direito, quanto à moral são partes integrantes da filosofia prática. Para ARISTÓTELES, o direito é fenômeno que é tratado tanto pela Ética, quanto pela Política, já que faz parte da *"filosofia das atividades humanas"*. Já para AQUINO, o fenômeno jurídico é analisado na parte da sua *Summa Theologiae* que se dedica ao estudo da auto-determinação dos seres humanos, mais especificamente nas questões que se dedicam a analisar os variados sentidos da lei, como padrão que mede, regula e coordena a ação humana (ST, Questão 90-7 da Parte I-II), bem como em questões que tratam de direitos, adjudicação e justiça (ST, Questões 57-71 da Parte II-II).

O DEBATE ACERCA DA SEPARAÇÃO DA MORAL E DO DIREITO

da política e do direito – preocupa-se em avaliar corretamente – para si próprio, para a comunidade política ou para as partes envolvidas em uma disputa concreta – quais razões podem ser consideradas corretas (ou menos erradas) para se adotar ou se rejeitar determinada opção acerca de um plano de ação que esteja disponível aqui e agora[100]. A *ordem prática*, portanto, representa uma dimensão da realidade humana que é formada por eventos que são inteligíveis, no que tange a sua razão de ser e a sua forma de justificação, *i.e.*, são captáveis racionalmente pelo intelecto humano, mas não são nem, puramente, teoréticos nem ilustram eventos, puramente, físico-naturais[101]. Os eventos reais que contam com a participação de agentes humanos podem ser esclarecidos e justificados com base em razões para agir, de modo que formam uma dimensão diferente – em termos ontológicos e epistemológicos – daquela em que estão localizados as ocorrências puramente intelectuais e os eventos meramente físicos.

Dentro desta moldura filosófica, portanto, não há qualquer risco de se promover a suposta derivação falaciosa de fatos para normas (*i.e.* do ser para o dever-ser) – a qual seria o pressuposto para o esforço demarcatório promovido pela tese da separação –, pois se reconhece, de início, a existência de quatro campos distintos de conhecimento, todos esses dotados de um objeto específico, os quais são, entre si, irredutíveis. Isso significa dizer que o objeto próprio de uma ordem de conhecimento não pode ser, simplesmente, fragmentado ou reduzido a parte do objeto próprio de outra ordem de conhecimento. Assim, de acordo com a compreensão clássica, haveria quatro diferentes ordens de conhecimento e, por consequência, quatro tipos de teorias que poderiam ser desenvolvidas a partir delas, quais sejam[102]:

(i) A ordem de conhecimento que é, absolutamente, independente do nosso pensamento, *i.e.* a ordem da natureza, na qual se desenvolvem

---

[100] FINNIS, John. *A Grand Tour of Legal Theory. In Philosophy of Law – Collected Essays*: Volume IV. Reino Unido: Oxford University Press, 2011, p. 94.

[101] ROBINSON, Daniel. *Weinreb's Problems with Natural. In Natural Law, Liberalism and Morality.* Estados Unidos da América: Oxford University Press, 2002, p. 215.

[102] FINNIS, John. *A Grand Tour of Legal Theory. In Philosophy of Law – Collected Essays*: Volume IV. Reino Unido: Oxford University Press, 2011, p. 94.

as ciências naturais, físicas, metafísicas e na qual se especula sobre as leis universais da natureza etc...;

(ii) A ordem de conhecimento formal que fixa as condições mínimas para a validação do pensamento, de modo a evitar contradições estruturais de um de um raciocínio, *i.e.* a lógica;

(iii) A ordem de conhecimento, na qual é possível ao ser humano escolher[103], voluntariamente, e deliberar sobre a melhor forma de agir e de projetar meios de realização de um plano de vida ou de determinado objetivo/fim comum, *i.e.*, a filosofia prática, na qual se encontram a ética, a política e o direito; e

(iv) A ordem de conhecimento por meio da qual a deliberação humana pode ser empenhada na produção eficaz de algo, com o intuito de introduzir um objeto exterior novo na realidade, o que se dá por meio de algum tipo de instrumento ou meio eficiente (força, poder, ferramenta, técnica *etc...*), *i.e.*, a filosofia técnica ou tecnológica[104].

Com base nessa divisão básica das ordens de conhecimento que podem ser captadas pelo intelecto humano, a tradição jusnaturalista, mais especificamente aquela de viés aristotélico-tomista, apresenta a sua tese fundamental acerca do objeto próprio da ordem prática, qual seja: *o reconhecimento de que as ações humanas e as sociedades que são organizadas a partir delas jamais podem ser compreendidas, adequadamente, como sendo algo a ser analisado apenas como objeto de conhecimento das ordens i, ii e iv.* Dito de outro modo, nenhuma ação individual e nenhuma sociedade humana podem ser definidas e analisadas como sendo apenas um conjunto de meras ocorrências naturais *(i)*, como sendo apenas algo projetado e estruturado dentro do nosso pensamento *(ii)* ou como sendo apenas o resultado final de técnicas empenhadas na fabricação de elementos artificiais que impulsionam o comportamento humano *(iv)*[105].

Por outro lado, isso não significa dizer que tais esferas de conhecimento sejam absolutamente isoladas entre si, como se não existisse qualquer

---

[103] "...one makes a free choice when, judging that one has reason(s) or other motives to adopt one possible course of action ('option'), and reason(s) to adopt some incompatible alternative, one adopts one option (if only to 'do nothing') in preference to the other and so settles what (unless one changes one's mind) one will do." (FINNIS, John. *Aquinas*, pp. 22-3).

[104] FINNIS, John. *Aquinas*, p. 21.

[105] FINNIS, John. *Aquinas*, p. 22.

O DEBATE ACERCA DA SEPARAÇÃO DA MORAL E DO DIREITO

comunicação entre as proposições de um ramo para com outro ramo ou como se as conclusões de uma área não pudessem ser relevantes para o correto desenvolvimento de outra área. Na verdade, mesmo existindo essa necessária interconexão, a irredutibilidade de tais âmbitos de conhecimento apenas afirma que, na realidade concreta, não se pode submeter um campo de conhecimento a outro como se as conclusões de um fossem derivadas de meras premissas extraídas de outro campo.

Mais especificamente, a divisão de tais ordens de conhecimento em quatro âmbitos, entre si, irredutíveis de modo algum significa reconhecer que o campo de conhecimento prático, que dispõe sobre as ações voluntárias e sobre a organização racional das sociedades humanas, não receba qualquer influência das demais ordens do conhecer. Obviamente, os elementos que são determinantes na avaliação do agir humano recebem a influência de – e são, parcialmente, formados por – fatores que são objeto da ciência especulativa, da lógica e da arte técnica. Mesmo que assim seja, o objeto da filosofia prática somente pode ser analisado e compreendido de modo pleno e adequado quando se focaliza, primariamente, a *"ação humana livre e voluntária"*, bem como os fatores internos e externos que a constituem, de modo que os princípios lógicos que limitam as possibilidades formais de escolha humana, os fatores biológicos e psicológicos que formam, organicamente, o ser humano e as variadas técnicas eficazes de controle social representam apenas elementos secundários e reflexos da constituição dessa parte da realidade humana[106]. Como se vê, dentro desse esquema conceitual básico, o próprio *"problema da demarcação"* perde sentido, na medida em que não há como se pretender fragmentar, aprioristicamente, para fins de explicitação de fronteiras teóricas, aqueles elementos que integram e dão forma à chamada ordem prática.

KELSEN – possivelmente o mais firme representante da denominada tese da separação[107] – tinha o costume de criticar os autores que defendiam a existência de uma lei natural, argumentando que, para essa tradição, se

---

[106] *"But human actions and societies cannot be adequately described, explained, justified, or criticized unless they are understood as also, and centrally, the carrying of free choices. For neither the making of free choices nor any of their consequences regarded as such are reducible to nature, logic or technique."* (FINNIS, John. *Aquinas*, p. 22).

[107] *"Die Rechtstheorie wird so zu einer von allem ethisch-politischen Werturteil befreiten, möglichst exakten Strukturanalyse des positive Rechts."* (KELSEN, Hans. *Reine Rechtslehre*. Alemanha: Mohr Siebeck, 2008, p. 72)

estaria pressupondo que toda lei humana deveria ser considerada mera reprodução fiel das *verdadeiras* leis morais que, de um modo ou outro, já se sustentariam como legítimas independentemente do seu processo de positivação[108]. No entanto, essa conhecida alegação kelseniana não é suportada por citação nem referência a qualquer autor que estivesse, de fato, sustentando essa ideia, provavelmente porque não existe, em realidade, jusnaturalista de expressão que tenha, de fato, sustentado ideia nesses termos. Na verdade, é simplesmente falsa a qualificação da tradição da lei natural – principalmente a de estilo tomista – como sendo uma postura que defenderia que uma norma, para ser considerada jurídica, deveria ser avaliada apenas como em uma justificação moral anterior ou, ainda, que todas as *verdadeiras* exigências jurídicas seriam também exigências morais, independentemente de qualquer rito de positivação. Um fiel defensor da tradição da lei natural, certamente, reconheceria que inúmeras das exigências jurídicas que se encontram em vigor não manifestariam qualquer vinculação prática (*i.e.*, não teriam também qualquer valência moral), caso não tivessem sido criadas de acordo com os critérios formais impostos para a efetiva produção da lei que introduz e publiciza as respectivas proposições jurídicas[109]. Dito de outro modo, é precisamente a positivação formal de uma lei que determina – não sempre, mas em alguns casos – a sua relevância moral. Como se vê, a relevância da positivação de uma lei não é uma noção moderna nem contemporânea, uma vez que foi, inauguralmente, introduzida no debate filosófico por pensadores que defendem, precisamente, a existência de uma lei natural pertinente à ação humana, ou seja, aqueles que são, hoje, qualificados como defensores de uma postura jusnaturalista.

Ilustrando esse tipo de raciocínio, FINNIS pressupõe que a autoridade de uma norma jurídica surge do esforço concreto de o legislador especificar e concretizar determinadas exigências da razão prática que, pela sua natureza, são gerais e sempre *"subdeterminadas"*[110], o que sempre

---

[108] KELSEN, Hans. *Was ist Gerechtigkeit?* Alemanha: Philipp Reclam, 2000.

[109] *"... most of our laws would have no moral authority unless they were legally valid, positive laws."* (FINNIS, *A Grand Tour of Legal Theory*. In Philosophy of Law – Collected Essays: Volume IV. Reino Unido: Oxford University Press, 2011, p. 114).

[110] FINNIS, John. *A Grand Tour of Legal Theory. In Philosophy of Law – Collected Essays*: Volume IV. Reino Unido: Oxford University Press, 2011, p. 114.

O DEBATE ACERCA DA SEPARAÇÃO DA MORAL E DO DIREITO

exige um esforço de deliberação, escolha e positivação de uma das opções disponíveis ao legislador no momento em que esse pretende apresentar padrões normativos que deverão direcionar e coordenar a ação humana voluntária. Assim, a retidão de um juízo prático, que a ele atribui o traço de ser vinculante e objetivo, será sempre indício de que, pelo menos em parte, está-se diante de uma obrigação que assume feição moral. Assim, dentro da gama de juízos práticos que manifestam retidão, alguns deles podem adquirir a propriedade adicional de terem sido positivados por algum rito jurídico predeterminado. Não será esse rito, porém, que garantirá a retidão do juízo prático nem será ele que determinará, como critério último, que se está diante de uma proposição, puramente, jurídica. Isso ocorre porque algumas proposições práticas, bem como as obrigações que a comportam, podem ser compreendidas como *morais-jurídicas*, i.e., como obrigações jurídicas dotadas de sentido moral[111]. Essa constatação, porém, de nenhum modo significa dizer que a totalidade do universo jurídico possa ser deduzida, inteiramente, por meio de inferência, de proposições estritamente morais. Na verdade, existem proposições jurídicas que reproduzem obrigações jurídicas intrassistêmicas[112], ou seja, aquelas que, em parte, recebem a sua autoridade de obrigações morais mais genéricas, mas que recebem o seu conteúdo final, mais específico, por força de atos de deliberação e escolha (*determinatio*) praticados por representantes ou por instituições jurídicas que as criam, i.e., que as declaram como existentes[113].

Por exemplo, a exigência jurídica de dirigir o carro em velocidade inferior a 60 km/h ou, em matéria processual, a necessidade de se observar prazo de 15 dias no protocolo de determinado recurso somente reflete-se em uma exigência que também pode ser considerada, moralmente, relevante, a partir do momento em que as respectivas leis tenham sido, validamente, promulgadas. Isso porque nenhuma ação humana poderia ser, suficientemente, direcionada e coordenada por meio de uma proposição

---

[111] FINNIS, John. *A Grand Tour of Legal Theory. In Philosophy of Law – Collected Essays*: Volume IV. Reino Unido: Oxford University Press, 2011, p. 125.

[112] FINNIS, John. *A Grand Tour of Legal Theory. In Philosophy of Law – Collected Essays*: Volume IV. Reino Unido: Oxford University Press, 2011, p. 125.

[113] Esse processo de especificação e de determinação de um raciocínio prático será esclarecido com mais vagar no Capítulo 4, quando se pretenderá esclarecer os pressupostos metaéticos que estão por trás da teoria da lei natural.

METAÉTICA E A FUNDAMENTAÇÃO DO DIREITO

dotada de pretensões práticas gerais e indeterminadas e que apenas anunciasse máximas morais do estilo *"para a segurança de pessoas e veículos, é necessário que haja um limite de velocidade no tráfego de automóveis"* ou *"para que haja o mínimo de ordem em um processo e para que esse tenha um ponto final de trâmite é necessário que os seus atos sejam realizados em determinado prazo".* Sem a efetiva positivação de proposições jurídicas específicas e determinadas (cujo conteúdo é independente das demais proposições morais, já que não são, simplesmente, delas derivadas), os eventuais juízos práticos mais básicos (os quais podem ser compreendidos ou como, puramente, morais ou como, em alguns casos, morais-jurídicos), não seriam capazes de realizar a sua função coordenadora da ação humana[114]. No entanto, deve ser destacado que uma vez eleito determinado esquema de coordenação do agir humano, todos os membros da comunidade política estão obrigados (não apenas juridicamente, mas também moralmente – até porque, como se viu, a nossa ordem prática não pode ser simplesmente fragmentada) a observar o esquema escolhido, precisamente porque esse – e não outro – foi escolhido[115].

Esse reconhecimento de que a positivação é fundamental para a compreensão completa de uma obrigação jurídica acaba indicando que o direito não é nem completamente apartado da moral nem completamente englobado por um universo fechado de opções morais pré-determinadas, as quais, segundo a leitura aqui criticada, funcionariam como premissas dentro de processo dedutivo que estaria produzindo normas jurídicas por meio de juízos de inferência que partiriam de princípios morais evidentes. De acordo com essa postura, há, pois, uma forte relação de racionalidade e de coerência entre proposições morais e proposições jurídicas, a qual, porém, jamais pode ser esclarecida em termos de mera submissão ou de simples inferência dedutiva. Na verdade, de acordo com essa perspectiva,

---

[114] *"Law cannot fulfill its coordinating and other directive functions unless it is promulgated. Even if it could, it would be normally unfair to some if not all of the law's subject for it to remain unpublished."* (FINNIS, *A Grand Tour of Legal Theory.* In Philosophy of Law – Collected Essays: Volume IV. Reino Unido: Oxford University Press, 2011, p. 122)

[115] Por exemplo, mesmo que se consiga demonstrar que o tráfego de automóveis a 70 km/h ou o protocolo de petição em 20 dias seja, evidentemente, mais racional e razoável do que o esquema de coordenação eleito pelo legislador, ainda assim não teria o indivíduo motivação moral suficiente para rejeitar os padrões normativos validamente positivados e escolher trilhar caminho diferente.

O DEBATE ACERCA DA SEPARAÇÃO DA MORAL E DO DIREITO

é a moral que poderá, em alguns casos, manter uma relação de dependência para com o direito, na medida em que, para adquirir relevância, dependerá da adequada positivação da lei que especifique determinadas proposições jurídicas a serem seguidas a partir daquele momento.

Com base nesses esclarecimentos, pode-se verificar que a tese central da tradição da lei natural relativamente à moral e ao direito não é a de que haveria uma completa submissão do direito ao sistema moral que, necessariamente, estaria dando suporte a todas as proposições jurídicas. Aliás, sequer seria o caso de se falar em dois sistemas normativos proposicionais distintos[116]. Por isso, corretamente analisada, a tradição jusnaturalista não pode ser definida como estando a defender a chamada tese da conexão forte (*Starke Verbindungsthese*), sendo evidente que a ilustração gráfica que, normalmente, é utilizada para representar esse tipo de postura teórica – na qual o *"Direito"* é conjunto que se encontra, totalmente, subsumido à esfera da *"Moral"* (vide item 1.1.2.2) – não mantém nada de compatível com o que é, efetivamente, defendido pelos autores que se filiam a esta tradição. Na verdade, caso fosse necessário esboçar-se uma representação gráfica da unidade que forma a nossa ordem prática – esforço didático esse que, em si, já seria, altamente, criticável a partir da perspectiva clássica – talvez a melhor forma de se ilustrar essa realidade complexa seria por meio da descrição de uma espécie de mosaico formado por proposições morais e jurídicas. Assumindo-se o risco desse tipo de descrição, poder-se-ia dizer que as partes internas da nossa ordem prática – i.e, as proposições morais e as proposições jurídicas – somente adquirem plena coerência e inteligibilidade a partir do momento em que são elas visualizadas e integradas dentro da estrutura unitária que acabam formando.

Com efeito, a figura do mosaico – que, novamente, é citada com ressalvas, em razão do receio de se estar sendo infiel à tradição que se

---

[116] *"The relationship of natural law to the positive law of a particular state (or of the international order) is thus not best thought of as a coexisting of two normative orders. Rather it is a matter of acknowledging (or denying) the validity and legitimacy... of that positive law/legal system, while at the same time acknowledging the normative principles which are necessary (though by far not sufficient) to the validating and legitimating of that law and are capable of invalidating or delegitimating it."* (FINNIS, John. *Natural Law Theory: Its Past and its Present.* The American Journal of Jurisprudence: Oxford University Press, vol. 57, 2012, p. 94). Vide, ainda, FINNIS, John. *Coexisting Normative Orders? Yes, but No.* The American Journal of Jurisprudence: Oxford University Press, vol. 57, 2012, pp. 111/117.

pretende aqui representar – ilustra a ideia de que cada peça só faz sentido diante do todo e o todo somente adquire plena inteligibilidade a partir do momento em que as suas peças internas são, corretamente, ordenadas e posicionadas. Essa constatação também leva a se reconhecer que as proposições práticas não podem ter sempre a sua natureza específica definida de modo apriorístico, uma vez que uma proposição sobre o agir humano poderá assumir plena determinabilidade e integral relevância prática somente quando formulada diante de uma situação concreta de ação. Assim, o adquirir plena ciência de que se está diante ou de uma exigência moral ou de uma exigência jurídica – ao menos em algumas situações – poderá exigir que se tenha identificado alguns elementos relevantes que somente se apresentam diante do caso concreto. Desse modo, mais uma vez se valendo da figura do mosaico, pode-se dizer que, ao se analisar, isoladamente, uma das partículas que integram esse mosaico, é possível que não se consiga especificar o objeto que esta peça isolada pretende ilustrar ou representar, já que será necessário integrá-la a uma parte maior do mosaico para que, efetivamente, seja possível se reconhecer e se entender que figura essa peça estará formando. E mais, para se compreender a função plena desse fragmento, será necessário visualizar o mosaico como um todo, enquanto representação unitária de algo.

Com base nas considerações críticas aqui apresentadas, percebe-se, portanto, que o dilema da separação ou da submissão do direito à moral só é verdadeiro dilema para aquele que, arbitrariamente, entendeu por bem adotar, como ponto de partida teórico, uma postura que fragmenta a realidade prática, o que se dá por meio da criação de duas realidades ou dois entes que são passíveis de serem analisados e esclarecidos com independência, na medida em que não são nada além do que sistemas proposicionais estáticos. Ora, se assim é desenhada a moldura teórica dentro da qual a realidade prática deve ser esclarecida, não é difícil perceber como se torna problemática a questão – aparentemente insolúvel – acerca da forma adequada de demarcação dos diferentes ambientes da nossa realidade prática.

2.
A Necessidade de Pressupostos Éticos na Reconstrução do Fenômeno Jurídico: uma Revisão Metaética

2.1. Conceitos metaéticos fundamentais

No capítulo anterior, pretendeu-se descrever e criticar o esquema explicativo que é, frequentemente, invocado na tentativa de se esclarecer as diferentes possibilidades de interação que haveria entre o fenômeno moral e o fenômeno jurídico, tendo em vista os variados graus de intensidade com que uma esfera prática participaria da outra. Com isso, buscou-se demonstrar que são insatisfatórias as inúmeras tentativas de se esclarecer a complexidade da nossa realidade prática por meio do chamado *"problema da demarcação"*. Sustentou-se, pois, que esse tipo de empreendimento demarcatório somente ilustra uma dificuldade teórica relevante – e que necessitaria ser solvida – a partir do momento em que determinadas opções metodológicas são tomadas, as quais, porém, não representam uma escolha neutra e imparcial nem se pautam em premissas que podem ser aceitas, unanimemente, por todas as tradições teóricas que são submetidas a este esquema explicativo. Dito de outro modo, o *"problema da demarcação"* ilustra um falso dilema, ou seja, uma dificuldade teórica que somente assume relevância em razão de uma caracterização restritiva que é dedicada tanto ao fenômeno moral, quanto ao fenômeno jurídico. Desse modo, essa perspectiva fragmentadora da nossa realidade prática acaba criando a falsa impressão de que seria uma alternativa plausível pensar-se, por exemplo, o direito de modo apartado de qualquer influência moral, como se alguma descrição, minimamente, inteligível da estrutura do fenômeno jurídico pudesse ser desenvolvida sem que, ao menos, algumas premissas éticas fossem tomadas como relevante por aquele que assume determinado projeto explicativo do nosso universo prático.

Exatamente por isso, pretende-se sugerir, a partir do próximo Capítulo, que todo tipo de compreensão do fenômeno jurídico estará manifestando alguma adesão a premissas que assumem, na sua composição básica, traços éticos. Obviamente, o inverso também será verdadeiro, uma vez que toda descrição mais complexa do fenômeno moral irá exigir, em algum momento, que se compreenda, minimamente, como o direito participa da nossa ordem prática, integrando-a de modo a formar uma unidade. Isso significa dizer que a descrição de um sistema ético que, em algum momento da sua explicitação, não toque, por exemplo, na obrigação moral de cumprir regras jurídicas estará, por certo, ficando aquém do desejável. Por isso, essas premissas teóricas, que serão – consciente ou inconscientemente – adotadas por todo aquele que pretende bem descrever o direito ou a moral, acabam sempre manifestando uma dimensão ética, no sentido de que, invariavelmente, assumirão alguma relevância prática, na medida em que sempre dizem respeito a algo que é pertinente à ação humana.

Nessa esteira, uma mudança de perspectiva será aqui defendida como necessária, o que exigirá uma ampliação no escopo de análise daqueles pressupostos mais fundamentais que acabam sendo assumidos por toda e qualquer teoria sobre a nossa ordem prática. Pretende-se, pois, sugerir, neste estudo, que essa ampliação de escopo pressupõe que sejam identificadas e contrastadas as diferentes propostas teóricas que são desenvolvidas no campo da metaética. Isso se torna relevante, na medida em que o contraste das diferentes tradições metaéticas – partindo-se da postura não cognitivista mais extremada, até chegar-se à postura cognitivista com maior pretensão de objetividade – permitirá que sejam visualizadas as premissas teóricas que estruturam as mais variadas propostas de fundamentação da nossa ordem prática. E esse caminho de explicação será relevante para que, no último Capítulo deste estudo, seja possível demonstrar, por meio de alguns exemplos[117], que as principais propostas teóricas de explicação do fenômeno jurídico não representam outra coisa senão o desenrolar de um ou outro esquema metaético, ao menos no que diz respeito à justificação dos fundamentos primários da nossa prática jurídica.

No entanto, antes de se proceder com a explicitação das diferentes propostas metaéticas que são desenvolvidas e invocadas na fundamentação da nossa ordem prática, será necessário apresentar-se um curto detalhamento dos conceitos metaéticos fundamentais que serão relevantes para se bem compreender as diferentes arquiteturas teóricas que são construídas a partir de tais pressupostos. Com isso, pretende-se estruturar um vocabulário mínimo que será relevante não apenas para se compreender os fundamentos das diferentes propostas de justificação do fenômeno prático que formam as mais variadas tradições metaéticas, como também será importante na especificação de critérios comparativos que poderão ser invocados na avaliação de cada uma dessas. Obviamente, não se pode presumir que todas essas propostas metaéticas atribuam idêntica relevância e significação aos conceitos básicos que serão aqui expostos. Se assim fosse, não existiria qualquer divergência teórica no campo da filosofia prática. Por essa razão, o esquema conceitual que será apresentado nos tópicos que seguem deverá assumir suficiente amplitude de modo que não venha apenas a ilustrar as estruturas teóricas que são desenvolvidas por uma tradição metaética específica, devendo, na verdade, ilustrar ideias amplas que poderão ser, ao menos parcialmente, compatíveis com as diferentes propostas metaéticas que serão, posteriormente, analisadas. Mesmo que assim seja, a apresentação desse glossário básico será, mais adiante, útil na visualização dos pontos contato e na especificação das fronteiras de disputa que há entre cada proposta que será descrita no Capítulo 3.

---

[117] No presente trabalho, os exemplos que serão aqui apresentados são exemplificações de propostas teóricas e não exemplos de aplicações concretas dos conceitos metaéticos aqui desenvolvidos. O objeto específico deste estudo são projetos teóricos que pretendem esclarecer os mais variados contextos práticos. Por outro lado, o seu objeto não é a descrição do fenômeno prático nem do fenômeno jurídico em si considerados. Nesse ponto, devemos agradecer ao Professor Doutor Humberto Ávila, cujos questionamentos provocaram este esclarecimento.

METAÉTICA E A FUNDAMENTAÇÃO DO DIREITO

2.1.1. Crenças, desejos e ações

Para se iniciar qualquer discussão metaética mostra-se necessário responder um conjunto de perguntas básicas que são pertinentes não apenas à ação humana, mas também referentes à formação do pensamento humano. Mais especificamente, é necessário esclarecer-se quais elementos são formadores do processo interno que levam um indivíduo a agir de determinado modo. Isso significa dizer que esses questionamentos prévios deverão esclarecer qual papel a razão deve exercer na condução do processo deliberativo que leva o ser humano a agir, motivo pelo qual deve ser bem identificado o elemento primário que compõe o que, tradicionalmente, se chama de razão teórica e de razão prática, podendo a primeira ser visualizada como razões para crer em algo, enquanto que a segunda pode ser identificada como razões para desejar algo[118]. Assim, enquanto razões teoréticas direcionam-se, de forma mais próxima à verdade, as razões práticas vinculam-se, de modo mais imediato, a uma ação humana. Obviamente, não se pode deixar de referir que, dependendo da tradição metaética que estiver sendo desenvolvida, a própria noção de razões teoréticas e razões práticas poderá ser vislumbrada ou como algo irrelevante e ilusório, mas também poderá ser compreendida como sendo o efetivo fundamento inicial que propulsiona o agir ou ainda poderá ser definida como um critério posterior de justificação que é apenas invocado na legitimação de uma ação realizada. Exatamente por isso, não se pode perder de vista que ações, crenças e desejos podem ser qualificados tanto como racionais, quanto irracionais, de modo que se mostra relevante compreender como se dá a composição estrutural de cada conceito para que seja possível analisar e justificar o que garantiria racionalidade (ou a carência dela) a uma crença, a um desejo ou a uma ação.

Tanto a razão teórica, quanto a razão prática possuem elementos psicológicos que fixam a sua estrutura básica e garantem os pressupostos normativos que estabelecem os critérios do exercício de ambas as funções da razão[119]. É precisamente nesse contexto que a crença e o desejo

---

[118] AUDI, Robert. *Practical Reasoning and Ethical Decision*. Estados Unidos da América: Routledge, 2006, p. 1.

[119] AUDI, Robert. *The Architecture of Reason – The Structure and Substance of Rationality*. Estados Unidos da América: Oxford University Press, 2001, p. 68.

A NECESSIDADE DE PRESSUPOSTOS ÉTICOS NA RECONSTRUÇÃO DO FENÔMENO JURÍDICO

se apresentam como marcos iniciais que são necessários para o esclarecimento do processo racional a ser promovido por um ser humano, seja quando pensa, seja quando age.

As razões práticas, *i.e.*, que impulsionam uma ação, são comumente expressadas, tanto por desejos, quanto por crenças[120]. Por isso, uma ação humana sempre pressupõe que ela tenha sido fundamentada em um ou mais desejos[121] e que o agente tenha emitido alguma crença sobre o mundo e sobre o ambiente em que ele executará o seu plano de ação. Desse modo, pode-se compreender uma crença como sendo uma representação intelectual do mundo que é formulada em nossa mente. Por outro lado, um desejo representa o modo pelo qual buscamos introduzir no mundo um novo modo de representá-lo. A realidade, portanto, pode ser representada por uma crença que o sujeito cognoscente possui ou pode ser modificada por meio de uma ação que foi desejada e realizada pelo agente. Uma crença, portanto, será, em parte, uma resposta do mundo ao sujeito que o vivencia, enquanto que um desejo é uma manifestação e uma tentativa de intervenção do sujeito no mundo do qual participa.

Nessa esteira, de acordo com SMITH, seguindo a conhecida conceituação de HUME, desejos seriam estados psicológicos, por meio dos quais o sujeito assume como o mundo deveria ou poderia ser, sem adotar, com isso, nenhuma atitude representacional da realidade tal como ela é. Exatamente por isso, desejos não são, propriamente, acessíveis em termos de veracidade e falsidade e, por isso, não poderiam ser, segundo este autor, submetidos à crítica racional[122]. Por outro lado, segundo SMITH, crenças seriam estados subjetivos que possuem a intenção de representar

---

[120] AUDI, Robert. *Practical Reasoning and Ethical Decision*. Estados Unidos da América: Routledge, 2006, p. 2.

[121] Para AUDI, existiriam três tipos de desejos que motivam a ação: *(i)* um querer objectual: é direcionado a uma coisa, e.g. eu desejo água; *(ii)* um querer comportamental: é direcionado a um plano de ação, e.g. eu desejo ler um livro; e *(iii)* um querer proposicional: é direcionado a um estado de coisas (não corpóreo), e.g. eu desejo a paz no mundo. (AUDI, Robert. *The Architecture of Reason – The Structure and Substance of Rationality*. Estados Unidos da América: Oxford University Press, 2001, p. 71, p. 91).

[122] SMITH, Michael. *The Moral Problem*. Estados Unidos da América: Blackwell Publishers, 2005, p. 7.

o mundo tal como ele é, razão pela qual, relativamente às crenças, é viável sim acessá-las em termos de veracidade e falsidade[123].

Partindo-se dessa contraposição, pode-se dizer que a ação representa uma tentativa de fazer com que o mundo responda aos desejos do agente[124], tendo em vista um conjunto de crenças que este tenha formulado acerca dessa mesma realidade. Uma ação, portanto, está baseada em um desejo, na mesma medida em que uma crença está baseada em outras crenças que funcionam como premissas. É por essa razão que se pode dizer que a crença está para a razão teórica, na mesma medida que o desejo está para a razão prática. Assim, a crença pode ser vista como a superestrutura da razão teórica, enquanto que o desejo é a superestrutura da razão prática[125]. No entanto, considerando que a razão teórica e a razão prática mantêm um ponto de interconexão, deve-se reconhecer que a estrutura de uma ação, muitas vezes, será formada, simultaneamente, não apenas por um desejo, mas também por conjunto de crenças, o qual pode funcionar como direcionador ou limitador da ação que será praticada[126]. Isso significa reconhecer que um plano de ação que venha a ser desejado pelo agente, mas que seja absolutamente incompatível com o conjunto de crenças básicas que este agente veio a fixar, jamais poderá ser, efetivamente, executado. Assim, um desejo que não for pautado em um conjunto mínimo de crenças verdadeiras não terá qualquer capacidade de direcionar a ação humana[127].

Essa ordenação do plano de ação que será viabilizado por meio das crenças faz com que essas sejam compreendidas como formando uma estrutura hierárquica, ou seja, uma rede de crenças que é estabelecida de modo inferencial, tendo em vista o conjunto de crenças já fixadas

---

[123] SMITH, Michael. *The Moral Problem*. Estados Unidos da América: Blackwell Publishers, 2005, p. 7.

[124] AUDI, Robert. *The Architecture of Reason – The Structure and Substance of Rationality*. Estados Unidos da América: Oxford University Press, 2001, p. 61.

[125] *"Let us take belief as the central theoretical attitude and action as the central practical element."* (AUDI, Robert. *The Architecture of Reason – The Structure and Substance of Rationality*. Estados Unidos da América: Oxford University Press, 2001, p. 65).

[126] AUDI, Robert. *The Architecture of Reason – The Structure and Substance of Rationality*. Estados Unidos da América: Oxford University Press, 2001, p. 61.

[127] AUDI, Robert. *The Architecture of Reason – The Structure and Substance of Rationality*. Estados Unidos da América: Oxford University Press, 2001, p. 108.

A NECESSIDADE DE PRESSUPOSTOS ÉTICOS NA RECONSTRUÇÃO DO FENÔMENO JURÍDICO

anteriormente. Mesmo que assim seja, ao lado de tais crenças inferenciais, devem sempre existir no sujeito uma série de crenças primárias, as quais não são obtidas por meio de nenhum processo de inferência, mas são captadas imediatamente, em contato direto com a realidade que circunda o agente (e.g. por meio da percepção ou por simples intuição). Desse modo, as crenças – que fundamentam imediatamente a razão teorética e mediatamente a razão prática – são estruturadas hierarquicamente em crenças inferenciais e crenças básicas. As primeiras são obtidas como conclusões, enquanto que as segundas são primárias, no sentido de funcionarem como premissas (ou primeiros princípios) de um raciocínio. A justificação de uma proposição verdadeira sempre pressupõe a ordenação coerente de crenças primárias, a partir das quais outras crenças podem ser inferidas. Temos, portanto, uma rede de crenças que permite a organização da razão teórica, o que servirá de substrato para o exercício correto da razão prática.

Se é necessário visualizarmos uma hierarquia na ordenação das crenças, também se mostra necessário compreender a estrutura da ação a partir de um esquema hierárquico[128]. Isso porque uma ação isolada deve ser esclarecida com base em outras ações pretéritas e intermediárias que foram praticadas como forma de promover essa nova ação. Assim, podemos projetar ações que possuem valor intrínseco e ações que possuem apenas valor instrumental. Dito de outro modo, podemos identificar ações básicas e ações instrumentais, o que significa dizer que fazemos algumas coisas de modo primário e fundamental, na mesma medida em que executamos algumas atividades como forma de viabilizar a efetiva realização de outras ações posteriores. Disso se extrai a conclusões que os desejos que motivam e propulsionam as respectivas ações também seguem essa mesma estrutura, de modo que desejos também poderão ser intrínsecos ou meramente instrumentais, tendo em vista o tipo de objeto que será desejado pelo agente[129]. Isso significa dizer que posso desejar

---

[128] AUDI, Robert. *The Architecture of Reason – The Structure and Substance of Rationality*. Estados Unidos da América: Oxford University Press, 2001, p. 64.

[129] Esse ponto irá pressupor, ainda, a organização de uma hierarquia de fins que guiam a ação humana, de modo a identificarmos, em termos aristotélicos, fins instrumentais, fins valorosos em si e o fim pleno da vida humana. Tais questões foram por nós tratadas *in* FERREIRA NETO, Arthur Maria. *Justiça como realização de capacidades humanas básicas*. Porto Alegre: EDIPUCRS, 2009.

METAÉTICA E A FUNDAMENTAÇÃO DO DIREITO

algo como valoroso em si ou posso desejar algo como forma de realizar outro desejo. Temos, pois, também nesse ponto, uma rede de desejos que fixam a estrutura na qual poderá ser exercitada a razão prática[130].

É com base nessas noções gerais acerca dos elementos formadores da ação que podemos identificar os possíveis critérios para a sua justificação e para a análise da sua racionalidade.

2.1.2. Justificação e racionalidade

Primeiramente, deve-se ressaltar que a noção de justificação pode-se aplicar não apenas aos conceitos de ação e de desejo – noções essas que são pertinentes ao exercício da razão prática –, mas também ao conceito de crença – noção mais apegada ao desenvolvimento da razão teórica –[131]. É, pois, plausível falar-se em uma crença justificada, do mesmo modo em que podemos invocar justificações para uma ação que tenha sido realizada. No primeiro caso, a justificação exige a exposição coerente das premissas que dão base e fundamento à proposição em relação a qual se mantém uma crença, o que se dá, normalmente, por meio de uma demonstração inferencial válida que segue das premissas em direção a uma conclusão. No segundo caso, justificamos um determinado plano de ação argumentando a favor dos motivos que o embasam, dos fins que esse promove ou das consequências que são esperadas a partir desse modo de agir. Em um sentido amplo, portanto, a justificabilidade pode ser compreendida como *uma propriedade* que poderá ou não pertencer a uma crença ou a um desejo, considerando-se os elementos particulares que são relevantes em um contexto de exercício da razão teórica ou da razão prática[132]. Definir os fatores que poderão atribuir essa propriedade de justificabilidade a um conjunto de crenças ou a um determinado desejo que propulsiona uma ação pressupõe que se identifique com precisão quais são as fontes de justificação. Segundo AUDI, quatro

---

[130] Para AUDI, a organização coerente dos desejos intrínsecos pode ser compreendida como uma forma de eudaimonismo, no sentido projetado por ARISTÓTELES no Ética a Nicômacos. (AUDI, Robert. *The Architecture of Reason – The Structure and Substance of Rationality*. Estados Unidos da América: Oxford University Press, 2001, p. 71).

[131] AUDI, Robert. *The Architecture of Reason – The Structure and Substance of Rationality*. Estados Unidos da América: Oxford University Press, 2001, p. 14.

[132] AUDI, Robert. *The Architecture of Reason – The Structure and Substance of Rationality*. Estados Unidos da América: Oxford University Press, 2001, p. 14.

A NECESSIDADE DE PRESSUPOSTOS ÉTICOS NA RECONSTRUÇÃO DO FENÔMENO JURÍDICO

seriam as principais fontes de justificação[133], quais sejam: *(a)* a percepção; *(b)* a introspecção; *(c)* a memória; e *(d)* a razão.

Cada tradição metaética irá, por certo, atribuir prioridade a uma dessas fontes ou poderá, inclusive, rejeitar uma ou mais dessas fontes como sendo, efetivamente, relevante ao esclarecimento daquilo que fundamenta ou propulsiona a ação humana. Aliás, em grande medida, será, precisamente, o valor diferenciado que cada tradição metaética atribui a uma ou outra fonte de justificação que acabará fornecendo os pressupostos que separam posturas cognitivistas de não cognitivistas. Serão, portanto, tais diferenças que ilustrarão a maior parte das divergências teóricas que existem entre as inúmeras posturas éticas rivais que, neste estudo, serão analisadas. Não seria, pois, exagero reconhecer que é, precisamente, essa discordância quanto às fontes de justificação de crenças e desejos que causa a enorme fragmentação epistêmica que, atualmente, forma o pano de fundo do debate travado entre tradições filosóficas rivais, o que, por sua vez, provoca não apenas um distanciamento no discurso ético adotado por cada uma, mas a própria incomunicabilidade de ideias e intraduzibilidade do vocabulário básico utilizado por uma e por outra tradição[134]. Por isso, cabe, neste momento, esclarecer-se, de modo sintético, o significado que aqui se pretende atribuir às quatro fontes de justificação antes mencionadas.

A *percepção* apresenta-se como um fundamento sensorial, na medida em que fatores exteriores – na qualidade de dados reais – são capazes de afetar o sujeito, de modo a viabilizar a formação de uma crença ou atuando como instrumento de confirmação ou de revisão de uma crença já formada[135]. Segundo P. MOORE, a percepção é *"um processo que consiste essencialmente na assimilação de uma manifestação sensorial às categorias intelectuais da experiência passada e, finalmente, resulta de um conhecimento sensorial*

---

[133] Essa lista não tem a pretensão de ser exaustiva, indicando apenas as fontes *standards* de justificação (AUDI, Robert. *The Architecture of Reason – The Structure and Substance of Rationality*. Estados Unidos da América: Oxford University Press, 2001, p. 16).

[134] *"Such systems are incommensurable, and the terms in and by means of which judgments is delivered in each art so specific and idiosyncratic to each that they cannot be translated into the terms of the other without gross distortion."* (MACINTYRE, Alasdair. *Three Rival Versions of Moral Enquiry: Encyclopaedia, Genealogy and Tradition*. Estados Unidos da América: University of Notre Dame, 1990, p. 06).

[135] *Apud* FABRO Cornelio. *Percepción y Pensamiento*. Espanha: EUNSA, 1962, p. 203.

que capacita o sujeito a reproduzir e descrever os particulares de um objeto que foi percebido". Assim, o indivíduo pode, por meio de um ato de percepção de determinado conjunto de dados exteriores que são a ele remetidos através dos seus sentidos, fundar um novo conjunto de crenças, reforçar um conjunto já sedimentado ou, inclusive, revisar o sistema de crenças que já havia estabelecido. Por exemplo, do fato de eu ouvir uma melodia na minha casa, pode representar uma justificativa para que eu acredite que meu vizinho está tocando algum instrumento musical[136].

Além da experiência exterior que afeta os sentidos de um sujeito, de modo a justificar uma crença ou desejo, também pode representar uma fonte de justificação o movimento interno que esse indivíduo realiza com o intuito de reforçar ou revisar um estado de autoconsciência que já está presente sua mente[137]. Assim, uma crença poderá ser justificada por meio de um movimento de *introspecção*, o qual não recorre a elementos exteriores novos que fundam tal crença, mas sim ao sistema intelectual de crenças que já está estabelecido no sujeito com base nas experiências anteriores, de modo reorganizá-las e reordená-las a partir de interações e inferências até então não realizadas, produzindo, com isso, novas crenças e gerando novas conclusões (teóricas ou práticas).

Juntamente com as duas justificações experienciais já referidas, AUDI esclarece que a memória também pode ser uma fonte de justificação, a qual, porém, se diferencia, de três modos, das outras duas já analisadas[138]. A *memória* possui um status preservativo do objeto sendo justificado, ao passo que a percepção e a introspecção possuem um traço generativo de uma justificação, na medida em que atuam no processamento de dados já previamente estabelecidos, formulando, com isso, algo inédito que assumirá relevância na formação de um raciocínio teórico ou prático. Com efeito, a memória preserva um elemento não proposicional que é capaz de justificar uma crença[139], enquanto que a percepção e a introspecção

---

[136] Para uma teoria completa da percepção, vide FABRO, Cornelio. *Percepción y Pensamiento.* Espanha: EUNSA, 1962, pp. 122-287.

[137] AUDI, Robert. *The Architecture of Reason – The Structure and Substance of Rationality.* Estados Unidos da América: Oxford University Press, 2001, p. 15.

[138] AUDI, Robert. *The Architecture of Reason – The Structure and Substance of Rationality.* Estados Unidos da América: Oxford University Press, 2001, p. 16.

[139] AUDI, Robert. *The Architecture of Reason – The Structure and Substance of Rationality.* Estados Unidos da América: Oxford University Press, 2001, p. 15.

A NECESSIDADE DE PRESSUPOSTOS ÉTICOS NA RECONSTRUÇÃO DO FENÔMENO JURÍDICO

produzem algo novo ou com base no processamento de elementos exteriores sensorialmente captados ou com base na reordenação do sistema de crenças que já está estabelecido. Diferentemente das outras duas fontes já mencionadas, a memória não é independente de outros fatores que contribuem para a justificação, uma vez que sempre exigirá a retenção de um elemento justificador anterior, o qual representará o objeto dessa memória. Em terceiro lugar, a memória não é capaz de, por si só, produzir conhecimento, pois todo conhecimento que é retomado por força da memória, não terá sido por meio dessa produzido. Na verdade, a memória somente é capaz de preservar o conhecimento que veio a ser adquirido – na qualidade de crença verdadeira e justificada – a partir de outra fonte de justificação que tenha se manifestado no passado. Há, pois, uma noção de complementaridade entre a memória e as outras fontes de justificação experienciais[140].

Por fim, AUDI qualifica como uma fonte básica de justificação a *razão* ou, melhor dizendo, razões que podem justificar uma crença, independentemente de qualquer tipo de justificação baseada em um elemento experiencial do sujeito que, contingentemente, possa estar de posse de tal crença. Veja-se, portanto, que esta última fonte de justificação é a única que tem a pretensão de manter independência em relação ao sujeito que estará pretendendo garantir a propriedade da justificabilidade à crença ou ao desejo que estiver manifestando. Por isso, pode-se dizer que tal fonte é a que visa, propriamente, à objetividade da justificação, uma vez que a sua caracterização na dependerá da matriz subjetiva que processa dados exteriores ou que reordena o sistema intelectual de crenças de um indivíduo.

Essa forma de diferenciação das fontes de justificação é, normalmente, invocada para se estabelecer um contraste radical entre experiências e razões. Essa contraposição, porém, é tendenciosa e equivocada, uma vez que, frequentemente, determinadas razões que fundamentam uma crença ou um desejo dependem de certas experiências anteriores. No

---

[140] Em uma perspectiva aristotélico-tomista essa ideia pode ser ilustrada nos seguintes termos: *"La aprehensión de los sensibles communes se inicia con los sentidos externos, pero no se completa adecuadamente más que a través de la elaboración combinada del sentido común y de la fantasía."* (FABRO, Cornelio. *Percepción y Pensamiento*. Espanha: EUNSA, 1962, p. 192). Vide, ainda, os esquemas explicativos que FABRO apresenta nas pp. 224-227.

entanto, o traço de justificabilidade que uma razão pode atribuir a uma crença ou um desejo não será determinado nem ficará na dependência da respectiva experiência particular. Obviamente, considerando a amplitude do conceito que se ventila pode meio da ideia de razões como fonte de justificação, não se poderia, nesse momento, atribuir uma definição fechada a tal noção, principalmente porque a significação e a relevância desse conceito oscilarão conforme cada proposta metaética a ser aqui analisada.

Mesmo que já se tenha apresentado possíveis fontes de justificação de uma crença ou desejo, nada ainda chegou a ser referido quanto à concepção de justificação que pode ser adotada. Tal tarefa, porém, não se mostra simples, uma vez que a noção de justificação é tão básica e fundamental que é um tanto difícil defini-la sem que se cometa uma remissão definicional a outro plano de esclarecimento, o que, muitas vezes, poderá indicar o recurso indevido a uma petição de princípio. Isso acaba, muitas vezes, apenas transferindo o ônus de explicação ao conceito que é invocado com o intuito de esclarecer o que justificação pode ou deve significar. Considerando-se que, neste momento, pretende-se apenas ilustrar uma gama de possibilidades conceituais que as diferentes tradições metaéticas podem adotar, cabe aqui apenas expor algumas propostas que são, comumente, apresentadas para se definir o que é a justificação de uma crença ou de um desejo.

Primeiramente, uma crença justificada pode ser esclarecida como sendo aquela que manifesta uma proposição racionalmente aceitável, no sentido de ser justificável tudo aquilo que está além do racionalmente criticável[141]. Vemos, nessa postura, uma pretensão de equacionar a justificação a um critério intersubjetivo de fixação de uma crença ou de um desejo coletivo, na medida em que a aceitabilidade de algo pressuporá a adesão de um conjunto de sujeitos que deverá manifestar anuência e concordância relativamente à crença ou ao desejo que se busca justificar. Tal noção será relevante para se compreender concepções metaéticas convencionalistas, as quais pressupõem que o fundamento de uma proposição ética dependerá do processo coletivo que conveniona tal enunciado proposicional como certo ou errado (vide item 3.2).

---

[141] CHRISHOLM, R. M. *Theory of Knowledge*. Englewood Cliffs, Prentice-Hall, 3a Edição, 1989.

Em segundo lugar, segundo GOLDMAN, uma crença justificada deve ser compreendida como sendo aquela que é produzida e mantida de modo confiável[142], o que significa dizer que a confiabilidade do conteúdo veiculado por meio de uma crença seria, de acordo com essa visão, aquilo que determinaria a sua capacidade de justificação.

Em terceiro lugar, uma crença justificada pode também ser definida como sendo aquela que manifesta determinadas qualidades epistêmicas[143], mais especificamente no que diz respeito à inexistência de contradições que esta apresentará relativamente a outras crenças que já tenham sido plenamente justificadas. Assim, uma crença justificável pode ser conceituada como sendo aquela que manifesta plena coerência interna com o restando do conjunto de crenças que é mantido por aquele que justificou essa crença[144].

Por fim, AUDI caracteriza como crença justificada aquele que manifesta uma correta fundamentação (*well-groundedness*), no sentido de que possui ela a propriedade de ser justificável na medida em que a crença mantém relação adequada com uma ou mais daquelas fontes de justificação antes denominadas[145].

Feita a exposição de algumas concepções de justificalibilidade, cabe analisar o que poderia atribuir racionalidade a uma crença ou a um desejo.

A noção de racionalidade, no que tange às crenças e aos desejos, mantém estreita relação com o conceito de justificação. Possivelmente, em razão do forte ceticismo que se faz presente na nossa pré-compreensão contemporânea, é comum identificar-se autores que equiparam a noção de racionalidade com a possibilidade de justificação de determinada

---

[142] GOLDMAN, Alvin. *Epistemology and Cognition*. Estados Unidos da América: Harvard University Press, 1986.

[143] SOSA, Ernst. *Knowledge in perspective*. Estados Unidos da América: Cambridge University Press, 1991.

[144] Mesmo que a incoerência seja signo de que uma crença tenha falhas na sua justificação, não se pode presumir que a coerência seja o sinal imediato e necessário de uma crença justificada. Coerência não produz justificação, uma vez que representa um elemento necessário, mas não suficiente para se configurar uma crença justificada. Isso porque um conjunto de proposições falsas pode ser, em si, plenamente, coerente.

[145] "... a justification is roughly an adequate ground." AUDI, Robert. *The Architecture of Reason – The Structure and Substance of Rationality*. Estados Unidos da América: Oxford University Press, 2001, p. 19.

crença ou proposição. Isso ocorre porque, muitas vezes, nos preocupamos não apenas em fixar a racionalidade do conjunto de crenças que possuímos, mas também em apresentar fundamentos que possam justificar tais crenças perante os outros. No entanto, racionalidade não pode ser, simplesmente, identificada com a noção de uma crença capaz de receber adequada justificação. Na verdade, racionalidade envolve um conceito mais amplo, na medida em que determinada pessoa pode ser racional, na generalidade dos seus atos, mesmo que não seja possível garantir justificação a todos eles[146]. Com efeito, a justificabilidade representa um elemento adicional que se pode atribuir a uma razão ou a um conjunto de razões que fundamentam uma crença ou um desejo.

Por isso, para AUDI[147], a racionalidade é um conceito de capacidade (*capacity concept*), na medida em que representa uma habilidade de captar – por indução ou dedução – determinadas verdades e, com base nelas, estabelecer algumas inferências também racionais. Por outro lado, a justificabilidade é um conceito de atingimento ou de realização (*achievement concept*), o que significa dizer que justificar uma determinada crença pressupõe um processo por meio do qual se torna possível atingir ou realizar os fundamentos adequados para a justificação da respectiva crença. Assim, alguém pode possuir racionalidade, mesmo quando não seja capaz de realizar ou atingir a respectiva justificação. Por exemplo, podemos pensar em um determinado processo judicial, no qual as partes em litígio apresentam provas que são entre si conflitantes, representando fontes distintas de justificação, de modo que o juiz até poderá ter uma crença racional de que a pretensão em disputa é procedente. No entanto, a eventual crença racional não ser considerada justificada, na medida em que as suas fontes de justificação não puderam ser adequadamente fundamentadas e estabelecidas.

Nessa esteira, para AUDI[148], haveria cinco tipos distintos de razões relacionadas a crenças:

---

[146] AUDI, Robert. *The Architecture of Reason – The Structure and Substance of Rationality*. Estados Unidos da América: Oxford University Press, 2001, p. 50.

[147] AUDI, Robert. *The Architecture of Reason – The Structure and Substance of Rationality*. Estados Unidos da América: Oxford University Press, 2001, p. 50.

[148] AUDI, Robert. *The Architecture of Reason – The Structure and Substance of Rationality*. Estados Unidos da América: Oxford University Press, 2001, p. 53.

A NECESSIDADE DE PRESSUPOSTOS ÉTICOS NA RECONSTRUÇÃO DO FENÔMENO JURÍDICO

(i)   as normativas, que fundamentam, objetivamente, determinado estado de coisas, de modo que a sua dimensão proposicional pode ser compreendida como verdadeira, em sentido pleno;

(ii) as razões normativas referentes à pessoa, que apresentam fundamentos para *eu* acreditar em um estado de coisas, de modo que o *meu* estado mental é correspondente a uma proposição verdadeira;

(iii) as razões possuídas por alguém, que representam fundamentos internos que já estão estabelecidos no sistema de motivações de alguém[149]. Nesse sentido, podemos dizer, de modo inteligível, *"eu tenho uma razão"*, o que permite uma terceira pessoa afirmar, objetivamente, que *"ele acreditava que tinha razão"*;

(iv) as explicativas, que se prestam a descrever determinado estado de coisas, esclarecendo as relações causais que o justificam;

(v) as motivadoras, que se prestam a fundamentar outras crenças[150].

Esse esquema representativo de razões para uma crença também se converte, simetricamente, em razões para um desejo que pode propulsionar uma ação[151], de modo que é possível identificar-se: *(i)* razões práticas normativas, que representam fundamentos objetivos para uma ação; *(ii)* razões práticas normativas vinculadas a uma pessoa, que representam fundamentos objetivos para que *eu* pratique uma ação; *(iii)* razões práticas possuídas, que representam motivos que *eu* possuo para agir de determinado modo, o qual se apresenta, para mim, como correto e adequado; *(iv)* razões práticas explicativas, pois explicam porque eu posso querer praticar uma ação; e *(v)* razões práticas motivadoras, as quais são instrumentais na motivação de outras ações. As razões que podem servir como justificação de uma crença ou de um desejo podem ser compreendidas como proposições, como fatos ou como entidades abstratas que causam um determinado efeito psicológico. As razões normativas e as

---

[149] AUDI, Robert. *The Architecture of Reason – The Structure and Substance of Rationality*. Estados Unidos da América: Oxford University Press, 2001, p. 120

[150] "... a belief can express a reason for a further belief..." . AUDI, Robert. *The Architecture of Reason – The Structure and Substance of Rationality*. Estados Unidos da América: Oxford University Press, 2001, p. 121

[151] "Wants can provide all five kinds of reason..." AUDI, Robert. *The Architecture of Reason – The Structure and Substance of Rationality*. Estados Unidos da América: Oxford University Press, 2001, p. 120.

METAÉTICA E A FUNDAMENTAÇÃO DO DIREITO

razões explicativas podem caracterizar uma proposição verdadeira e nessa medida podem assumir a feição de fatos[152]. As demais espécies de razões que também podem assumir uma dimensão proposicional, por certo não podem ser consideradas fatos[153]. Tais considerações também serão relevantes para diferenciar-se, nos Capítulos que seguem, posturas cognitivistas de posturas não cognitivistas, principalmente porque as primeiras admitirão a existência de fatos morais, enquanto que as outras rejeitarão tal possibilidade.

Isso demonstra que não são todas as tradições metaéticas que atribuem valor e relevância à noção de razões que podem fundamentar uma crença ou um desejo. Na verdade, algumas posturas metaéticas simplesmente rejeitam que razões possam exercer qualquer função na fundamentação do conhecimento ou da ação humana (i.e, posturas niilistas e amoralistas). Outras pretenderão justificar que somente existem razões de ordem pessoal (i.e., posturas subjetivistas). Outras, ainda, pretenderão atribuir máximo valor às razões normativas e explicativas (i.e., posturas cognitivistas em sentido estrito). Mesmo que assim seja, é importante que seja apresentado esse espectro mais amplo de possibilidades justificadoras, para que, em seguida, tais conceitos possam ser mais bem explicitados e contrastados. Provavelmente, o projeto metaético mais bem sucedido, ou seja, com maior profundidade e desenvoltura, será aquele que conseguir melhor conjugar a participação das cinco espécies de razões acima descritas.

2.2. O *status* de um juízo prático

No tópico anterior, analisaram-se, sucintamente, os três conceitos primários que podem dar formato a uma tese metaética (crença, desejo e ação), os quais, conforme referido, representam aqueles fatores que permitirão diferenciar uma tradição moral de outra. Além disso, foram apresentados alguns dos possíveis significados que se podem atribuir às noções de justificação e de racionalidade, o que, em grande medida,

---

[152] "...true propositions are equivalent to facts..." AUDI, Robert. *The Architecture of Reason – The Structure and Substance of Rationality*. Estados Unidos da América: Oxford University Press, 2001, p. 120

[153] AUDI, Robert. *The Architecture of Reason – The Structure and Substance of Rationality*. Estados Unidos da América: Oxford University Press, 2001, p. 54.

A NECESSIDADE DE PRESSUPOSTOS ÉTICOS NA RECONSTRUÇÃO DO FENÔMENO JURÍDICO

será determinante para a separação das posturas metaéticas qualificadas como cognitivistas daquelas definidas como não cognitivistas. Pois bem, é diante dessas considerações iniciais que se mostra necessário discorrer sobre a estrutura do juízo prático na formulação de um raciocínio que poderá fundamentar uma ação. Cabe, portanto, analisar quais são as diferentes definições e quais são as distintas funções específicas que são atribuídas a um juízo prático de acordo com as mais variadas tradições metaéticas.

No entanto, antes de se analisar a postura daqueles que vislumbram alguma importância no conceito de juízo prático para a compreensão do processo que fundamenta ou direciona uma ação humana, cabe analisar-se a postura daqueles autores (quase sempre caracterizados como não cognitivistas) que não vislumbram qualquer relevância neste tipo de estrutura proposicional ou que rejeitam a possibilidade de um juízo prático assumir qualquer dimensão objetiva.

John MACKIE, certamente, representa bem a postura desses autores que não admitem a possibilidade de se pensar em juízos práticos revestidos de qualquer pretensão de objetividade, na medida em que pressupõe que todos os juízos morais, mesmo que possam assumir alguma relevância nas vidas humanas, são necessariamente falsos[154]. Assim, para ele, não existe nada, verdadeiramente, bom ou ruim, certo ou errado, de modo que, caso exista, de fato, algo que possamos denominar de Ética, devemos *"inventar"* todas aquelas categorias proposicionais (bom ou ruim, certo ou errado etc...) que invocamos quando imaginamos que estamos realizando algo de relevância ética[155]. Ao afirmar isso, MACKIE, sem dúvida alguma, caracteriza-se como o verdadeiro e autêntico sucessor de HUME, o qual atribui à razão prática um papel secundário e meramente instrumental, no que diz respeito ao direcionamento da ação humana.

Para HUME, um juízo prático não possui valor em si, na medida em que assume uma função, meramente, instrumental dentro de um tipo de raciocínio de meios para fins. Isso significa dizer que um juízo prático, em uma visão humeana, jamais terá capacidade de determinar ou direcionar

---

[154] SAYRE-MCCORD, Geoffrey. *Many Moral Realisms, in* SAYRE-MCCORD, Geoffrey (editor). *Essays on Moral Realism.* Estados Unidos da América: Cornell University Press, 1988, p. 12.
[155] MACKIE, J. L. *Ethics – Inventing Right and Wrong.* Reino Unido: Penguin Books, 1978.

METAÉTICA E A FUNDAMENTAÇÃO DO DIREITO

a ação, mas apenas fornecer elementos intermediários no que se refere ao estímulo de uma paixão que é sentida pelo agente:

> *"It has been observ'd, that reason, in a strict and philosophical sense, can have an influence on our conduct only after two ways: either when it excites a passion by informing us of the existence of something which is proper object of it; or when it discovers the connection of causes and effects, so as to afford us means of exerting any passion. These are the only kinds of judgments which accompany our actions."*[156]

Diante disso, um juízo prático teria tão somente uma função instrumental de fornecer crenças relacionadas a dois tipos de objetos, quais sejam: *(i)* ao estimular uma paixão que informe que estamos diante de um determinado objeto que é capaz de produzir algum tipo de sentimento ou emoção (positiva ou negativa, *i.e.*, impulso ou aversão); e *(ii)* ao fornecer informações sobre como concretizar uma relação de meio e fim para alcançar esse objeto da paixão[157]. Para HUME, uma teoria da ação humana pressupõe, pelo menos, dois elementos básicos, quais sejam: uma teoria psicológica da motivação humana, a qual é impulsionada por diferentes paixões, e uma teoria de razão prática meramente instrumental, que se exerce por meio de raciocínios de meios e fins. Assim, um agente apenas identifica o que estimula os seus desejos e depois procura meios para atingi-los.

Exatamente, por isso, entende HUME, que a razão prática não será jamais capaz de, por si só, determinar ou influenciar uma ação humana, mas representará apenas a causa mediata de um agir que é estimulado por uma paixão[158]. Por isso, a teoria metaética que é assumida por HUME pressupõe que a ação humana é produzida por força de desejos que são guiados por meio de crenças que captam determinados objetos das paixões

---

[156] HUME, David. *Treatise of Human Nature*. Estados Unidos da América: Oxford University Press, 2a Edição, 1978, pp. 459-60.

[157] AUDI, Robert, *Practical Reasoning and Ethical Decision*. Estados Unidos da América: Routledge, 2006, p. 38.

[158] Segundo HUME, *"...reason alone is incapable of an influence upon actions"*, uma vez que *"Reason and judgment may, indeed, be the mediate cause of an action, by prompting, or by directing a passion"* (HUME, David. *Treatise of Human Nature*. Estados Unidos da América: Oxford University Press, 2a Edição, 1978, p. 462)

A NECESSIDADE DE PRESSUPOSTOS ÉTICOS NA RECONSTRUÇÃO DO FENÔMENO JURÍDICO

que impulsionam o indivíduo[159]. Tais desejos, porém, jamais poderão ser preenchidos por um objeto que assuma qualquer dimensão objetiva, uma vez que, para HUME, o bom ou o ruim, *i.e.*, aquilo que é passível de ser desejado, não é outra coisa senão o prazeroso e o desprazeroso[160]. Por isso, toda ação humana é fundamentada com base no sentimento de aprovação ou de desaprovação que a acompanha[161]. Esse tipo de *hedonismo psicológico*[162] faz com que o juízo prático, em HUME, não possa ser passível de qualquer tipo de escrutínio racional e objetivo[163], uma vez que a ação humana, em última instância, será sempre motivada e causada por um tipo de *"impulso natural ou instinto"*[164]. Por isso, as eventuais razões que poderiam ser veiculadas por meio de juízos práticos são sempre impotentes, até porque *"reason is, and ought only to be, the slave of passions"*[165]. Juízos práticos, de acordo com essa visão, não captam qualidades ou propriedades morais que poderiam determinar uma ação como correta ou incorreta, mas captam apenas uma conexão entre um objeto desejado e um sentimento do agente[166].

---

[159] AUDI, Robert, *Practical Reasoning and Ethical Decision*. Estados Unidos da América: Routledge, 2006, p. 38.

[160] *"[Devemos] rejeitar todo sistema ético... que não esteja fundado nos fatos e em observações... A hipótese que estamos endossando é clara. Ela sustenta que a moralidade é determinada pelo sentimento. Ela define a virtude como sendo qualquer ação mental ou qualidade que dê ao espectador o sentimento agradável de aprovação; e vício é o seu contrário. Depois disso, passamos a examinar uma questão de simples fatos, de modo a apontar quais ações possuem esse tipo de influência...,".* (HUME, David. *An Enquiry Concerning the Principles of Morals. British Moralists*, Seções I e II, pars. 563, 600, 1777– tradução do Autor).

[161] SUPERSON, Anita. *The moral Skeptic*. Estados Unidos da América: Oxford University Press, 2009, p. 137.

[162] AUDI, Robert, *Practical Reasoning and Ethical Decision*. Estados Unidos da América: Routledge, 2006, p. 39.

[163] SUPERSON, Anita. *The moral Skeptic*. Estados Unidos da América: Oxford University Press, 2009, p. 136.

[164] *"Beside good and evil, or in other words, pain and pleasure, the direct passions frequently arise forma a natural impulse or instinct, which is perfectly unaccountable."* (HUME, David. *Treatise of Human Nature*. Estados Unidos da América: Oxford University Press, 2a Edição, 1978, p. 439)

[165] HUME, David. *Treatise of Human Nature*. Estados Unidos da América: Oxford University Press, 2a Edição, 1978, p. 415.

[166] AUDI, Robert, *Practical Reasoning and Ethical Decision*. Estados Unidos da América: Routledge, 2006, p. 46.

Com efeito, retornando a MACKIE, deve-se concluir que o que é passível de *"objetificação"* não será o eventual conteúdo de um juízo prático, mas apenas a projeção dos nossos sentimentos sobre as ações, uma vez que as qualidades avaliativas e/ou morais de tais objetos *"são feições ilusórias e essa ilusão é gerada de uma forma complicada por meio da interrelação dos nossos sentimentos em situações sociais nas quais a ilusão, uma vez estabelecida e regularmente empregada nas comunicações interpessoais e nas opiniões compartilhadas, pode exercer um papel importante e talvez útil."*[167] Como se vê, nesse contexto teórico, um juízo prático não passaria de uma estrutura ilusória no que diz respeito a sua capacidade de fundamentar ou direcionar a ação humana.

Como contraste, cabe agora ilustrar a postura daqueles que reconhecem relevância e atribuem algum sentido objetivo aos juízos práticos, na medida em que representam estruturas fundamentais para a compreensão de um raciocínio que conduz à ação.

Dito de modo amplo, um juízo pode ser compreendido como um conceito da lógica tradicional representado por uma estrutura formal por meio da qual se vinculam duas ou mais propriedade referente a um determinado objeto. Um juízo, portanto, ilustra uma atividade intelectual por meio do qual se analisa um determinado objeto (por meio de uma relação de sujeito e predicado) ou se avalia uma determinada ação (por meio de um agente e um estado de coisas que se pretende realizar), com o intuito de defini-los como verdadeiros ou falsos[168].

Nesse contexto, os juízos práticos podem ser, genericamente, definidos como sendo aqueles juízos que dizem respeito à ordem do pensamento prático, ou seja, representam uma formulação proposicional básica produzida pelo intelecto humano, cujo objeto assume alguma relevância na influência ou na determinação do agir humano. Com efeito, dentro da chamada ordem prática, encontramos as ações humanas e o pensamento prático, sendo que este último pode ser produzido com o intuito

---

[167] MACKIE, John. *Hume's Moral Theory*: Routledge & Kegan Paul, London and Boston: 1980, p. 144.

[168] *"Beim Urteil handelt es dich um einen Begriff aus de traditionellen Logik. Mit ihm man durch Verbindung von zwei oder mehreren Gedankeninhalten eine Aussage über einen Sachverhalt, die entweder wahr oder falsch sein kann."* (HILBER, Wolfgang (Coord.). *Lexicon der Philosophie*. Alemanha: 7Hill, p. 397).

A NECESSIDADE DE PRESSUPOSTOS ÉTICOS NA RECONSTRUÇÃO DO FENÔMENO JURÍDICO

de analisar, compreender e avaliar ações, do mesmo modo que serve de suporte intelectual para uma ação concreta que será realizada pelo agente. Nesse contexto, o juízo prático é, precisamente, aquilo que liga essas duas instâncias (ação e pensamento), refletindo-se, assim, na forma que uma ação assume e cujo conteúdo específico será fornecido por crenças e desejos que garantirão materialidade a esse agir concreto.

Obviamente, não são todos os juízos práticos que possuem o mesmo grau de determinabilidade no que se refere ao agir humano, uma vez que podem exercer funções práticas diferentes e podem manifestar intensidades distintas no que se refere à participação no processo deliberativo que culminará em uma ação concreta. Há, pois, primeiramente, uma instância ampla de juízos práticos que representam formulações proposicionais que poderão participar de um raciocínio direcionado ao agir, seja para esclarecer elementos universais da ação humana em geral, seja para influenciar o processo deliberativo que acabará gerando um agir concreto. De qualquer modo, já estamos na seara do conhecimento prático quando refletimos sobre questões abstratas envolvendo regras e deveres a serem observados na execução de uma ação que pretende ser, não apenas eficiente no atingimento de um objetivo, mas também, minimamente, correta.

No entanto, para se ter uma compreensão plena do processo que dá forma a um raciocínio prático, mostra-se necessário visualizar um tipo especial de juízo prático que irá pressupor um grau mais intenso de praticidade, por meio do qual passamos de uma reflexão abstrata sobre os fatores relevantes de uma ação humana correta para aqueles elementos concretos e particulares que serão determinantes para a tomada de decisão referente ao agir a ser executado aqui e agora. Por isso, somam-se aos juízos práticos com diferentes graus de abstração, aquele tipo de juízo que ilustra o ponto último da praticidade que é capaz de determinar o conteúdo concreto de uma ação a ser executada pelo ser humano em um contexto específico. Assim, dentro do universo prático, devem ser identificados, ainda, os juízos que serão caracterizados como um *juízo prático último*, o qual é identificado, por SIMON, como sendo o juízo que, imediatamente, dita o conteúdo da ação humana em um contexto concreto, uma vez que toca, imediatamente, na ação específica a ser executada[169]. Para SIMON,

---

[169] SIMON, Yves. *Practical Knowledge*. Estados Unidos da América: Fordham, 1991, p. 04.

METAÉTICA E A FUNDAMENTAÇÃO DO DIREITO

esse juízo prático último representa a própria forma da ação, na medida em que representará o elemento estrutural básico da razão que ditará o gênero e as espécies de juízos que poderão ser considerados como parte integrante do ambiente que compõe o conhecimento prático[170]. Assim, pode-se dizer, metaforicamente, que a ação concreta realizada e o juízo prático último que a determina mantêm uma correlação de matéria e forma, do mesmo modo que o mármore relaciona-se com a forma específica da estátua de Hércules[171].

Não é por outro motivo que uma regra universal sobre a ação humana, não obstante seja relevante na correta explicação do conhecimento prático e seja determinante para a adequada elaboração da filosofia moral, sempre fica aquém do grau de praticalidade que se exige para a efetiva execução de uma ação concreta. Por isso, não deveria causar espanto o fato de que, muitas vezes, o conhecimento abstrato de uma verdade moral inquestionável não é suficiente para mobilizar um indivíduo a observá-la e executá-la no seu dia-a-dia.

Além disso, o juízo prático último representa um juízo que é sempre sintético, pois, não representa uma dedução inferencial de juízos anteriores nem a depuração de propriedades que podem compor uma ação humana, mas, na verdade, representa um tipo de juízo que unifica (e não fragmenta) os fatores contingentes relevantes que estão diante do agente que executará a ação. Comparativamente, pode-se dizer que o conhecimento teórico procede sempre de modo analítico, ou seja, pressupõe deduções anteriores a partir de premissas antes estabelecidas, o que muitas vezes é visto como um processo de decomposição do ser. Isso significa dizer que, para se compreender, teoricamente, determinado objeto, deve ele ser desmembrado e separado a partir das essências que compõem a coisa existente que é objeto de cognição. Com efeito, um juízo teórico visa a analisar as causas essenciais que compõem um objeto, de modo a estabelecer as relações que essas mantêm com os seus princípios causadores, visando a se estabelecer, com isso, as consequências e os efeitos que

---

[170] "...when the distance between thought and action is nil, when thought has come down into the complex of human action to constitute its form, it is described as practical in an absolutely appropriate sense." (SIMON, Yves. *Practical Knowledge*. Estados Unidos da América: Fordham, 1991, p. 04)

[171] SIMON, Yves. *Practical Knowledge*. Estados Unidos da América: Fordham, 1991, p. 4.

A NECESSIDADE DE PRESSUPOSTOS ÉTICOS NA RECONSTRUÇÃO DO FENÔMENO JURÍDICO

podem ser esperados dessa relação. Tal postura, se levada ao extremo, pode incorrer na perigosa tendência de se equacionar o conhecimento teórico com o simples processo de decomposições de propriedades universais, o que acaba comprometendo a compreensão da unidade da coisa que se pretende conhecer, visão globalizante essa que é sempre indispensável para a elaboração de qualquer ciência teórica[172].

Por outro lado, um juízo prático, mesmo quando não tenha relação direta com uma ação concreta a ser executada, tem como objeto, não a mera decomposição de qualidades abstratas, mas a aproximação e a agregação de fatores contingentes pertinentes à ação humana que podem ser relacionados a um fim específico a ser promovido pelo agente ou – dentro de uma perspectiva realista (vide item 3.2.6) – à ideia de completude ou integralidade com a noção metafísica de bem humano[173]. Dito de outro modo, um juízo prático, mesmo quando acabar revelando-se falso, precário ou equivocado, reflete o desejo daquele que o produziu de completar ou integralizar a visão particular de um fim ou de um bem.

Com efeito, uma decisão prática (ou um juízo prático último) não decompõe elementos essenciais, mas agrega, completa, integraliza (*i.e.*, sintetiza) todos os elementos contingente relevantes para a execução adequada e correta de uma ação dentro de um contexto específico, como, por exemplo, a pertinência do fim que se pretende realizar, a utilidade dos meios disponíveis naquele momento, os riscos e as consequências previsíveis da ação a ser realizada, a avaliação sobre a presença ou não das habilidades e qualidades necessárias do agente para a execução de tal tarefa etc... Assim, dependendo do caso, a ausência de um ou mais de um desses fatores combinados poderá ser caracterizar a ação realizada como falsa, imprudente ou equivocada em termos práticos (mesmo que em termos teoréticos – *i.e.*, analíticos – pudesse ser ela descrita e esclarecida com máxima precisão e clareza).

Dessa distinção entre juízo prático e juízo teórico exsurge a relevância de bem se compreender as diferentes expectativas que se pode ter em

---

[172] *"Yet inasmuch as it characterizes theoretical science, analysis is primarily concerned, not with relation of whole to part, but with the relation of effect to cause and of consequence to principle. To analyze, or to resolve, is to render a situation intelligible by tracing an effect to its cause or a consequence to its principle."* (SIMON, Yves. *Practical Knowledge*. Estados Unidos da América: Fordham, 1991, p. 06)

[173] SIMON, Yves. *Practical Knowledge*. Estados Unidos da América: Fordham, 1991, p. 08.

relação ao grau de veracidade e à forma de certificação de resultados que podem ser esperadas dentro da chamada ordem prática.

Primeiramente, considerando-se o fato de um juízo prático possuir como forma básica, não a decomposição de propriedades essenciais, mas a agregação de elementos contingentes (i.e. variáveis e não necessários), não poderá ele revelar o mesmo grau de certeza que é esperado no campo dos juízos puramente teóricos. Um juízo prático, portanto, sempre ficará aquém do grau de certeza que poderia ser ideal ou desejável, mas isso ocorre não por causa de necessárias deficiências no raciocínio, mas sim por causa da contingência e variabilidade do estado de coisas sobre o qual o juízo prático recai. Por isso, em relação aos juízos práticos, deve-se reconhecer que as noções de verdade e falsidade poderão assumir mais de um sentido, tendo em vista o grau de abstração e indeterminação do juízo prático que estará sendo produzido. Isso, porém, não significa dizer que todo juízo prático será absolutamente indeterminado e que nenhum tipo de objetividade prática poderá ser almejada neste campo de conhecimento. Mesmo que uma certeza universal não possa, por óbvio, ser garantida em todas as ações, ainda assim algum tipo de convicção objetiva sobre a retidão de uma ação concreta poderá, em alguns casos, ser almejada. Aliás, demonstrará possuir conhecimento prático aquela pessoa que souber o momento adequado de se encerrar a busca por certeza e objetividade em relação a uma questão prática em disputa, de modo que o meio-termo prático na busca por respostas objetivas referentes à ação humana está entre a postura daquele que age com completa despreocupação e desinteresse e aquele que não age, ou seja, que fica em estado de estagnação, na medida em que está cegamente engajado em uma busca neurótica por certeza[174].

Por essa razão, a espécie de verdade que pode ser ambicionada dentro da esfera da ação humana – a qual não possui o mesmo grau de certificação que pode ser buscado em relação a juízos teoréticos – é a chamada verdade prática[175]. Relativamente a essa espécie de verdade, o juízo não busca a mera cognição de um objeto, mas sim o direcionamento a algo a ser realizado. A verdade prática, assim, não pretende, propriamente,

---

[174] SIMON, Yves. *Practical Knowledge*. Estados Unidos da América: Fordham, 1991, p. 13.

[175] Vide FERREIRA NETO, Arthur Maria. *Justiça como realização de capacidades humanas básicas*. Porto Alegre: EDIPUCRS, 2009, pp. 164 e ss.

A NECESSIDADE DE PRESSUPOSTOS ÉTICOS NA RECONSTRUÇÃO DO FENÔMENO JURÍDICO

a conformidade intelectual a um estado de coisas real e existente, mas a conformidade de uma inclinação básica a um desejo que possa ser qualificado como (cor)reto[176]. Isso significa dizer que quando alguém se inclina a perseguir determinado objetivo, seguindo aquilo que seu desejo capta como um fim verdadeiro, irá emitir um juízo prático que levará em consideração as condições particulares relevantes do contexto em que pretende executar essa ação. Quando esse agente, consciente e intencionalmente[177], consegue direcionar sua inclinação a um fim que possa ser considerado correto, adequando e retificando (i.e. tornando reto) o seu desejo de modo a concretizar aquilo que é necessário para a realização desse fim, podemos falar que o juízo prático produzido nesse contexto tende a ser verdadeiro (o que não poderá ser, em todos os casos possíveis, garantido com certeza). Isso implica certa adequação aos fatos relevantes naquele contexto de ação, mas também pressupõe o correto direcionamento de uma inclinação.

Por certo, mesmo uma decisão que seja tomada em completa concordância com um desejo reto ainda poderá revelar-se como equivocada e, inclusive, trágica. Isso ocorre porque a noção de verdade prática – por buscar objetividade diante de elementos sempre contingentes – estará, necessariamente, permeada por fatores que podem ser caracterizados como *acidentes práticos*[178]. Isso significa dizer que, quando se emite um juízo prático verdadeiro, se está sempre diante do risco de se manifestarem elementos imprevisíveis ou de se concretizar uma situação de anormalidade, o que poderá prejudicar ou impedir a execução bem sucedida de uma ação, a qual, quando analisada em abstrato, poderia ser considerada correta ou boa. SIMON[179] dá como exemplo desses fatores acidentais que, muitas vezes, prejudicam a certificação de objetividade em relação a juízos práticos *(i)* a ignorância involuntária, *(ii)* a inadequação das condições materiais e dos instrumentos envolvidos na operação, *(iii)* um distúrbio

---

[176] *"The practical judgment, whose proper perfection is truth by agreement to right desire, is ultimately determined not by cognition but by inclination, and its determination is certain if the inclination that ultimately determines it is right."* (SIMON, Yves. *Practical Knowledge*. Estados Unidos da América: Fordham, 1991, p. 17).

[177] Sobre o ponto vide FABRO, Cornelio. *Percepción y Pensamiento*. Espanha: EUNSA, 1962, pp. 463-472.

[178] SIMON, Yves. *Practical Knowledge*. Estados Unidos da América: Fordham, 1991, p. 14.

[179] SIMON, Yves. *Practical Knowledge*. Estados Unidos da América: Fordham, 1991, pp. 14-16.

emocional momentâneo ou, inclusive, o *(iv)* apego a uma tradição ou a um contexto histórico.

Assim, por exemplo, para produzir um juízo prático verdadeiro, necessito de toda a informação relevante para agir naquele contexto, a qual pode ser obtida de forma independente ou por meio de conselheiros que estejam mais bem informados. Por isso, muitas vezes a deliberação e a emissão de um juízo prático não é bem sucedida em razão da carência involuntária de determinada parcela de informação que somente se revelou relevante posteriormente. Além disso, a ação correta pressupõe também a identificação dos meios materiais necessários ao seu atingimento. Desse modo, sem o aparato instrumental adequado, o desejo reto não será suficiente para a realização de uma ação correta, não obstante tenha o agente a correta inclinação e possa ter a intenção de produzir juízos práticos verdadeiros[180]. Em terceiro lugar, a inabilidade de controlar o nervosismo ou a fúria (i.e. distúrbios emocionais) também poderá representar um acidente prático que impedirá a formulação de um juízo prático verdadeiro ou obstaculizará a sua efetiva execução. Em quarto lugar, a execução bem sucedida de um juízo prático poderá depender, ainda, em alguns casos (não sempre, portanto), do contexto social e histórico no qual esse juízo vier a ser produzido. Isso significa dizer que, por acidente prático, um raciocínio prático que, aparentemente, mostra-se correto, pode ser caracterizado como errôneo por força do ambiente ou do local em que for executado. Por exemplo, cantar uma bela melodia que, em princípio, é inofensiva, pode-se mostrar como uma ação equivocada considerando-se o ambiente em que for executada, como em um espaço coordenado por grupo específico (político, religioso, esportivo etc...) que assuma como agressiva aquela canção executada em seus recintos[181].

---

[180] Seguindo o exemplo de SIMON, o violinista pode ser um exímio praticante da sua arte, mas se tiver apenas um violino defeituoso (sem cordas, por exemplo), jamais conseguirá executar com sucesso o plano de ação desejado.

[181] Como se verá, uma tradição metaética relativista irá pressupor que esse tipo de acidente aplica-se a todo juízo prático, sendo sempre necessário levar em consideração esse critério histórico, social, geográfico ou cultural. No entanto, não é o que se pretende sustentar quando se afirma que o contexto histórico ou a tradição vigente devem ser considerados como acidentes práticos que são importantes para se visualizar o tipo de certificação e objetividade que pode ser buscada na ordem prática.

A NECESSIDADE DE PRESSUPOSTOS ÉTICOS NA RECONSTRUÇÃO DO FENÔMENO JURÍDICO

Por fim, o status de um juízo prático deve ser compreendido a partir do grau de comunicabilidade que esse pode manifestar, tendo em vista a facilidade com que o seu conteúdo pode ser transmitido a terceiro. Mesmo que alguns juízos práticos gerais possam ser esclarecidos e explicados por meio de demonstrações parciais do raciocínio prático sendo desenvolvido, um juízo prático último – na medida em que não mantém conexões lógicas necessárias com premissas universais a partir das quais esse possa ser, analiticamente, demonstrado – será, invariavelmente, incomunicável. Normalmente, a capacidade de demonstração a partir de premissas é vista como sinônimo de possibilidade de comunicação. Por essa razão, a incomunicabilidade do último juízo prático deriva, precisamente, do fato dele partir, não de derivações lógica, mas sim de um movimento de inclinação oriundo de um desejo ou de uma crença. Com efeito, em se tratando de questões práticas que são disputadas em sociedade, não se deve esperar a unanimidade nem a formação de um consenso universal que possa ser traduzido por meio de uma suposta comunicação racional de premissas que leve a uma conclusão última que poderia ser a todos convincente[182]. Segundo SIMON, considerando-se que o juízo prático último acaba sempre dependendo de uma espécie de inclinação incomunicável, o eventual consenso acerca de divergências práticas deve ser formado por meio de uma comunhão afetiva entre os membros de uma comunidade política acerca de uma visão de bem comum, ou seja, de indicar uma forma de participar e compartilhar fins básicos que são compreendidos por todos (mesmo que por presunção) como indispensáveis[183].

---

[182] Um excessivo otimismo racional poderá pressupor que todas as disputas práticas poderão ser esclarecidas e demonstradas em termos dedutivos, tal como ocorre, por exemplo, em DESCARTES, o qual assumia que todas as discordâncias no campo da filosofia moral seriam solvidas uma vez identificado o método racional para a solução dessas disputas (obviamente, as divergências persistiram não obstante a clareza da metodologia cartesiana).

[183] Obviamente, em sociedade, existem infinitos modos de concretização de uma visão de bem comum compartilhada por seus membros, de modo que também não se poderá esperar a formação de unanimidades acerca da execução de tais projetos políticos. Nesses casos, portanto, em que a comunhão afetiva não se manifestar de modo espontâneo, será necessária a figura de autoridades que assumam a função de viabilizar a unificação dessa ação comum. (SIMON, Yves. *Practical Knowledge*. Estados Unidos da América: Fordham, 1991, p. 26).

2.3. Categorias de juízos práticos

Partindo-se das distinções básicas entre juízos teóricos e juízos práticos e tendo-se definido o status que o juízo prático assume dentro de um processo deliberativo, cabe, neste momento, apresentar uma sucinta classificação de tais juízos práticos, de modo a melhor compreender as diferentes estruturas que estes poderão assumir na fundamentação e na justificação de um raciocínio que conduz a uma ação. Segundo BIRNBACHER, os juízos práticos, em uma perspectiva metaética, poderiam ser divididos em três diferentes categorias, quais sejam: *(i)* juízos morais comportamentais *(moralische Handlungsurteile)*, *(ii)* Juízo moral avaliativo *(moralische Werturteile)* e juízo não moral avaliativo *(nichtmoralische Werturteile)*[184]. Vejamos, pois, como podem ser descritos e diferenciados os juízos práticos a partir dessa estrutura classificatória.

(i) **Juízos morais comportamentais** *(moralische Handlungsurteile)* são aqueles cujo enfoque central é a ação em si considerada, a qual poderá ser qualificada, por meio desse tipo de juízo, como verdadeira ou falsa, como proibida, permitida ou obrigatória ou ainda como aprovável ou reprovável. Assim, por meio desse tipo de juízo prático, se analisa e se avalia o próprio estado de coisas que visa a representar o plano de ação que foi executada, sem se levar em consideração os fatores subjetivos que podem ter motivado a intencionalidade desse agir e sem levar em consideração os elementos exteriores e consequenciais da ação que foi executada. Com efeito, esse tipo de juízo prático, enquanto enunciado proposicional, visa apenas a representar a dimensão descritiva que é captada ou a estrutura normativa que é fundamentada por meio desse juízo. Esse tipo de juízo moral exerce máxima relevância nas teorias metaéticas de contornos deontológicas (sejam cognitivistas, sejam não cognitivistas), ou seja, a postura que sustenta que a avaliação moral de uma ação (sua retidão ou sua falsidade) não depende, de nenhum modo, da intencionalidade do agente nem das consequências ou dos efeitos gerados por essa conduta, mas

---

[184] BIRNBACHER, Dieter. *Analytische Einführung in die Ethik*. Alemanha: Walter de Gruyter, 2ª edição, 2007 pp. 43-52.

tão somente da sua conformidade a um padrão normativo (e.g. de um dever categórico). Assim, as propriedades e as características de uma ação concreta são em si determinantes para a formulação de um juízo moral como correto ou incorreto (verdadeiro ou falso). Esses juízos podem ser ordenados de acordo com o grau (ou a intensidade) da aprovabilidade e da reprovabilidade da conduta objetiva sendo analisada, de modo que se torna possível elaborar a seguinte escala gradual de juízos morais:

– o *juízo prático falso*, que indica uma ação, objetivamente, imoral, inaceitável, errada, intolerável etc.... Em alguns casos, portanto, um juízo indica expressamente um estado de coisas que não é para ser perseguido ou promovido em nenhuma hipótese, de modo que sempre será inadequada a ação que vise a sua realização (por exemplo, um juízo prático referente à adoção de tortura em relação a inocentes);

– o *juízo prático duvidoso*, que indica uma ação problemática, a qual não poderá ser, categoricamente, justificada como falsa ou errada, mas que deve ser evitada mesmo assim, tendo em vista a obscuridade e a incerteza acerca da sua retidão. Dito de outro modo, quando diante de um juízo prático que manifesta insuficiente clareza quanto à adequação do estado de coisas que se pretende realizar, deve a correspondente ação ser, preventivamente, evitada (por exemplo, um juízo prático referente a uma pesquisa científica com seres humanos em relação às quais não se pode estimar a extensão dos efeitos colaterais gerados aos submetidos a tais experimentos);

– o *juízo prático aceitável*, que indica uma ação permitida, na medida em que a conduta não viola, explicitamente, nenhum outro dever objetivo nem agride, abertamente, nenhum bem (por exemplo, um juízo prático referente ao exercício de uma prerrogativa, de um poder ou de uma faculdade jurídica – e.g., assinar um contrato);

– o *juízo prático correto*, que indica uma ação compatível com normas morais ou condizentes com a realização e proteção de bens morais (por exemplo, um juízo prático referente a uma ação que busca, univocamente, promover a integridade física

do agente, sem colocar em risco a esfera moral dos demais –
e.g., praticar ginástica);

– o *juízo prático extraordinário*, que indica uma ação que não é
obrigatória nem pode ser exigida de todos os indivíduos, mas
cuja realização sincera é, plenamente, meritória e bonifica-
dora da conduta (por exemplo, um juízo prático referente a
uma ação de caridade por meio da qual a ação realizada não
pode ser definida como obrigatória, mas que é passível de ser,
objetivamente, justificada).

Sintetizando-se o esquema classificatório proposto por
BIRNBACHER, é possível, com base nas cinco espécies de juízos morais comportamentais acima elencados, ilustrar quatro
diferentes graus de análise:

Juízo prático	*Análise diante do dever moral*
Falso ou duvidoso	Proibido Contrário ao dever
Aceitável	Permitido
Correto	Obrigatório Conforme o dever
Extraordinário	Não obrigatório Supererrogatório

(ii) **Juízo moral avaliativo** (*moralische Werturteile*) é aquele que assumem como enfoque a motivação ou o traço de caráter do agente
praticou determinada ação. Esse tipo de juízo não visa a captar
o estado de coisas objetivo que poderia representar o plano de
ação que foi executado, mas apenas os elementos subjetivos que
determinaram o conteúdo da respectiva ação ou que influenciaram o esquema motivacional que impulsionou o agente a agir
desse modo. Assim, com base nesse tipo de juízo moral avaliativo,
pode-se argumentar uma ação como bem intencionada ou mal
intencionada ou ainda como virtuosa ou viciada, na medida em
que ilustra um juízo prático que analisa e avalia os fatores que

influenciaram, subjetivamente, aquele que agiu. Uma teoria meta-ética emotivista ou, ainda, uma teoria que desenvolve a chamada ética das virtudes dará grande ênfase a esse tipo de juízo.

(iii) **Juízo não moral avaliativo** (*nichtmoralische Werturteile*) são os juízos práticos que não se focalizam nas propriedades formadoras da ação, em si considerada, nem na disposição de caráter daquele que pratica a ação, mas tão somente avalia as consequências que podem ser esperadas por meio da realização dessa conduta. Esse juízo é considerado, por BIRNBACHER, como não moral, uma vez que é composto, prioritariamente, pelos fatores externos à própria ação sendo analisada. Por isso, as ações qualificadas a partir desses juízos podem ser caracterizadas como desejáveis ou indesejáveis, agradáveis ou desagradáveis, úteis ou inúteis. Evidentemente, as tradições éticas consequencialistas (mais especificamente as vertentes utilitaristas) atribuem força exclusiva a esse tipo de juízo quando pretende esclarecer os fatores que determinam uma ação como correta ou incorreta.

Obviamente, o fenômeno moral não pode ser interpretado como um bloco monolítico, como se toda a realidade prática pudesse ser esclarecida por meio do recurso a apenas um tipo de juízo que estivesse sendo executado por aquele que age. Na verdade, uma ação humana concreta será formada e poderá ser esclarecida, simultaneamente, por meio dos três tipos de juízos práticos acima enumerados. Assim, qualquer teoria moral mais sofisticada não pautará a sua explicação acerca do agir humano em apenas um desses tipos de juízos práticos (mesmo que muitas venham, de fato, a incorrer nesse tipo de simplificação explicativa), mas buscará, da melhor forma possível, justificar a forma como tais juízos interagem e conectam-se na formação do raciocínio prático que levará o ser humano a agir de determinado modo. Assim, uma teoria moral bem fundada será capaz de ilustrar, de forma transparente e real, como esses três tipos de juízos participam da formação de um raciocínio prático completo.

Com efeito, a estrutura apresentada por BIRNBACHER, mesmo que passível de severas críticas (mais pelas suas conclusões e derivações, do que pelo seu esforço classificatório), ainda guarda relevância teórica por dois motivos:

(a) ela fornece uma ilustração de três fatores judicativos que são relevantes na análise de uma ação humana, quais sejam: as propriedades objetivas que podem ser atribuídas à ação em si; os elementos subjetivos (i.e. atrelados ao sujeito da ação) que devem ser levados em consideração na hora de avaliar a motivação de uma ação como meritória ou não (intencionalidade, disposição de caráter, conhecimento moral etc...); e os elementos externos à ação e não controláveis diretamente pelo agente, os quais, quando conhecidos ou previsíveis, deverão ser considerados por aquele que executa o raciocínio prático; e

(b) ela permitirá analisar e classificar as posturas metaéticas (que serão mais adiante analisadas) com base na ênfase ou na intensidade com que cada tipo de juízo prático acima caracterizado é levado em consideração no esboço da respectiva teoria moral.

Diante da classificação proposta por BIRNBACHER, cabe analisar, no item que segue, as diferentes funções que um juízo prático poderá exercer dentro de um raciocínio prático.

2.4. Três funções de um juízo prático: representação, afetação e direcionamento

A visualização das três categorias acima mencionadas permite, ainda, identificar três dimensões relevantes a partir das quais um juízo prático pode ser definido, tendo em vista a função que esse exercerá na especificação de uma ação humana, bem como o conteúdo central que esse tipo de estrutura judicativa poderá assumir. Com isso, um juízo prático pode ser compreendido a partir de sua *função descritiva* ou a partir do seu *aspecto expressivo* ou, ainda, a partir do seu *traço prescritivo*[185]. Isso significa dizer que a atividade judicativa referente a uma ação humana pode refletir uma descrição da realidade em que esse agir foi executado, poderá ilustrar as motivações que levaram o agente a seguir esse plano de ação ou poderá indicar a fundamentação normativa que seria adequada na avaliação e

---

[185] *"Dieser Eindruck entsteht, weil viele dieser metaetisch-semantischen Theorien behaupten, die Eigentümlichkeiten der Bedeutung moralischer Urteile durch jeweils einen einzigen ihrer Aspelte erfassen zu können: den deskriptiven, expressiven und präskiptiven Aspekt."* (BIRNBACHER, Dieter. *Analytische Einführung in die Ethik.* Alemanha: Walter de Gruyter, 2ª edição, 2007, p. 336).

A NECESSIDADE DE PRESSUPOSTOS ÉTICOS NA RECONSTRUÇÃO DO FENÔMENO JURÍDICO

no direcionamento do agente relativamente ao plano de ação por ele executado. Nesses termos, um juízo prático poderá assumir como conteúdo *(a)* uma representação da realidade *(b)* ou aquilo que provoca uma afetação ou uma impressão no agente ou *(c)* aquele elemento prescritivo que é capaz de, objetivamente, fundamentar e direcionar a ação humana.

É interessante notar que esses três aspectos, caso sejam analisados isoladamente, acabam ilustrando aquele traço particular que é assumido como sendo o mais relevante à explicação do agir humano de acordo com três das mais expressivas e influentes posturas metaéticas (a serem analisadas nos próximos capítulos), quais sejam: o *naturalismo*, o *emotivismo* e o *prescritivismo*. Assim, uma tendência naturalista afirmará que um juízo pertinente ao agir humano deve analisar, exclusivamente, as propriedades físicas e os fatores externos que determinam o ser humano a se comportar de um modo específico, de modo que a análise de um juízo prático pretende antecipar e prever quais elementos naturais são capazes de influenciar e conduzir o agir humano em determinado rumo. Já uma tendência emotivista, pretenderia definir a função de um juízo prático (admitindo-se que esse seja um conceito plausível para autores emotivistas) como sendo mera projeção de sensações que motivam o agente a se conduzir de determinado modo, defendendo que tal espécie de juízo não seria outra coisa senão um reflexo do estado interno e psicológico do agente, o qual, sendo totalmente indecifrável pela razão, representaria apenas o resultado final de um conflito entre impulsos divergentes e emoções. Por fim, uma postura prescritivista buscaria defender que o juízo prático somente poderia assumir efetiva objetividade uma vez definido e compreendido a partir da sua forma, ou seja, a partir da sua estrutura deontológica, razão pela qual o estudo da razão prática seria tão somente o estudo da estrutura e da forma de aplicação de juízos proibitivos, obrigatórios e permissivos[186].

Por certo, essa constatação parte do pressuposto de que as três posturas mencionadas assumem uma atitude reducionista diante da ação humana, na medida em que valorizam apenas uma das dimensões que um juízo prático poderá manifestar. Com efeito, o naturalismo apenas valoriza o

---

[186] *"Paradigmatisch für moralische Forderungen sind für den Präskriptivismus Verpflichtungsurteil, Gebote und Verbote."* (BIRNBACHER, Dieter. *Analytische Einführung in die Ethik*. Alemanha: Walter de Gruyter, 2ª edição, 2007, p. 349).

aspecto descritivo do juízo prático, o emotivismo preocupa-se apenas com a dimensão motivacional e afetiva do agente e o prescritivismo atém-se tão somente à dimensão normativa do juízo prático. Assim, um eventual defensor de uma dessas posturas metaéticas poderia rejeitar a caracterização ora apresentada, ao argumento de que a correta representação do *"verdadeiro"* naturalismo, emotivismo ou prescritivismo exigiria uma maior sofisticação. De qualquer modo, nos capítulos que seguem, pretende-se demonstrar – mesmo que parcialmente – que a descrição reducionista acima apresentada não está distante do que é, de fato, sustentado pelos mais conhecidos representantes das tradições metaéticas citadas, de modo que não representa, propriamente, uma falsidade afirmar que o traço prioritário do naturalismo, emotivismo e prescritivismo seja, respectivamente, o de justificar o juízo prático como *representação* ou como *impressão* ou como *apelo*[187]. Por outro lado, isso significa reconhecer que uma visão metaética mais aprofundada e coerente precisará dar conta, simultaneamente, desses três aspectos de um juízo prático, de modo que uma teoria ética bem sucedida será aquela que melhor conseguir esclarecer o modo de atuação e os pontos de interconexão desses três elementos constitutivos de um juízo prático.

Com efeito, em um dos seus sentidos, um juízo prático deverá ter a pretensão de exercer uma função representacional da parcela da realidade em que o ser humano realiza ações. Assim, em um sentido relevante, um juízo prático verdadeiro deverá ser compreendido como sendo aquele que capta determinadas propriedades presentes no contexto em que a ação será executada, propriedades essas que poderão ser definidas e, posteriormente, justificadas como corretas, boas, justas etc... O juízo prático, portanto, deverá almejar alguma espécie de adequação com a nossa realidade prática. Obviamente, tal dimensão descritiva do juízo prático não pode ser, simplesmente, identificada com a forma em que se pensa uma descrição nas ciências naturais, em que se pretende tão somente descrever propriedades orgânicas de um determinado objeto físico, como, por exemplo, na proposição *"Está chovendo lá fora"*, em que apenas se pretende veicular a descrição de um cenário físico em que, no lado externo do local onde se está, há precipitação de chuva. Mesmo

---

[187] A terminologia é de BIRNBACHER (*Darstellung, Ausdruck* e *Appell*); Op. cit. p. 336. Aqui, entendemos mais adequada as expressões representação, afetação e direcionamento.

A NECESSIDADE DE PRESSUPOSTOS ÉTICOS NA RECONSTRUÇÃO DO FENÔMENO JURÍDICO

que a noção de descrição tenha papel prioritário nas ciências naturais, não se poderia, de antemão, descartar a possibilidade de se utilizar uma função descritiva para uma tarefa prática (como se verá, as posturas não cognitivistas dedicar-se-ão, precisamente, a rejeitar tal ideia). Para tanto, precisa ser reconhecido que a possível função descritiva de um juízo prática não será idêntica àquela função exercida com, tranquilidade, nas ciências naturais, mas, na verdade, terá uma significação *sui generis*[188].

Em segundo lugar, conforme referido, o juízo prático deve ser analisado tendo em vista a sua função expressiva, ou seja, enquanto estrutura judicativa que é capaz de ilustrar a motivação que impulsiona ou afeta o agente a agir de determinado modo. Nessa dimensão, o juízo prático é compreendido a partir da sua capacidade de captar os elementos que compõem o estado subjetivo do agente, sendo responsável pela formação das crenças morais que fornecerão o substrato material que o impulsiona a executar determinado plano de ação. Nessa perspectiva, o juízo ilustra a impressão que é provocada no agente, o que pode ser representado como sendo a soma das atitudes pró e contra que esse agente manifesta nos instantes deliberativos anteriores à efetiva execução de um determinado plano de ação.

Em terceiro lugar, o juízo prático assume uma dimensão formal e prescritiva, tendo em vista a estrutura normativa que esse manifesta ao pretender direcionar a ação humana em geral (e não apenas o agir específico de um indivíduo em um contexto particular). Assim, juízos práticos podem ser definidos a partir da estrutura de diferentes tipos de imperativos ou comandos (*e.g.*, categóricos, hipotéticos, etc...). Com isso, não se poderia desprezar o fato de um juízo prático – ao almejar alguma pretensão de universalidade ou de necessidade em relação à ação humana – converte-se em deveres e normas que estabelecem fundamentos gerais e abstratos relevantes à coordenação e ao direcionamento do agir humano.

Esses argumentos acerca das três dimensões de um juízo prático podem ser sintetizados nos seguintes termos:

---

[188] BIRNBACHER, Dieter. *Analytische Einführung in die Ethik*. Alemanha: Walter de Gruyter, 2ª edição, 2007, p. 341.

Dimensão do juízo prático	Aspecto relevante	Função	Postura metaética reducionista
Descritiva	Fatores externos ao comportamento	Representação de parcela da realidade (fatos e propriedades morais)	Naturalismo
Expressiva	Motivação do agente responsável pela formação de crenças morais	Impressão provocada no Agente (Atitudes pró e contra)	Emotivismo
Normativa	Imperativos, Deveres e Normas a serem observados	Coordenação e Direcionamento do Agir	Prescritivismo

Tendo em mente as considerações até aqui apresentadas, pode-se, por fim, concluir que um juízo prático, dependendo da tradição metaética que estiver sendo analisada, poderá ser compreendido tendo em vista uma das seguintes caracterizações:

(i) um juízo prático pode ser entendido como desprovido de qualquer sentido e carente de objetividade, representando, assim, uma mera falsificação da nossa realidade prática que coloca o ser humano em uma posição de constante ilusão diante das noções de certo e errado.

(ii) um juízo prático pode ser entendido como uma simples atitude emocional, a qual, mesmo que seja passível de análise empírica e psicológica, não pode ser, racionalmente, sopesada e avaliada com base em um critério objetivo, que seja passível de ser conhecido e comunicado a terceiros.

(iii) um juízo prático, mesmo que possa ser esclarecido e comunicado a terceiros, deve ser compreendido como aquilo que representa sempre a opinião individual daquele que o emite, de modo que ilustra uma crença pessoal sobre a realidade, que não pode ser contrastada com a crença que venha a ser adotada por outro sujeito.

(iv) um juízo prático pode ser compreendido e pode ser justificado perante os demais, mas, em última instância, o seu critério de

averiguação e crítica esbarra sempre em um fato, qual seja, o fato de apenas refletir os traços contingentes de uma cultura específica ou de uma convenção que, historicamente, tenha sido adotada em um contexto prático específico, de modo que, fora desses limites culturais, geográficos ou históricos, não há qualquer objetividade moral.

(v) um juízo prático ilustra sempre formas de se incorporarem proposições normativas ideais que não se fiam em convenções humanas contingentes ou históricas, mas são, em verdade, produtos teóricos finais de um tipo de procedimento mental hipotético que, em razão dos seus traços necessariamente racionais, são capazes de garantir algum sentido de objetividade ao sistema moral como um todo.

(vi) juízos práticos são proposições que captam crenças que o ser humano produz e é capaz de comunicar aos demais, sendo que, ao qualificarem-se como um tipo de crença, assumem a pretensão de captarem – com maior ou menor grau de veracidade ou de falsidade – a realidade moral portadora de determinadas propriedades objetivas que permite justificar uma ação humana como correta/boa/justa.

Tais caracterizações serão relevantes no Capítulo 3 deste trabalho, na medida em que ilustram, sinteticamente, a possível definição de juízo prático que seria assumida por representantes das seis tradições metaéticas que serão, aqui, analisadas, quais sejam: o Amoralismo, o Emotivismo, o Subjetivismo, o Relativismo Moral, o Construtivismo e o Realismo. No entanto, antes de se adentrar na especificação de tais posturas metaéticas, cabe apresentar a importante distinção entre o campo do conhecimento prático e o da filosofia moral.

2.5. Conhecimento prático e filosofia moral

Partindo-se dos apontamentos críticos desenvolvidos nos últimos tópicos e retomando as considerações acerca da costumeira distinção que se estabelece entre os conceitos de *Ética* e de *Moral* (vide item 1.1.1.), mostra-se viável, neste momento, especificar-se o campo de atuação e o objeto próprio do conhecimento prático e da filosofia moral, os quais podem ser considerados como os dois modos centrais de se acessar e de participar da ordem prática[189], representando, desse modo, duas instâncias conceituais que são relevantes para uma compreensão mais ampla e adequada do fenômeno prático.

Para bem diferenciar as funções específicas do conhecimento prático e da filosofia moral, é importante, primeiramente, traçar-se o paralelo entre dois tipos de atividade que o ser humano pode executar no que diz respeito à ação, quais sejam: a realização e a explicação. Deve-se diferenciar, portanto, a atividade referente ao *saber como agir* e aquela referente ao *explicar porque agir*[190]. Tem-se, assim, um bom parâmetro diferenciador que permite compreender a distinção que há entre alguém que detém conhecimento prático (*i.e.*, possui a capacidade de desenvolver juízos práticos verdadeiros e executá-los de modo adequado) e alguém que desenvolve a filosofia moral (*i.e.*, domina um esquema conceitual coerente e verdadeiro que esclarece os motivos corretos para alguém agir de modo[191]).

A ciência prática (ou teoria ética), portanto, assume a incumbência de apenas discorrer sobre as conexões necessárias que uma ação deve assumir para ser justificada como racional[192]. Trata, pois, de uma reflexão intelectual, com pretensões universais, sobre os elementos que podem ser considerados como indispensáveis para que uma ação humana possa ser qualificada – em abstrato – como correta, justa, corajosa etc... Não é, pois, função própria do filósofo moral levar em consideração todas as contingências que possam ser caracterizadas como relevantes em um contexto particular de ação. Por outro lado, o conhecimento prático tem a pretensão imediata de almejar, prioritariamente, o singular e o particular

---

[189] Neste item, serão utilizados os esclarecimentos conceituais que são desenvolvidos por Yves SIMON (*Practical Knowledge*. Estados Unidos da América: Fordham, 1991).

[190] *"...the ultimately practical judgment is primarily concerned with fulfillment, and ... the work of the moral philosopher is primarily concerned with explanation."* (SIMON, Yves. *Practical Knowledge*. Estados Unidos da América: Fordham, 1991, p. 75)

[191] *"...ethics is a rational discipline concerned with intelligible necessities."* (SIMON, Yves. *Practical Knowledge*. Estados Unidos da América: Fordham, 1991, p. 30)

[192] *"Moral knowledge or instruction is accordingly, knowledge of or instruction about factors that make choices reasonable or unreasonable, good or bad."* (FINNIS, John. *Natural Law Theory: Its Past and its Present*. The American Journal of Jurisprudence: Oxford University Press, vol. 57, 2012, p. 90).

referente ao agir humano, ou seja, os elementos concretos que devem ser levados em consideração quando da execução de uma ação específica. Por essa razão, segundo SIMON, a filosofia moral não pode receber a incumbência de fornecer uma resposta objetiva para todas as questões práticas concretas e contingentes que surgem na realidade[193]. Aliás, é exatamente quando se confunde filosofia moral com conhecimento prático que surge a ilusão de que uma resposta prática estará sempre disponível àquele que teoriza sobre a ação humana.

Mesmo que existam essas relevantes diferenças entre o conhecimento prático e a filosofia moral não se pode perder de vista que ambas as atividades pertencem ao mesmo gênero que forma o pensamento prático. No entanto, essas duas espécies de reflexão prática não possuem o mesmo grau de praticalidade[194], uma vez que pretendem acessar dimensões distintas da ordem prática, focando com maior ou menor intensidade sobre os elementos constitutivos da ação humana. Assim, um juízo teórico sobre o agir humano não possui a mesma a intensidade prática que um juízo particular e concreto que seja referente à ação a ser executada aqui e agora. Desse modo, a filosofia moral executa uma tarefa teórico--prática[195], pois teoriza e apresenta definições que são pertinentes à ação, buscando assim elaborar esquemas conceituais que bem esclareçam fatores constitutivos do fenômeno moral[196]. Por outro lado, o conhecimento prático possui maior densidade prática, na medida em que se dedica, imediatamente, ao desenvolvimento de um raciocínio que poderá levar à execução de ações humanas concretas.

Dessa constatação, SIMON extrai quatro características diferenciadoras que são relevantes:

(i) A filosofia moral desenvolve-se por meio de uma **demonstração analítica**, enquanto que o conhecimento prático pressupõe uma **síntese dos elementos contingentes** relevantes de modo a viabilizar a realização do agir;

---

[193] SIMON, Yves. *Practical Knowledge*. Estados Unidos da América: Fordham, 1991, p. 31.

[194] SIMON, Yves. *Practical Knowledge*. Estados Unidos da América: Fordham, 1991, p. 50.

[195] SIMON, Yves. *Practical Knowledge*. Estados Unidos da América: Fordham, 1991, p. 79.

[196] SIMON, Yves. *Practical Knowledge*. Estados Unidos da América: Fordham, 1991, p. 53.

(ii) A filosofia moral se preocupa com a **definição e o uso de conceitos**, ao passo que o conhecimento prático se preocupa com a **execução efetiva da ação;**

(iii) A filosofia moral, ao elaborar um raciocínio demonstrativo-analítico, é capaz de **resguardar um tipo de verdade teórica acerca dos elementos universais e necessários acerca da ação humana**, enquanto que o conhecimento prático, pressupondo, em última instância, um movimento sintético de inclinação a um *fim-como-bem*, **não será capaz de garantir qualquer espécie de certeza quanto à veracidade dos motivos que pautaram aquela ação concreta**[197];

(iv) Tendo pretensões demonstrativas, a filosofia moral **pode ter suas conclusões comunicadas** àquele que possui domínio mínimo dos conceitos relevantes, já o conhecimento prático **sempre manterá um grau de incomunicabilidade** relativamente às suas motivações, especialmente quando se estiver tratando do juízo prático último, o qual determina a execução de uma ação concreta e específica[198].

Com base nessas distinções, pode-se dizer, portanto, que a tarefa da filosofia moral inicia-se no ponto onde se encerra o exercício do conhecimento prático. A partir do momento em que uma ação ou um conjunto de ações começa a ter os motivos da sua realização analisados e questionados, entra em cena a filosofia moral com o intuito de reconstruir, conceitualmente, as razões legítimas ou ilegítimas por trás daquele tipo de conduta (já se valendo, pois, de um processo de abstração que viabilize raciocínios demonstrativos). E será a comunicação viabilizada pela filosofia moral – quando bem sucedida – que permitirá um maior esclarecimento sobre a dimensão prática do ser humana e a formação gradual de um

---

[197] SIMON, Yves. *Practical Knowledge*. Estados Unidos da América: Fordham, 1991, p. 70.

[198] *"... we might not feel that it is important to utter judgments by way of cognition about issues already settled by judgments by way of inclinations guaranteed by the rational necessity of demonstrative knowledge."* (SIMON, Yves. *Practical Knowledge*. Estados Unidos da América: Fordham, 1991, p. 71)

A NECESSIDADE DE PRESSUPOSTOS ÉTICOS NA RECONSTRUÇÃO DO FENÔMENO JURÍDICO

consenso (verdadeiro ou artificial – dependendo da tradição metaética que se estiver adotando) acerca de tais questões[199].

Em segundo lugar, é necessário diferenciar-se o objeto específico e o campo próprio de atuação da filosofia moral e do conhecimento prático. No âmbito do conhecimento prático, localiza-se a capacidade de o ser humano realizar uma ação particular que possa ser justificada como correta e adequada ao contexto em que esta será executada. Essa característica pressupõe que o agente tenha produzido, intencionalmente ou não, um determinado tipo de juízo prático, o qual, diferentemente, de um juízo eminentemente teórico, irá fornecer a estrutura e atribuir o conteúdo de uma ação a ser executada (esse ponto será melhor explorado no item 2.2)[200]. Por outro lado, o domínio da filosofia moral pressupõe uma capacidade teórica de explicar e esclarecer os princípios que podem justificar um tipo de ação como correto e adequado, o que representa uma atividade especulativa que em nada garante que aquele que se dedica a essa tarefa terá, necessariamente, maior habilidade ou maior chance de êxito na execução concreta de uma ação a ser realizada aqui e agora. Por isso, a última palavra apresentada pelo filósofo moral sempre deixará um enorme espaço a ser preenchido no que diz respeito à identificação da ação correta a ser adotada em determinado contexto particular[201].

É, precisamente, essa diferenciação que permite entender porque, muitas vezes, é possível executar uma ação que possa ser caracterizada como correta, mesmo quando não se tenha condições de, plenamente,

---

[199] Mesmo que não seja algo frequente, é possível que um indivíduo possua, simultaneamente, conhecimento prático e bom domínio de filosofia moral. Nesse caso, é possível que um indivíduo domine o conhecimento sobre os princípios formadores da ação humana correta, mas também saiba agir, concretamente, de modo a bem concretizar tais princípios.

[200] Conforme já se viu, ao se diferenciar o grau de veracidade (ou de objetividade), bem como o grau de certeza que podem ser alcançados no âmbito teórico-prático e no âmbito, eminentemente, prático, é possível afirmar que a ação humana qualificada como correta irá sempre pressupor que o agente tenha emitido um tipo de juízo prático. Mesmo que assim seja, a composição específica do juízo prático que propulsiona a ação humana, não será, por certo, caracterizada de modo idêntico e uniforme por todos os teóricos morais, mas irá, em verdade, oscilar de acordo com os pressupostos adotados por cada tradição metaética que estará sendo desenvolvida (vide item 2.4).

[201] SIMON, Yves. *Practical Knowledge*. Estados Unidos da América: Fordham, 1991, p. 79.

METAÉTICA E A FUNDAMENTAÇÃO DO DIREITO

reconstruir o caminho explicativo que seja capaz de justificar, integralmente, as razões que fundamentam, teoricamente, o plano de ação correto que foi executado. Nesse tipo de situação, portanto, é possível afirmar que o realizador da ação correta detinha o conhecimento prático relevante naquele contexto de ação, mesmo que não dominasse a adequada filosofia moral necessária para a respectiva explicação dos fundamentos que embasaram tal agir[202]. Isso leva SIMON a reconhecer que a ordenação do nosso universo moral pode ser considerada clara e objetiva, não quando restam afastados todos os questionamentos e dúvidas acerca do seu conteúdo prático, mas sim quando todas as mais salientes ambiguidades e incoerências tenham sido solvidas e afastadas. Assim, quando diante de uma disputa prática, não se pode aguardar que todas as contraposições e incoerências tenham sido superadas, mas apenas aquelas alternativas que ilustrem, de pronto, que a ação proposta é manifestamente irracional ou irrazoável.

Essa constatação, por certo, gera insatisfação em muitos que teriam a ambição de que o conhecimento prático pudesse resguardar, em todos os casos, o mesmo tipo de certeza de resultados que a filosofia moral pode ter a pretensão de reconstruir ou ainda que um empreendimento puramente teorético pode ter a ambição de alcançar. No entanto, quanto maior o grau de praticidade do juízo, maiores serão as dificuldades de especificação dos fundamentos que o embasam. Por isso, a falha em visualizar esse fato provoca, comumente, um sentimento de frustração com a própria disciplina moral, o que, inclusive, coloca risco a possibilidade de se desenvolver alguma espécie de teoria ética com pretensões de objetividade. Isso ocorre porque muitos se frustram ao perceberem que a lição da filosofia moral não poderá garantir, na maior parte das vezes, a disponibilização do receituário infalível que poderá ser seguido na execução

---

[202] Também é possível visualizar situações em que o indivíduo manifesta habilidade na explicação do agir humano, mesmo que não tenha capacidade prática para, efetivamente, realizar as ações que sejam compatíveis com os critérios que justificam tal agir como correto (i.e., pode ele ter um bom domínio de filosofia moral, sem deter conhecimento moral). Isso, aliás, não é tão incomum na vida concreta de inúmeros filósofos que não foram capazes de concretizar em suas ações particulares os princípios morais que com tanta habilidade souberam esclarecer e explicar.

A NECESSIDADE DE PRESSUPOSTOS ÉTICOS NA RECONSTRUÇÃO DO FENÔMENO JURÍDICO

de todas as nossas ações rotineiras[203]. Aliás, é esse tipo de frustração de expectativas diante da filosofia moral que faz com que muitos teóricos morais acabem, simplesmente, aceitando como evidente a completa ausência de objetividade e incomunicabilidade de juízos práticos, o que, como se verá, acabará produzindo o grande divisor de águas que há entre correntes metaéticas não cognitivistas e cognitivistas (vide item 3.1).

---

[203] *"People resent this and cannot understand why philosophers, after having formulated and vindicated principles, are unable, or unwilling, to give them the slightest information about what could be done to apply these principles."* (SIMON, Yves. *Practical Knowledge*. Estados Unidos da América: Fordham, 1991, p. 79)

3.
Uma Proposta de Especificação
de Tradições Metaéticas

3.1. Não cognitivismo e cognitivismo moral

As linhas de pensamento que se adéquam ao cognitivismo moral afirmam de antemão que é possível – e comum entre seres humanos dotados, em maior ou menor extensão, de racionalidade – produzir, conhecer e comunicar, com algum grau de objetividade, juízos de certo e errado referentes à ação humana. O cognitivista assume, pois, que os predicados morais possuem significado que pode ser comunicado com objetividade, já que se reportam a algo referível a determinado objeto contido na realidade[204]. Já para o não cognitivista, não há qualquer sentido em se falar em fatos morais ou verdades relevantes ao campo da ação humana[205]. Isso porque, para ele, juízos morais são, invariavelmente, falsos ou apenas expressões de sentimentos ou atitudes emocionais que representam a motivação que uma pessoa adota para agir de determinado modo, inexistindo qualquer critério objetivo prévio que possa ser invocado para mensurar o conteúdo dessa ação.

---

[204] SMITH, Michael. *The Moral Problem*. Estados Unidos da América: Blackwell Publishers, 2005, p. 9.

[205] SMITH, Michael. *Op. cit.*, p. 10. Vide, ainda, KUTSCHERA, Franz von. *Grundlagen der Ethik*. Alemanha: WdeG, 1982, pp. 47-48 e 87-103.

METAÉTICA E A FUNDAMENTAÇÃO DO DIREITO

O cognitivismo, portanto, trabalha com um pressuposto, fortemente, escorado no modo como seres humanos normalmente agem e interagem, o qual é assumido, sem muita contestação, pela maior parte das pessoas (ressalvando-se apenas a objeção teórica idealizada pelos acadêmicos não cognitivistas). Isso porque a postura cognitivista preserva elementos da linguagem comum sobre como usamos os termos certo e errado em relação à ação humana. Ordinariamente, seria assumida como incontroversa a veracidade da afirmação de que *"o infanticídio é errado"*. Por outro lado, para o não cognitivista não seria possível atribuir qualquer valor de verdade a essa proposição, já que ela representaria apenas um enunciado que pode provocar ou não uma atitude emocional em alguém. Assim, por meio da afirmação apresentada, estar-se-ia apenas descrevendo um contexto fático no qual a ação descrita (infanticídio) provoca uma sensação de repúdio ou de desagrado naquele que emitiu a frase *"o infanticídio é errado"*. E se há uma concordância geral em relação a essa frase é apenas porque, para o não cognitivista, as pessoas, contingentemente, compartilham do mesmo sentimento de repúdio em relação a esse tipo de ação.

Com efeito, para o cognitivista os debates morais sobre o que é certo ou errado a se fazer em determinada situação prática pressupõem que exista uma resposta correta (ou, ao menos, a resposta mais adequada que é possível de ser alcançada, dado o contexto em que o debate foi realizado), a qual é acessível e pode ser descoberta por aqueles dotados de alguma capacidade racional (o que não significa dizer que essa será, necessariamente, alcançada). Afinal, se não existisse, entre as propostas alternativas que estariam em disputa no debate moral sendo travado, nenhuma que pudesse ser revestida de um mínimo de veracidade, a própria atividade discursiva seria sem sentido[206] e aqueles que estariam interagindo no debate deveriam compreender a sua função como inócua ou como meramente lúdica. Se não há veracidade que possa ser, pelo menos, aproximada ou tornada mais clara por meio do debate, qual seria o sentido de se debater? E essa é precisamente a visão que o não cognitivista

---

[206] *"Wenn aber das Sittlichsein nicht als die Vernünftigkeit von Praxis verstanden wird, (...) dann wird die Ethik zum rationale Teilausschnitt eines selbst irrationalen Ganzen, und die methodische Analyse der Philosophie ist für die Qualität des Handeln letzlich bedeutungslos."* (HÖFFE, Otfried. *Ethik und Politik – Grundmodelle und –problem der praktischen Philosophie.* Alemanha: Suhrkamp Taschen, 1979, p. 59)

assume diante de um debate moral: a atividade de discussão é um fim em si, sendo executada independentemente de qualquer resposta objetiva que possa ser esclarecida, sendo o vencedor de uma disputa moral aquele que impõe, por força ou violência, a sua visão ou que consegue, retoricamente, melhor sensibilizar o auditório ou o júri.

O cognitivismo moral ainda preserva uma explicação plausível para os erros e equívocos que podemos cometer quando participamos de um debate específico sobre o certo e o errado. Isso porque, partindo-se do pressuposto que há uma resposta, minimamente, verdadeira por trás de todo debate moral (mesmo que essa não seja atingida ou esclarecida em cada discussão concreta que seja travada), o critério último para se analisar e identificar o certo e errado é exterior e independente ao intelecto, bem como à vontade daqueles que estão discutindo um problema moral específico. Assim, a possibilidade de se aproximar da resposta verdadeira referente a determinado problema prático pressupõe a adequação do intelecto do debatedor aos elementos objetivos (propriedades e fatos morais) relevantes para se identificar o plano de ação que deve ser seguido. Com efeito, inúmeros fatores particulares podem prejudicar o acesso à resposta verdadeira referente a uma questão prática, os quais vão, desde o tempo reduzido para deliberação e a restrição informativa, até a ignorância parcial dos partícipes do debate ou as suas eventuais deficiências de caráter que tornam o ambiente de debate inviável. Já para o não cognitivista, considerando que juízos morais são ou ilusórios ou apenas atitudes emocionais que representam a motivação que uma pessoa adota para agir de determinado modo, inexiste qualquer critério objetivo prévio que possa ser invocado para analisar e separar um juízo bem sucedido de um equivocadamente elaborado. Assim, como certo e errado representam apenas motivações sentimentais para realizar determinado comportamento individual, não existe nenhuma medida comum que se preste a mensurar o juízo bem sucedido, de modo a diferenciá-lo dos juízos falhos. Para o não cognitivista, não há, portanto, como diferenciar um bom argumento moral de um equivocado, pois todos os argumentos disponíveis se colocam em posição de perfeita equidistância uns dos outros, na medida em que são todos falsos e ilusórios ou são apenas manifestadores da atitude emotiva daquele que pretende motivar o seu agir.

Além disso, considerando que cada ser humano está habilitado a externar os seus próprios sentimentos e emoções, independentemente de qualquer reflexão mais elaborada, todo indivíduo, para o não cognitivista, é um critério absoluto para determinar o motivador de sua ação, o que leva à pressuposição de que todos os indivíduos possuem a mesma autoridade e maturidade para discorrer sobre o certo e o errado. É por isso que, dentro do projeto não cognitivista, não há espaço para se falar propriamente em conhecimento moral[207]. Para o não cognitivista, os juízos morais não são crenças que possam ser avaliadas em termos de verdade e falsidade, já que eles sequer almejam representar qualquer estado de coisas[208]. Nesse contexto, não se pretende compreender qualquer realidade moral que poderia ser dotada de objetividade. Na verdade, como se viu, para o não cognitivista, os juízos sobre uma ação humana servem apenas para externalizar uma emoção, um sentimento, ou seja, servem para expressar os comprometimentos individuais adotados por uma determinada pessoa que deseja executar um plano de ação, comprometimentos esses, porém, que não podem ser analisados, objetivamente, por terceiros nem comunicados aos demais. Por outro lado, para o cognitivista, um juízo moral representa apenas um tipo específico de crença, a qual, dependendo do conteúdo que ela agrega, pode ser tida como verdadeira ou falsa. Por essa razão, juízos de valor sobre o certo e o errado podem ser definidos como verdadeiros ou falsos, os quais poderão ser justificados e certificados (os métodos de justificação e certificação são, por sua vez, também alvo de ampla divergência e, como se verá, dependerão da corrente interna do cognitivismo que estiver sendo defendida). É essa possibilidade de refletir, fixar e transmitir juízos verdadeiros sobre ação humana que faz com que seja possível, para o cognitivista, falar-se em conhecimento moral. Como se vê, para o cognitivista moral há uma diferença epistemológica entre um juízo moral verdadeiro e o processo de justificação que, posteriormente, poderá ser utilizado para se convencer os demais da veracidade de tal proposição moral[209]. Por isso, a filosofia moral cognitivista pressupõe uma teoria da verdade e uma teoria da argumentação, que devem ser diferenciadas, mas que são, entre si, comunicáveis, enquanto que a não cognitivista pressupõe apenas a análise descritiva de comportamentos humanos, para fins de fixação de estimativas acerca

[207] Vide item 2.5.
[208] Vide item 2.1.
[209] Vide item 2.1.2.

das reações mais prováveis, o que é promovido, em grande medida, pela averiguação empírica ou por meio de análise psicológica.

Entre não cognitivismo e cognitivismo também há uma grande distância relativamente à compreensão que possuem acerca da dimensão ontológica da realidade. O não cognitivismo moral reflete uma ontologia bastante simplificada (muito mais simplificada que aquela sustentada pelo cognitivismo), já que compreende a realidade como sendo apenas aquela dimensão de fatos naturais, cujas propriedades podem ser, integralmente, analisadas e verificadas pelas ciências empíricas. Assim, a dimensão empírica dos fatos naturais, nessa visão não cognitivista, é a totalidade da nossa realidade física e nada mais pode ser a ela acrescentado. Em contrapartida, a ontologia na qual se escora o cognitivismo é mais complexa e exigirá uma reflexão mais profunda sobre o que é existente, pois exigirá a explicação de uma camada adicional da realidade, qual seja, aquela referente aos fatos morais e às propriedades que a eles atribuem composição (sendo importante reconhecer que propriedades morais possuem uma essência diferenciada das propriedades naturais, mesmo que ambas possam ser conhecidas em sentido objetivo)[210].

Por fim, deve-se destacar que há uma fundamental diferença entre as duas tendências aqui analisadas em relação ao critério que explica a normatividade que pode vincular alguém a cumprir determinada obrigação (moral ou jurídica). Para o não cognitivista não existe um fundamento exterior que possa justificar a normatividade de um determinado padrão de conduta, ou seja, não há uma razão última que nos leva a seguir plano de ação geral e abstrato e não há nada que nos vincule, objetivamente, ao conteúdo de uma determinação universal sobre o agir humano. Como não há, no mundo, juízos de valores que possam ser dotados de objetividade, a normatividade que pode ser identificada em determinado

---

[210] Nesse ponto, encontra-se importante bifurcação entre as tradições cognitivistas e não cognitivistas que foi bem explorada por G. E. MOORE (*Principia Ethica*, p. 16-7.) ao apresentar a forma de argumentação que ele acabou denominando de *falácia naturalística*. Tal falácia seria cometida sempre que se pretendesse definir o conteúdo de termos morais, os quais, para MOORE, seriam sempre simples e não-analisáveis. Assim, dizer que algo é *bom* significaria atribuir a um objeto uma propriedade que é simples, i.e. não redutível a outras propriedades, e que é inverificável, pois não pode ser analisada pelas nossas experiências sensoriais. Com efeito, tal propriedade é diferente de todas as demais propriedades que estão presentes na nossa experiência rotineira, tendo sempre algo de misterioso.

METAÉTICA E A FUNDAMENTAÇÃO DO DIREITO

princípio ou regra deverá ser atribuída ao arbítrio daquele que confeccionou o respectivo padrão normativo, o qual será sempre contingente e convencional. Assim, para o não cognitivista, dizer que algo é justificável, correto ou bom é apenas indicar que há motivos estratégicos favoráveis para trilharmos o caminho compatível com o convencionado. No entanto, é irredutível e inexplicável o que nos leva a assumirmos esse esquema motivacional específico. Desse modo, o arbítrio na atribuição de normatividade a determinado padrão de conduta irá corromper ou tornar inócuo todo esforço de justificação posterior[211], já que inexistirá um critério comparativo entre proposições normativas adequadas e inadequadas, tendo em vista a impossibilidade de se falar em juízos morais verdadeiros e a inexistência de critérios comparativos para diferenciá-los dos juízos morais falsos. Conforme já se destacou, para o não cognitivista todo juízo de valor tem o mesmo peso e a mesma pretensão de validade, já que dependem apenas da expressão emotiva daquele que o produz, inexistindo qualquer metacritério expressivo ou emotivo que permita avaliar e diferenciar tais juízos particulares.

Diante dessas considerações, pode-se perceber que, caso sejam analisados a partir de uma perspectiva ampla e abstrata, o cognitivismo e o não cognitivismo são, mutuamente, excludentes, já que um pode ser visto como a negação total do outro. Há, pois, uma enorme distância entre posturas cognitivistas e não cognitivistas, na medida em que os compromissos teóricos iniciais que cada uma assume são, entre si, contraditórios. A premissa que é adotada por uma corrente é, abertamente, rejeitada pela corrente rival, que adota premissa oposta como ponto de partida. Diria o cognitivista: há sentido falar-se em certo e errado com um mínimo de objetividade, há pelo menos um sentido em que se pode falar em realidade moral que restringe o espaço de interação humana e podemos assumir o conceito de verdade (como critério de aferição de objetividade que é cognoscível e comunicável) como relevante e aplicável ao campo da ação humana. Por outro lado, o não cognitivista, adotando uma teoria ética negativa[212], rejeitaria, como suas premissas, cada uma dessas considerações.

---

[211] Vide item 2.1.2.

[212] MACKIE, J. L. *The subjectivity of values*. In SAYRE-MCCORD, Geoffrey (editor). *Essays on Moral Realism*. Estados Unidos da América: Cornell University Press, 1988, p. 98.

UMA PROPOSTA DE ESPECIFICAÇÃO DE TRADIÇÕES METAÉTICAS

É por causa dessa radical oposição entre premissas adotadas que podemos identificar uma rivalidade, aparentemente, intransponível entre cognitivistas e não cognitivistas. Cada uma dessas tradições, ao estruturar seu sistema filosófico a partir de elementos fundantes e conceitos básicos acerca da epistemologia, da natureza humana e do espaço social de convivência humana, acaba por assumir princípios primeiros do raciocínio que lhe são próprios e particulares (idiossincráticos, inclusive). Assim, na maior parte das vezes, aquele que assume, como ponto de partida de sua reflexão, os elementos fundantes indicados por um paradigma filosófico enfrentará sérias dificuldades no que diz respeito à transmissão dos seus argumentos àqueles que, expressa ou tacitamente, compartilham dos conceitos básicos que forjam a moldura epistêmica oriunda de uma tradição filosófica rival. Tal dificuldade, por consequência, também prejudica o efetivo convencimento dos interlocutores que partem de outros paradigmas filosóficos, o que, por sua vez, mina as chances de obtenção de consenso acerca dos questionamentos filosóficos mais básicos. Não é por outro motivo que Alasdair MACINTYRE, tendo identificado no mundo ocidental contemporâneo essa extrema segmentação epistêmica, acaba diagnosticando que vivemos, atualmente, em um momento histórico de radical desacordo no que diz respeito aos questionamentos filosóficos (mesmo aqueles mais básicos), o que, possivelmente, levaria a visualização de uma instância de incomensurabilidade (*incommensurability*) e de intraduzibilidade (*untranslatability*) entre as distintas tradições filosóficas[213]. Como consequência desse diagnóstico, ressalta o filósofo escocês que se torna possível à maioria das pessoas concluir que, no que diz respeito a tradições filosóficas rivais, *"there is and can be no independent standard or measure by appeal to which their rival claims can be adjudicated, since each has internal to itself its own fundamental standards of judgment."*[214] Tal pré-compreensão acaba levando a sensação – corrente no período contemporâneo – de que os grandes debates filosóficos, em especial, os

---

[213] *"Such systems are incommensurable, and the terms in and by means of which judgments is delivered in each art so specific and idiosyncratic to each that they cannot be translated into the terms of the other without gross distortion."* (*Three Rival Versions of Moral Enquiry: Encyclopaedia, Genealogy and Tradition*. Estados Unidos da América: University of Notre Dame, 1990, p. 06).

[214] Op. cit., p. 06.

METAÉTICA E A FUNDAMENTAÇÃO DO DIREITO

de ordem prática[215], encontram-se fadados ao fracasso, já que trilham caminhos intermináveis de desencontros argumentativos, em que a visão que parte de premissas oriundas de um paradigma filosófico passa a ser compreendida, pelos partícipes de uma tradição filosófica rival, como sendo uma mera opinião daquele interlocutor, sem qualquer pretensão de objetividade[216].

Com efeito, com o intuito de se evitar esse extremo de incomunicabilidade entre posturas cognitivistas e não cognitivista, pretende-se aqui sustentar que é possível desenhar-se uma linha comum de análise de tais tradições. Para tanto, mostra-se necessário promover-se um esforço de detalhamento das variadas correntes éticas que são desenvolvidas com maior especificidade e que, assim, ocupam um espaço interno fixado entre essas duas posturas teóricas mais amplas. Com isso, torna-se possível esquematizar uma linha progressiva de correntes de pensamento que atravessam o espectro mais amplo que é formado ao se colocar, lado a lado, cognitivismo e não cognitivismo. Pode-se, pois, construir uma espécie de ponte teórica que é capaz de transitar de um ponto extremo de não cognitivismo (niilismo) até outro ponto mais sólido de cognitivismo[217] (realismo). Obviamente, essa estrutura explicativa não é capaz

---

[215] MACINTYRE, Alasdair. *Whose Justice? Which Racionality?:* Estados Unidos da América: University of Notre Dame, 1988.

[216] *"Every one of the arguments is logically valid or can be easily expanded so as to be made so; the conclusions do indeed follow from the premises. But the rival premises are such that we possess no rational way of weigning the claims of one as against another. (...) It is precisely because there is in our society no established way of deciding between these claims that the moral arguments appears to be necessarily interminable. From our rival conclusions we can argue back to our rival premisses; but when we do arrive at our premises argumenst ceases and the invocation of one premise against another becomes a matter of pure assertion and counter-assertion."* (MACINTYRE, Alasdair. *After virtue.* Estados Unidos da América: University of Notre Dame, 2ª edição, 1984, p. 08).

[217] Todas as posturas cognitivistas compartilham um aspecto comum – algo que não pode ser identificado em nenhuma postura não-cognitivista –, qual seja, o fato de apresentarem um critério especificador das condições de verdade sobre as quais um juízo moral possa ser justificado. Para SAYRE-MCCORD, é esse critério de aferição de veracidade que permite diferenciar posturas por ele denominadas de *subjetivistas, intersubjetivistas e objetivistas,* que aqui, se sobrepõem, ao menos em parte, sobre as posturas que qualificamos como subjetivistas, relativistas, construtivistas e realistas (SAYRE-MCCORD, Geoffrey. *Many moral Moral Realisms, in* SAYRE-MCCORD, Geoffrey (editor). *Essays on Moral Realism.* Estados Unidos da América: Cornell University Press, 1988, p. 15).

de resolver todas as divergências que se colocam entre o cognitivismo e o não cognitivismo moral. Na melhor das hipóteses, pode-se organizar uma forma de se aproximarem as diferentes tradições éticas (e mais adiante jurídicas), levando-se em consideração a maior ou menor intensidade com que concretizam as premissas cognitivistas ou não cognitivistas.

Por outro lado, ao se colocar lado a lado correntes específicas que concretizam pressupostos cognitivistas e não cognitivistas, tem-se também a pretensão de se projetar um espectro todo abarcante (mesmo que ainda mantenha certo grau de indeterminabilidade) que seja capaz de englobar todas as mais variadas tradições éticas e jurídicas. Isso porque qualquer esquema de explicação da nossa ordem prática assumirá, necessariamente, ou elementos cognitivistas ou traços não cognitivistas, inexistindo uma terceira alternativa teórica que possa se afirmar como sendo mais ampla ou totalmente independente das outras duas antes definidas. Desse modo, defende-se aqui que toda e qualquer teoria ética ou teoria jurídica estará aderindo a pressupostos (mesmo que parciais) cognitivistas ou não cognitivistas. Dito de outro modo, deve-se reconhecer que não há explicação teórica da nossa realidade prática que não assuma (mesmo que implicitamente) ou pressupostos cognitivistas ou pressupostos não cognitivistas.

Com isso, dentro dessa matriz metaética instransponível, podemos formar uma espécie de *"termômetro"* capaz de mensurar – metaforicamente – tradições éticas (e também jurídicas) com base em critérios comuns e comparáveis entre si (e.g., o grau de objetividade dos juízos morais, a ênfase da participação criativa do intelecto humano na moral, a relevância que uma dimensão ontológica exerce na formação do pensamento ético etc...). Esse é, portanto, o objetivo do tópico que segue.

3.2. Tradições metaéticas específicas

Para se compreender com maior profundidade e clareza as implicações práticas de se adotar determina postura ética, não basta apenas qualificar e enquadrar como cognitivista ou não cognitivista as mais variadas propostas teóricas que se encontram disponíveis. Se assim fosse, somente haveria duas alternativas teóricas disponíveis para a resolução dos problemas que se apresentam à filosofia moral. Na verdade, as premissas cognitivistas ou não cognitivistas são incorporadas com maior ou menor intensidade por cada linha de pensamento ético, de modo que as respectivas premissas do cognitivismo e do não cognitivismo acabam sendo remodeladas e reconfiguradas de acordo com as pretensões específicas de cada autor, tendo em vista a feição específica do agir humano que esteja defendendo como a mais relevante. Isso ocorre porque essas duas tradições filosóficas mais amplas não formam esquemas teóricos fechados em si, com premissas, totalmente, estanques e de fácil composição por parte daqueles que pretendem adotá-las. Na verdade, a influência que essas duas grandes tradições exercem sobre as posturas éticas mais específicas é bastante fluida no que tange à intensidade (e à coerência) com que os postulados cognitivistas ou não cognitivistas são incorporados. Diante disso, é possível identificar teses éticas que representam os casos centrais de posturas cognitivistas e não cognitivistas (com a adoção bastante sólida e coesa das premissas respectivas), do mesmo modo que é possível identificar-se casos periféricos e até posturas híbridas (em que ambas as tendências se mesclam).

Se tal pressuposto é verdadeiro, torna-se possível elencar as tendências filosóficas que, de um lado, compartilham do ideário não cognitivista e, de outro, as posturas filosóficas que concretizam os pressupostos cognitivistas, viabilizando, assim, a ilustração de um espectro que permite visualizar, progressivamente, a intensidade com que as premissas explicitadas no tópico anterior são incorporadas pelas mais diferentes correntes de pensamento ético. Com efeito, é possível enquadrar o niilismo e o emotivismo (também denominado de expressionismo) como formas de especificação do não cognitivismo e o relativismo moral, o construtivismo e o realismo como formas distintas de concretização do cognitivismo. Por fim, será aqui defendido que o subjetivismo, não obstante grande divergência que possa haver em sua caracterização[218], é melhor caracterizado como uma postura híbrida que pode representar um ponto intermediário ou de transição entre o não cognitivismo e cognitivismo. Cabe, pois, especificar os pressupostos que dão forma a cada uma dessas correntes.

---

[218] Por exemplo, MACKIE trata o subjetivismo como sinônimo de ceticismo moral (MACKIE, J. L. *The subjectivity of values*. In SAYRE-MCCORD, Geoffrey (editor). *Essays on Moral Realism*. Estados Unidos da América: Cornell University Press, 1988, p. 96-7). Essa denominação de subjetivismo, porém, não encontra ampla adesão entre os teóricos morais e, neste estudo, será importante tratar ambos conceitos como distintos entre si.

3.2.1. Amoralismo

Primeiramente, impõe-se destacar que o amoralismo deve ser compreendido como sendo a versão metaética da proposta filosófica mais ampla conhecida como niilismo[219]. Por niilismo pode-se compreender a postura cética que concretiza com maior intensidade as premissas não cognitivistas descritas no tópico anterior. O amoralista ou niilista, portanto, qualificando-se como uma espécie de cético moral, leva às últimas consequências o ideário não cognitivista, rejeitando, com total convicção, qualquer possibilidade de se identificar uma realidade moral, dentro da qual fosse viável produzir-se, com alguma pretensão de veracidade, juízos sobre certo e errado. O cético moral, ao assumir com maior radicalismo a postura não cognitivista, simplesmente pressupõe que não existe certo ou errado que possa ser conhecido, negando, pois, a existência de padrões morais que possam ser compartilhados e comunicados a terceiros. Nega ele, portanto, que o seu plano de ação pessoal possa ser pautado em razões objetivas que esclareçam ou legitimam o seu agir.

Para WILLIAMS, o amoralista pode ser representado como sendo a pessoa que propõe a pergunta *"por que deveria eu fazer qualquer coisa?"* ou manifesta, com alguma desesperança, *"dê-me razões para que eu faça algo!"*[220], sendo certo que tal pessoa jamais poderá ser convencida de que existam motivos racionais compartilháveis que poderão ser a ele apresentados. O amoralista representa uma figura que não consegue sequer entender por que existiriam motivos para embasar uma determinada ação. Segundo SMITH, o amoralista seria aquela figura que não consegue sequer captar

---

[219] WILLIAMS, Bernard. *Morality: An introduction to ethics*. Estados Unidos da América: Cambridge, 1993, p. 3. Não seguimos aqui o conceito mais específico de amoralista adotado por SHAFFER-LANDAU (Op. cit., p. 145), em que essa figura poderia ser vista, conceitualmente, como sendo um tipo de internalista que apenas não seria motivado por seus juízos morais. Também adota essa definição SUPERSON, ao afirmar que *"the amoralist simply denies that moral reasons motivate him, but he might nonetheless act morally for nonmoral reasons, such as when self-interested reasons also justify moral actions"* (SUPERSON, Anita. *The moral Skeptic*. Estados Unidos da América: Oxford University Press, 2009, p. 227). Entendemos ser mais adequada a utilização da expressão amoralista para descrever aquela figura que não acredita na possibilidade de certo e errado, pelo simples e bom motivo de que não existem ações que possam ser qualificadas de morais ou imorais.

[220] WILLIAMS, Bernard. *Morality*. Estados Unidos da América: Cambridge University Press, 1993, p. 3.

METAÉTICA E A FUNDAMENTAÇÃO DO DIREITO

motivos morais para agir, do mesmo modo uma pessoa com deficiência visual não consegue ter a experiência relacionada a cores[221]. Assim, para o amoralista, não há sentido falar-se em crenças morais[222], sendo obscuro o próprio entendimento do que são razões que podem embasar um juízo prático. Além disso, para o amoralista, sequer se mostra plausível falar-se em uma função justificativa ou explicativa[223] que um raciocínio prático possa exercer em relação ao agir humano.

Aliás, o ceticismo moral é formado por uma *doutrina negativa*, pois se dedica a apontar o que, supostamente, não existiria (i.e., fatos morais, propriedades morais, valores objetivos etc...), sem se dedicar a analisar o que, de fato, poderia existir e influenciar a ação[224]. Esse tipo de postura radical, portanto, representa um verdadeiro desafio para todo aquele que tem a pretensão de defender a possibilidade de raciocínio moral com alguma objetividade, já que é, conceitualmente, impossível convencer, por meio de razões, aquele que sequer é capaz de captar a possibilidade de existirem, no mundo, razões disponíveis ao intelecto. Se o amoralista é indiferente a qualquer consideração moral é evidente que eventuais crenças morais sobre razões para agir não chegarão a afetá-lo de qualquer modo[225]. Para WILLIAMS, o amoralista sempre assumirá, em sociedade, uma *posição parasítica*, pois ele sabe que, em qualquer contexto social humano, determinados padrões de conduta serão aceitos pela maioria como corretos e dignos de serem observados, de modo que, ao assumir essa pressuposição, irá conduzir-se nesse espaço coletivo, avançando as suas pretensões e interesses individuais, precisamente ao se beneficiar do fato de os demais portarem-se com base nesses parâmetros (ilusórios para ele) de certo e errado. Caso venha a ser questionado sobre o que ocorreria se os demais também viessem a agir do mesmo modo como age o amoralista, ou seja, caso todos viesse a garantir o avanço dos seus

---

[221] SMITH, Michael. *The Moral Problem*. Estados Unidos da América: Blackwell Publishers, 2005, p. 69. Discorda dessa definição SUPERSON, Anita. *The moral Skeptic*. Estados Unidos da América: Oxford University Press, 2009, p. 143.

[222] Vide item 2.1.1.

[223] Vide item 2.1.2.

[224] MACKIE, J. L. *The subjectivity of values*. In SAYRE-MCCORD, Geoffrey (editor). *Essays on Moral Realism*. Estados Unidos da América: Cornell University Press, 1988, p. 98.

[225] WILLIAMS, Bernard. *Morality*. Estados Unidos da América: Cambridge University Press, 1993, p. 4.

interesses, independentemente de observância de qualquer parâmetro de certo ou errado, ele simplesmente responderia que cabe aos demais manifestarem a *"coragem"* ou a *"audácia"* que o amoralismo exige. Ou ainda, se for provocado a pensar se *"todos"* poderiam desprezar as noções de certo errado, minimamente compartilhadas, invocando-se, assim, um argumento de universalização imaginária, o amoralista, simplesmente, não daria atenção a isso, na medida em que o argumento de universalização exigiria uma reflexão racional de ordem moral, o que, para o amoralista, como questão de princípio, é fantasioso, incompreensível ou simplesmente inaceitável[226]. Aliás, o amoralista, ao assumir tal postura, deverá manifestar uma completa indiferença em relação àquilo que pode acontecer de doloroso ou de positivo para as demais pessoas, na medida em que inexiste qualquer padrão de certo ou errado que possa, comparativamente, ser invocado em relação aos demais integrantes da sociedade. Segundo WILLIAMS, esse tipo de *anestesia moral* aproxima o amoralista daquela descrição que seria típica para se delinear a figura de um psicopata[227]. E a pretensão de argumentar com aquele que sofre de alguma psicopatia – *i.e.*, aquele não consegue captar nem processar as noções de certo e errado – deveria ser compreendido como uma atividade sem sentido ou como algo *"simplesmente idiótico"*[228]. Inexistindo razões de convencimento para aquele que não acredita na existência de razões, só resta àquele que deseja comunicar-se com o niilista uma aproximação terapêutica, de modo a lhe garantir algum tipo reconforto contra a sua total desesperança. Obviamente, esse tipo de postura moral é inviável de ser, voluntariamente, concretizada em um plano de vida normal, já que ninguém conseguiria, com naturalidade e consistência, atender às premissas niilistas na execução de todos os atos que formam a sua vida diária[229]. Por isso, o niilismo, não podendo ser executado em um plano

---

[226] WILLIAMS, Bernard. *Op. cit.*, p. 6.

[227] WILLIAMS, Bernard. *Op. cit.*, p. 9.

[228] WILLIAMS, Bernard. *Op. cit.*, p. 10.

[229] Interessante notar que, para WILLIAMS, o niilismo ou amoralismo poderia ser identificado no último ato daquele que comete suicídio, já que, nessa situação, temos, precisamente, aquela pessoa que, em total descrença sobre a possibilidade de razões (objetivas ou subjetivas) que possam influenciar seu plano de ação, toma um último ato dotado de algum sentido, qual seja o de acabar com sua própria vida. (Op. cit., p. 3).

de vida coerente, representa uma postura que se restringe, quase que exclusivamente, ao ambiente teórico-acadêmico.

A figura do niilista/amoralista, por mais radical que pode parecer, assume uma importante função limitadora do debate sobre o papel que a moral pode exercer, já que se apresenta como uma alternativa extrema que estaria disponível àquele que especula sobre a possibilidade de se levar ou não a sério a questão envolvendo a existência de razões que motivam alguém a agir de determinado modo. Representa, portanto, um modelo teórico de controle que se mostra útil para testar os próprios limites da experiência moral. Assim, para aquele que assume a postura niilista/ amoralista, é possível que algumas vantagens estratégicas venham a ser obtidas a partir da sua incredulidade sobre a existência de padrões de certo ou errado – principalmente ao presumir que os demais irão aceitar tais parâmetros e irão segui-los rotineiramente –, mas estará ele obrigado a aceitar o fato de a sua existência e a sua forma de agir aproximar-se daquilo que, para a maioria, é desprezível ou, simplesmente, patológico. Mesmo que isso não seja uma razão convincente para o amoralista modificar a sua forma de agir (até porque, para ele, inexistem razões de convenci- mento), para todos os demais – não amoralistas – o retrato dessa figura permite projetar um norte que não se poderia desejar seguir, ressalvada a hipótese extrema de se aceitar o revés de assumir uma forma de exis- tência e de convivência que, ao menos para parâmetros não céticos, seria patológica.

Esse tipo projeto teórico, possivelmente, tenha sido melhor concre- tizado por Friedrich NIETZSCHE e a sua atitude profética, bastante radical e extrema, de *"filosofar com um martelo"*. O *"ceticismo demoníaco"*[230] de NIETZSCHE pauta-se, primariamente, na noção de uma desvaloriza- ção de *"todos os valores supremos"*, exigindo, assim, a completa negação de princípios primeiros, de um fim último, da noção de *ser*, de *bem* e, inclu- sive, de *verdade*. Isso leva NIETZSCHE a decretar, por coerência, o fim de toda e qualquer pretensão ontológica na filosofia, de modo que acaba sugerindo que se desista de qualquer empreendimento dialético e, inclu- sive, que se abandono a própria gramática, como requisito mínimo para a

---

[230] FINNIS, John. *Fundamental of Ethics*. Estados Unidos da América: Georgetown University Press, 1983, p. 7.

UMA PROPOSTA DE ESPECIFICAÇÃO DE TRADIÇÕES METAÉTICAS

articulação linguística[231]. A moral, portanto, não passa de um truque, de um instrumento de manipulação[232]. O projeto nietzschiano, em uma de suas leituras possíveis, coloca em crise o próprio empreendimento filosófico, ao questionar o papel da razão, da verdade e de qualquer objeto que se intente apresentar como objetivo[233], passando a afirmar, como filosofia niilista, a necessidade de cada indivíduo assumir para si a nobre tarefa de transvalorar todos os valores que são arbitrariamente impostos (por serem meras perspectivas do mundo ou meros pontos de vistas), passando a adotar, como critério para uma vida cada vez mais progressiva e livre, o domínio de um querer individual denominado de *"vontade de potência"*[234]. Com isso, segundo NIETZSCHE, cada indivíduo deve assumir para si a tarefa de interpretar a realidade por meio de um ato de livre criação, já que as coisas colocadas no mundo não possuem qualquer elemento obje-

---

[231] *"I fear we are not getting rid of God because we still belive in grammar."* (NIETZSCHE, Friedrich. Götzendämmerung, *Apud* MACINTYRE, Alasdair. *Three Rival Versions of Moral Enquiry: Encyclopaedia, Genealogy and Tradition.* Estados Unidos da América: University of Notre Dame, 1990, p. 67).

[232] Para NIETZSCHE, *"[d]ie Moral ist ein Trick, der es den Schwächen erlaubt, sich über die Stärkeren zu erheben und damit die bestehende Wertordnung aus den Angeln zu heben. Moral ist ein Art 'verkehrte Welt'"*. (BIRNBACHER, Dieter. *Analytische Einführung in die Ethik.* Alemanha: Walter de Gruyter, 2ª edição, 2007, p. 320)

[233] Para ilustrar essa tentativa, cabe utilizar a estratégia argumentativa nietzschiana: *"A concepção de mundo em que se baseia este livro é singularmente fosca e desagradável; entre os tipos de pessimismo conhecidos até agora parece que nenhum tenha alcançado o mesmo grau de maldade. Aqui falta a contraposição entre um mundo verdadeiro e um mundo aparente: há apenas um mundo, e ele é falso, cruel, contraditório, sem sentido... Um mundo desses é o verdadeiro mundo... Nós precisamos da mentira para derrotar esta realidade, esta 'verdade', ou seja, para viver. Que mentira seja necessária para viver, também isso faz parte deste terrível e problemático caráter da existência ... A metafísica, a moral, a religião, a ciência – neste livro são considerados apenas como diferentes formas da mentira: Com seu subsídio, acredita-se na vida. A vida deve inspirar confiança': a tarefa, posta dessa forma é imensa. Para levá-la a termo, o homem deve ser, já por sua natureza, um mentiroso, deve ser, antes de qualquer outra coisa, um artista... Ele e o é: metafísica, moral, religião, ciência – nada mais são do que criaturas de sua vontade de arte, de mentira, de fuga diante da 'verdade', de negação da 'verdade'."* (NIETZCHE, Friedrich. *Nascimento da Tragédia, Apud* REALE, Giovani, op. cit., pp. 27/8)

[234] *"A transvaloração dos valores proposta por Nietzsche comporta, pois, uma inversão dos antigos valores e um deslocamento destes da esfera da transcendência para a esfera da vontade de potência. (...) Como os mais conceituados intérpretes de nosso filósofo esclareceram, a 'vontade' em sentido nietzschiano deve ser entendida como uma auto-imposição e uma ordem e, precisamente, como uma imposição para um aumento de si mesma."* (REALE, Giovani, op. cit., p. 26)

tivo que pudesse delimitar tal atividade criativa, da mesma forma que essas somente poderiam adquirir algum sentido a partir da perspectiva ou do ponto de vista daquele que está interpretando[235].

MACKIE também pode ser aqui referido como um autor mais contemporâneo que bem exemplifica uma tentativa séria de se promover o projeto do ceticismo moral. A tese ética central que MACKIE pretende avançar é de que não existem valores objetivos[236]. Diferentemente de NIETSCHE, MACKIE chega a afirmar que a questão envolvendo a objetividade de valores pode ser relevante para a filosofia moral[237]. No entanto, esse reconhecimento somente é feito para, em seguida, afirmar que todas as proposições valorativas que tentam assumir alguma pretensão de objetividade são, necessariamente, falsas. Assim, ao contrário do que afirma AYER, como se verá em seguida, sustenta MACKIE que, uma sentença que invoca termos morais (certo, errado, etc...) não é necessariamente sem sentido, pois é, sim, relevante para a compreensão da ação humana, mas será, invariavelmente, dotada de uma total falsidade[238]. Para MACKIE, a recorrente crença (falsa) que forma o senso comum acerca da objetividade dos valores morais estaria fundada em uma *falácia patética*, ou seja, a tendência errônea de se analisar determinado objeto atribuindo a ele as propriedades e qualidades que são expressadas ou sentidas pelo sujeito que está promovendo essa análise (o exemplo de MACKIE é esclarecedor: sentimos nojo ao vermos um fungo, de modo que atribuímos a ele a propriedade de ser nojento). Assim, compartilhamos a crença de que existe objetividade no mundo, uma vez que somos movidos pela tendência ilusória de objetificarmos a realidade, por meio da projeção de nossas atitudes morais sobre determinados fatos[239]. Para

---

[235] *"Nietzsche, as a genealogist, takes there to be a multiplicity of perspectives within each of which truth-from-a-point-of-view may be asserted, but no truth-as-such, an empty notion, about the world, an equally empty notion. There are no rules of rationality as such to be appealed to, there are rather strategies of insights and strategies of subversions."* (MACINTYRE, Alasdair. *Three Rival Versions of Moral Enquiry: Encyclopaedia, Genealogy and Tradition*. Estados Unidos da América: University of Notre Dame, 1990, p. 42).

[236] MACKIE, J. L. *The subjectivity of values*. In SAYRE-MCCORD, Geoffrey (editor). *Essays on Moral Realism*. Estados Unidos da América: Cornell University Press, 1988, p.95.

[237] MACKIE, J. L. *Op. cit.*, p. 101.

[238] MACKIE, J. L. *Op. cit.*, p. 112.

[239] MACKIE, J. L. *Op. cit.*, p. 114.

UMA PROPOSTA DE ESPECIFICAÇÃO DE TRADIÇÕES METAÉTICAS

MACKIE, considerando que o seu ceticismo moral é uma teoria negativa (na medida em que não afirma qualquer elemento constitutivo do agir humano, mas apenas nega sentido aos fatores que poderiam atribuir a ele significado), a pressuposição de que existem valores objetivos pode ser questionada e demonstrada como falsa a partir de dois argumentos, quais sejam: o argumento da relatividade (*relativity*) e o argumento da estranheza (*queerness*)[240].

O argumento da relatividade escora-se no indisputado fato de que há uma ampla variedade de códigos morais de uma sociedade complexa para outra e, muitas vezes, as diferenças substanciais entre esses é radical, de modo que esse dissenso impediria reconhecermos a existência de verdades objetivas que poderiam ser captadas por meio de juízos morais[241]. Aliás, como coloca WALDRON, "[g]*iven what morality is and what it is for (given the sort of fact it must be, if it is a matter of fact), how could there be objective truths and falsity certified by the way the world is, and yet so much disagreement?"*[242]

De outro lado, o argumento da estranheza parte de uma compreensão metafísica que afirma que, se existissem valores objetivos no mundo, teríamos que admitir a existência de propriedades e qualidades de um tipo muito estranho, diferentes de qualquer outra coisa que conhecemos, ou seja, seriam propriedades não naturais. Além disso, seguindo o argumento da estranheza, pressupor que a moral depende de propriedades não naturais exige que o seu conhecimento seja baseado em uma faculdade especial, ou seja, uma intuição moral. Mas isso, para MACKIE representa uma resposta insatisfatória para os problemas morais, pois essa postura simplesmente evita responder a questão, na medida em que afirmar que as propriedades de bem e mal são imediatamente percebidas pelo ser humano dotado dessa intuição moral não é uma resposta adequada para a justificação de algo como bom ou ruim[243].

Segundo a crítica, se uma propriedade moral for entendida como uma propriedade fática, do mesmo modo como estão presentes nos demais

---

[240] MACKIE, J. L. *Op. cit.*, p. 109.

[241] MACKIE, J. L. *Op. cit.*, p. 109. Vide, ainda, DWORKIN, Ronald. *Justice for Hedgehogs.* Estados Unidos da América: Harvard University Press, 2011, p. 47.

[242] WALDRON, Jeremy. *The Irrelevance of Moral Objectivity.* In *Natural Law Theory – Contemporary Essays.* Estados Unidos da América: Oxford University Press, 1994, p. 171.

[243] MACKIE, J. L. *Op. cit.*, p. 111. Vide, ainda, DWORKIN, Ronald. *Justice for Hedgehogs.* Estados Unidos da América: Harvard University Press, 2011, p. 48.

METAÉTICA E A FUNDAMENTAÇÃO DO DIREITO

fatos rotineiros que nos circundam, também haveria um problema para justificar-se a objetividade de uma ação em termos cognitivistas, já que, de acordo com WALDRON, é difícil visualizar como o reconhecimento de um mero fato pode indicar a predisposição e a motivação de alguém agir de determinado modo[244]. Por isso, a soma de tais argumentos deveria ser suficiente para justificar a necessidade de adotarmos uma postura não cognitivista em relação a questões morais.

Com base na descrição das teses éticas desenvolvidas pelos autores aqui citados, percebe-se como o amoralismo representa postura filosófica que concretiza com máxima intensidade as premissas que dão forma ao não cognitivismo. Tal modelo teórico, mesmo que passível de críticas – tanto internas, quanto externas –, mostra-se relevante na comparação com as demais propostas metaéticas que serão aqui analisadas, na medida em que fornece as bases para uma postura não cognitivista extrema, de modo que se apresenta como um limite teórico ou uma fronteira de especulação para aqueles que pretendem compreender e explicar os fatores que influenciam e constituem a ação humana.

3.2.2. Emotivismo

O **emotivismo**[245], também denominado de **expressionismo**[246], representa postura ética que ainda se localiza dentro do espectro do não cognitivismo, mas que não assume a meta de negar por completo toda e qualquer possibilidade de uma experiência moral dotada de sentido. Representa, na verdade, uma linha de pensamento que continua negando a possibilidade de haver efetiva objetividade no campo moral, mas o faz, não invocando apenas uma dimensão falsificadora ou meramente ilusória da experiência moral como um todo, mas sim partindo do pressuposto de que os juízos de valor não são capazes de se referirem a qualquer estado de coisas ou situação de fato, prestando-se apenas a refletirem uma emoção

---

[244] WALDRON, Jeremy. *The Irrelevance of Moral Objectivity*. In *Natural Law Theory – Contemporary Essays*. Estados Unidos da América: Oxford University Press, 1994, p. 168.

[245] MACINTYRE, Alasdair. *After virtue*. Estados Unidos da América: University of Notre Dame, 2ª edição, 1984.

[246] SHAFFER-LANDAU, Russ. *Moral Realism – A Defence*. Estados Unidos da América: Oxford University Press, 2009; SMITH, Michael. *The Moral Problem*. Estados Unidos da América: Blackwell Publishers, 2005, p. 20.

UMA PROPOSTA DE ESPECIFICAÇÃO DE TRADIÇÕES METAÉTICAS

ou atitude (pró ou contra) do emissor desse enunciado valorativo[247]. Desse modo, considerações morais, para o emotivista, não são sempre falsas, mas vem apenas a acatar um estado emotivo ou sensitivo daquele que as produz. Com isso, a estrutura básica de qualquer consideração moral será sempre constituída a partir da noção de um desejo que é manifestado pelo agente[248].

Segundo THOMSON[249], o emotivismo pode ser analisado a partir de quatro teses que lhe atribuem forma (sendo que as duas primeiras também são compartilhadas, expressamente, pelo niilismo):

(i) A tese semântica de que não existem proposições morais com valor de verdade, já que não se referem a nada que esteja representado na realidade. Assim, a frase *"Matar é errado"* não refere a nenhum ponto concreto que possa ser localizado na realidade;

(ii) A tese metafísica de que não existem fatos morais, exatamente porque inexistem proposições morais com capacidade de referir--se com veracidade à realidade;

(iii) A tese pragmática, afirmando que aquele que enuncia uma proposição moral está apenas manifestando uma atitude sensitiva ou emocional favorável ou contrária a algo;

(iv) A tese psicológica de que não existe algo como uma crença moral, pois ser capaz de ter uma crença sobre algo pressupõe a possibilidade de se pretender captar a realidade por meio de juízos que possam ser verdadeiros ou falsos. Considerando-se que juízos morais com pretensão de veracidade são impossíveis, já que inexiste uma dimensão moral exterior ao agente, não há como se falar em crença morais, mas apenas em emoções ou atitudes morais.

---

[247] *"Für den Emotivismus steht der expressive Gehalt, der Ausdruckcharakter moralischer Urteile im Vordergrund. Eine Handlung als moralisch richtig oder eine Person als moralisch gut zu bezeichnen, ist für ihn primär Ausdruck einer momentanen oder länger anhaltenden Einstellung, und zwar einer wertenden, einer Pro- oder Kontra-Einstellung."* (BIRNBACHER, Dieter. *Analytische Einführung in die Ethik.* Alemanha: Walter de Gruyter, 2ª edição, 2007, p. 344-5).

[248] Vide item 2.1.1.

[249] HARMAN, Gilbert; THOMSON, Judith Jarvis. *Moral relativism and Moral objectivity.* Estados Unidos da América: Blackwell Publishers, 1996, pp. 96/7.

METAÉTICA E A FUNDAMENTAÇÃO DO DIREITO

Como se vê, segundo THOMSON, o emotivismo/expressivismo nega que juízos morais possam, de um modo ou outro, representar o mundo. Os juízos morais não possuem uma função descritiva ou fática, mas apenas expressam as atitudes de aprovação ou desaprovação do emissor do juízo[250]. Assim, um ato de fala dotado de contornos morais nunca se refere a nada, a não ser a uma emoção ou a um sentimento do emissor desse ato de fala. Por essa razão, as tendências emotivistas são, por muitos, equiparadas ao não cognitivismo como um todo, na medida em que tal postura leva a sério a premissa de que não há qualquer sentido objetivo no ato de fala que reporta expressões como "certo" ou "errado", "bom" ou "mau". Esses enunciados, representando apenas expressões sentimentais ou emocionais, jamais poderão ser alvo de depuração objetiva, ou seja, de escrutínio racional, já que, relativamente a eles inexiste qualquer possibilidade de verificação empírica. Isso ocorre porque, de acordo com o emotivista, os predicados morais são carentes de significação, já que os termos "certo" e "errado" não projetam nada que possa encontrar alguma adequação formal ou material na realidade, já que a referência a eles não acrescenta nenhuma nova informação. Na verdade, apenas os predicados não avaliativos (puramente descritivos) possuem alguma referibilidade e estão aptos a transmitir alguma informação nova. Se a predicação moral não denota nada, impõe-se concluir que ela é simplesmente uma atitude não representacional dos elementos naturais que se encontram presente na realidade. As noções de certo e errado, desse modo, são ficções, fantasias (assim como fantasmas ou bruxas), que alguns escolhem seguir e propagar tão somente para, estrategicamente, avançar seus projetos individuais. Diante disso, dizer *"Matar é errado"* é externar apenas a emoção de desaprovação daquele que produz essa proposição em relação à determinado comportamento humano, tendo mesmo sentido que a frase *"Matar é algo que eu não gosto"*. Por isso, alguns não cognitivistas sustentam que os predicados morais (certo, errado, bom, mau) são desprovidos de qualquer significado e, por essa razão, deveriam ser simplesmente abandonados em qualquer discurso científico que tivesse alguma pretensão de objetividade. Nesse contexto, o emotivismo representaria uma postura teórica bastante próxima do já referido amoralismo.

---

[250] SMITH, Michael. *The Moral Problem*. Estados Unidos da América: Blackwell Publishers, 2005, p. 16.

UMA PROPOSTA DE ESPECIFICAÇÃO DE TRADIÇÕES METAÉTICAS

Por outro lado, para outros autores, não se deve confundir o emotivismo com um puro irracionalismo nem com o já analisado niilismo, uma vez que é possível conciliar a noção de juízo prático com o emotivismo. Isso porque crenças morais podem ser fundamentadas e, inclusive, podem gerar convencimento em outras pessoas, mesmo que isso pressuponha apenas uma forma de afetação do aparato sensorial do agente[251]. Seguindo essa definição, o juízo prático seria formado, exclusivamente, por sua função de afetação[252], de modo que, para o emotivista, o juízo é formado apenas pela impressão que um objeto provoca nas faculdades sensoriais do agente. Ora, essa caracterização garante alguma autonomia descritiva à postura metaética aqui denominada como emotivismo.

Para bem ilustrar essa tendência, cabe aqui fazer referência ao pensamento de AYER, de acordo com o qual todo conhecimento especulativo deve ser enquadrado em duas categorias possíveis: questões de fato e questões de valor[253]. Portanto, a existência um autêntico ramo de conhecimento que seja compatível com o que chamamos de Ética (o mesmo também valeria para a Estética) seria uma impossibilidade, já que todas as proposições que formam essas atividades humanas seriam apenas expressões emocionais que não poderiam ser nem verdadeiras nem falsas[254]. Assim, para AYER[255], os juízos morais são da espécie dos juízos não descritivos, de modo que a invocação de termos morais (*certo, justo, bom* etc...) é apenas indicativo da manifestação de uma interjeição, ou seja, de simples expressões favoráveis (e.g. *"Oba"*) e desfavoráveis (e.g. *"Buuu"*)[256]. Por isso, um tratado ético não deveria se dedicar a apresentação de juízos valorativos sobre o que deve ou não ser feito pelo ser humano, mas deveria apenas se dedicar à análise linguística dos termos morais, normalmente, utilizados, de modo a identificar a categoria a que esses pertencem. Isso possibilitaria, segundo AYER, converter toda a esfera de

---

[251] BIRNBACHER, Dieter. *Analytische Einführung in die Ethik.* Alemanha: Walter de Gruyter, 2ª edição, 2007, pp. 345-6.

[252] Vide item 2.4.

[253] AYER, A. J. *Critique of Ethics and Theology.* In *in* SAYRE-MCCORD, Geoffrey (editor). *Essays on Moral Realism.* Estados Unidos da América: Cornell University Press, 1988, p. 27.

[254] AYER, A. J. *Op. cit.,* p. 27.

[255] AYER, A. J. *Language, Truth and Logic* (1936).

[256] SMITH, Michael. *The Moral Problem.* Estados Unidos da América: Blackwell Publishers, 2005, p. 20.

METAÉTICA E A FUNDAMENTAÇÃO DO DIREITO

conceitos éticos em termos de natureza não ética, ou seja, proposições referentes a questões empíricas e, portanto, plenamente verificáveis[257]. No entanto, os conceitos normativos éticos não seriam redutíveis a qualquer termo, propriamente, empírico, razão pela qual jamais seriam passíveis de verificação com base em algum dado empírico. Sendo isso verdade, reconhece AYER que somente haveria espaço para a justificação de uma tradição ética intuicionista (ou "absolutista", seguindo a expressão por ele adotada), já que o conhecimento desses conceitos éticos somente poderia ser validado, em última instância, por meio de uma *"misteriosa intuição intelectual"*. Inexistiria, pois, qualquer teste empírico capaz de averiguar a adequação no uso dos conceitos éticos, *i.e.*, inexistiria qualquer critério objetivo capaz de justificar a validade no seu uso. Por essa razão, um conceito ético é apenas um *"pseudo-conceito"*[258]. Assim, quando alguém afirma que *"você agiu errado ao roubar dinheiro"* não está essa pessoa enunciando nada além do que aquele que tenha simplesmente atestado que *"você roubou dinheiro"*, pois a primeira frase é desprovida de qualquer conteúdo empírico adicional[259]. Segundo AYER, isso pode ser demonstrado pelo fato de alguém ser capaz de negar o valor de uma frase de conteúdo moral que eu, por exemplo, tenha enunciado, sem que haja qualquer contradição com o conteúdo do que foi por mim afirmado. Isso porque nós dois estaremos manifestando posturas éticas opostas que apenas ilustram os nossos *"sentimentos morais"*, os quais são apenas capazes de provocar e estimular sensitivamente uma ação em outrem, sem que haja qualquer apelo a alguma dimensão objetiva[260]. Assim, como já dito, considerando-se que uma proposição moral não se refere a nenhuma dimensão fática, não pode ela ser nem verdadeira nem falsa. É por isso, pois, que um juízo moral não pode ser contraditado por nenhuma outra proposição, já que essa, conceitualmente, não é capaz de se reportar a nada no mundo. Diante disso, torna-se impossível discutir questões de valor, mas apenas as questões de fato que podem ser derivadas dos

---

[257] AYER, A. J. *Critique of Ethics and Theology*. In *in* SAYRE-MCCORD, Geoffrey (editor). *Essays on Moral Realism*. Estados Unidos da América: Cornell University Press, 1988, p. 28.

[258] AYER, A. J. *Op. cit.*, p. 30.

[259] Sobre o ponto, vide, ainda, KUTSCHERA, Franz von. *Grundlagen der Ethik*. Alemanha: WdeG, 1982, pp. 94/5.

[260] AYER, A. J. *Op. cit.*, p. 31.

UMA PROPOSTA DE ESPECIFICAÇÃO DE TRADIÇÕES METAÉTICAS

juízos envolvendo os sentimentos morais, como, por exemplo, a análise do tipo de condicionamento social que uma pessoa recebeu ou análise da reação esperada, tendo em vista, por exemplo, o medo que uma ação acarreta em alguém[261]. É por essa razão que inexistem argumentos que sejam capazes de demonstrar a superioridade de um sistema moral em relação a outro sistema rival. Não há como se falar em um sistema moral verdadeiro, do mesmo modo que é inviável qualquer tentativa de se criar uma *ciência ética*. Como ramo de conhecimento, a ética somente pode fazer parte da psicologia ou da sociologia[262]. Importante, ainda, destacar que essas considerações sobre o emotivismo não podem ser consideradas como ilustrativas de mera caricatura da referida postura ética, tal como defende WALDRON[263], já que são excertos literais do pensamento dos autores que são considerados como fiéis representantes do movimento emotivista[264].

Não obstante a grande afinidade que há entre o amoralismo e o emotivismo, tendo em vista o fato de os dois participarem da postura não cognitivista, uma sutil, mas relevante, distinção entre ambos pode ser identificada. Para o amoralista, simplesmente, não existe qualquer critério que possa fundamentar algo como tendo relevância moral, motivo pelo qual todo e qualquer projeto ético é falso, enganoso e ilusório, devendo ser, de início, abandonado. Dentro do extremismo niilista, não se chega a discorrer sobre a referibilidade ou verificabilidade empírica de juízos morais, uma vez que se pressupõe que a realidade como um todo é falsificadora e carente de sentido. Já para o emotivista, não se verifica uma

---

[261] AYER, A. J. *Op. cit.*, pp. 32-5.

[262] O mesmo poderia ser dito sobre a Estética, a qual também teria nos termos "belo" ou "horrendo" apenas projeções subjetivas de um sentimento não passível de qualquer escrutínio. A crítica artística, assim, não projetaria nenhum conhecimento, mas apenas comunicaria a emoção que pode ser esperada de alguém (AYER, A. J. *Critique of Ethics and Theology*. In *in* SAYRE-MCCORD, Geoffrey (editor). *Essays on Moral Realism*. Estados Unidos da América: Cornell University Press, 1988, p. 34).

[263] WALDRON, Jeremy. *The Irrelevance of Moral Objectivity*. In *Natural Law Theory – Contemporary Essays*. Estados Unidos da América: Oxford University Press, 1994, p. 169.

[264] Mesmo que WALDRON ataque a descrição normalmente apresentada para ilustrar o emotivismo como sendo mera caricatura, não vê problema em, ele próprio, justificar as vantagens teóricas da postura emotivista como sendo a única que apresenta os juízos morais como tendo *"something to do with attitude, feeling, and the determination and guidance of action"*.

tendência radical que rejeita, como um todo, a possibilidade da experiência moral. Na verdade, para ele apenas não existem critérios objetivos que possam ser compartilhados ou comunicados aos demais no que tange a juízos de valor, já que esses projetam apenas sentimentos e preferências pessoais, os quais, em si considerados, não podem ser conhecidos com objetividade nem depurados racionalmente.

3.2.3. Subjetivismo

O **Subjetivismo** se apresenta como uma postura que não é de fácil classificação dentro do esquema, normalmente, invocado pela filosofia moral contemporânea, tendo em vista a possível dimensão bivalente que ele assume. Em um sentido relevante, o subjetivismo pode ser visto como um caso de não cognitivismo moral, na medida em que essa postura também nega a possibilidade de um conhecimento moral objetivo, já que não existiria qualquer critério exterior, independente do sujeito, capaz de mensurar e comparar juízos de valor que são expedidos pelas pessoas. Isso ocorreria porque todo juízo de valor seria apenas uma projeção subjetiva de cada agente moral, sendo que, nesse caso, teríamos uma postura um tanto próxima das tendências já analisadas do ceticismo moral[265] e do emotivismo, em que um juízo moral não poderia ser submetido ao escrutínio racional por parte de outrem.

Por outro lado, o subjetivismo é, por alguns[266], apresentado como uma forma de cognitivismo moral, já que, de acordo com essa leitura, existiria, sim, um critério comum para se justificar *a causa* de juízos morais (mesmo que não o seu conteúdo), a qual seria, necessariamente, o aparato intelectual de cada indivíduo, responsável pela produção de juízos práticos concretos. Isso significaria reconhecer que existe um fator comum de explicação dos juízos práticos, mesmo que não seja viável avaliar, propriamente, sob uma mesma régua, o conteúdo das proposições valorativas emitidas por cada sujeito, ante a ausência de um critério exterior e independente que seja capaz de analisá-las a partir de uma medida valorativa

---

[265] Essa, aliás, é a postura de MACKIE. (*The subjectivity of values.* In SAYRE-MCCORD, Geoffrey (editor). *Essays on Moral Realism.* Estados Unidos da América: Cornell University Press, 1988, p. 96-7).

[266] SHAFFER-LANDAU, Russ. *Moral Realism – A Defence.* Estados Unidos da América: Oxford University Press, 2009, pp.18-9.

UMA PROPOSTA DE ESPECIFICAÇÃO DE TRADIÇÕES METAÉTICAS

comum. Esses juízos de valor, portanto, não estariam habilitados a serem aferidos com base em um critério racional metasubjetivo, sendo certo apenas que cada sujeito é a autoridade responsável pela produção e pela atribuição de valor positivo ou negativo aos seus juízos morais, de modo que afirmar um juízo de valor como verdadeiro ou falso dependerá apenas da adequação entre o seu conteúdo e o estado anímico daquele que os emitiu[267]. Assim, para o subjetivista, a afirmação *"X é bom"* é idêntica à proposição *"X é bom para mim"*[268], de modo que o juízo de valor proferido será *"verdadeiro"* se e somente se representar, fielmente, o estado mental de aprovação daquele que emitiu tal juízo positivo.

Diante dessa bivalência que encontramos na descrição da postura subjetivista, entendemos mais adequado qualificá-la como uma modalidade intermediária ou de transição entre o não cognitivismo e o cognitivismo[269]. Mesmo que assim seja, alguns elementos típicos do subjetivismo podem ser destacados para a sua melhor compreensão.

Primeiramente, o subjetivista seria aquele que sustenta que o critério de verdade está localizado no próprio indivíduo que produz um juízo moral[270]. Um subjetivista moral que aceita alguma forma de cognitivismo irá, pois, defender que a verdade de uma proposição moral depende apenas do estado mental de cada indivíduo e a atividade intelectual por esse realizada. Assim, a veracidade ou falsidade de um juízo moral será sem-

---

[267] *"Damit gleichwertig ist die Behauptung, dass sich alle rein normativen Terme durch Terme definieren lassen, die subjektive Präferenzen beschreiben."* (KUTSCHERA, Franz von. *Grundlagen der Ethik*. Alemanha: WdeG, 1982, p. 107)

[268] SAYRE-MCCORD, Geoffrey. *Many moral Moral Realisms, in* SAYRE-MCCORD, Geoffrey (editor). *Essays on Moral Realism*. Estados Unidos da América: Cornell University Press, 1988, p. 17.

[269] Obviamente, seria válida a crítica que levanta a contradição de premissas adotadas na elaboração da postura subjetivista, ao agregar traços não-cognitivistas e cognitivistas, mas essa questão deve ser respondida por aquele que pretende defender a higidez do subjetivismo e não por quem apenas busca descrever essa tendência como uma entre as várias possibilidades de teses metaéticas.

[270] Comparativamente, o intersubjetivista seria aquele cujo critério depende de capacidades, convenções e práticas sociais que firmam o modo de avaliação de juízos de valor. Já o objetivista seria aquele cujo critério seria independente dos estados mentais dos indivíduos, bem como das convenções sociais. (SAYRE-MCCORD, Geoffrey. *Many moral Moral Realisms, in* SAYRE-MCCORD, Geoffrey (editor). *Essays on Moral Realism*. Estados Unidos da América: Cornell University Press, 1988, p. 16).

METAÉTICA E A FUNDAMENTAÇÃO DO DIREITO

pre dependente de algo, qual seja, da mente daquele que está avaliando uma determinada ação. Algo ser bom ou ruim depende exclusivamente do modo como um indivíduo avalia subjetivamente determinado objeto. Com efeito, o subjetivista diferencia-se das duas outras posturas já analisadas, pois ele não nega a existência completa de uma dimensão moral, tal como defenderia o amoralista, do mesmo modo que não afirma ele que todo juízo de valor seja sem sentido ou uma mera projeção sentimental de alguém, impenetrável a qualquer escrutínio externo. O subjetivista, na verdade, afirma a existência da moral e também reconhece que o sujeito, ao promover um juízo prático, está realizando uma atividade cognitiva e intelectual (não meramente emotiva, portanto), ilustrando, assim, uma função de direcionamento[271], mesmo que essa somente possa ser conjugada na primeira pessoa do singular (*"Eu devo X"*). Um juízo moral sobre o certo e errado referente a um determinado tipo de ação humana jamais poderá ser definido em termos gerais ou universais, mas apenas a partir da pluralidade de singularidades, já que cada indivíduo seria portador da *"sua moral"*. Existiria, assim, uma pluralidade de *"morais"*, i.e., uma enorme amplitude numérica de sistemas morais, cada um correspondente a um indivíduo que seja portador da capacidade de produzir juízos de certo e errado. A moral, portanto, somente existiria dentro da perspectiva de um sujeito, inexistindo, por isso, qualquer possibilidade de controle externo e de justificação intersubjetiva do conteúdo dessas emissões subjetivas.

Por outro lado, um ponto de contato entre o subjetivismo e o não cognitivismo estaria no compartilhamento da visão de que não existem fatos morais, tendo em vista que a caracterização de qualquer fato depende, estritamente, da percepção subjetiva do avaliador para que esse possa ser considerado como inteligível. Com efeito, considerando-se que os juízos morais estão sempre adstritos ao limite da subjetividade de cada agente, o paradigma subjetivista pressupõe que não há qualquer ordem moral *"lá fora"*, ou seja, fora do sujeito que profere juízos morais[272]. Nenhum juízo moral pode ser demonstrado cientificamente nem submetido a uma avaliação exterior[273], inexistindo um padrão comum que possa atribuir a ele

---

[271] Vide item 2.4.

[272] WILLIAMS, Bernard. *Morality*: An introduction to ethics. Estados Unidos da América: Cambridge, 1993, p. 15.

[273] WILLIAMS, Bernard. *Op. cit.*, p. 14.

UMA PROPOSTA DE ESPECIFICAÇÃO DE TRADIÇÕES METAÉTICAS

uma dimensão objetiva (ou sequer intersubjetiva). Por essa razão, todas as avaliações envolvendo o certo e o errado acerca da ação humana são apenas questões de opinião individual, não existindo, dentre o universo das opiniões individuais, nenhum critério normativo que possa ser apresentado como prevalecente[274]. Com efeito, as emissões de tais opiniões e preferências individuais podem ser observadas e até conhecidas por terceiros, enquanto dados empíricos que são[275], mas não podem ser submetidas a uma avaliação substancial do seu conteúdo, pois inexiste, para o subjetivista, um critério objetivo que seja comum a todas elas.

Como se vê, o subjetivista é aquele que, tipicamente, externa a cada vez mais recorrente afirmação no sentido de que *"tudo é relativo"*, i.e., tudo que se apresenta na realidade está em posição de relatividade perante a perspectiva individual do sujeito que dá forma e conteúdo ao seu juízo moral[276].

---

[274] HOBBES poderia ser citado como um exemplo de pensador que patrocinaria essa visão subjetivista: *"...essas palavras como bom, mau, contentável são sempre usadas em relação a pessoa que as usa, inexistindo nada que simples e absolutamente as tornem desse modo, também não existindo qualquer regra comum de bem e mal que possa ser tomada a partir da natureza dos próprios objetos."* (Leviatã, Parte 1, Capítulo 6).

[275] *"Individuelle Präferenzordenungen lassen sich im Prinzip empirisch durch Beobachtung der Verhaltensweisen der Personen unter verschiedenen Umständen ermitteln, durch Befragungen, etc.. (...) In jedem Fall können die individuellen Präferenzen als empirische Daten angesehen werden, so dass der Subjektivismus eine Theorie auf empirischer Grundlage ist."* (KUTSCHERA, Franz von. *Grundlagen der Ethik*. Alemanha: WdeG, 1982, p. 107)

[276] Obviamente, caberá ao subjetivista tentar se desvencilhar da também muito conhecida crítica que aponta para a contradição performativa que é sempre cometida por quem externa essa proposição auto-refutatória. Aquele que enuncia a proposição *"tudo é relativo"* afirma, mesmo que inconscientemente, ao menos uma proposição que deve possuir contornos absolutos, qual seja, a mesma proposição *"tudo é relativo"* que acaba de emitir. Isso ocorre porque há um conflito inerente entre a intenção daquele que emite essa frase e o conteúdo que essa frase propaga. Esse emissor tem a intenção de afirmar que todas as coisas são relativas, mas produz uma frase cujo significado também emana um sentido absoluto – i.e., não passível de relativização – e que assim deve ser assumido pelos receptores dessa enunciação. Incorre-se, pois, em insuperável contradição, pois se introduz no mundo pelo menos uma frase que terá pretensão de ser recebida como absoluta. Por outro lado, se a intenção do emissor da frase *"tudo é relativo"* for universalizada, de modo a se submeter esse mesmo enunciado à relativização (i.e., se a frase *"tudo é relativo"* também tiver de ser relativizada), teremos que concluir que *"nem tudo é relativo"*, de modo que algo poderia ser visto como *não relativo*, ou seja, como absoluto, e isso levaria, novamente, a uma insuperável contradição.

METAÉTICA E A FUNDAMENTAÇÃO DO DIREITO

O problema central dessa visão subjetivista é que ela continua sendo uma postura ética (do mesmo modo que ocorre com o emotivismo) que não é capaz de fornecer qualquer critério de resolução de conflitos morais sempre que uma divergência se instaura entre dois ou mais indivíduos. Isso porque não há modo de se comunicar nem de se mensurar duas avaliações individuais entre si contraditórias, de modo a permitir julgar se uma tem superioridade em relação a outro. Sendo um juízo moral mera projeção mental daquilo que o indivíduo assume como favorável ou desfavorável e, nessa medida, sempre representando algo incomparável com a atividade intelectual que venha a ser realizada por outro sujeito, jamais haverá um critério metaindividual que possa ser invocado para avaliar as diferentes emissões avaliativas que sejam produzidas[277]. Diante desse cenário, a suscitação de questões morais em um espaço público é sempre problemática e, aparentemente, não passível de solução, uma vez que cada partícipe do debate terá seus próprios critérios subjetivos, os quais são, por natureza, insondáveis. Assim, se o subjetivista estiver descrevendo de modo verdadeiro a forma na qual expedimos juízos de valor, não teremos mais como atribuir sentido aos constantes e reitera-dos debates morais que ocorrem na nossa vida rotineira. Isso porque, em condições normais, as disputas envolvendo questões éticas são sempre compreendidas como uma atividade na qual todos os partícipes atribuem sentido aos seus atos ao apresentarem argumentos relevantes ao tema em discussão, argumentos esses que somente possuem uma razão de ser na medida em que algum tipo de objetividade puder ser – ao menos em tese – alcançada ao final do exercício dessa prática discursiva. Se esse não fosse o caso, ou seja, se todo juízo de valor fosse mera questão de opinião individual, o mais coerente seria abandonar-se, de início e por completo, todo tipo de engajamento discursivo que vise à resolução de alguma disputa moral.

Para uma classificação de posturas auto-refutatórias (que separa as auto-refutações em lógi-cas, pragmáticas e operacionais), vide FINNIS, John. *Scepticism's Self-refutation. In Collected Essays – Vol. 1.* Reino Unido: Oxford University Press: 2011, pp. 62-80.

[277] SAYRE-MCCORD, Geoffrey. *Many moral Moral Realisms, in* SAYRE-MCCORD, Geoffrey (editor). *Essays on Moral Realism.* Estados Unidos da América: Cornell University Press, 1988, p. 18.

UMA PROPOSTA DE ESPECIFICAÇÃO DE TRADIÇÕES METAÉTICAS

3.2.4. Relativismo moral

Avançando-se um passo na identificação de um possível critério objetivo que possa ser invocado na análise de um juízo de valor ou que possa ser utilizado na justificação de uma ação humana como correta ou incorreta, encontramos o relativismo moral. Tal postura, que se qualifica como uma forma periférica de cognitivismo, sustenta que é possível, sim, identificar-se um critério exterior e independente do indivíduo que seja capaz de determinar o conteúdo correto e incorreto de um juízo moral. Com isso, o relativismo moral se distancia das já analisadas tendências amoralistas[278], emotivistas e subjetivistas. O critério, porém, que o relativista entende ser satisfatório não é independente de cada realidade social ou cultural particular na qual as ações humanas são realizadas. Assim, o critério objetivo que deve ser aplicado na análise de juízos práticos é sempre dependente das convenções contingentes, dos acordos positivados ou das práticas costumeiras que determinam o que é, rotineiramente, naquele contexto específico, tomado como aceitável ou inaceitável. Assim, dentro do espectro do relativismo moral, podem ser enquadradas as mais variadas vertentes de convencionalismos morais e de culturalismos, como, por exemplo, o relativismo cultural.

Com efeito, o relativista é aquele que sustenta a visão de que não existem respostas objetivas sobre questões morais que sejam válidas e verdadeiras em termos universais – i.e., que possam ser aplicáveis a toda a coletividade humana –, na medida em que sempre haverá algum grau de dissenso entre as práticas assumidas em aceitáveis em sociedades históricas[279]. Por isso, o relativista pressupõe que algo que é *"certo"* ou *"errado"* somente poderá ser *"certo ou errado para uma determinada sociedade"*[280]. Mais uma vez, portanto, assim como no subjetivismo, não há se falar em uma *Moral*, mas uma pluralidade de morais, todas definidas com base no limite territorial ou cultural em que determinadas práticas são compartilhadas

---

[278] HARMAN, Gilbert; THOMSON, Judith Jarvis. *Moral relativism and Moral objectivity.* Estados Unidos da América: Blackwell Publishers, 1996, p. 6.
[279] WILLIAMS, Bernard. *Morality.* Estados Unidos da América: Cambridge University Press, 1993, p. 20.
[280] WILLIAMS, Bernard. *Morality.* Estados Unidos da América: Cambridge University Press, 1993, p. 20.

METAÉTICA E A FUNDAMENTAÇÃO DO DIREITO

pela maioria dos integrantes daquela realidade contingente[281]. Isso faz com que a validade e veracidade de um juízo moral se transforme em uma questão meramente convencional, dependente, exclusivamente, das convenções e práticas que os grupos de pessoas resolvem adotar, recorrendo-se, assim, a formação de consenso sobre o que é certo e errado[282].

Um firme representante do relativismo moral é HARMAN[283], o qual, partindo das premissas adotadas pelo físico Albert Einstein – sem, porém, qualquer pretensão moral – na elaboração da sua *teoria da relatividade*, assume que todo tipo de movimento físico é sempre relativo a uma moldura espacial e temporal dentro da qual esse será analisado. Essa moldura, por sua vez, jamais será uma instância absoluta de avaliação de determinada realidade, mas sempre o fruto de uma escolha daquele que deseja analisar determinado objeto. Aliás, seguindo esse pressuposto, até a massa de um objeto seria sempre uma condição relativa, nunca passível de determinação absoluta. Toda a realidade física, pois, deve ser concebida como sendo coordenada pela relatividade na qual os objetos podem ser definidos, de modo que nenhum objeto poderia ser definido como portador de uma propriedade absoluta e necessária. Assim, todo objeto é sempre dependente da contingência de uma moldura de espaço e tempo que tenha sido livremente escolhida para a sua análise. Para HARMAN, esse mesmo tipo de raciocínio deve ser, diretamente, aplicado em relação à moral, ou seja, na explicação dos elementos que participam da e coordenam a ação humana. Por isso, todas as questões sobre certo ou errado, bem ou mal, justo ou injusto, são sempre relativas, i.e., sempre dependentes da *moldura moral* que é escolhida por aquele que desejar avaliar ações como certas, boas, justas etc... Assim, inexiste nenhuma moldura moral que possa ser afirmada como sendo objetivamente privilegiada em relação às demais molduras rivais[284].

---

[281] *"Werte sind demnach relativ auf ein moralisches Rahmsystem (framework), in dem sie gültig sind. Kein moralisches Rahmsystem ist gegenüber einem anderen zu bevorzugen."* (PIETREK, Torsten. *Phänomenologische Metaethik*. Alemanha: Createspace, 2011, p. 31).

[282] SAYRE-MCCORD, Geoffrey. *Many moral Moral Realisms, in* SAYRE-MCCORD, Geoffrey (editor). *Essays on Moral Realism*. Estados Unidos da América: Cornell University Press, 1988, p. 18.

[283] HARMAN, Gilbert; THOMSON, Judith Jarvis. *Moral relativism and Moral objectivity*. Estados Unidos da América: Blackwell Publishers, 1996.

[284] HARMAN, Gilbert; THOMSON, Judith Jarvis. *Op. cit.*, p. 3.

UMA PROPOSTA DE ESPECIFICAÇÃO DE TRADIÇÕES METAÉTICAS

Pressupõe-se, desse modo, que todo juízo verdadeiro (físico ou moral) é sempre relativo, inexistindo qualquer verdade absoluta[285]. O relativismo moral proposto por HARMAN diferencia-se do que ele denomina de absolutismo moral, o qual, segundo ele afirmaria que existiria uma *"única moralidade verdadeira"*. No entanto, o seu relativismo moral pressupõe que existiriam muitas molduras morais diferentes, sendo que nenhuma seria mais correta do que a outra[286]. Como já adiantado, para o relativista, a moral, assim como o direito, é formada, exclusivamente, por matéria convencional, sendo que todos os elementos sobre o certo e errado relacionados à ação humana são livremente convencionados de acordo com cada contexto social. Desse modo, todas as considerações sobre *Direito Natural*, que pressupõem, necessariamente, a existência de elementos pré-convencionais que coordenam a correta ação humana, são consideradas, pelo relativista, como absurdas e desprovidas de sentido[287]. Sendo meramente convencionais, as disputas morais devem ser entendidas como matéria de simples *negociação* entre os envolvidos nessa disputa[288]. No entanto, uma dificuldade que é sempre enfrentada por todo tipo de convencionalismo é que essa postura não é capaz de esclarecer como é possível objetar moralmente um determinado hábito perverso que uma sociedade concreta possa manifestar adesão[289], tanto por parte daqueles que participam dessa realidade moral específica, quanto por parte daqueles que, valendo-se da sua razão prática, avaliam os méritos e deméritos de práticas estrangeiras.

Para o relativista, porém, a resolução de questões morais dependeria apenas da definição do *"sistema de coordenadas morais"* que se desejaria adotar em cada caso. Um sistema de coordenadas morais representaria um conjunto de valores e princípios que delimitariam uma espécie de *"jurisdição moral"*[290]. Veja-se que, na perspectiva relativista, uma disputa

---

[285] HARMAN, Gilbert; THOMSON, Judith Jarvis. *Op. cit.*, p. 4.

[286] HARMAN, Gilbert; THOMSON, Judith Jarvis. *Op. cit.*, p. 5.

[287] HARMAN, Gilbert; THOMSON, Judith Jarvis. *Op. cit.*, p. 6.

[288] HARMAN, Gilbert; THOMSON, Judith Jarvis. *Moral relativism and Moral objectivity.* Estados Unidos da América: Blackwell Publishers, 1996, p. 7.

[289] SAYRE-MCCORD, Geoffrey. *Many moral Moral Realisms, in* SAYRE-MCCORD, Geoffrey (editor). *Essays on Moral Realism.* Estados Unidos da América: Cornell University Press, 1988, p. 19.

[290] HARMAN, Gilbert; THOMSON, Judith Jarvis. *Op. cit.*, p. 13.

METAÉTICA E A FUNDAMENTAÇÃO DO DIREITO

moral não poderia ter nenhuma dimensão que pudesse ser inteligível e relevante para todos os seres humanos, existindo uma espécie de barreira geográfica ou cultural que delimitaria o espaço dentro do qual cada debate moral poderia ser avaliado. Por isso, para HARMAN, uma ação pode ser correta em relação a um sistema coordenadas morais, mas pode ser, simplesmente, errada quando contrastada perante outro sistema de coordenadas morais[291]. Assim, qualquer coisa que seja afirmada como correta, só é correta em relação aos valores adotados por um sistema de convenções contingente[292]. A consequência prática dessa constatação é a de que uma pessoa integrante de uma sociedade não teria legitimidade nem condições cognitivas para julgar e avaliar as práticas morais que seriam adotadas em outra comunidade que não a sua. Em síntese, o relativista pressupõe que um juízo prático – mesmo tendo uma função normativa e de direcionamento[293] – sempre possui um condicionante para que possa ser assumido como válido e objetivo, qual seja, um condicionante territorial e geográfico, de modo a delimitar a dimensão espacial em que um quadrante moral pode imperar, excluindo outros sistemas morais distintos deles. Assim, compreendido dentro desse contexto teórico, um juízo prático sobre o certo e o errado, em verdade, é estruturado, prioritariamente, a partir da sua dimensão descritiva (i.e., a partir da sua função de representação de uma realidade moral concreta[294]), a função específica que ele irá exercer será a de descrever como os agentes, de fato, comportam-se dentro dos limites especiais de uma nação, sociedade ou cultura.

Cada espaço de moralidade mapeia um sistema de coordenadas que traça o critério de referência dentro do qual um juízo prático pode ser considerado como objetivo. Nesse cenário relativista, portanto, teríamos sempre que confiar na *jurisdição moral* com autoridade para determinar o valor de cada juízo que seja proferido em relação a uma determinada prática contingente, o qual será avaliado, positiva ou negativamente, não de acordo com o conteúdo da sua proposição, mas tendo em vista a sua compatibilidade com as convenções que já restaram fixadas no território da respectiva extensão jurisdicional.

---

[291] HARMAN, Gilbert; THOMSON, Judith Jarvis. *Op. cit.*, p. 13.
[292] HARMAN, Gilbert; THOMSON, Judith Jarvis. *Op. cit.*, p. 17.
[293] Vide item 2.4.
[294] Vide item 2.4.

Os pressupostos assumidos pelo relativista partem de uma compreensão equivocada acerca daquilo que é, de fato, admitido pelo teórico que reconhece a existência de *absolutos morais*[295], *i.e.*, juízos de valor cujo conteúdo projeta significação que deve ser entendida como necessária e universal no que tange ao direcionamento da ação humana. O relativista comete o equívoco de tomar a parte pelo todo no que se refere à abrangência dos juízos morais que o chamado (por HARMAN) de "absolutista moral"[296] qualificaria como dotados de conteúdo necessário e universal. O relativista pressupõe que aquele que admite a existência de absolutos morais estaria, necessariamente, afirmando que todos os juízos de valor seriam, para esse, portadores de um status absoluto. Isso, porém, jamais veio a ser afirmado por nenhum pensador – ao menos entre aqueles por nós conhecido – que tenha reconhecido a existência de juízos morais que projetam deveres necessários e universais.

Na verdade, aquele que reconhece a existência de absolutos morais não está, de nenhum modo, afirmando que nada na realidade moral possa ser compreendido em termos relativos nem que todas as questões morais devam ser resolvidas por meio de critérios absolutos e imponderáveis de resolução de conflitos. Na verdade, o *"absolutista moral"* de HARMAN reconhece amplamente a existência relevante de uma dimensão contingente e variável nas disputas morais, não obstante seja o sistema moral forjado por algumas proposições que são necessárias, universais e, por isso, não são convencionais e contingentes[297]. Por outro lado, é o relativista que comete a falácia da extensão indevida de uma conclusão. Isso porque, ao reconhecer o fato evidente de que existem certas alternâncias acerca do conteúdo do certo e do errado, de modo que juízos morais específicos podem variar de contexto para contexto, conclui o relativista que todos os sistemas morais são, inteiramente, relativos, de modo que também são contingentes todos os juízos de valor que podem ser emitidos com base nesses sistemas. Assim, pressupõe ele que, sendo alguns juízos morais relativos, todos os juízos morais devem ser relativos.

---

[295] FINNIS, John. *Moral Absolutes – Tradition, Revision, and Truth*. Estados Unidos da América: Catholic Univ of Amer, 1991.

[296] HARMAN, Gilbert; THOMSON, Judith Jarvis. *Moral relativism and Moral objectivity*. Estados Unidos da América: Blackwell Publishers, 1996, p. 12.

[297] Vide item 4.4.

METAÉTICA E A FUNDAMENTAÇÃO DO DIREITO

3.2.5. Construtivismo

O **Construtivismo**, qualificando-se como uma postura cognitivista mais firme e sólida, reconhece que existe algo que pode ser denominado de realidade moral. Essa noção de realidade, porém, não é concebida como algo que possua uma dimensão existencial que seja independente das opiniões, das crenças, dos desejos ou dos raciocínios que os seres humanos, coletivamente considerados, produzem ao analisarem e avaliarem as ações racionais que devem ser praticadas em sociedade.

Na verdade, compreender a possível objetividade que uma realidade moral manifesta pressupõe, para o construtivista, que essa seja explicada por meio de alguma espécie de construção intelectual que representa o meio necessário para se justificar – i.e., tornar aceitável perante todos aqueles que participaram desse ou se submetem a esse processo construtivo – a existência de padrões normativos comuns que serão aplicados na resolução de determinados focos de dissenso moral e na resolução de conflitos sociais concretos. Assim, a existência de um critério objetivo no campo da ação humana é vista pelo construtivista como sendo o resultado de uma interação intelectual idealizada que tenha sido submetida a alguma espécie de artifício instrumental (i.e. algum tipo de método, procedimento ou experimento mental) a partir do qual essa realidade moral é construída ou fabricada[298]. A realidade moral não é, pois, algo possua existência em um sentido pleno, com propriedades que são predeterminantes e anteriores ao intelecto humano, mas é um produto final, i.e., algo que só pode ser qualificado como existente enquanto resultado da intervenção intelectual humana, a qual é, normalmente, pensada como tendo sido exercitada sob condições ideais (e.g. *contrato social*[299], *posição original sob véu da ignorância*[300], *condições ideais de fala*[301], etc...).

---

[298] SHAFFER-LANDAU, Russ. *Moral Realism – A Defence*. Estados Unidos da América: Oxford University Press, 2009, pp. 39/51.

[299] Vide UFFELMAN, Andreas. *Vergleich der Vertragstheoretiker Hobbes, Locke und Rousseau*. Alemanha: Grin, 2009.

[300] RAWLS, John. *A Theory of Justice*. Estados Unidos da América: Harvard University Press, 2001.

[301] HABERMAS. Jürgen. *Vorstudien und Ergänzungen zur Theorie des kommunikativen Handelns*. Alemanha: Suhrkamp, 1995, pp 177/8.

UMA PROPOSTA DE ESPECIFICAÇÃO DE TRADIÇÕES METAÉTICAS

Nesse grupo, encontra-se uma ampla gama de correntes filosóficas, as quais se diferenciam de acordo com os elementos específicos que formam o processo construtivo que acabará produzindo a dimensão moral dentro da qual os critérios de certo e errado poderão ser definidos e identificados de modo a satisfazer as expectativas racionais e razoáveis daqueles que estarão submetidos a tais critérios. Importante notar, porém, que os elementos que compõem (*input*) o procedimento criativo da realidade moral que é produzida (*output*) sempre dependem da identificação ou escolha de ponto de vista preferencial (*prefered standpoint*)[302], o qual será determinante para justificação desse processo construtivo. Com efeito, é sempre com base nesse ponto de vista preferencial (e.g. de uma autoridade individual, de uma coletividade pensada como predominante, de uma cultural assumida como majoritária, de signatários ideais de um pacto etc...) que se pode compreender o certo e o errado, já que é somente graças a ele que se dá início ao processo criativo da realidade moral. Com isso, se presume que, sem a atuação de tais agentes idealizados, que, supostamente, possuem essa perspectiva preferencial, não haveria como se compreender e justificar, objetivamente, juízos sobre certo e errado referentes a ações humanas concretas. Dentro desse contexto, a normatividade que se atribui a regras, princípios, padrões e *Standards* – a qual irá determinar o conteúdo específico daquilo que é certo e errado no campo da ação humana – somente é garantida por meio do processo construtivo que foi adotado e esse, por sua vez, sempre dependerá do *"ponto de vista preferencial"* que foi escolhido para a construção da realidade moral. Dentro desse modelo idealizado, um juízo prático é compreendido, exclusivamente, a partir da sua dimensão normativa e formalizadora da realidade, uma vez que o construtivismo necessita, para funcionar bem em termos gerais ou universais, que inúmeros fatores contingentes da existência humana sejam desconsiderados (ou colocados em suspensão), tal como os fatores empíricos, sociológicos ou psicológicos que acabam influenciando o modo como o ser humano age.

Possivelmente, o melhor representante contemporâneo do construtivismo seja John RAWLS, cujo empreendimento teórico visa a revisitar a tradição kantiana que, para muito, é a responsável pela fixação dos pilares

---

[302] SHAFFER-LANDAU, Russ. *Op. cit.*, p. 14.

METAÉTICA E A FUNDAMENTAÇÃO DO DIREITO

do *"idealismo construtivista"*[303]. O construtivismo de estilo kantiano é bem sintetizado por RAWLS nos seguintes termos:

> *"An essential feature of Kant's moral constructivism is that the particular categorical imperatives that give the content of the duties of justice and of virtue are viewed as specified by a procedure of construction (the CI-procedure), the form and structure of which mirror both of our two powers of practical reason as well as our status as free and equal moral persons. (...) A Kantian doctrine may hold (as Kant did) that the procedure by which first principles are specified, or constructed, is synthetic a priori. (...) For the present, it simply means that the form and structure of the constructivist procedure are seen as a procedural representation of all the requirements of practical reason, both pure and empirical. I believe that it is Kant's intention that the CI-procedure represents all such requirements, as far as this can be done."*[304]

Sendo fiel a tais pressupostos, o ponto de partida epistemológico de RAWLS é um procedimento hipotético e ideal de construção, que se desenvolve a partir de uma posição estratégica para se fazer escolhas (de repercussão ética e política), denominada por RAWLS de *posição original*[305]. Desse ponto de partida epistemológico, algumas consequências devem ser extraídas[306]. Em primeiro lugar, a teoria ético-política que se originará de uma postura construtivista será necessariamente *idealizada*, ou seja, não escorada, de modo primário e imediato, em alguma dimensão concreta e existente da realidade. Por isso, reconhece RAWLS que sua concepção de sociedade bem-ordenada não é identificada diretamente

---

[303] A apresentação mais bem elaborada do *"construtivismo kantiano"* trilhado RAWLS encontra-se presente no artigo *"Kantian Constructivism in moral theory" (Collected Papers*. India: Oxford University Press, 1999) e no seu *"Political Liberalism"* (Estados Unidos da América: Columbia University Press, 1996), postura essa que, em inúmeras oportunidades, é explicada por meio do contraste com o *"intuicionismo racional"* que teria origem em PLATÃO e ARISTÓTELES, mas que assumiria a formatação moderna em Henry SIDGWICK (*"Methods of Ethics"* – 1874).

[304] RAWLS, John. *Lectures on the History of Moral Philosophy*. Estados Unidos da América: Harvard University Press, 2000, p. 237.

[305] *Political Liberalism*. Estados Unidos da América: Columbia University Press, 1996; e *Law of Peoples*. Estados Unidos da América: Harvard University Press, 2003, p. 90.

[306] Sobre o construtivismo kantiano em RAWLS, vide, ainda, O'NEIL, Onora. *Constructivism in Rawls and Kant. In* FREEMAN, Samuel (editor). *Cambridge Companion to Rawls*. Estados Unidos da América: Cambridge University Press, 2003, pp. 347 e ss.

UMA PROPOSTA DE ESPECIFICAÇÃO DE TRADIÇÕES METAÉTICAS

com o mundo em que vivemos, mas deverá ser compreendida como uma idealização hipotética[307]. Essa idealização, não obstante hipotética, exigirá uma adesão estrita e vinculante dos partícipes da atividade política no que diz respeito aos princípios de justiça[308]. Além disso, mesmo que idealizado o ponto de partida epistêmico, entende RAWLS que a sua teoria ideal da atividade política, quando bem executado o seu procedimento, irá prestar-se a solver os problemas concretos e empíricos (de injustiças) que se fazem presente em uma teoria não ideal.[309] É nesse ponto, possivelmente, que se encontram as maiores dificuldades de uma postura construtivista, na medida em que, ao adotar um ponto de partida idealizado, que pressupõe a abstração e simplificação de inúmeros elementos relevantes da realidade moral, será sempre importante demonstrar, com precisão, como se dará a transposição do esquema teórico – idealizado, abstrato e hipotético – para a realidade concreta em que vivemos e na qual se manifestam todas as disputas éticas e jurídicas – reais, concretas e não hipotéticas – que pretendem ser solvidos.

Em segundo lugar, o construtivismo rawlsiano assume a pretensão de constituir racional e livremente tanto os princípios de justiça, quanto o espaço político em que iremos– seres humanos concretos e empiricamente existentes – viver e cooperar[310]. Para tanto, a idealização rawlsiana

[307] *"The idea of a well-ordered society is plainly a very considerable idealization."* (*Justice as fairness – A restatment*. Estados Unidos da América: Universal Press, 2004, p. 09)

[308] *"... justice as fairness as ideal, or strict compliance, theory. Strict compliance means that (nearly) everyone strictly complies with, and so abides by, the principles of justice."* (*Justice as fairness – A restatment*. Estados Unidos da América: Universal Press, 2004, p. 13)

[309] *"...the idea of a well-ordered society should also provide some guidance in thinking about nonideal theory, and so about difficult cases of how to deal with existing injustices."* (*Justice as fairness – A restatment*. Estados Unidos da América: Universal Press, 2004, p. 13)

[310] Importante ressaltar que para RAWLS, diferentemente de KANT, o procedimento de construção não seria capaz de constituir a *"ordem moral"* dos agentes racionais, já que essa assumiria dimensão, meramente, privada e deve ser, livremente, escolhida por cada indivíduo conforme a doutrina compreensiva que deseje adotar (*Political Liberalism*. Estados Unidos da América: Columbia University Press, 1996; e *Law of Peoples*. Estados Unidos da América: Harvard University Press, 2003, p. 99). Obviamente, a noção de *"ordem moral"* pressuposta por RAWLS é extremamente restritiva, já que, de acordo com essa compreensão, a disciplina ética não teria como objeto a ação humana como um todo, mediada pela razão prática, mas sim seria definida como o espaço no qual o indivíduo tem a capacidade de escolher a concepção de bem que deseja adotar.

METAÉTICA E A FUNDAMENTAÇÃO DO DIREITO

pressupõe também que os seres humanos sejam assumidos como seres livres, iguais e racionais, todos dotados de um poder para organizar livremente a realidade em que os indivíduos reais e concretos irão viver. Essa realidade, por sua vez, não existe politicamente de modo natural ou com antecedência às estruturais sociais concretas, mas apenas como resultado final do procedimento hipotético. É por isso que os conceitos ideais fabricados por RAWLS apresentam-se como independentes e anteriores ao mundo no qual agimos, pois somente assim, segundo a visão construtivista, poderão ser as disputas sociais solvidas, tendo em vista alguma forma de consenso que tenha sido produzido a partir do processo ideal que foi construído[311]. Em terceiro lugar, o construtivismo rawlsiano também deve ser visto como estritamente *formal*[312], já que a estruturação da posição original não parte de qualquer conceito substancial prévio e independente acerca do que é correto, adequado ou bom. Isso faz com o que tais conceitos morais somente possam ser definidos formalmente, ou seja, como termos que adquirem significado, não em razão de alguma propriedade que possam manifestar, mas em razão da observância do procedimento formal de escolha dos princípios de justiça que irão organizar a sociedade.

Por fim, cabe ressaltar que o construtivismo rawlsiano, mesmo que se compatibilize com a postura cognitivista, chega a sustentar a inexistência de fatos morais. Isso, no entanto, não é suficiente para descaracterizar sua visão como construtivista, já que tal afirmação deve ser contextualizada de modo a compreender que, para RAWLS, não existem fatos morais apenas no sentido de que não existem enquanto entes reais que possam ser conhecidos ou invocados como algo independente do procedimento por meio do qual se constroem os princípios de justiça[313]. Assim, na visão de RAWLS, "existem" como fatos relevantes em termos morais, mas esses são apenas aqueles elementos que o próprio RAWLS

---

[311] *Political Liberalism.* Estados Unidos da América: Columbia University Press, 1996; e *Law of Peoples.* Estados Unidos da América: Harvard University Press, 2003, pp. 89 e ss.

[312] *Kantian Constructivism in moral theory in Collected Papers.* India: Oxford University Press, 1999, p. 309.

[313] *"[M]oral objectivity is to be understood in terms of a suitably constructed social point of view that all can accept. Apart from the procedure of constructing the principles of justice, there are no moral facts." (Kantian Constructivism in moral theory in Collected Papers.* India: Oxford University Press, 1999, pp. 307)

projeta como necessários na organização da sua tese procedimental[314]. Com efeito, os únicos fatos morais relevantes são aqueles necessários para a compreensão e para a execução do seu procedimento hipotético (presume-se, com isso, que podem existir outros fatos morais, mas eles seriam irrelevantes ao procedimento)[315].

Diante dessas considerações, constata-se que o construtivismo pode ser visto como uma tentativa de se aprimorar o simples convencionalismo proposto pelo relativista moral. Isso porque o construtivista, ao invés de defender uma postura que legitima todos os hábitos que são compartilhados por uma determinada sociedade histórica e contingente, entende ser necessário estruturar um processo de abstração das práticas sociais concretas que seja capaz de idealizar o que deve ser visto como aceitável (ou razoável, como afirmaria RAWLS), pretendendo, como isso, fixar parâmetros de objetividade que serão construídos e serão resultado de um esquema formal e idealizado a que vínculos intersubjetivos foram submetidos. É por isso que a maior parte das versões contemporâneas de contratualismos pressupõe, exatamente, essa atitude teórica[316].

---

[314] *"Apart from the procedure of constructing the principles of justice, there are no moral facts. (...) The parties in the original position do not agree on what the moral facts are, as if there already were such facts. It is not that, being situated impartially, they have a clear and undistorted view of a prior and independent moral order. Rather (for constructivism), there is no such order, and therefore no such facts apart from the procedure of construction as a whole; the facts are identified by the principles that result."*(Kantian Constructivism in moral theory in Collected Papers. India: Oxford University Press, 1999, pp. 307 e 354 – grifou-se).

[315] *"... a constructivist procedure provides principles and precepts that specify which facts about persons, institutions and actions, and the world generally, are relevant in moral deliberation. Those **norms specify which facts are to count as reasons**. (...) The facts are there already, so to speak, available in our everyday experience or identified by theoretical reason, but apart from a constructivist moral conception they are simply facts. What is needed is a **way to single out which facts are relevant from a moral point of view and to determine their weight as reasons**. Viewed this way, a constructivist conception is not at odds with our ordinary idea of truth and matters of fact."*(Themes in Kant's Moral Philosophy in Collected Papers. India: Oxford University Press, 1999, p. pp. 497-528 – grifou-se)

[316] SAYRE-MCCORD, Geoffrey. *Many moral Moral Realisms, in* SAYRE-MCCORD, Geoffrey (editor). *Essays on Moral Realism.* Estados Unidos da América: Cornell University Press, 1988, p. 19.

3.2.6. Realismo

Por fim, cabe aqui analisar o caso central de cognitivismo, ou seja, a postura filosófica que com maior intensidade defende as premissas cognitivistas descritas e analisadas no item 3.1. Nesse ponto, enquadra-se a linha de pensamento que, comumente, é denominada de **realismo**, conceito esse invocado tanto no campo da filosofia da ciência, quanto no da filosofia moral.

Assim, o realismo (científico), em regra geral, assume dois pressupostos, quais sejam: *(1)* a visão de que conceitos abstratos possuem uma existência real (mesmo que não corpórea) e podem ser, em parte, conferidos empiricamente; e *(2)* o mundo possui uma realidade que é independente dos nossos estados mentais[317]. Já o realismo moral assume três pressupostos centrais que são derivados dessas duas primeiras ideias gerais[318]:

(1) Fatos morais existem, mas possuem uma dimensão existencial diferenciada dos demais fatos naturais;

(2) Os fatos morais são independentes de qualquer crença ou estado mental que possamos assumir em relação a eles; e

(3) É possível que venhamos a nos equivocar sobre o que é certo e o que é errado em relação aos fatos morais.

Partindo-se dessas premissas, o realismo moral adota a crença de que juízos sobre a ação humana podem possuir valor de veracidade e objetividade, o qual é independente do modo pelo qual podemos acessá-lo. Isso ocorre porque os juízos práticos serão verdadeiros ou falsos, tendo em vista uma realidade que independe dos nossos estados mentais[319]. Assim, a realidade moral é anterior ao pensamento que visa a captá-la. Com efeito, o realismo moral representa uma forma de teorização que pressupõe ser possível descrever e analisar um fenômeno moral com objetividade, sendo que a realidade descrita por meio desse tipo de teoria é independente

---

[317] BOYD, Richard. *How to be a moral realist.* In SAYRE-MCCORD, Geoffrey (editor). *Essays on Moral Realism.* Estados Unidos da América: Cornell University Press, 1988, p. 181.

[318] PIETREK, Torsten. *Phänomenologische Metaethik.* Alemanha: Createspace, 2011, p. 22.

[319] SAYRE-MCCORD, Geoffrey. *Many moral Moral Realisms, in* SAYRE-MCCORD, Geoffrey (editor). *Essays on Moral Realism.* Estados Unidos da América: Cornell University Press, 1988, p. 5.

UMA PROPOSTA DE ESPECIFICAÇÃO DE TRADIÇÕES METAÉTICAS

das percepções e opiniões individuais sobre ela. Por isso, o realismo pode sempre ser visto como uma postura antissubjetivista[320], na medida em que o valor que se reconhece e se atribui a uma ação transcende o fato de adotarmos esse valor[321].

Para o realista, portanto, a filosofia prática possui como objeto a análise da dimensão moral que, nos seus fundamentos mais básicos, mantêm-se apartada da atividade intelectual do ser humano (*"morality is mind-independent"*[322]), ou seja, escora-se ela em alguns fatos qualificados como essenciais para a compreensão da ação humana que são independentes e pré-convencionais, no sentido de serem exteriores à atividade criativa da vontade humana. São, pois, esses fatos essenciais formadores da dimensão moral que permitem atribuir inteligibilidade e objetividade à ação humana, na medida em que fixam os princípios primeiros (i.e. os fundamentos primários e básicos) que deverão ser conhecidos por aqueles que emitem ou avaliam juízos morais. O realismo moral, portanto, pressupõe um *"realismo ontológico"*, o qual assume, como ponto de partida, a noção de que a realidade é objetivamente qualificada pela existência de essências no mundo[323]. Parte-se, pois, da pressuposição epistêmica de que existe uma dimensão ontológica da realidade que não está à completa disposição constitutiva dos indivíduos, sendo que essa pode ser, imediatamente, captada e pode ser, progressivamente, conhecida por meio de reflexão intelectual. Essa dimensão ontológica da realidade – que não pode ser livremente manipulada na sua composição essencial pelos indivíduos – representa uma instância *natural* e necessária da ação humana, cujos princípios podem ser acessados de modo primário e imediato pelos

---

[320] BOYD, Richard. *How to be a moral realist.* In SAYRE-MCCORD, Geoffrey (editor). *Essays on Moral Realism.* Estados Unidos da América: Cornell University Press, 1988, p. 186.

[321] SAYRE-MCCORD, Geoffrey. *Many moral Moral Realisms, in* SAYRE-MCCORD, Geoffrey (editor). *Essays on Moral Realism.* Estados Unidos da América: Cornell University Press, 1988, p. 02

[322] SHAFFER-LANDAU, Russ. *Moral Realism – A Defence.* Estados Unidos da América: Oxford University Press, 2009, p. 15.

[323] Para um conceito de ontologia vide NINK: *"Wahre Ontologie ist Realontologie, die das Reale in seinem inneren Gehalt und Aufbau zu ergründen strebt ... Dieses Ziel hatte die Erste Philosophie des Aristoteles und die algemeine Metaphysik der scholastischen Schulen."* (NINK, Caspar. *Ontologie – Versuch einer Grundlegung.* Alemanha: Herder, 1952, p. V)

METAÉTICA E A FUNDAMENTAÇÃO DO DIREITO

seres humanos[324], o que significa dizer que esses princípios primários não podem ser objeto de uma prévia demonstração teórica (tal como pretendido pelo Construtivismo), precisamente porque eles são o ponto de partida para a reflexão prática. Não são eles dependentes de qualquer dedução prévia ou comprovação anterior, pois são eles, conceitualmente falando, os elementos fundantes que fixam as condições para que outras comprovações e deduções morais sejam promovidas[325]. Do contrário, toda justificação moral seria passível de recondução ao infinito (pois toda dedução parte de premissas, cuja demonstração, em tese, poderia exigir uma dedução anterior), de modo que jamais seria possível justificar-se nenhuma ação humana com alguma pretensão de definitividade[326]. Com efeito, tais elementos primários da ação humana são conhecidos, não por dedução, mas, em verdade, são apreendidos, imediatamente, por evidência ou conhecidos por raciocínio indutivo (*epagoge*)[327].

É com base nisso que se atribui à postura realista um *intuicionismo moral*[328], contra o que se direcionam as mais contundentes críticas que são ventiladas pelo não cognitivismo[329] e também pelas tendências cog-

---

[324] Mas que não é nenhuma garantia de que serão conhecidos plenamente por todos os indivíduos em todas as situações.

[325] MACINTYRE, Alasdair. *Three Rival Versions of Moral Enquiry: Encyclopaedia, Genealogy and Tradition*. Estados Unidos da América: University of Notre Dame, 1990, p. 122.

[326] Nesse ponto, percebe-se a relevância teórica da proposta alternativa apresentada pelos não-cognitivistas, como MACKIE ou AYER, na medida em que, para aquele que não admite a existência de um ponto de partida objetivo, cuja verdade não é definida, livremente, pelo indivíduo ou pela coletividade, somente resta aceitar a solução apresentada pela postura oposta ao realismo, qual seja a de pressupor que todo projeto moral será sempre falso, ilusório ou sem sentido.

[327] Sobre a indemonstrabilidade de princípios primeiros de um raciocínio (no que se insere, para ARISTÓTELES, a evidência da dimensão ontológica da realidade), vide o brilhante trabalho de PEREIRA, Oswaldo Porchat. *Ciência e Dialética em Aristóteles*. São Paulo: UNESP, 2000, pp. 125 e ss.

[328] PIETREK, Torsten. *Phänomenologische Metaethik*. Alemanha: Createspace, 2011, p. 29-30.

[329] MACKIE, por exemplo, formula, contra o realismo moral, o já mencionado argumento da estranheza (*queerness*), segundo o qual pressupor que a moral depende de propriedades não-naturais exige que o seu conhecimento seja baseado em uma faculdade especial, ou seja, uma intuição moral, algo, porém, que não é de fácil aceitação, pois teríamos que admitir a existência de propriedade e qualidades de um tipo *muito estranho*, diferentes de qualquer outra coisa que conhecemos. (MACKIE, J. L. *The subjectivity of values*. In SAYRE-MCCORD, Geoffrey (editor). *Essays on Moral Realism*. Estados Unidos da América: Cornell

UMA PROPOSTA DE ESPECIFICAÇÃO DE TRADIÇÕES METAÉTICAS

nitivistas rivais[330]. Ataca-se, pois, o realismo ao se destacar o fato de ser ele sempre dependente de um tipo de *intuicionismo*, na medida em que os princípios morais e os conceitos éticos mais básicos (*bom, correto, justo* etc...) não podem ser conhecidos por verificação empírica nem por demonstração intelectual, mas somente por meio de uma *"misteriosa intuição intelectual"*[331]. Assim, de acordo com a crítica, fundar um suposto critério objetivo para a análise da ação humana em elementos que não podem ser verificados nem demonstrados seria – segundo MACKIE, por exemplo – uma resposta, simplesmente, insatisfatória para a resolução dos problemas morais, já que isso representaria, na verdade, uma resposta que apenas estaria evitando o enfrentamento do problema real em disputa, na medida em que recorrer a supostas propriedades de *bem* e *mal*, que somente poderiam ser percebidas por aqueles dotados dessa intuição moral, de nenhum modo, refletiria uma resposta adequada e aceitável para se justificar perante os demais uma ação como boa como ou má[332].

No entanto, para o realista moral existem verdades morais que mantêm simetria (*rectius*, uma relação analógica) com a noção de verdade que é utilizada e identificada nas outras áreas do conhecimento, como, por exemplo, na lógica, na física, na biologia etc..., as quais também fundam

---

University Press, 1988, p. 109). Afirma MACKIE: *"Se existissem valores objetivos, eles seriam entidades, qualidades ou relações de uma espécie muito estranha, totalmente diferente de qualquer outra coisa no universo. Com efeito, se tivéssemos ciência deles, isso só seria possível por meio de alguma faculdade especial de percepção moral ou intuição, totalmente diferente de nossas formas comuns de conhecer todas as outras coisas."* (MACKIE, J. L. *Ethics: Inventing Right and Wrong*. Inglaterra: Penguin, 1977, p. 38).

[330] O construtivismo político proposto por RAWLS representa precisamente um projeto teórico que se propõe ser uma alternativa viável a todo tipo de *"intuicionismo racional"*. (*Political Liberalism*. Estados Unidos da América: Columbia University Press, 1996; e *Law of Peoples*. Estados Unidos da América: Harvard University Press, 2003, p. 90). Contrastando o intuicionismo com a sua postura construtivista, afirma RAWLS que o *"rational intuitionism requires but a sparse conception of person, based on the Idea of the person as a knower ... because the content of first principles is already given, and thus persons need only to be able to know what these principles are and to be moved by this knowledge."* (RAWLS, John. *Lectures on the History of Moral Philosophy*. Estados Unidos da América: Harvard University Press, 2000, p. 237)

[331] AYER, A. J. *Critique of Ethics and Theology*. In in SAYRE-MCCORD, Geoffrey (editor). *Essays on Moral Realism*. Estados Unidos da América: Cornell University Press, 1988, p. 30.

[332] MACKIE, J. L. *The subjectivity of values*. In SAYRE-MCCORD, Geoffrey (editor). *Essays on Moral Realism*. Estados Unidos da América: Cornell University Press, 1988, p. 111.

seus sistemas de conhecimento em princípios especulativos primeiros que, do mesmo modo, não são demonstráveis em sentido dedutivo. São, na verdade, princípios teóricos que são assumidos – por aqueles que desejam aprofundar o seu conhecimento científico – como evidentes e acessíveis ao intelecto por meio de indução. Seriam, pois, essas verdades teóricas primeiras (e.g., na lógica, o princípio da não contradição) que fixariam as bases para as posteriores deduções e demonstrações científicas. Assim, o realismo moral seria apenas o reflexo do modo como raciocinamos nas outras áreas de conhecimento, nas quais também determinados pressupostos básicos e primários não podem ser verificados empiricamente nem por uma demonstração anterior. Diante disso, caberia, na verdade, à crítica antirrealista ou abandonar por completo qualquer tipo de recurso à intuição como forma de conhecimento (inclusive nas ciências) ou demonstrar porque seria aceitável o recurso à intuição em relação a princípio primeiro no campo especulativo, mas não o seria em relação ao conhecimento dos fundamentos mais básicos da nossa realidade moral. Ora, em ambas as áreas de conhecimento o ponto de partida pressupõe o mesmo tipo de faculdade intelectual.

Além disso, o realismo moral apresenta um esquema teórico que possui pretensões explicativas mais simples do que as versões construtivistas. Isso porque o realista se escora em critérios que pretendem ter a sua veracidade reconduzida a elementos que já estão presentes na realidade, enquanto que o construtivista sempre precisará de um mecanismo adicional de explicação dessa mesma realidade, o que irá sempre pressupor uma instância especulativa a mais, a qual sempre acaba artificializando ou formalizando o objeto de análise. No entanto, ao promover esse passo explicativo adicional, o construtivista sempre assume o risco de promover idealizações exagerada, de causar perdas na tradução da realidade ou ainda de gerar defeitos na transposição para realidade daqueles resultados teórico-especulativos que foram construídos em um plano explicativo idealizado.

Com efeito, os fatos morais representam as condições necessárias sob as quais se torna possível a produção de juízos de certo e errado que poderão ser definidos como verdadeiros ou falsos. E a veracidade de tais fatos morais – que não dependerá da ratificação, aceitação ou concordância de qualquer perspectiva privilegiada (real ou hipotética) – é o que tornará possível atribuir normatividade aos princípios morais que determinarão o critério objetivo para se especificar e diferenciar juízos práticos que possam ser qualificados como verdadeiros ou falsos, de modo a direcionar e coordenar as ações humanas concretas. Assim, de acordo com a perspectiva realista, a veracidade que deve ser reconhecida nos padrões normativos de primeira ordem[333] não é dependente do que uma pessoa ou grupo de pessoas pensa sobre eles, mas depende do modo como juízos morais (certo ou errado sobre a ação humana) reportam-se adequadamente a uma dimensão dos fatos morais. Sintetizando o ponto, podem ser elencadas três teses centrais que são adotadas pelo realismo moral:

a) Proposições morais são do tipo que sempre podem ser avaliadas como verdadeiras ou falsas (mesmo que por aproximação);

b) A veracidade ou falsidade de uma proposição moral é sempre independente doas opiniões ou teorias morais que alguém possa sustentar;

c) Normalmente os cânones morais (e também os científicos) que são assumidos como verdadeiros formam, na maior parte das vezes, um método confiável para produzirmos conhecimento moral e, inclusive, aprimorá-lo[334].

O realismo enquanto proposta ética encontra, possivelmente, seu fundador em ARISTÓTELES, cuja tradição filosófica veio a ser revisitada e aprimorada por Tomás de AQUINO. O projeto ético desenvolvido por ARISTÓTELES é, sabidamente, o melhor exemplo de um esquema teórico que visa a esclarecer os elementos essenciais da ação humana partindo de considerações que estariam fundadas em uma dimensão ontológica da realidade. Assim, para ARISTÓTELES, são centrais para a compreensão do que determina e direciona a ação humana os conceitos de fim (*telos*) e de bem (*agathon*), os quais possuem para ele, indubitavelmente, um *status* primário de cunho metafísico[335], sendo verdade, ainda, que

---

[333] Veja-se, portanto, que não se está afirmando que todas as normas possíveis (morais, de etiqueta, jurídicas etc...) são pautadas imediatamente em um critério verdadeiro e pré--convencional, como se não existisse nenhum espaço para a criatividade humana, no que diz respeito à elaboração de padrões de conduta.

[334] BOYD, Richard. *How to be a moral realist*. In SAYRE-MCCORD, Geoffrey (editor). *Essays on Moral Realism*. Estados Unidos da América: Cornell University Press, 1988, p. 182.

[335] HÖFFE, Otfried. *Aristotle*. Estados Unidos da América: State University of New York Press, 2003, p. 99 e ss.

METAÉTICA E A FUNDAMENTAÇÃO DO DIREITO

o último conceito mencionado assume traço ontológico *transcategorial* (*i.e.*, enquadra-se, simultaneamente, em variadas categorias metafísicas, do mesmo modo que ocorre com o conceito de *"ser"*[336]). Por isso, o pressuposto epistemológico que é adotado por ARISTÓTELES não parte, obviamente, de uma fabricação mental e idealizada, que deve ser considerada aceitável por todos, tal como ocorre para o construtivista, mas assumirá que *"fatos são o ponto de partida"*[337], os quais não estão à absoluta disposição dos agentes, mas são, na maior parte das vezes, identificados, apreendidos e especificados por indução, percepção ou por mero hábito, motivo pelo qual:

> *"[I]t is enough in some cases that the fact be well established, as in the case of the first principles;* **the fact is a primary thing or first principle***. Now of first principles we see* **some by induction, some by perception, some by certain habituation***, and others too in other ways. But each set of principles we must try to investigate in the natural way, and we must take pains to determine them correctly, since they have a great influence on what follows. For the beginning is thought to be more than half of the whole, and many of the questions we ask are cleared up buy it."*[338]

É precisamente em razão desse ponto inaugural realista que ARISTÓTELES atesta, como verdadeiro e como princípio do seu raciocínio ético, que o ser humano *É* um ser dotado de uma essência animal e política ou que *HÁ* uma comunidade natural ao homem, a qual se apresenta a ele com uma precedência necessária, ou, ainda, que *EXISTE* um fim completo/supremo para o ser humano, que qualificará a sua plena

---

[336] *"... things are called good both in the category of substance and in that of quality and in that of relation, and that which is per se, i.e. substance... clearly good cannot be something universally present in all cases and single; for then it would not have been predicated in all the categories, but in one only."* (ARISTÓTELES. BARNES, Jonathan (editor). Nicomachaen Ethics in *The Complete Works of Aristotle, Vols. I & II.* Estados Unidos da América: Princeton University Press, 1995, p. 1732) Vide, ainda, AKRILL: *"...Aristotle argues that goodness is* **not a single common universal***: If it were, it would be 'said' in only one category, whereas in fact it is like being, '***said' in all categories.***"* (AKRILL, J. L. *Aristotle on Eudaimonia in Essays on Plato and Aristotle.* Inglaterra Oxford University Press, p. 200 – grifou-se).

[337] ARISTÓTELES. BARNES, Jonathan (editor). Nicomachaen Ethics in *The Complete Works of Aristotle, Vols. I & II.* Estados Unidos da América: Princeton University Press, 1995, p. 1731.

[338] ARISTÓTELES. BARNES, Jonathan (editor). Nicomachaen Ethics in *The Complete Works of Aristotle, Vols. I & II.* Estados Unidos da América: Princeton University Press, 1995, p. 1736.

UMA PROPOSTA DE ESPECIFICAÇÃO DE TRADIÇÕES METAÉTICAS

realização (*eudaimonia*). A evidência realista de determinadas proposições, porém, não significa reconhecer que estarão elas dispensadas de qualquer forma de justificação ou explicitação posterior. Obviamente, os fatos que são qualificados como ponto de partida do raciocínio prático para ARISTÓTELES não são por ele livremente eleitos nem justificados apenas perante as estruturas internas do seu esquema explicativo. Na verdade, os fatos morais que formam os princípios do raciocínio prático refletem, simultaneamente, dimensões contingentes da realidade (i.e., variáveis conforme o contexto e a comunidade política em que se deseja deliberar) e pressupostos necessários de ordem metafísica, os quais se firmam uma concepção densa de verdade, fornecendo, assim, um critério objetivo último e externo de justificação das proposições éticas que se pretendem analisar e defender.

E para compreender adequadamente essa bivalência da realidade moral na qual os seres humanos agem, pressupõe ARISTÓTELES o desenvolvimento por parte do agente de uma virtude prudencial (*phronesis*), a qual representa uma disposição habitual, gradualmente adquirida por aquele que se torna capaz de determinar, em cada contexto particular de decisão e de ação, os meios adequados para se atingir os fins desejados pelo agente, os quais deverão ser integrados e harmonizados em um plano racional de vida boa. Assim, o sucesso e o fracasso na execução dessa disposição prudencial, de modo a determinar o que é correto e incorreto em determinado contexto de ação, pressupõem a existência de um conceito de verdade prática, i.e., a possibilidade de se produzirem juízos verdadeiros que se reportam à ação humana qualificada como boa ou correta[339].

Com efeito, o realismo pode ser visto como uma postura ética dotada de contornos mais complexos que as tendências rivais já analisadas, pois parte do pressuposto de que a realidade moral que deve ser analisada – de modo a permitir a identificação dos critérios objetivos de avaliação dos juízos práticos – é composta de uma dimensão que é tanto necessária e universal (no que tange aos princípios primeiros do raciocínio prático), quanto particular e contingente (no que tange aos elementos relevantes da ação humana concreta que deverão ser submetidos à deliberação prudencial).

---

[339] MACINTYRE, Alasdair. *Whose Justice? Which Racionality?*: Estados Unidos da América: University of Notre Dame, 1988, p. 136.

3.3. Síntese ilustrativa

Esclarecidos os principais elementos formadores das tradições éticas que podem ser identificadas como especificações das premissas que fundamentam as posturas cognitivistas e não cognitivistas, torna-se possível apresentar o seguinte quadro-comparativo das tradições antes descritas, tendo em vista as diferentes propostas que cada uma pretende defender como correta na explicação do universo prático no qual agimos:

	Amoralismo	Emotivismo	Subjetivismo	Relativismo Moral	Construtivismo	Realismo
Postura metaética	Não cognitivismo acentuado	Não cognitivismo moderado	Postura híbrida	Cognitivismo periférico	Cognitivismo moderado	Cognitivismo acentuado
Realidade moral e fatos morais	Não há se falar em realidade moral	Não há se falar em realidade moral	Não há em sentido objetivo, *i.e.*, para além da significação constituída por cada indivíduo	É possível falar-se em realidade moral, mas essa é contingente e está sempre topograficamente delimitada (cultura, identidade nacional, regionalismos etc...)	É possível falar-se em uma espécie realidade moral objetiva, desde que compreendida apenas como uma estrutura intelectual, idealmente projetada, que permite especular sobre os elementos normativos mínimos que justificam uma ação como racional	Há realidade moral em sentido objetivo pleno, na medida em que as propriedades que a compõem existem de modo independente das crenças e opiniões individuais acerca delas
Juízo prático	É sempre falso	Admitindo-se o uso válido do conceito, é apenas fruto da manifestação de um desejo ou de um reflexo sensorial	Pode ser "verdadeiro", mas o critério para aferir tal veracidade está sempre adstrito aos parâmetros intelectuais de cada indivíduo	É representacional, pois a sua retidão é definida de acordo com a capacidade de se descrever quais padrões de conduta estão em vigor, aqui e agora, e são qualificados como certos ou errados	É fruto da capacidade de bem compreender quais são as exigências normativas que direcionam e delimitam, idealmente, a ação humana	Pressupõe a formulação de crenças verdadeiras sobre determinada propriedade moral que seja relevante no direcionamento e coordenação de uma ação humana concreta, tendo em vista um fim que se deseje realizar
Noção de certo ou errado	Sempre ilusória e enganadora	É apenas a projeção de sensação de prazer ou desprazer	É sempre questão de crenças individuais ou opiniões	Delimitada em termos espaciais, conforme o sistema de coordenadas adotado com o intuito de se definir o que é, neste local (cultura, nação, sistema jurídico em vigor), correto e incorreto	É sempre construída por meio de um procedimento ou instrumento especulativo, o qual produz/constitui o que deve ser qualificado como correto e incorreto para todo aquele que pretende justificar racionalmente o seu agir a partir de tal esquema explicativo	É ilustrativa da forma como usamos a linguagem para nos reportar a determinadas propriedades morais que, em parte, descrevem e, em parte, direcionam o nosso agir a algo que pode ser compreendido como bom ou correto

184

Além disso, com base nessas ideias, a seguinte ilustração facilita a visualização ampla do argumento que se pretendeu elaborar até aqui:

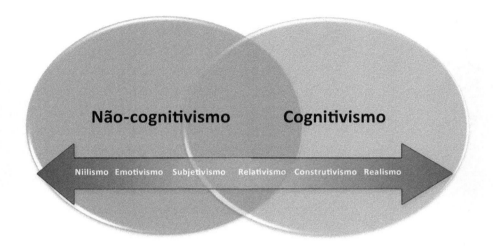

PARTE II

A INFLUÊNCIA DO COGNITIVISMO E NÃO COGNITIVISMO MORAL NA FORMAÇÃO DO PENSAMENTO JURÍDICO

4.
Análise de Pressupostos Metaéticos em Diferentes Tradições Jurídicas

Até este ponto do presente estudo, pretendeu-se demonstrar que toda tese explicativa do fenômeno jurídico pressupõe a adoção – expressa ou implícita – de certas premissas que, invariavelmente, se revestem de algum tipo de substrato ético. Isso porque qualquer compreensão da nossa realidade prática, por força dos elementos mínimos que são constitutivos da ação humana, exigirá sempre um esclarecimento teórico prévio acerca do tipo de raciocínio que é (ou que deve ser) desenvolvido por aquele que deseja agir com o intuito executar ou coordenar um determinado plano.

Diante disso, buscou-se sustentar, até aqui, que há determinados elementos éticos que manifestam uma participação perene na explicação daqueles fatores necessários que compõem o direito. Por essa razão, defendeu-se, inicialmente, que a adequada compreensão do fenômeno jurídico não pressupõe resolvermos apenas um problema demarcatório referente à possível separação ou à possível vinculação entre dois sistemas proposicionais (um de ordem moral, outro de ordem jurídica), mas, em verdade, exige sejam melhor definidos os parâmetros de qualificação do fenômeno prático (considerado de forma ampla). Para tanto, propôs-se, neste trabalho, a adoção da perspectiva mais ampla desenvolvida no campo da metaética, a qual permite identificar os pressupostos teóricos mais básicos que, invariavelmente, são adotados por todo aquele que deseja compreender e esclarecer tanto o fenômeno jurídico, quanto o fenômeno moral. Nesse cenário, portanto, mostrou-se como indispensável a análise das definições possíveis que os conceitos fundamentais trabalhados pela metaética (como juízo prático, crença moral, desejo, justificação etc...) assumem, tendo em vista as duas correntes mais amplas desenvolvidas dentro dessa disciplina, quais sejam o cognitivismo e o não cognitivismo moral.

Com isso, pretendeu-se sustentar que qualquer postura teórica que vise a explicar o direito ou a moral estará, necessariamente, vinculando-se ou a uma versão cognitivista ou a uma versão não cognitivista do fenômeno prático, inexistindo, portanto, uma terceira alternativa disponível ao teórico que, com transparência e veracidade, pretenda discorrer sobre tais temas. Metaforicamente, poder-se-ia, inclusive, dizer que, em termos metaéticos, as opções teóricas estão também submetidas ao princípio lógico do terceiro excluído, na medida em que qualquer especulação sobre o fenômeno prático adotará ou a prevalência de pressupostos não cognitivistas ou a prevalência de pressupostos cognitivistas, não havendo uma terceira via que dispense por completo as premissas adotadas por essas duas alternativas teóricas. Isso ocorre porque as duas propostas metaéticas mais amplas divergem acerca de pressupostos básicos e fundantes da própria experiência humana, em relação aos quais ou se afirma ou se nega a sua existência e a sua validade.

A partir desse esquema conceitual comum, buscou-se diferenciar tradições metaéticas mais concretas e particulares, as quais desenvolveriam, com diferentes intensidades, os pressupostos básicos adotados pelo não cognitivismo e não cognitivismo. Isso, por sua vez, permitiu, no capítulo anterior, descrever e classificar as seis posturas metaéticas mais específicas no que diz respeito à explicação dos elementos constitutivos da ação humana (amoralismo, emotivismo, subjetivismo, relativismo moral, construtivismo e realismo).

Pois bem, neste último capítulo, pretende-se, precisamente, demonstrar que as mais diferentes tradições jusfilosóficas podem ser, entre si, comparadas e reunificadas com base no esquema conceitual que é fornecido pela metaética, especialmente porque as visões metaéticas não fornecem, por si só, respostas aos problemas normativos concretos da nossa ordem prática, mas apenas indicam formas de se articular e de se

ANÁLISE DE PRESSUPOSTOS METAÉTICOS EM DIFERENTES TRADIÇÕES JURÍDICAS

identificar os pressupostos básicos que podem fundamentar a experiência ética e jurídica em geral.

Assim, esse último argumento será demonstrado por meio da utilização de quatro exemplos teóricos, ou seja, utilizando-se quatro das principais tradições contemporâneas da filosofia do direito, as quais serão analisadas tendo em vista os parâmetros até aqui aplicados na classificação das diferentes tradições metaéticas. Os exemplos teóricos aqui eleitos são: o empirismo jurídico (costumeiramente denominado de *"realismo"* jurídico, denominação essa, porém, que será aqui submetida à crítica), o positivismo jurídico, a visão contemporânea do *direito como integridade* e a tradição da lei natural (*Natural Law Theory*)[340]. A representação plena dessas quatro tradições jurídicas certamente exigiria um esforço descritivo por demais amplo e que, por certo, ultrapassaria os limites físicos do presente estudo. Por essa razão, foi escolhido apenas um autor representativo de cada escola de pensamento jurídico que será aqui analisada, opção essa que foi feita, não com a intenção de explorar os detalhes e as idiossincrasias das ideias particulares de cada jurista, mas com o propósito de ilustrar os pressupostos metaéticos que inspiram e influenciam cada postura teórica[341]. Desse modo, os filósofos do direito que serão aqui tomados de empréstimo, como meros instrumentos de demonstração da tese mais ampla que aqui se pretende sustentar, são Oliver Wendell HOLMES JR., Hans KELSEN, Ronald DWORKIN e John FINNIS.

Evidentemente, a caracterização de tendências no pensamento jurídico com base nos critérios esquematizados nos tópicos anteriores não é tarefa simples. Por isso, cabe destacar, desde já, que não é intenção deste capítulo *(a)* discorrer-se sobre o conteúdo integral, a extensão e os limites de cada tradição jurídica, *(b)* analisar-se, criticamente, a higidez de cada proposta teórica desenvolvida pelos quatro autores aqui selecionados nem *(c)* justificar-se porque o autor escolhido é o que melhor representa a escola de pensamento jurídica que a ele se vincula.

---

[340] Essa limitação temática, obviamente, não impede que o esquema conceitual aqui desenvolvido possa ser aplicado em relação a outras linhas de pensamento jurídico não abarcadas neste estudo.

[341] HOERSTER, Norbert. *Recht und Moral*. Alemanha: Reclams Universal Bibliothek, 2002, p. 75.

METAÉTICA E A FUNDAMENTAÇÃO DO DIREITO

Na verdade, pretende-se, aqui, tão somente demonstrar a constante presença dos pressupostos metaéticos já analisados em qualquer teoria explicativa do direito. Exatamente por isso, pode-se dizer que a escolha das tradições jurídicas antes referidas e dos autores que as representam dá-se por motivos didáticos e estratégicos. Isso porque cada linha teórica escolhida consagra, com clareza e precisão, alguns dos pressupostos meta-éticos cognitivistas ou não cognitivistas descritos no capítulo anterior, do mesmo modo que os quatro autores que serão aqui invocados podem ser compreendidos, com algum consenso, como sendo aqueles que for-necem uma versão bem acabada (não a melhor versão nem a única) da tradição teórica que visam a representar. Tais escolhas metodológicas, por certo, envolvem um risco, na medida em que podem acarretar duas simplificações descritivas, quais sejam:

(i) em relação à tradição jurídica sendo aqui apresentada, o que poderá gerar a acusação de falsa representação da linha de pensamento exposta, e

(ii) em relação ao próprio autor eleito como representante dessa tradição, o que poderá gerar a acusação de reducionismo no que tange ao pensamento do respectivo autor (*e.g.*, pode-se dizer as ideias de cada autor evoluem e oscilam com o passar do tempo) ou, ainda, de estereotipização da postura teórica que esse visa a defender (*e.g.*, pode-se dizer que a representação feita por tal autor não ilustra a verdadeira dimensão da tradição jurídica a ele atribuída).

Não há dúvida de que cada tradição jurídica é composta por linhas de pensamentos que formam, muitas vezes, um conjunto difuso e fluído de ideais. No entanto, é exatamente por essa razão que esse conjunto difuso de ideias somente pode ser exposto, com alguma clareza, por meio de aproximações e simplificações descritivas, jamais sendo viável falar-se em uma descrição categórica e toda abarcante da realidade teórica que se pretende incluir dentro de uma nomenclatura comum. Por isso, uma relativa simplificação explicativa e uma sutil diluição de ideias represen-tam fatores que são inerentes à própria noção de uma tradição filosófica ou jurídica. Com efeito, não há se agregar sob uma matriz comum dife-rentes posturas teóricas individuais sem que se promova alguma forma

ANÁLISE DE PRESSUPOSTOS METAÉTICOS EM DIFERENTES TRADIÇÕES JURÍDICAS

de redução das complexidades e particularidades que estão presentes no pensamento de cada autor.

Exatamente por isso se assume o risco de ser acusado de simplificação na exposição do pensamento dos autores eleitos como fiéis representantes das tradições jurídicas aqui invocadas, o que é feito, porém, com o intuito, exclusivo, de se demonstrar os pressupostos metaéticos que cada postura teórica adota. É, portanto, com essa mentalidade que deve ser lido e recebido o conteúdo do presente capítulo.

4.1. Empirismo jurídico: não cognitivismo emotivista com ceticismo jurídico

> O jovem Learned Hand dirigindo-se ao Justice Holmes: "Faça justiça, Magistrado!"
> *Justice Holmes respondendo, rispidamente, a Hand: "Esse não é o meu trabalho!"*[342]

> *The hungry judges soon the sentence sign, And wretches hang that juryman may dine.*
>
> Alexander Pope.

4.1.1. A impropriedade na nomenclatura "realismo jurídico"

O Século XX apresentou como expoente teórico para a explicação do direito, juntamente com a influente escola do positivismo jurídico, corrente de pensamento que pretendeu justificar e esclarecer o fenômeno jurídico a partir de uma leitura, exclusivamente, sociológica dessa área do conhecimento prático. De acordo com essa visão, a prática jurídica deveria ser explicada por meio da metodologia científica típica das ciências naturais, ou seja, observando-se a evidência empírica acerca daqueles elementos que influenciam as pessoas com autoridade (i.e., juízes) para, efetivamente, produzir, em última instância, os comandos jurídicos que restringem e determinam a nossa ação rotineira. Por isso, a verdadeira compreensão do direito não pressupõe nenhum tipo de esforço especulativo para se definir princípios gerais que permitem deduzir comandos

---

[342] O relato desse episódio consta de DWORKIN, Ronald. *Justice in Robes*. Inglaterra: Harvard University Press, 2006, p. 01.

METAÉTICA E A FUNDAMENTAÇÃO DO DIREITO

objetivos que nos forneçam respostas para os nossos problemas práticos concretos. Na verdade, a definição do conteúdo do direito pressupõe apenas saber quais fatores externos influenciam e afetam sensitivamente a formação das preferências e dos gostos pessoais da figura concreta do magistrado que decidirá um determinado caso, na medida em que será essa pessoa específica que irá, em última instância, coagir todos nós a nos portarmos de determinado modo na nossa vida diária. Não é de se estanhar porque, frequentemente, tal postura teórica é representada por meio de uma caricatura, muitas vezes vinculada ao pensamento de FRANK[343], segundo a qual a decisão proferida pelo juiz diante de um caso concreto depende apenas de como foi o seu café da manhã[344]. Seria o que PATERSON veio a denominar de *teoria gastronômica do Direito* (*gastronomical jurisprudence*)[345]. Isso significaria reconhecer que um julgador que teve uma refeição prazerosa irá, com grande probabilidade, decidir os seus casos judiciais com bom humor e, supostamente, de modo mais favorável a um dos litigantes[346].

[343] *"Of course, no one, except jocularly, has ever proposed explaining all or most decisions in terms of the judge's digestive disturbances. Yet, at times, a judge's physical or emotional condition has marked effect. (...) Out of my own experience as a trial lawyer, I can testify that a trial judge, because of overeating at lunch, may be so somnolent in the afternoon court-session that he fails to hear an important item of testimony and so disregards it when deciding the case."* (FRANK, Jerome. *Courts on Trial. Myth and Reality in American Justice.* Estados Unidos da América: Princeton University Press, 1973, p. 162)

[344] *"As an English judge said in 1882, 'the state of a man's mind is [for a court] as much a fact as his digestion".* (FRANK, Jerome. *Courts on Trial. Myth and Reality in American Justice.* Estados Unidos da América: Princeton University Press, 1973, p. 155). Vide, ainda, FISCHER III, William; HORWITZ, Morton; REED, Thomas. *American Legal Realism.* Estados Unidos da América: Oxford University Press, 1993, p. xiv.

[345] PATERSON, Edwin Wilhite. *An Introduction to Jurisprudence* (2ª Edição, 1946). *Apud* FRANK, Jerome. *Courts on Trial. Myth and Reality in American Justice.* Estados Unidos da América: Princeton University Press, 1973, p. 161.

[346] Aparentemente, a tese empirista veio a ser, indiretamente, demonstrada por meio de pesquisa científica divulgada pela *National Academy of Sciences*, por meio da qual foram submetidas à análise estatística a deliberação e a tomada de decisão de oito juízes israelenses, no que se refere a processos decisórios envolvendo a concessão ou não de liberdade condicional. A pesquisa demonstrou que, no período de um dia, a média geral de deferimento de pedido ficou em 35%, sendo que tal percentual aumentava, expressivamente, para 65% de concessões de liberdade condicional, no período, imediatamente, posterior a uma refeição. Interessantemente, tal percentual de deferimento caia progressivamente até o momento

ANÁLISE DE PRESSUPOSTOS METAÉTICOS EM DIFERENTES TRADIÇÕES JURÍDICAS

Esse movimento teórico – desenvolvido no século passado principalmente nos Estados Unidos da América e no norte da Europa[347] – se dedica a difundir doutrina jurídica que se propõe a elaborar método de apreciação de elementos jurídicos que podem ser evidenciados e coletados a partir da observação da realidade empírica que contextualiza o direito. Desse modo, o fenômeno jurídico pressupõe, não processos formais que levam ao surgimento do Direito, mas apenas os elementos empíricos que, rotineiramente, acabam influenciando a formação das preferências daqueles que são responsáveis pela produção dos comandos jurídicos definitivos[348].

Tais propostas explicativas do fenômeno jurídico são, comumente, vinculadas ao movimento teórico que acabou recebendo a alcunha de *"realismo jurídico"*, expressão essa invocada para qualificar a tese empirista norte-americana (*"realismo americano"*) e a tese sociológica da *"escola de Upsala"* (*"realismo escandinavo"*)[349]. Essa denominação, porém, deve, aqui, ser submetida à análise crítica e, considerando-se o escopo do presente trabalho, deve ser substituída por outro termo mais compatível com os

---

da próxima refeição do dia. (Vide KAHNEMAN, Daniel. *Thinking, Fast and Slow*. Estados Unidos da América: Farrar, Straus and Giroux, 2011.) Importante notar que, mesmo sendo verdadeiro o resultado de tal pesquisa empírica, ela não diz nada sobre o modo correto ou desejável para juízes decidirem casos concretos. Certamente ninguém admitiria ser julgado com base na situação alimentar do magistrado responsável pelo seu caso. Na melhor das hipóteses, nos fornece tal pesquisa evidências sobre a necessidade de termos instrumentos adicionais para garantir a imparcialidade do juiz diante de situações de desgaste (por exemplo, um maior de intervalos de descanso entre um período e outro de julgamento). (Vide KAHNEMAN, Daniel. *Thinking, Fast and Slow*. Estados Unidos da América: Farrar, Straus and Giroux, 2011)

[347] LEITER, Brian. *Naturalizing Jurisprudence – Essays on American Legal Realism and Naturalism in legal philosophy*. Estados Unidos da América: Oxford University Press, 2011, p. 01.

[348] Segundo DWORKIN, os "realistas" sustentam que *"judges actually decide cases according to their own political or moral tastes, and then choose an appropriate legal rule as rationalization"* (DWORKIN, Ronald. *Taking Rights Seriously*. Estados Unidos da América: Harvard University Press, 1978, p. 03). Já para SCHAUER, os "realistas" defendem que *"the legal decision-makers are largely unconstrained by forces external to their own decision-making preferences."* (SCHAUER, Frederick. *Playing By the Rules: A Philosophical Examination of RuleBased Decision-Making in Law and in Life*. Estados Unidos da América: Oxford University Press, 1991, p. 191).

[349] CATENACCI, Imerio Jorge. *Introducción al derecho*. Astrea, 2006, pp. 217-8.

efetivos pressupostos metaéticos que são compartilhados por aqueles que adotam essa visão acerca do direito.

Não se está aqui pretendendo desprezar a larga tradição jurídica que se vale do termo *"realismo"* para se reportar à tendência teórica que pressupõe uma espécie de primazia do fato na compreensão do direito. No entanto, neste estudo, conforme já se viu, pretende-se utilizar a expressão *"realismo"* para se reportar à tradição mais ampla da filosofia prática que afirma existir uma realidade moral objetiva da qual participa o direito e que pode, nesses termos, ser compreendida e analisada. Tal postura filosófica, obviamente, não mantém qualquer ponto de contato necessário com a tradição empírica que é desenvolvida no direito e que também recebe a alcunha de *"realismo"*. Aliás, sustenta-se aqui que a referência ao termo *"realismo"* é mais compatível com aquilo que se pretende referir pela tradição ético-filosófica de traço cognitivista, a qual também se utiliza da nomenclatura *"realismo"*, na medida em que a sua primeira premissa toca, precisamente, em uma compreensão do que é a realidade e de como essa deve ser assumida como dotada de contornos objetivos. Por outro lado, a tradição jurídica afirmada como *"realismo jurídico"* – mesmo que também pressuponha uma visão do que é a realidade – assume, como enfoque central, não uma concepção ontológica e densa de realidade, mas sim uma visão de que a "realidade" restringe-se a sua dimensão física e empírica, de modo que são apenas tais elementos fáticos que são capazes de influenciar a formação do direito.

Em termos metaéticos, o *"realismo jurídico"* não defende nenhuma forma de realidade moral objetiva, mas apenas a existência de elementos exteriores que estimulam aqueles com autoridade para criar o direito. Na verdade, o *"realismo jurídico"* defende uma concepção restritiva de realidade, uma vez que somente é considerado real aquilo que pode ser fisicamente verificado e é, portanto, manipulável pelo agente. Por isso, conforme se verá, esse suposto *"realismo"* aplicável ao direito, não guarda nenhuma semelhança com a corrente do cognitivismo que já restou aqui definida como *"realismo moral"*. Por essa razão, entende-se que a expressão *"empirismo jurídico"* seja mais compatível com o movimento doutrinário que é manifestado por meio do conjunto de tais ideias. Assim, neste tópico, a expressão *"empirismo jurídico"* será aqui aplicada para se referir ao, comunmente, denominado *"realismo jurídico"*.

ANÁLISE DE PRESSUPOSTOS METAÉTICOS EM DIFERENTES TRADIÇÕES JURÍDICAS

Feito tal esclarecimento terminológico, cabe aqui analisar, com o intuito de exemplificar a tese metaética proposta neste trabalho, a visão de um autor que pode ser visto como sendo um fiel representante do empirismo jurídico. Para tanto, pretende-se analisar a proposta teórica desenvolvida, no início do século passado, nos Estados Unidos da América, por Oliver Wendell HOLMES Jr.

4.1.2. O empirismo jurídico de Oliver Wendell Holmes Jr.

Possivelmente, o autor que é mais lembrado quando se fala no empirismo norte-americano é Oliver Wendell HOLMES Jr. (1841-1936). HOLMES é visto, por muitos, como sendo o primeiro dos empiristas no direito ou como sendo o próprio pai do *"realismo jurídico"*[350]. Para se compreender o empirismo jurídico defendido por HOLMES, deve-se definir qual o objeto do direito, identificar-se a perspectiva de análise do fenômeno jurídica, para depois delimitar-se a metodologia aplicável à ciência do direito.

Primeiramente, segundo HOLMES, compreender o objeto do direito pressupõe definir quais são, precisamente, os seus limites[351]. Para ele, o direito é, rotineiramente, preenchido por um tipo de *"fraseologia"* que é tipicamente extraída da *"moral"*, de modo que a leitura, superficial do fenômeno jurídico poderia passar a impressão de que ele é dotado, necessariamente, de um conteúdo ético. Aliás, seria possível identificar--se uma *"continuidade linguística"* entre Moral e Direito[352]. No entanto, caso fosse observado de forma mais aprofundada, seria possível verificar que o direito, mesmo manifestando uma dimensão linguística extraída da moral, não haveria qualquer coextensão entre os respectivos sistemas de regras, sendo apenas que confusão no uso de tal linguagem[353], a qual estaria obscurecendo o conhecimento do direito e dificultando a previsibilidade

---

[350] FISCHER III, William; HORWITZ, Morton; REED, Thomas. *American Legal Realism.* Estados Unidos da América: Oxford University Press, 1993, p. 3.

[351] HOLMES JUNIOR, Oliver Wendell. *The Path of the Law.* Estados Unidos da América: Nu Vision Publications, 2007, p. 11.

[352] Vide, novamente, item 1.1.

[353] *"... although the law starts from the distinctions and uses the language of morality, it necessarily ends in external standards not dependent on the actual consciousness of the individual."* (HOLMES JUNIOR, Oliver Wendell. *The Common Law.* Estados Unidos da América: Digireads.com, 2005, p. 130).

das decisões a serem tomadas pelos tribunais[354]. Assim, para HOLMES, o processo ideal de compreensão do direito exigiria banir completamente a linguagem moral do seu campo de aplicação[355].

Com efeito, para superar a obscuridade na definição das fronteiras da *Moral* e do *Direito* seria, antes de mais nada, necessário identificar-se a perspectiva relevante daquele que será capaz de estabelecer o critério de diferenciação desses dois campos. E, para HOLMES, tal perspectiva pressupõe compreender o tipo de raciocínio prático que é desenvolvido por aquele que não atribui qualquer valor ao eventual conteúdo moral que o direito pode, linguisticamente, manifestar. Assim, o elemento comum que haveria entre o homem bom (*good man*) e o homem mau (*bad man*) seria o fato de ambos terem medo de sofrer as consequências negativas de uma sanção que pode ser imposta pelo direito[356]. Assim, para HOLMES, a perspectiva do chamado *homem bom* não teria qualquer relevância na diferenciação entre *Moral* e *Direito*, já que esse, supostamente, daria cumprimento espontâneo às regras éticas e às regras jurídicas, ambas com a mesma intencionalidade e com o mesmo estado de consciência. O *homem bom* seria capaz de atender a exigências morais, inclusive aquelas que restringem a sua liberdade – ao diminuírem as suas opções de ação –, existindo ou não uma pressão relacionada a elementos exteriores de coerção. Isso ocorreria porque o *homem bom* seria dotado de um *"senso moral"*, ou seja, uma capacidade que permitiria ao indivíduo estabelecer limites das suas liberdades por força de prescrições que são ditadas por sua própria consciência[357]. A *moral*, portanto, seria definida como sendo o campo que *"trata dos reais estados internos da mente de um indivíduo, envolvendo o que ele realmente tem a intenção de realizar"*[358]. Por outro lado, analisando-se regras sociais pela perspectiva do *homem mau*, ter-se-ia uma perspectiva útil para definir-se o efetivo objeto do direito, uma vez que o *homem mau*

---

[354] HOLMES JUNIOR, Oliver Wendell. *The Path of the Law*. Estados Unidos da América: Nu Vision Publications, 2007, p. 12.

[355] HOLMES JUNIOR, Oliver Wendell. *The Path of the Law*. Estados Unidos da América: Nu Vision Publications, 2007, p. 19.

[356] HOLMES JUNIOR, Oliver Wendell. *The Path of the Law*. Estados Unidos da América: Nu Vision Publications, 2007, p. 10.

[357] HOLMES JUNIOR, Oliver Wendell. *The Path of the Law*. Estados Unidos da América: Nu Vision Publications, 2007, p. 11.

[358] HOLMES JUNIOR, Oliver Wendell. *The Path of the Law*. Estados Unidos da América: Nu Vision Publications, 2007, p. 17.

ANÁLISE DE PRESSUPOSTOS METAÉTICOS EM DIFERENTES TRADIÇÕES JURÍDICAS

é identificado como sendo aquele que não dá a mínima atenção para as regras éticas, na medida em que essas, mesmo que observada pelos demais, podem ser descumprida sem que haja qualquer risco *"de se ter que pagar qualquer quantia em dinheiro ou de se ter que ir para a prisão"*[359]. A perspectiva do *homem mau*, portanto, seria o ponto de partida para se o que é, efetivamente, o direito, livre das considerações obscuras típicas da moral. O *homem mau* seria relevante, pois ao analisar o seu modo de raciocinar e agir, pode-se definir, pragmaticamente, quais são as consequências negativas e positivas de se cumprir uma regra social, fornecendo, assim, dados que permitem prever, com maior precisão, o que será decidido pelos tribunais.

Como se vê, o primeiro elemento da fundamentação do direito seria a sua dependência nas inclinações instintivas daqueles que se submetem às normas jurídicas sancionatórias, de modo que interessaria ao analista do fenômeno jurídico visualizar o tipo de ação daquele que não vê motivos objetivos para os cumprimentos das regras sociais a não ser o receio de sofrer consequências negativas caso seja flagrado descumprindo tais padrões de conduta. Por isso, o critério epistemológico aplicável ao direito pressupõe, antes de qualquer coisa, a análise dos fatores psicológicos que predeterminam a ação das pessoas, de modo a diferenciar o direito daquilo que não é o direito, distinção essa definida, não pelo seu conteúdo, mas pelos efeitos que o seu não cumprimento pode causar.

Partindo-se da perspectiva do homem mau, seria possível perceber que o sistema jurídico de modo algum poderia ser justificado a partir da dedução de princípios éticos, pois, como, supostamente sabemos, o *homem mau*, quando age, não está nem um pouco preocupado em formular deduções a partir de premissas éticas, mas apenas quer saber o que o tribunal local está decidindo sobre determinada questão que lhe afeta. Para HOLMES, seria, pois, falaciosa a pressuposição de que haveria alguma *"lógica"* que estivesse coordenando a prática do direito[360]. Inexistiria,

---

[359] *"If you want to know the law and nothing else, you must look at it as a bad man, who cares only for the material consequences which such knowledge enables him to predict, not as a good one, who finds his reasons for conduct, wether inside the law or outside of it, in the vaguer sanctions of conscience."* (HOLMES JUNIOR, Oliver Wendell. *The Path of the Law*. Estados Unidos da América: Nu Vision Publications, 2007, p. 11)

[360] HOLMES JUNIOR, Oliver Wendell. *The Path of the Law*. Estados Unidos da América: Nu Vision Publications, 2007, p. 20.

METAÉTICA E A FUNDAMENTAÇÃO DO DIREITO

portanto, qualquer proposição objetiva que pudesse ser considerada autoevidente, de modo a garantir algum fundamento último ao sistema jurídico. Inexistiria, do mesmo modo, qualquer ato jurídico que pudesse ser considerado, em si, como dotado de valor objetivo[361]. Na verdade, o conteúdo do direito estaria sempre na dependência de elementos instintivos e intuitivos daqueles que tem encargo de dizer o conteúdo final do direito diante de um caso concreto, razão pela qual o conteúdo do direito jamais poderia ser definido por mecanismos racionais que pretendessem antecipar, objetivamente, o teor de uma decisão judicial[362]. Aliás, essa visão veio a ser, expressamente, manifestada por HOLMES quando da apresentação do seu famoso voto divergente no caso *Lochner v. New York*: *"General propositions do not decide concrete cases. The decision will depend on a judgement or intuition more subtle than any articulate major premise. (...) Every opinion tend to become a law."*[363] Assim, a vida do direito não é lógica, mas sim depende da vivência empírica que se tem nele. Desse modo, muito mais que um silogismo que permitiria a dedução de regras jurídicas, o aplicador do direito deveria observar as necessidades de cada tempo, as intuições que formam políticas públicas e – mais importante – os preconceitos que juízes possuem em comum com os demais cidadãos, os quais podem ser manipulados de modo a influenciar a produção de um resultado favorável ao interesse específico daquele aplicador do direito[364]. Por isso, não existindo qualquer fator racional que possa ser invocado na elaboração do direito, seria possível que qualquer parcela do ordenamento jurídico em vigor fosse radicalmente modificada, em qualquer situação e a qualquer momento, bastando, para isso, uma mudança nos hábitos da *"opinião pública"*[365].

---

[361] *"All acts are indifferent per se."* HOLMES JUNIOR, Oliver Wendell. *The Common Law*. Estados Unidos da América: Digireads.com, 2005, p. 32.

[362] *"Every important principle which is developed by litigation is in fact and at the bottom the result of more or less definitely understood views of public policy; most generally, to be sure, under our practice and traditions, the unconscious result of instinctive preferences and inarticulate convictions, but none the less traceable to views of public policy in the last analysis."* (HOLMES JUNIOR, Oliver Wendell. *The Common Law*. Estados Unidos da América: Digireads.com, 2005, p. 16).

[363] Lochner *v.* New York (1905).

[364] HOLMES JUNIOR, Oliver Wendell. *The Common Law*. Estados Unidos da América: Digireads.com, 2005, p. 3

[365] HOLMES JUNIOR, Oliver Wendell. *The Path of the Law*. Estados Unidos da América: Nu Vision Publications, 2007, p. 22.

ANÁLISE DE PRESSUPOSTOS METAÉTICOS EM DIFERENTES TRADIÇÕES JURÍDICAS

Dessas considerações, HOLMES define o tipo de metodologia que melhor resolveria os problemas práticos que surgem no direito e que permitiriam a construção de uma ciência jurídica. Para ele, quando estudamos o direito, não estamos tratando de nada que seja misterioso nem altamente especulativo[366], mas estamos apenas desenvolvendo uma atividade profissional simplesmente técnica, em que observamos o que devemos fazer para que possamos nos apresentar diante dos tribunais de modo a obtermos algum tipo de êxito. Por isso, uma pessoa que consulta um advogado não está interessada em conhecer os fundamentos de determinado instituto jurídico nem de obter esclarecimentos acerca de um conceito legal, mas busca apenas saber como deve agir *"para se manter longe do judiciário"*[367]. Isso ocorre porque todas as pessoas desejam saber em que situações o Estado poderá, legitimamente, se valer do uso coercitivo da força contra elas. Essas pessoas, portanto, querem poder prever quais riscos que podem assumir, sem que haja perigo de sofrerem a imposição de força por parte do Ente Público. Por essa razão, a atividade jurídica não é outra coisa senão a de garantir previsibilidade em relação àquilo que os tribunais irão decidir. O estudo do direito, portanto, exige que o profissional saiba instrumentalizar, da forma mais precisa possível, *"profecias"* sobre o que será efetivado, no futuro, por meio de decisões judiciais[368]. O estudo do direito não teria, nesse contexto, nenhum outro propósito senão o de angariar informação sobre decisões passadas, de modo a permitir sejam feitas profecias sobre decisões futuras[369], colecionando esse material em leis e livros doutrinários, visando, com isso, a permitir a elaboração de fórmulas gerais que poderão tornar as profecias

---

[366] *"The law did not begin with a theory"* (HOLMES JUNIOR, Oliver Wendell. *The Common Law*. Estados Unidos da América: Digireads.com, 2005, p. 33).

[367] HOLMES JUNIOR, Oliver Wendell. *The Path of the Law*. Estados Unidos da América: Nu Vision Publications, 2007, p. 07.

[368] HOLMES JUNIOR, Oliver Wendell. *The Path of the Law*. Estados Unidos da América: Nu Vision Publications, 2007, p. 07.

[369] Opondo-se a tal visão, veja FRANK: *"By studying how judges so responded in past cases, lawyers could know just how judges would act in future cases. That was sophisticated but glib nonsense, as anything more than a casual look at behaviorism was bound to reveal."* (FRANK, Jerome. *Courts on Trial. Myth and Reality in American Justice*. Estados Unidos da América: Princeton University Press, 1973, p. 159)

jurídicas futuras mais precisas[370]. Interessante notar que, nessa compreensão, os direitos individuais e os deveres jurídicos também devem ser compreendidos como um tipo de profecia jurídica, já que com base na invocação de um direito ou de dever torna-se possível prever as consequências que serão esperadas diante de um tribunal que for chamado a restaurar/resguardar tal direito ou impor tal dever[371].

Como se vê, para HOLMES, o direito não consiste em outra coisa senão uma série de profecias acerca do que os tribunais irão decidir, inexistindo qualquer lógica na experiência jurídica, mas apenas o controle de expectativas jurisdicionais[372]. Toda a legislação que é positivada e que, muitas vezes, é compreendida como elemento essencial do fenômeno jurídico, seria para HOLMES apenas um fator acidental e não determinante para a compreensão do direito. Isso porque, não importando o modo como as leis são positivadas em códigos, o determinante para se entender o seu sentido efetivo não está nos termos e conceitos que delas constam, mas apenas na forma como os juízes decidiram, no passado, acerca do seu significado[373]. As leis, portanto, não necessitam ser consistentes nem coerentes entre si[374], pois apenas ilustram palavras que o juiz poderá utilizar para mascarar, *ex post facto*, uma decisão que ele já tomou, tendo em vista as suas inclinações e preferências pessoais.

Em síntese, o direito, como disciplina que integra o campo do conhecimento prático, exigiria, basicamente, uma sistematização de previsões acerca daquilo que será decidido pelos tribunais, tendo em vista os fatores psicológicos e sensoriais que afetam as emoções e as preferências pessoais

---

[370] HOLMES JUNIOR, Oliver Wendell. *The Path of the Law*. Estados Unidos da América: Nu Vision Publications, 2007, p. 8.

[371] *"... a legal duty so called is nothing but a prediction that if a man does or omits certain things he will be made to suffer in this or that way by judgment of the court; and so of a legal right."* (HOLMES JUNIOR, Oliver Wendell. *The Path of the Law*. Estados Unidos da América: Nu Vision Publications, 2007, pp. 8-9).

[372] HOLMES JUNIOR, Oliver Wendell. *The Path of the Law*. Estados Unidos da América: Nu Vision Publications, 2007, p. 13.

[373] HOLMES JUNIOR, Oliver Wendell. *The Common Law*. Estados Unidos da América: Digireads.com, 2005, p. 16

[374] *"Statutory law need not profess to be consistent with itself, or with the theory adopted by judicial decisions. Hence there is strictly no need to reconcile such a statute with principles which have been explained."* (HOLMES JUNIOR, Oliver Wendell. *The Common Law*. Estados Unidos da América: Digireads.com, 2005, p. 27)

dos magistrados. Desse modo, a pessoa que quisesse fazer valer uma pretensão jurídica na condução dos seus negócios diários, não deveria buscar compreender padrões racionais e universais que poderiam determinar uma decisão objetiva, mas deveria apenas ser capaz de profetizar quais consequências seriam esperadas de um tribunal que viesse a se manifestar sobre o seu caso[375].

4.1.3. Os pressupostos metaéticos do empirismo jurídico

Como se viu, o chamado *"realismo jurídico"* (*rectius*, empirismo jurídico) reduz o objeto do direito a sua dimensão factual e o seu método de pesquisa àquele que seria típico das ciências naturais, na medida em que pressupõe que seja possível definir e antecipar o conteúdo do direito por meio de simples observação das evidências empíricas acerca daquilo que afeta sensitivamente a figura do juiz. Mesmo que o empirismo jurídico tenha sido tratado com desprezo por muitos filósofos e tenha sido, frequentemente, marginalizado, principalmente no Século em que foi proposto pela primeira vez[376], não se pode desprezar o fato de que as suas colocações são, de modo informal, aceitas como verdadeiras por aquele que trabalha, diariamente, com o direito. Por isso, não seria exagero afirmar-se que, hoje, todos assumimos, em parte, certa descrença diante da possibilidade de existirem critérios objetivos que sejam independentes da emoção que impulsiona a tomada de decisão por parte do juiz. Assim, o empirismo jurídico forma, em grande medida, a intuição popular sobre como o direito é, efetivamente, criado. Exatamente por isso, mostra-se relevante, ainda hoje, analisar-se quais seriam os pressupostos metaéticos que dariam substrato moral às considerações teóricas que são defendidas pelos empiristas jurídicos.

Segundo LEITER, o empirismo jurídico é melhor compreendido, seguindo-se uma epistemologia naturalista de estilo quineano, a partir do qual três teses filosóficas são elaboradas, quais sejam:

(*i*) os fatos são determinantes para a definição da postura filosófica que se adota;

---

[375] HOLMES JUNIOR, Oliver Wendell. *The Path of the Law*. Estados Unidos da América: Nu Vision Publications, 2007, p. 9.

[376] LEITER, Brian. *Naturalizing Jurisprudence – Essays on American Legal Realism and Naturalism in legal philosophy*. Estados Unidos da América: Oxford University Press, 2011, p. 01.

METAÉTICA E A FUNDAMENTAÇÃO DO DIREITO

(ii) a filosofia é um esforço contínuo em relação à ciência empírica, de modo que deve assumir o mesmo método pesquisa; e

(iii) a aplicação das conclusões filosóficas seguem uma orientação pragmática, ou seja, pauta-se apenas na eficiência das conclusões alcançadas e não em um pressuposto objetivo de veracidade[377].

A partir dessas proposições epistemológicas, afirma LEITNER que o empirismo adotaria quatro pressupostos teóricos fundamentais à explicação do fenômeno jurídico, quais sejam: *(i)* a necessidade de uma *teoria descritiva* que pudesse definir a natureza das decisões judiciais, de acordo com a qual *(ii)* os juízes exerceriam uma *discricionariedade ilimitada* no que tange ao conteúdo definitivo do direito, *(iii)* por meio da qual alcançariam eles, primeiramente, conclusões judiciais que são baseadas nos seus valores e gostos pessoais, *(iv)* para, posteriormente, encontrarem um modo de racionalização de tais conclusões com base em regras e princípios jurídicos[378].

Essas características estruturais da proposta teórica que compõe o empirismo jurídico permitem identificar as duas matrizes filosóficas que inspiram esse tipo de pensamento: **(a)** o determinismo naturalista e **(b)** o pragmatismo ético[379]. Será com base nelas, portanto, que se pretende identificar, mais adiante, os elementos metaéticos que fornecem o substrato ontológico, epistemológico e moral que fundamentam o pensamento jurídico empiricista. Vejamos cada ponto em separado.

Deve-se esclarecer, em primeiro lugar, as concepções ontológica e epistemológica que são adotadas pelo defensor do naturalismo. Em termos ontológicos, o naturalismo pressupõe uma concepção fisicalista do mundo, ou seja, aquela que afirma que o conjunto total de objetos constitutivos da realidade é composto, exclusivamente, por itens físicos, dotados de natureza corpórea, inexistindo qualquer elemento imaterial que possa evidentemente existir em sentido pleno. Assim, só existe no

---

[377] LEITER, Brian. *Naturalizing Jurisprudence – Essays on American Legal Realism and Naturalism in legal philosophy.* Estados Unidos da América: Oxford University Press, 2011, p. 04.

[378] LEITER, Brian. *Naturalizing Jurisprudence – Essays on American Legal Realism and Naturalism in legal philosophy.* Estados Unidos da América: Oxford University Press, 2011, p. 16.

[379] LEITER, Brian. *Naturalizing Jurisprudence – Essays on American Legal Realism and Naturalism in legal philosophy.* Estados Unidos da América: Oxford University Press, 2011, p. 21.

ANÁLISE DE PRESSUPOSTOS METAÉTICOS EM DIFERENTES TRADIÇÕES JURÍDICAS

mundo aquilo que possa ser sensorialmente captado e nós, que habitamos essa realidade, somente somos afetados por objetos que podem física e causalmente determinar a direção da nossa conduta. Essa visão fisicalista da realidade, ou seja, só é real, existente e verdadeiro aquele objeto que possui dimensão corpórea e que pode ser identificado com base no seu substrato físico, acarreta sempre um certo tipo ceticismo ontológico[380], uma vez que, de acordo com essa postura, não existem propriedades essenciais na realidade, mas apenas conceitos artificiais por nós fabricados que permitem categorizar aqueles elementos físicos, os quais, em si considerados, se apresentam, no mundo real, em completa desordem. Essa concepção fisicalista repercute no modo como o empirista define o direito e a função que esse deve assumir. Isso porque, se a realidade está adstrita apenas aquilo que possui composição física, o direito – não sendo, por óbvio, dotado de corporalidade física – deveria ser visto como algo, integralmente, artificial (*i.e.*, convencional), o que criaria, no universo jurídico, um determinismo artificial. Interessante notar que dentro dessa visão de mundo, haveria um eterno estranhamento entre a *"realidade"* e o *"direito"*, os quais jamais seriam, naturalmente, compatíveis, mas estariam sempre em conflito, exatamente por causa das rupturas originadas por meio da fabricação artificial do direito. Esses fatores fazem com que o direito seja visto como fruto do simples arbítrio de alguém, o qual, possuindo liberdade para manipular as formas normativas que deseja impor, é responsável pela criação desse determinismo artificial, cujo conteúdo

---

[380] HART definia os empiristas como sendo cético em relação a regras jurídicas (rule-skeptic), na medida em que não seria possível em falar-se em uma espécie de padrão normativo que iria, objetivamente, predeterminar a forma pela qual os tribunais irão decidir determinado caso. *"The most skeptical of these critics – the loosely named "Realists" of the 1930's – perhaps too naively accepted the conceptual framework of the natural sciences as adequate for the characterization of law and for the analysis of rule-guided action of which a living system of law at least partly consists. But they opened men's eyes to what actually goes on when courts decide cases, and the contrast they drew between the actual facts of judicial decision and the traditional terminology for describing it as if it were a wholly logical operation was usually illuminating; for in spite of some exaggeration the "Realists" made us acutely conscious of one cardinal feature of human language and human thought, emphasis on which is vital not only for the understanding of law but in areas of philosophy far beyond the confines of jurisprudence".* (HART, Herbert. *Positivism and the Separation of Law and Morals.* Estados Unidos da América: *Harvard Law Review*, Vol. 71, 1958, pp. 529-593)

METAÉTICA E A FUNDAMENTAÇÃO DO DIREITO

não pode ser submetido à avaliação racional[381], já que essa atividade criativa seria apenas uma projeção emotiva ou instintiva daquele responsável pela criação do direito[382]. Veja-se que, nesse cenário fisicalista, há uma *discricionariedade ilimitada do juiz*, na medida em que não existe qualquer amarra pré-convencional que possa restringir o seu processo decisório, no que tange ao conteúdo do direito que será definido diante de um caso. Para o empirismo jurídico, portanto, representa verdadeiro absurdo qualquer proposta que pressupõe que existam elementos pré-convencionais e universais – *i.e.*, verdadeiros e válidos independentemente de qualquer contexto histórico e social – que possam determinar o conteúdo efetivo do direito[383].

A segunda conclusão que se extrai dessa visão fisicalista é que o direito assume uma função totalmente instrumental, ou seja, o exercício da atividade jurídica representa sempre um meio para atingir qualquer fim (sendo esse totalmente indeterminado, podendo agregar qualquer conteúdo desejado pelo magistrado). É precisamente nesse ponto que entrará em cena o substrato pragmático que o empirismo jurídico pressupõe.

Em segundo lugar, em termos epistemológicos, o naturalismo pressupõe que o conhecimento integral do mundo deve ser decifrado por meio do método seguro das ciências empíricas. Isso porque acredita o empirista que aquilo que não pode ser observado e verificado por meio de evidências empíricas deve ser excluído, completamente, do universo de conhecimento do cientista. Essa postura, bem conhecida pela virada naturalista proposta por QUINE, faz com que todo tipo de epistemologia seja substituída por uma teoria da evidência[384].

---

[381] *"This process has been largely unconscious."* (HOLMES JUNIOR, Oliver Wendell. *The Common Law*. Estados Unidos da América: Digireads.com, 2005, p. 16)

[382] *"The law can ask no better justification than the deepest instinct of man"* (HOLMES JUNIOR, Oliver Wendell. *The Path of the Law*. Estados Unidos da América: Nu Vision Publications, 2007, p. 41)

[383] *"Thus the philosopher has sought to construct theories of law and theories of lawmaking and has sought to unify them by some ultimate solving idea equal to the task of yielding a perfect law which should stand fast for forever."* (POUND, Roscoe. *An Introduction to the Philosophy of Law*. Estados Unidos da América: BiblioBazaar, 2009, p. 19)

[384] *"Epistemology, or something like it, simply falls into place as a chapter of psychology and hence of natural science. It studies a natural phenomenon, viz., a physical subject."* (QUINE, W.V.O.

ANÁLISE DE PRESSUPOSTOS METAÉTICOS EM DIFERENTES TRADIÇÕES JURÍDICAS

Desse traço epistemológico do naturalismo extrai-se, ainda, uma postura antifundacionalista, o que significa negar que qualquer teoria possa ser justificada a partir de uma crença primária que seja o fundamento inaugural de todo o conjunto de crenças que formam um determinado campo de conhecimento. Isso ocorre porque, se se aceita que a realidade somente pode ser conhecida por meio de evidências empíricas que dela extraímos, devemos aceitar que nenhuma crença isolada formada a partir da captação dessa realidade física pode assumir uma prevalência em relação a todas as demais crenças empíricas. Por isso, levando-se essa ideia ao campo do fenômeno prático, deve-se assumir que jamais haverá evidência empírica sobre um primeiro princípio ou uma norma dotada de valor absoluto e universal que pudesse fundar a totalidade de um sistema moral ou jurídico. Com efeito, já que inexiste qualquer ponto de partida fundamental que possa esclarecer a relação causal entre as evidências (o *input*) e a teoria (o *output*), todo tipo de proposta normativa seria falsa e deveria ser substituída por um empreendimento teórico puramente descritivo[385]. Desse traço antifundacionalista pode-se qualificar o empirismo jurídico como uma espécie de não cognitivismo moral[386]. Isso porque o empirismo, ao adotar uma postura antifundacionista, pressupõe que não existem crenças morais evidentes em si[387], mas apenas crenças empíricas inferenciais, *i.e.*, uma crença cujo conteúdo deve ser extraído de alguma evidência empírica já estabelecida[388].

Além disso, o naturalismo pressupõe a possibilidade de uma explicação causal de todos os elementos empíricos que formam a nossa realidade física, de modo que aquilo que não for reconduzido a uma relação causal representa elemento que está fora do ambiente de explicação teórica. Com isso, o naturalismo uma premissa metaética behaviorista[389], ou

---

Epistemology naturalized. *In Ontological Relativity and other Essays*. Estado Unidos da América: Columbia University Press, 1969).

[385] LEITER, Brian. *Naturalizing Jurisprudence – Essays on American Legal Realism and Naturalism in legal philosophy*. Estados Unidos da América: Oxford University Press, 2011, p. 39.

[386] Vide item 3.1.

[387] Vide item 2.1.1.

[388] LEITER, Brian. *Naturalizing Jurisprudence – Essays on American Legal Realism and Naturalism in legal philosophy*. Estados Unidos da América: Oxford University Press, 2011, p. 48.

[389] *"As act is always a voluntary muscular contraction, and nothing else."* (HOLMES JUNIOR, Oliver Wendell. *The Common Law*. Estados Unidos da América: Digireads.com, 2005, p. 39)

seja, assume-se o pressuposto – tipicamente humeano – de que o comportamento humano é, invariavelmente, fruto de um estímulo externo e que o conteúdo desse movimento humano não pode ser, racionalmente, esclarecido ou justificado, mas apenas descrito por meio de análise psicológica dos fatores externos que serviram de gatilhos para um determinado impulso. Nesses termos, não há se falar em ação humana intencional e livre, mas apenas em uma condução humana determinada pelos fatores positivos e negativos que impulsionam o seu movimento em determinada direção. Por essa razão, o empirismo jurídico representa uma forma de concretização do não cognitivismo moral, o qual se especifica em um tipo de emotivismo[390].

O segundo critério metaético que esclarece o empirismo jurídico é o seu viés pragmático. O pragmatismo representa uma atitude teórica antiespeculativa, na medida em que não pressupõe nenhum critério de veracidade ou de objetividade[391], mas preocupa-se apenas com o que é útil e com os fatores que são capazes de produzir, eficientemente, um resultado previamente definido e almejado[392]. O pragmatismo mais uma vez ilustra o traço não cognitivista que fundamenta o empirismo jurídico, uma vez que uma atitude pragmática rejeita qualquer possibilidade de se falar em fatos ou propriedades morais que poderiam predeterminar, objetivamente, a nossa realidade prática e que poderiam definir o conteúdo correto e incorreto da ação humana, de modo independente das preferências pessoais daquele de decide sobre ação adequada em um caso concreto. Assim, para o empirista, uma consideração metafísica (mesmo que verdadeira) que não iria contribuir em nada para se obter êxito em uma disputa judicial, na medida em que ninguém decide sobre um caso concreto com base em uma consideração metafísica. Com efeitos, crenças morais e fatos morais, os quais não irão contribuir para a produção de determinado resultado prático, não devem sequer ser levados em consideração quando da análise dos fatores que podem determinar um

---

[390] Vide item 3.2.2.

[391] Para HOLMES, o Direito é não pode ser deduzido de axiomas, tal como se fosse uma ciência matemática. (HOLMES JUNIOR, Oliver Wendell. *The Common Law*. Estados Unidos da América: Digireads.com, 2005, p. 3)

[392] *"The substance of the Law at any given time pretty nearly corresponds, so far as it goes, with what is then understood to be convenient."* (HOLMES JUNIOR, Oliver Wendell. *The Common Law*. Estados Unidos da América: Digireads.com, 2005, p. 3)

ANÁLISE DE PRESSUPOSTOS METAÉTICOS EM DIFERENTES TRADIÇÕES JURÍDICAS

caminho a ser seguido. O pragmatismo levado à compreensão do direito exige, portanto, apenas que se analisem os elementos externos que poderão motivar o juiz a decidir um caso de determinada forma, sendo irrelevante citarem-se princípios jurídicos ou conceitos teóricos que não são influentes em relação ao magistrado que irá tomar uma decisão.

Não se poderia deixar de mencionar que o pragmatismo, levado às últimas consequências – *i.e.*, buscar um fim desejado ou preferido a qualquer custo –, poderia permitir que fosse atribuído ao empirismo jurídico certos traços que o aproximariam, não do emotivismo, mas sim da versão mais crua de não cognitivismo que antes foi classificada como o amoralismo. Aliás, essa constatação não se distancia do argumento de HOLMES, no sentido de que a perspectiva necessária para se compreender o fenômeno jurídico seria a do *homem mau*, ou seja, daquele que não vê qualquer sentido em se cumprir regras jurídicas, a não ser a sua opção estratégica de não desejar receber as consequência negativas que podem ser esperadas em razão do descumprimento do direito. Mesmo que o empirismo seja caracterizado como uma forma de amoralismo, não se pode aceitar, pacificamente, a proposta de HOLMES, no sentido de que o direito somente é bem compreendido a partir do momento em que se vislumbra o tipo de atitude e de raciocínio que é desenvolvido por aquele que rejeita qualquer valor objetivo ou intersubjetivo no cumprimento do direito.

Primeiramente, do fato de determinado tipo de pessoa não ser capaz de promover corretamente determinados raciocínios práticos não se extrai qualquer prova de que juízos práticos (i.e. juízos de certo e errado sobre o agir humano) não possam ser dotados de validade e veracidade. Ora, a veracidade de uma teoria (ética ou de outra natureza) não depende da habilidade de determinada pessoa ou grupo de pessoas conseguir formular, para si, os raciocínios que são indispensáveis para a correta compreensão dessa mesma teoria. Dito de outro modo, a veracidade de uma teoria não é tornada falsa apenas porque uma pessoa concreta não vê nela valor, não é capaz de captar a sua relevância ou simplesmente não possui o hábito de formular determinado tipo de raciocínio.

Em segundo lugar, a perspectiva do *homem mau* é, extremamente, reducionista, na medida em que pressupõe ser um ponto de vista privilegiado aquele adotado por quem age sempre de modo pragmático, visando apenas a evitar estrategicamente consequências a ele prejudiciais. Tal visão reducionista despreza o fato de que o ser humano, na sua vida comum, respeita, espontaneamente, mesmo que de modo inconsciente, a maior parte das regras jurídicas em vigor[393]. Por isso, o *homem mau* é sempre o caso mais excepcional que podemos identificar em nossa prática rotineira do direito, sendo, pois, contraintuitivo pensar que o fenômeno jurídico possa ser melhor compreendido quando visualizado a partir da sua situação excepcional. Além disso, não se pode desprezar o fato de que muitas vezes o direito exerce uma função instrutiva e pedagógica em relação àqueles que não sabem ainda como agir em determinado contexto, na medida em que as normas jurídicas podem auxiliar no direcionamento da ação daquele indivíduo que deseja agir de modo adequado, mas pode estar em situação de ignorância sobre a forma correta de agir. Nessas situações, a perspectiva do *homem mau* não terá qualquer utilidade nem relevância.

Dessas considerações, verifica-se que o empirismo jurídico não tem a pretensão de fornecer uma definição para o direito nem para os seus conceitos fundamentais, mas busca apenas descrever o caminho que é percorrido pelo juiz quando esse toma uma decisão. Diante disso, afirma o empirista que o juiz é, essencialmente, um agente que responde a estímulos externos e as decisões que esse toma são apenas uma resposta aos fatos que são a ele apresentados. Com isso, poder-se-ia dizer que o juiz, primeiro, recebe uma série de impulso sensoriais que o levam a alcançar, intuitivamente, uma determinada decisão (produzindo *juízos práticos enquanto afetação*[394]), para, somente depois, localizar quais são os argumentos jurídicos que podem bem maquiar a conclusão judicial que já foi por ele alcançada. Por isso, segundo LEITER, o juiz é sempre reativo a fato (*responsive-to-facts*) e nunca reativo a formas normativas

---

[393] Não é absurdo dizer que cumprimos espontaneamente a regra constitucional que proíbe a prática de tortura (artigo 5º, inciso III, da Constituição de 1988), não porque temos receio das consequências negativas que o descumprimento poderia gerar, mas porque acreditamos que a prática de tortura seja ato, não apenas contrário ao direito, mas também moralmente deplorável. Não soaria saudável a pessoa que dissesse que não pratica a tortura, no dia a dia, apenas por medo das sanções que seriam a ele aplicáveis caso assim agisse. Aliás, por coerência, o empirista deveria reconhecer como verossímil e compatível com a sua tese que, caso fosse revogada essa regra constitucional, a prática de tortura passaria a ser aceitável e de ocorrência mais frequente, simplesmente por não mais existirem as consequências negativas atreladas a tal prática.

[394] Vide item 2.4.

(*responsive-to-rules*)[395]. Nesses termos, seguindo-se a classificação adotada no item 2.4, o tipo de raciocínio desenvolvido pelo magistrado diante de um caso concreto, não estaria estruturado a partir de uma função de representação nem de direcionamento, mas tão somente a partir da dimensão de afetação do agente. Dessa constatação, extrai-se a possibilidade de construção de uma teoria jurídica empírico-descritiva, por meio da qual se busca antecipar quais são os elementos externos que influenciam o direcionamento dos juízes antes de decidirem, de modo que, uma vez identificados todos esses elementos, tornar-se-ia possível prever e antecipar os rumos que o decisor iria tomar em determinado caso. A teoria do empirismo jurídico é uma teoria da previsão de como os tribunais irão decidir[396].

Assim, a fórmula que identifica o tipo de influência que causa uma decisão judicial favorável seria, não *"Regra + Fatos = Decisão"*, como afirmaria um normativista, mas sim *"Estímulos que afetam o juiz + Traços de personalidade do Juiz = Decisão"*[397]. Os fundamentos do direito não são razões objetivas que possam ser identificadas, analisadas e comunicadas a terceiros, mas são sempre razões não jurídicas que afetam sensitivamente os processos internos que levará o juiz a tomar uma determinada decisão. Por isso, segundo HOLMES, o processo decisório que forma o direito não é, propriamente, consciente e intelectual, mas apenas intuitivo e ilustrativo de elementos que influenciam o juiz, mas que não fazem parte do direito[398]. Isso faz com que se torne aceitável reconhecer que o direito é formado por um pleno voluntarismo judicial, na medida em que o conteúdo de uma decisão judicial não é outra coisa senão o resultado final de uma soma de impulsos externos – em parte indetermináveis e incontroláveis – e de fatores psicológicos ou sociológicos – também

---

[395] LEITER, Brian. *Naturalizing Jurisprudence – Essays on American Legal Realism and Naturalism in legal philosophy*. Estados Unidos da América: Oxford University Press, 2011, p. 23/4

[396] Por isso, Jerome FRANK dizia que *"a forma de se ganhar o caso é fazer com que o juiz queira decidir em seu favor para então, e somente então, citar precedentes que venham a justificar determinada decisão."(Apud* LEITER, Brian. *Naturalizing Jurisprudence – Essays on American Legal Realism and Naturalism in legal philosophy*. Estados Unidos da América: Oxford University Press, 2011, p. 25).

[397] LEITER, Brian. *Naturalizing Jurisprudence – Essays on American Legal Realism and Naturalism in legal philosophy*. Estados Unidos da América: Oxford University Press, 2011, p. 25.

[398] LEITER, Brian. *Naturalizing Jurisprudence – Essays on American Legal Realism and Naturalism in legal philosophy*. Estados Unidos da América: Oxford University Press, 2011, p. 45.

METAÉTICA E A FUNDAMENTAÇÃO DO DIREITO

inalcançáveis, plenamente, por meio de crítica racional. No final das contas o empirismo fornece apenas uma teoria do *chute* acerca das decisões judiciais (*hunch teory of judicial decision*[399]). Não se pode deixar de anotar a clara contradição explicativa que há pressuposição de que o direito tem seu conteúdo definido por meio de um fator instintivo e inconsciente do juiz que decide o caso, mas assumir-se, por outro lado, que seria possível pretederminar quais fatores inconscientes seriam esses, de modo a construir algum tipo de ciência de predestinação jurídica. Ora, se o modo definitivo de se preencher o conteúdo do direito não é racionalmente controlável, inexiste critério racional que permitiria ordenar tais fatores previamente, de modo a tentar antecipar tais resultados. Dito de outro modo, caberia questionar como seria possível estabelecer-se um método jurídico probabilístico, se os fatores constitutivos do fenômeno jurídicos são sempre contingentes, aleatórios e, conceitualmente, impassíveis de escrutínio racional.

Com base em todo o exposto, não há dúvida de que o empirismo jurídico possui uma inspiração metaética não cognitivsita, que adota contornos emotivistas, no que diz respeito ao modo de formação dos juízos práticos que levam à produção do direito. Além disso, o empirismo jurídico adota uma espécie de ceticismo global no que diz respeito à possibilidade de se identificar um critério objetivo para a justificação e legitimação do direito.

4.2. Positivismo jurídico: não cognitivismo moral com construtivismo deontológico

> *"Das Problem der Wert ist vor allem und in erster Linie das Problem der Wertkonflikte. Und dieses Problem kann nicht mit den Mitteln rationaler Erkenntnis gelöst werden. Die Antwort auf die sich hier ergebenden Fragen ist stets ein Urteil, das in letzter Linie von emotionalen Faktoren bestimmt wird und daher einen höchst subjektiven Charakter hat. Das heisst, dass es gültig nur ist für das urteilende Subjekt und in diesem Sinn relativ.Es ist, letzten Endes, unser Gefühl, unser Wille, nicht unser Verstand, das emotionale, nicht das rationale Element unseres Bewusstseins, das den Konflikt löst."*[400]

---

[399] LEITER, Brian. *Naturalizing Jurisprudence – Essays on American Legal Realism and Naturalism in legal philosophy*. Estados Unidos da América: Oxford University Press, 2011, p. 45.
[400] KELSEN, Hans. *Was ist Gerechtigkeit?*. Alemanha: Philipp Reclam, 2000, p. 15/16.

4.2.1. As influências filosóficas do positivismo jurídico e as suas premissas básicas

Juntamente com a escola jurídica do *"realismo"* jurídico norte-americano (aqui qualificada como empirismo jurídico), o Século XX também ficou conhecido por desenvolver corrente de pensamento que pretendeu esclarecer, cientificamente, o fenômeno jurídico por meio exclusivo da análise das estruturas normativas que regulam coercitivamente a ação humana, bem como dos mecanismos formais de produção e de validação interna das normas jurídicas. Esse movimento recebeu a designação genérica de positivismo jurídico, tendo em vista a primazia do direito positivado na compreensão da nossa realidade jurídica. As inúmeras posturas teóricas que foram desenvolvidas nesse período e que foram enquadradas dentro dessa matriz especulativa positivista não podem ser, obviamente, explicadas com base apenas na remissão a uma única ideia agregadora. Na verdade, a ampla escola do positivismo jurídico possui diversas vertentes e inúmeras diferenças teóricas que impede seja ela caracterizada com base em um esquema explicativo comum. Exatamente por isso, para Norberto BOBBIO, o positivismo jurídico, visualizado de acordo com o seu escopo mais amplo, deve ser compreendido a partir de três dimensões diferentes (mas interconectadas), quais sejam: como teoria, como ideologia e como método[401].

Como *Teoria,* o positivismo jurídico representaria a atitude cognoscitiva direcionada à determinada parcela da realidade, *i.e.,* direcionada a conhecer o fenômeno jurídico por meio da análise da sua estrutura normativa. Para tanto, o teórico do direito deveria saber isolar o conjunto de juízos de fato que teriam a função de informar quais seriam os elementos constitutivos do objeto submetido à análise, ou seja, os dados normativos que estariam em vigor e que estariam recebendo aplicação (mesmo que forçada) em determinado contexto jurídico. Dentro desse cenário, portanto, o estudo do direito pressuporia compreender um tipo de ordem normativa que impõe comandos acompanhados de coerção, o que permitiria diferenciar o direito de outras ordens normativas. Desse modo, o direito como norma, sendo bom ou ruim, indicaria ao teórico do direito o material empírico que caberia a ele apenas descrever, sem

---

[401] BOBBIO, Norberto. *O Positivismo Jurídico – Lições de Filosofia do Direito.* Brasil: Cone, 1999, p. 134.

METAÉTICA E A FUNDAMENTAÇÃO DO DIREITO

ter qualquer pretensão de analisar o seu conteúdo por meio de juízos de valor. Com isso, o fenômeno jurídico poderia ser definido como um fato avalorativo, de modo que, compreender o direito, pressuporia uma identificação neutra de determinados fatos, não influenciada por qualquer avaliação substancial por parte daquele que promover essa análise descritiva[402]. Somente assim, seria possível transformar a experiência jurídica em uma verdadeira ciência, especialmente considerando o fato de o modelo científico tradicional não assumir a tarefa de valorar o seu objeto de estudo, mas apenas o de conhecê-lo e descrevê-lo de modo objetivo, sendo impertinente qualquer juízo subjetivo ou pessoal sobre o que seria o direito ideal ou mesmo o melhor ordenamento jurídico para determinada sociedade concreta.

Como *Ideologia*[403], por outro lado, o positivismo jurídico assume pretensões avaliativas acerca do comportamento humano, mesmo que tal postura seja assumida pelo teórico positivista de modo inconsciente ou de modo velado. Por meio dessa outra visão sobre o direito, o positivismo pode ser compreendido como um conjunto de juízos de valor realizados por aquele que visualiza, em uma perspectiva externa, o fenômeno jurídico como sendo apenas um sistema de normas válidas que devem ser cumpridas por aqueles que estão a elas submetidas. Para BOBBIO, tal visão é ideológica, na medida em que pretende influenciar a realidade em que vivemos e a forma como a compreendemos. Há, portanto, uma forma de ideologia por trás do positivismo jurídico, na medida em que o respeito e a observância que se deve dar à norma jurídica ilustram a intenção e o desejo de reconhecer a existência de um dever absoluto ou incondicional de obedecer aqueles comandos que constam da lei positiva e isso pelo só motivo de tal comando ter sido produzido de modo válido. Essa visão ideológica em relação à obediência do direito positivo é definida por BOBBIO como sendo o *positivismo ético*, ou seja, aquele que reconhece que há, ao menos, um dever moral que fundamenta o direito, qual seja, o que determina a obediência irrestrita do direito enquanto

---

[402] BOBBIO, Norberto. *O Positivismo Jurídico – Lições de Filosofia do Direito*. Brasil: Cone, 1999, p. 135.
[403] BOBBIO, Norberto. *O Positivismo Jurídico – Lições de Filosofia do Direito*. Brasil: Cone, 1999, p. 223.

ANÁLISE DE PRESSUPOSTOS METAÉTICOS EM DIFERENTES TRADIÇÕES JURÍDICAS

direito (e não em razão do seu conteúdo correto, adequado ou justo)[404]. Obviamente, assume-se uma visão reducionista acerca daquilo que legitima e nos leva a cumprir o direito, na medida em que, nesse contexto, se elege como valor objetivo apenas a segurança e a certeza dos resultados jurídicos garantidos pela aplicação uniforme da lei para todos os casos. Em suma, a realização da ação correta acaba sendo equacionada com o simples atendimento formal dos comandos que constam da lei positiva, podendo-se avaliar, portanto, que cumprir a lei é bom, ao passo que descumpri-la é ruim.

Por fim, como *Método*, a ciência do direito assume a pretensão de apenas promover uma análise neutra de um sistema normativo que esteja vigor, com o intuito de garantir uma metodologia segura, certa e impessoal para a aplicação do direito. Assim, a única forma de se garantir um método verdadeiramente científico para a aplicação do Direito é proibindo-se que se realize qualquer juízo de valor acerca do seu conteúdo, na medida em que tais questões seriam, invariavelmente, impassíveis de definição objetiva. O positivismo jurídico prega, portanto, que, quando se promove qualquer valoração da realidade, não se está fazendo ciência, mas algo que deveria ser chamado (pelo positivista) de filosofia ou de ideologia do direito. Pressupõe-se, pois, nesta visão, um formalismo científico[405], o qual teria a pretensão de garantir um método objetivo para a aplicação de normas jurídicas válidas a casos concretos. Aliás, essa dimensão que se atribui ao fenômeno jurídico será bastante relevante na compreensão dos fundamentos metaéticos que o positivismo jurídico assume.

Esses elementos que estruturam o projeto científico do positivismo jurídico deixam transparecer a principal escola de pensamento que o influenciou, qual seja, em um primeiro momento, o positivismo científico de Auguste COMTE (1798-1857) e, mais adiante, o chamado *neopositivismo lógico*, fundado pelo Círculo de Viena, ainda no início do Século XX, tendo em vista os vários elementos metodológicos elaborados por essa segunda geração da corrente positivista[406]. Mesmo que não se

---

[404] A visão é comum na obra de KELSEN: *"Recht, als Recht."* (KELSEN, Hans. *Reine Rechtslehre.* Alemanha: Mohr Siebeck, 2008, p. 25).

[405] BOBBIO, Norberto. *O Positivismo Jurídico – Lições de Filosofia do Direito.* Brasil: Cone, 1999, p. 220.

[406] AYER, A.J. *Logical Positivism.* EUA: The Free Press, 1959.

METAÉTICA E A FUNDAMENTAÇÃO DO DIREITO

possa generalizar tal influência em relação a todas as vertentes do positivismo jurídico, não há dúvidas de que o Círculo de Viena representou um ambiente intelectual que causou grande impacto na formação da proposta positivista que veio a ser de moldada por Hans KELSEN[407]. Assim, pode-se dizer que o primeiro autor influenciou KELSEN, de forma difusa e indireta, possivelmente, em relação às suas considerações ontológicas e epistemológicas, fornecendo-lhe a base para suas definições de realidade, ciência e filosofia. Já a segunda escola de pensamento, influenciou-o, diretamente, em relação às suas considerações sobre o fenômeno jurídico, garantindo-lhe as bases para o seu projeto científico positivista[408].

COMTE, em seu *Curso de filosofia positiva*[409], fixou os princípios básicos do pensamento positivista (influenciando, inclusive, o próprio positivismo jurídico) nos seguintes termos:

a) Não existe outro conhecimento senão o empírico, ou seja, o que se funda nos fatos e se baseia nas leis de coexistência e sucessão dos fenômenos;

b) Somente é possível conhecer os fenômenos, *i.e.*, a aparência física das coisas;

c) O único método válido é aquele adotado por ciências experimentais; e

d) Toda pretensão metafísica é inútil e estéril, sendo inviável buscarem-se as causas – primeiras ou últimas – de alguma coisa.

Por sua vez, as premissas teóricas defendidas pelo *Neopositivismo* foram apresentadas ao mundo e sintetizadas por meio de um *manifesto positivista* editado por Otto NEURATH, Hans HANH, Rudolf CARNAP, tendo

---

[407] *"Kelsen entstammte dem Wiener Kreis des Neupositivismus oder logischen Positivismus um Rudolf Carnap. Nach dieser philosophischen Richtung ist sinnvoll und verstehbar nur das, was logisch 'verifiziert' werden kann. Aussagen metaphysicher Art, insbesondere solche über Inhalte von Werten und Normen, sind daher sinnlos, Bewertungen warden nur als Ausdruck von Gefühlen angesehen."* (KAUFMANN, Arthur; HASSEMER, Winfried; NEUMANN, Ulfrid. *Einfürung in Rechtsphilosophie und Rechtstheorie der Gegenwart.* Alemanha: C.F. Müller, 2011, p. 124)

[408] KELSEN, Hans. *Reine Rechtslehre.* Alemanha: Mohr Siebeck, 2008, estudo introdutório, p. XIX.

[409] COMTE, Auguste. Editora Magisterio Casals, 1987.

recebido o título de *"A Concepção Científica do Mundo"*[410], cujos pressupostos fundamentais – que reproduzem, em grande medida, o positivismo de COMTE – podem ser resumidos por meio das seguintes ideias:

(i) a concepção científica do mundo tem como objetivo a construção de uma *"ciência unificada"*, com um método de investigação idêntico para todos os objetos;

(ii) pretende-se elaborar *(2.1) "um sistema de fórmulas neutro, de um simbolismo livre das impurezas, das linguagens históricas"* e *(2.2)* um *"sistema global de conceitos"*;

(iii) possui ela duas propriedades: *(3.1) "ela é empirista e positivista: há apenas conhecimento empírico, que repousa sobre o dado imediato"*, sendo essa *"a fronteira do conteúdo da ciência legítima"*; e *(3.2)* a ela aplica-se *"um método de análise lógica"*, de modo que, na *"descrição científica, considera-se apenas a estrutura (forma de ordem) dos objetos, não a sua 'essência"*; e

(iv) em nome de uma clareza descritiva, recusa-se valor às *"complexidades obscuras e profundidades impenetráveis"*, já que na *"ciência, nada é 'profundo', tudo é superfície"*, de modo que todos os *"problemas filosóficos tradicionais"* devem ser livrados das considerações *"metafísicas"*, inexistindo qualquer dimensão ontológica que possa exercer influência objetiva no conhecimento da realidade[411], sendo que tais questões deverão ser *"desmascaradas"* como *"pseudoproblemas"* ou transformadas *"em questões empíricas, sobre as quais cabe um juízo por parte das ciências da experiência"*.

Tais pressupostos serão aqueles que demarcarão, por certo, os fundamentos metaéticos que estão na base do positivismo jurídico de KELSEN, conforme se pretende demonstrar nos tópicos que seguem. De qualquer modo, pode-se, desde já, ressaltar – sem ter-se a intenção de se cometer

---

[410] NEURATH, Otto; HANH, Hans; CARNAP, Rudolf; GOMES, Nelson (tradutor) *A Concepção Científica do Mundo*. Inédito. Os excertos que seguem e as transcrições são aqui apresentadas foram extraídas da referida tradução.

[411] *"As qualidades subjetivamente vivenciadas – o vermelho, a alegria – enquanto tal, são apenas vivências, não conhecimentos. Na óptica, leva-se em conta apenas aquilo que, em princípio, pode ser também entendido por um cego."*

qualquer injustiça – que tais elementos extraídos do positivismo científico e do neopositivismo lógico acabam por incorrer em um reducionismo cognitivo (*i.e.*, só se pode conhecer aquilo que é empiricamente verificável), em um formalismo epistemológico (*i.e.*, a teoria do conhecimento adotada formaliza o ato de conhecer, pressupondo que somente se conhece a estrutura dos objetos) e em um ceticismo ontológico (*i.e.*, não se acredita na existência de uma dimensão essencial ou existencial que as coisas possam manifestar na realidade). Essas considerações serão, mais adiante, relevantes para a análise metaética que aqui se propõe realizar. Isso porque, aplicando-se ao fenômeno jurídico esses princípios positivistas, o direito passa a ser definido a partir de um enfoque empírico, sem referência a qualquer princípio ou valor que possa ser compreendido como dotado de objetividade e carente de qualquer composição existencial que possa ser reconduzida à realidade. O direito, com isso, limita-se apenas àquilo que está, de fato, positivado, por força de convenções sociais, e que pode ser submetido ao escrutínio empírico do operador do direito, seguindo-se, assim, método semelhante ao utilizado nas Ciências naturais.

Assim, de todas as considerações até aqui apresentadas, pode-se atribuir ao positivismo jurídico as seguintes premissas básicas[412]:

1. O conceito de direito é definido de modo que fica ele totalmente separado do conceito da moral.
2. Não existe critério de conhecimento que permite identificar o que torna o direito correto/justo/adequado, mas apenas o que torna o direito, formalmente, válido.
3. O direito deve ser seguido e obedecido pelos indivíduos, não importando os inconvenientes que recaiam sobre esses.
4. Somente há direito quando normas forem positivadas por um legislador competente.
5. A ordem jurídica forma um sistema fechado, dentro do qual todas as decisões individuais podem ser deduzidas, independentemente de qualquer juízo de valoração.

---

[412] HOERSTER, Norbert. *Recht und Moral*. Alemanha: Reclams Universal Bibliothek, 2002, p. 12.

ANÁLISE DE PRESSUPOSTOS METAÉTICOS EM DIFERENTES TRADIÇÕES JURÍDICAS

Cabe analisar, portanto, em que medida essa influência positivista inspirou o projeto teórico que KELSEN propõe para uma análise científica e pura do fenômeno jurídico.

4.2.2. O positivismo jurídico de Hans Kelsen

Conforme sabido por quase todos que se dedicaram ao estudo do Direito desde o século passado, o projeto de purificação aventado por KELSEN, na sua obra seminal, a *Teoria Pura do Direito*[413], tem a pretensão de conhecer, cientificamente, o fenômeno jurídico por meio da compreensão dinâmica e estática da norma jurídica, o que somente seria viável por meio da eliminação de quaisquer considerações de ordem valorativa, ideológica ou sociológica[414]. Assim, por opção metodológica, exclui-se da ciência do direito tudo que não seja o estudo da norma jurídica. O sistema jurídico – conhecido pela sua forma, ou seja, pelo seu esquema formal de produção e não pelo seu conteúdo –, representa, assim, um agrupamento fechado de normas positivadas que não necessitaria receber, para sua compreensão científica, a influência de qualquer elemento a ele externo[415], o qual acaba por formar uma unidade (Ordem) que é constituída em razão de todas as suas partes integrantes receberem o mesmo fundamento de validade, qual seja a possibilidade de serem reconduzidas a uma norma fundamental (*Grundnorm*).

Assim, para KELSEN, o pressuposto fundante de toda a objetividade da ordem jurídica é a norma fundamental, a qual não é uma norma posta, mas apenas pressuposta, ou seja, representa uma espécie de comando não

---

[413] KELSEN, Hans. *Reine Rechtslehre*. Alemanha: Mohr Siebeck, 2008 ou *Teoria Pura do Direito*: São Paulo, Martins Fontes, 2000. (Utilizaremos aqui a versão em português para as citações a serem utilizadas no corpo do texto principal e utilizaremos a versão original para apresentar citações paralelas em nota de roda pé).

[414] "... *von aller politischen Ideologie und allen naturwissenschaftlichen Elementen gereinigte, ihrer Eigenart weil der Eigengesetzlichkeit ihres Gegenstandes bewusste Rechtstheorie zu entwickeln.*" (KELSEN, Hans. *Reine Rechtslehre*. Alemanha: Mohr Siebeck, 2008, p. 3).

[415] "*Die Reine Rechtslehre ist eine Theorie des positiven Rechts. Des positive Rechts schlechthin, nicht einer speziellen Rechtsordnung. Sie ist allgemeine Rechtslehre, nicht Interpretation besonderer nationaler oder internationaler Rechtsnormen. Als Theorie will sie ausschliesslich und allein ihren Gegenstand erkennen. Sie versucht, die Frage zu beantworten, was und wie das Recht ist, nicht aber die Frage, wie es sein oder gemacht werden soll. Sie ist Rechtswissenschaft, nicht Rechtspolitik.*" (KELSEN, Hans. *Reine Rechtslehre*. Alemanha: Mohr Siebeck, 2008, p. 15).

METAÉTICA E A FUNDAMENTAÇÃO DO DIREITO

positivado que somente pode ser captado, intelectualmente, por aquele que realiza um esforço especulativo de compreensão do sistema jurídico. Com efeito, a pressuposição de que o ordenamento jurídico ganha fechamento por meio da norma fundamental representa tão somente uma condição de possibilidade para o conhecimento jurídico do sistema (i.e., exerce a norma fundamental uma função, meramente, epistemológica). Assim, a Constituição de um país, que representa a última norma positiva de um ordenamento jurídico, possui sentido objetivo, na medida em que pressupomos a existência de uma norma hipotética que determina que devemos nos portar de acordo com o preceituado por essa Constituição em vigor nesse respectivo contexto jurídico. Com base nessa pressuposição, segundo KELSEN, seria possível justificar-se a validade e a vinculação de todas as normas jurídicas que integram o sistema.

Dentro deste contexto, somente teríamos verdadeira ciência do direito quando esta fosse compreendida como *"purificada de toda a ideologia política e de todos os elementos da ciência natural"*.[416] O direito, portanto, deveria ser objeto de estudo de uma ciência própria e específica, absolutamente separada daqueles outros campos do conhecimento que se voltam à apreensão da moral ou da política[417]. Para que os critérios objetivos possam ser determinados, seria necessário que o fenômeno jurídico passasse a ser compreendido e identificado primordialmente com base na sua fonte produtora (a qual permite verificação empírica) e não de acordo com o seu conteúdo[418]. Tanto é verdade que a estruturação prescritiva de um comando não seria a diferença específica que se poderia atribuir ao fenômeno jurídico, mas essa seria, na verdade, apenas uma das suas características mais genéricas, a qual poderia ser compartilhada por outros sistemas prescritivos distintos do direito, tal como a moral, regras de etiqueta, regras que regulam uma atividade lúdica (e.g. atividades esportivas) etc... Assim, a moral também possui esse traço específico que mantém em simetria com o direito. Segundo KELSEN, a diferença

---

[416] KELSEN, Hans. Op. cit., p. XI.

[417] *"Sie will die Rechtswissenschaft von allen ihr fremden Elementen befreien. Das ist ihr methodisches Grundprinzip. (...) In völlig kritikloser Weise hat sich die Jurisprudenz mit Psychologie und Biologie, mit Ethik und Theologie vermengt."* (KELSEN, Hans. *Reine Rechtslehre*. Alemanha: Mohr Siebeck, 2008, p. 15).

[418] BARZOTTO, Luis Fernando. *O Positivismo Jurídico Contemporâneo: Uma introdução a Kelsen, Ross e Hart*. Unisinos, 1999, p. 14.

ANÁLISE DE PRESSUPOSTOS METAÉTICOS EM DIFERENTES TRADIÇÕES JURÍDICAS

específica do direito perante outras ordens normativas seria o fato desse possuir o traço coercitivo e as demais ordens não[419]. A sanção, no contexto positivista, passa a ser compreendida como elemento essencial do direito, passando, inclusive, a integrar, necessariamente, a estrutura lógica de norma jurídica compreendida em sua plenitude (a qual é composta de uma parte primária e de uma parte secundária, uma prescreve a conduta, a outra estatui a sanção caso não observada a primeira parte da norma). Com isso, o Direito passa a ser compreendido como o conjunto de normas que assumem o objetivo de regular o exercício de força dentro da na sociedade (o monopólio da coação da comunidade jurídica), ou seja, determinar quem, quando, como e quanto de força pode ser aplicado a determinado caso[420].

Em síntese, para que seja atribuído o qualificador jurídico a determinado fenômeno, bastaria apenas identificar se foi ou não observado o procedimento estabelecido pelo próprio ordenamento como critério suficiente e necessário para garantir a sua validade, sendo de todo irrelevante a retidão ou a correção do seu conteúdo. Por isso, afirma KELSEN que "[u]*ma determinada norma jurídica não vale porque tem determinado conteúdo (...), mas porque é criada por uma forma determinada*"[421]. Tanto é verdade que o direito se apresentaria como um sistema absolutamente compreensivo, estando apto a apreender e a trazer para dentro de seu mundo todo e qualquer fenômeno manifestado na realidade.

Essas características, de acordo com a visão positivista, assegurariam o objetivo maior almejado ao se projetar uma verdadeira ciência do direito, qual seja, uma suposta exatidão e certeza na aplicação das normas válidas aos casos concretos (*i.e.*, a objetividade jurídica como previsibilidade na aplicação do direito), de modo a promover uma vantagem comum, a todos relevante, no sentido de resguardar à prática jurídica um ideal de segurança e de estabilidade nas relações de mando e obediência[422].

Mesmo que não seja a pretensão imediata deste estudo, não se poderia deixar de aqui sintetizar três das mais recorrentes críticas que são

---

[419] KELSEN, Hans. *Reine Rechtslehre*. Alemanha: Mohr Siebeck, 2008, p. 37

[420] BOBBIO, Norberto. *O Positivismo Jurídico – Lições de Filosofia do Direito*. Brasil: Cone, 1999, p. 147.

[421] *Teoria Pura do Direito*, p. 221.

[422] Vide novamente a ideia de positivismo ético descrita no item anterior.

METAÉTICA E A FUNDAMENTAÇÃO DO DIREITO

apresentadas ao projeto positivista desenvolvido por KELSEN, as quais tocam *(i)* na sua falha em descrever o fenômeno jurídico, mesmo quando analisado apenas em sua dimensão normativa, *(ii)* na incoerência interna que se localiza ao buscar uma fundamentação última do sistema jurídico a partir de uma norma pressuposta e hipotética e *(iii)* a sua incompletude no que diz respeito a própria pretensão inicial ofertada pelo positivista, qual seja, a de garantir uma metodologia científica que restaurasse uma espécie de objetividade – mesmo que somente formal – na aplicação do direito. Tais críticas podem ser resumidas nos seguintes termos:

(i) *Reducionismo normativo*:

KELSEN, ao definir o Direito como ordem normativa tornada eficaz pela coerção, pressupõe que as normas formadoras do sistema jurídico possuirão, invariavelmente, uma estruturação típica de regras jurídicas, ou seja, normas que possuem, na sua parte primária, uma hipótese fática e, na sua parte secundária, a projeção de consequência jurídica que deve ser realizada. Essa opção descritiva do fenômeno jurídico, mesmo quando analisado em sua dimensão exclusivamente, normativa, é por demais restritiva, na medida em que não dá conta da maior complexidade estrutural que comandos jurídicos podem assumir. Por isso, a proposta teórica de KELSEN não dá conta do fato de que o direito também é formado por princípios jurídicos[423] ou ainda pelas novas espécies normativas identificadas pelos teóricos contemporâneos que analisam a forma mais dinâmica de aplicação do direito na atualidade, o que pode ser visto na qualificação das metanormas aplicativas, qualificadas por Humberto ÁVILA como postulados normativos (*e.g.* proporcionalidade e razoabilidade)[424]. Aliás, em relação a essas possibilidades normativas não antecipadas por KELSEN, toda a sua proposta de validação e de objetivação do direito mostra-se absolutamente inaplicável, na medida em que tais estruturas normativas

---

[423] Essa constatação veio a ser promovida por Ronald DWORKIN ao desenvolver o seu ataque geral ao positivismo direcionado ao pensamento de Herbert HART, o qual, porém, se mostra também se verdadeiro quando aplicado ao positivismo de KELSEN. (DWORKIN, Ronald. *Taking Rights Seriously*. Estados Unidos da América: Harvard University Press, 1978) Vide, ainda, ALEXY, Robert. *Theorie der Grundrechte*. Alemanha: Suhrkamp, 1986.

[424] ÁVILA, Humberto. *Teoria dos Princípios – da definição à aplicação dos princípios jurídicos*. São Paulo: Editora Malheiros, 12ª edição, 2011.

não pressupõem, necessariamente, um processo formal de produção e de validação que imponham a existência de uma norma jurídica positiva superior que já esteja fazendo parte do ordenamento jurídico vigente. Isso significa dizer que, mesmo considerando-se o corte epistemológico escolhido por KELSEN no que se refere ao projeto de purificação do fenômeno jurídico que ele pretende realizar, fica ela aquém das possibilidades analíticas que a dimensão normativa do direito exige, razão pela qual comete um reducionismo descritivo no que diz respeito ao próprio universo das normas jurídicas.

(ii) *Teorização circular*:
Como se viu, para KELSEN, a validade objetiva do ordenamento jurídico está, em última instância, absolutamente apegada à ideia de uma norma fundamental (*Grundnorm*), a qual, em seus próprios termos, é pressuposta, hipotética, meramente intelectual e condicional à aceitação daquele que deseja especular sobre a vinculação do sistema jurídico vigente[425]. Ocorre que a norma fundamental tem a sua própria validade definida não por um conteúdo jurídico que pudesse ser considerado predeterminado ou pré-convencional, mas apenas pela pressuposição de que a Constituição vigente em uma comunidade específica deve ser obedecida por aqueles submetidos a esse sistema jurídico, sendo essa a primeira norma jurídica em sentido pleno (i.e, considerada como norma positivada) que garantiria um sentido objetivo a todas as demais normas jurídicas inferiores, válidas e vigentes naquele contexto jurídico. Com efeito, toda legitimação do Direito fiar-se-ia apenas na hipótese de uma validade objetiva da ordem jurídica vigente, a qual, por sua vez, se sustentaria na mera pressuposição de que a Constituição deveria ser obedecida pelos seus respectivos destinatários. Com efeito, assim apresentada a última instância de legitimação e de objetivação do direito, só restaria a

---

[425] Impõe-se destacar, porém, que a norma fundamental não possui definição uniforme dentro da própria obra kelseniana, já que, em uma primeira fase do pensamento de KELSEN, é considerada como pressuposta (*Teoria Pura do Direito*: São Paulo, Martins Fontes, 2000, p. 222), passando, porém, a ser definida, em um segundo momento, como mera ficção (*Teoria Geral das Normas*. Porto Alegre: Sergio Antonio Fabris, 1986, p. 328). Para uma compreensão mais aprofundada sobre o tópico, vide: BARZOTTO, Luis Fernando. *O Positivismo Jurídico Contemporâneo*: Uma introdução a Kelsen, Ross e Hart. São Leopoldo/RS, Unisinos, 1999.

KELSEN sustentar que qualquer ordenamento coercitivo eficaz deveria ser considerado como direito válido, na medida em que a aceitação de uma norma hipotética induziria, de modo intransponível, aquele que acatasse tal ideia normativa a proposição de que "a Constituição deve ser cumprida" e, por consequência, todas as demais normas jurídicas dela derivadas. Desse modo, a suposição da norma fundamental exigiria apenas a constatação e a averiguação de quais normas jurídicas já teriam sido produzidas conforme o sistema jurídico e que já estariam sendo obedecidas em realidade. Ocorre que, com isso, *"cai-se na circularidade apontada: a norma fundamental é válida, e portanto, jurídica, se fundar um ordenamento já considerado como jurídico, e portanto, válido."*[426] Como se vê, portanto, toda a busca por uma resposta objetiva à pergunta *"porque cumprimos normas jurídicas que estão em vigor em um determinado contexto jurídico"* acaba culminando em uma argumentação circular, na medida em que o primeiro pressuposto de tal justificação é representado por uma petição de princípio que exige a aceitação de uma norma hipotética que simplesmente afirma que *"devemos cumprir os comandos que hoje já são cumpridos"*, mesmo que isso se dê por imposição de força por parte de um ente estatal.

(iii) *Falsa objetividade do Direito*:
Por fim, lembrando-se a dimensão do positivismo jurídico como Método, não se pode perder de vista que a pretensão inicial de KELSEN, em seu *Teoria Pura do Direito,* era a de criar uma ciência – emulando a metodologia das ciências empíricas tradicionais – que garantisse objetividade e certeza na aplicação de normas jurídicas, o que exigiria fosse o direito purificado daqueles elementos caracterizados como ideológicos, morais ou filosóficos, os quais representariam, para KELSEN, mera apreciação subjetiva, individual e contingente de como a conduta humana deveria ou poderia ser regulada na perspectiva pré-jurídica de cada pessoa ou grupo de pessoas não investidas de competência para a criação autônoma do direito.
Mesmo que assim tenha defendido, KELSEN assume, desde o início de sua obra, que o conteúdo de determinada norma jurídica é sempre

---

[426] BARZOTTO, Luis Fernando. *O Positivismo jurídico contemporâneo – Uma introdução a Kelsen, Ross e Hart.* Unisinos: 2000, p. 71.

concretizado por meio da manifestação de um ato de vontade daquele autorizado ou competente para a produção do dever-se particular que atribuirá sentido objetivo à conduta humana[427]. Portanto, deve-se compreender, segundo ele, a norma jurídica como uma espécie de moldura[428], dentro da qual aquele investido de competência poderá preencher o seu conteúdo específico por meio de um ato de vontade, não existindo qualquer opção interpretativa que possa ser definida como sendo, aprioristicamente, correta[429].

Ocorre que, ao considerar a interpretação de normas jurídicas que deverão ser aplicadas a casos concretos, KELSEN reconhece, expressamente, a possibilidade de o aplicador do direito, por meio do seu ato de vontade, concretizar o direito fora da moldura normativa que deveria regular objetivamente a conduta humana. Tal fato, empiricamente considerado, por óbvio, não se pode negar que seja possível de ocorrer (*i.e.*, é possível, empiricamente, que o juiz julgue determinado caso de modo contrário aos limites textuais de determina a lei e é possível que seja eficaz tal decisão particular contrária aos significados mínimos que podem ser extraídos de um dispositivo legal).

No entanto, para KELSEN, tal decisão judicial que foi tomada *"fora da moldura normativa"* e que veio a ser, concretamente, eficaz, deverá ser considerada como parte integrante da ordem jurídica, considerada, pois, como válida e como compatível com a norma fundamental. Temos, desse modo, o direito sendo legitimado por meio de atos individuais arbitrários e incontroláveis por qualquer critério racional, o que acaba legitimando

---

[427] *"Der vollziehende Rechtsakt kann so gestaltet werden, dass er der einen oder der anderen der verschiedenen sprachlichen Bedeutungen der Rechtsnorm, dass er dem irgendwie festzustellenden Willen des Normsetzers oder aber dem von ihm gewählten Ausdruck, dass er der einen oder der anderen der beiden einander widersprechenden Normen gegenseitig aufgehoben hätten."* (KELSEN, Hans. *Reine Rechtslehre*. Alemanha: Mohr Siebeck, 2008, p. 104).

[428] *"Dass ein richterliches Urteil im Gesetz begründet ist, bedeutet in Wahrheit nichts anderes, als dass es sich innerhalb des Rahmens halt, den das Gesetz darstellt, bedeutet nicht, dass es die, sondern nur, dass es eine der individuellen Normen ist, die innerhalb des Rahmens der generellen Norm möglich sind."* (KELSEN, Hans. *Reine Rechtslehre*. Alemanha: Mohr Siebeck, 2008, p. 105).

[429] *"Die Frage, welche der im Rahmen einer Norm gegebenen Möglichkeiten die 'richtige' ist, ist ... überhaupt keine Frage der auf das positive Recht gerichteten Erkenntnis, ist kein rechtstheoretisches, sondern ein rechtspolitisches problem."* (KELSEN, Hans. *Reine Rechtslehre*. Alemanha: Mohr Siebeck, 2008, p. 108.

todo e qualquer tipo de exercício de poder que seja dotado de eficácia, conforme vemos no seguinte excerto representativo do pensamento kelseniano:

> *"Segundo o Direito dos Estados totalitários, o governo tem poder para encerrar em campos de concentração, forçar a quaisquer trabalhos e até matar indivíduos de opinião, religião ou raça indesejável. Podemos condenar com a maior veemência tais medidas, mas o que não podemos é considerá-las como situando-se fora da ordem jurídica desses Estados."* [430]

Como se vê, portanto, o positivismo de KELSEN acaba quebrando a sua promessa de fornecer uma metodologia de aplicação do direito que garantiria certeza, segurança e previsibilidade, frustrando, assim, as expectativas daqueles que poderiam esperar a concretização de um ideal de objetividade jurídica, mesmo que formal, e que estivessem dispostos a abrir mão de qualquer compreensão do fenômeno jurídico que tivesse alguma pretensão axiológica.

4.2.3. Os pressupostos metaéticos do positivismo jurídico kelseniano

Antes de se identificar os pressupostos metaéticos do positivismo jurídico de KELSEN, impõe-se destacar que a *opus* kelseniana não é formada por uma linha homogênea e retilínea de pensamento, de modo que a sua visão sobre o que fundamenta o direito oscila, expressivamente, conforme o período de sua produção intelectual. Desse modo, por motivos didáticos e considerando-se que a pretensão deste capítulo é a de apenas demonstrar que pressupostos metaéticos estão presentes, invariavelmente, nas mais diversas tradições jurídicas, cabe eleger aquele período de produção teórica que poderia ser considerado como o mais representativo daquilo que seria o *"estado da arte"* do pensamento kelseniano.

Para PAULSON[431], possivelmente um dos mais renomados comentadores do KELSEN na atualidade, representa um equívoco compreender o positivismo jurídico kelseniano como sendo formado por apenas uma

---

[430] *Teoria Pura do Direito*, op. cit., p. 44.

[431] PAULSON, Stanley L. *Normativity and Norms: Critical Perspectives on Kelsenian Themes.* Reino Unido: Oxford University Press, 1999, pp. XXV-XXXV.

tendência filosófica. Na verdade, para se ter uma visão precisa e correta da proposta positivista de KELSEN, é necessário identificar-se três fases do seu pensamento, quais sejam:

(a) *Fase do construtivismo crítico* (1911-21), na qual predomina a demonstração de que é inviável toda tentativa de se fundamentar o fenômeno jurídico com base em meros fatos brutos ou em um sistema moral específico ou, ainda, em Deus;

(b) *Fase clássica* (1921-1960): período amplo no qual são formulados os conceitos que dão formato ao pensamento kelseniano, na versão em que esse, normalmente, é conhecido. Nessa fase, formula KELSEN, com maior clareza, as suas conhecidas teses da normatividade, da unidade do sistema jurídico e da separação do direito em relação à moral, as quais formam um período de forte inspiração kantiana. Nessa mesma fase, porém, identifica PAULSON um período híbrido mais tardio, no qual KELSEN, sem abandonar a influência kantiana, flerta com o empirismo de HUME – como, por exemplo, na adoção da sua doutrina da causalidade – e com as posturas analíticas – como se vê, no seu interesse pelo estudo das proposições jurídicas (*Rechtssatz*) e da influência da lógica no Direito –; e

(c) *Fase cética* (1960-1973): período em que KELSEN abandona toda a inspiração kantiana que estava presente nas fases anteriores, abdicando de qualquer tipo de busca por objetividade no direito e assumindo uma postura, eminentemente, voluntarista de justificação do fenômeno jurídico.

Pois bem, desse amálgama de influências filosóficas (as quais, de nenhum modo, são aqui defendidas como sendo coerentes entre si e capazes de serem conjugadas dentre de um único sistema teórico), como é possível identificar uma postura metaética que estaria fundamentando o positivismo jurídico de KELSEN, em termos cognitivistas ou não cognitivistas?

Para responder tal questão, deve-se, primeiramente, identificar quais seriam os autores que forneceriam as bases filosóficas para a construção do pensamento kelseniano. Tomando-se por base a chamada fase clássica de KELSEN, seria possível identificar dois pilares filosóficos que se

METAÉTICA E A FUNDAMENTAÇÃO DO DIREITO

apresentam, expressa ou implicitamente, na estruturação do positivismo kelseniano, quais sejam: Immanuel KANT e Friedrich NIETZSCHE.

Primeiramente, a influência kantiana de KELSEN é manifestada, de modo expresso, nas suas principais obras[432]. Essa inspiração, porém, se concretiza no plano epistemológico da sua teoria ao fornecer os fundamentos necessários (condições de possibilidade para o conhecimento) a uma compreensão estritamente deontológica e formalizada do fenômeno jurídico, bem como ao autorizar a adoção pelo cientista do direito de um ponto de vista externo, ou seja, a perspectiva intelectual daquele sujeito cognoscente que adota uma determinada perspectiva de modo a não se incluir no ambiente sendo apreciado cientificamente[433]. Percebe-se, assim, que as matrizes kantianas claramente vieram a se manifestar na definição de norma jurídica como sendo o sentido objetivo de um ato de vontade,[434] bem como na estruturação da norma fundamental como pressuposição lógico-transcendental do ordenamento jurídico[435]. É, pois, essa inspiração kantiana que transforma KELSEN no chamado *Sumo Sacerdote do culto monoteísta do dever-ser*[436], na medida em que a norma jurídica, enquanto estrutura formal de atribuição de sentido objetivo à conduta humana, o elemento central do fenômeno jurídico, sendo que, nesta dimensão, o direito seria cognoscível e comunicável em termos racionais.

Se a teorização de KELSEN mostra-se kantiana do ponto de vista epistemológico, deve-se reconhecer uma influência nietzschiana (ao menos implícita) na sua compreensão da moral e no seu repúdio em relação a

---

[432] *Teoria Pura do Direito:* São Paulo, Martins Fontes, 2000, p. 225 e KELSEN, Hans. *O que é a Justiça?* São Paulo: Martins Fontes, 2001, p. 19/20.

[433] Nesta esteira, pode-se identificar um sutil paralelo entre a oposição de KELSEN aos que justificavam o Direito como sendo definido a partir de sua faticidade (o ser natural determinado pela lei da causalidade, *Teoria Pura do Direito:* São Paulo, Martins Fontes, 2000, p. 4/5) e as críticas de KANT ao empirismo de David HUME, principalmente no ponto em que este afirmava a possibilidade de se extrair princípios da razão a partir da existência das coisas no mundo fenomênico, tentativa esta que seria para KANT sempre infrutífera já que baseada sempre em uma manifestação contingente da realidade, carente, portanto, de qualquer objetividade (Crítica da Razão Prática: Portugal, Edições 70, pp. 63/9).

[434] *"(...) somente quando esse ato tem também objetivamente o sentido de dever-ser é que o designamos o dever-ser como 'norma'."* (*Teoria Pura do Direito:* São Paulo, Martins Fontes, 2000, p. 08).

[435] *Teoria Pura do Direito:* São Paulo, Martins Fontes, 2000, p. 225.

[436] HOLD-FERNECK, Alexander. *Der Staat als Übermensche. Zugleich eine Auseinandersetung mit der Rechtslehre Kelsens,* Jena, 1926, p. 30.

ANÁLISE DE PRESSUPOSTOS METAÉTICOS EM DIFERENTES TRADIÇÕES JURÍDICAS

qualquer teoria de Direito Natural como elemento fundante da experiência jurídica[437]. Isso porque, distanciando-se de KANT[438], KELSEN adota abertamente na sua descrição do fenômeno jurídico uma amoralista (ou no mínimo emotivista)[439], o que pode ser reconduzido a uma concepção nietzschiana de valores morais. Vejam-se, nesse sentido, os seguintes excertos de livros de KELSEN, os quais, dependendo da obra consultada, permitem caracterizá-lo ou como amoralista ou emotivista no que diz respeito ao potencial conteúdo valorativo de uma norma jurídica:

> *"Na medida em que as normas constituem o fundamento dos juízos de valor são estabelecidas por atos de uma vontade humana, e não de uma vontade supra-humana, os valores através delas construídos são **arbitrários**. (...) Por isso, as normas legisladas pelos homens – e não por uma autoridade supra-humana – apenas constituem valores relativos (...) A tese, rejeitada pela Teoria Pura do Direito, mas muito espalhada na jurisprudência tradicional, de que o Direito, segundo a sua própria essência, deve ser moral, de que uma ordem social imoral não é Direito, **pressupõe, porém, uma Moral absoluta, isto é, uma Moral válida em todos os tempos e em toda a parte.**"[440] (grifou-se)*

> *"O problema dos valores é, antes de tudo, o problema dos conflitos de valores. E esse problema não poderá ser solucionado com os meios do conhecimento racional. A resposta às questões que aqui se apresenta é sempre um juízo, o qual, em última instância, é determinado por **fatores emocionais e possui, portanto, um caráter subjetivo**. Isso significa que o juízo só é válido para o sujeito que julga, sendo, nesse sentido, relativo. (..) É pura e simplesmente impossível decidir de modo racional-científico entre dois juízos de valor em que se fundamentam essas concepções contraditórias.*

---

[437] *"Gegen sie* [Naturrechtslehre] *ist die Reine Rechtslehre gerichtet. Sie will das Recht darstellen, so wie es ist, ohne es als gerecht zu legitimieren oder als ungerecht disqualifizieren; sie fragt nach dem wirklichen und möglichen, nicht nach dem richtigen Recht. Sie ist in diesem Sinn eine radikal Rechtstheorie."* (KELSEN, Hans. *Reine Rechtslehre*. Alemanha: Mohr Siebeck, 2008, p. 29).

[438] Uma leitura abrangente da *"Metafísica dos Costumes"* (La Metafísica de las Costumbres, Espanha: Tecnos, 3ª edição, 2002) possibilita concluir que, para Kant, direito e moral possuem um sentido objetivo na determinação da conduta humana e não se diferenciam propriamente em razão dos seus conteúdos possíveis, os quais estariam constantemente interconectados, mas pela forma de vinculação à lei moral e à lei jurídica.

[439] Vide, novamente, os itens 3.2.1 e 3.2.2.

[440] *Teoria Pura do Direito*: São Paulo, Martins Fontes, 2000, pp. 19 e 78.

METAÉTICA E A FUNDAMENTAÇÃO DO DIREITO

Em última análise, é nosso sentimento, nossa vontade e não nossa razão, é o elemento emocional e não o racional de nossa atividade consciente que soluciona o conflito."[441] (grifou-se)

Com efeito, segundo FINNIS, os defensores do positivismo são, mesmo que inconscientemente, seguidores de NIETZSCHE, já que reduzem a ética, a política e o direito à busca por uma *"genealogia"*, ou seja, o resgate histórico ou psicológico das fontes que dão origem aos padrões éticos, políticos e jurídicos[442]. Essas fontes produtoras de padrões normativos não são outra coisa senão o resultado do exercício de vontade de determinados indivíduos dotados de carisma ou do uso de força por parte de grupos que ambicionam mais poder. Assim, em última instância, o positivismo pressupõe que a fonte dos parâmetros normativos que devem guiar a nossa ação são reflexos dos nossos impulsos subrracionais e de nossas compulsões por submissão e dominação de outros indivíduos[443], ilustrando, mais uma vez, o traço emotivista que KELSEN incorpora em seu projeto teórico[444]. E essa característica acaba propagando uma verdadeira metodologia niilista[445], na medida em que o conteúdo final que determinará, em última instância, como os indivíduos devem agir não será outra coisa senão fruto de mero arbítrio daquele investido de poder. Veja-se, aliás, que a denominada fase cética de KELSEN pode ser compreendida como sendo o período intelectual no qual ele abdica, completamente, de pretensões kantianas na explicação do direito, ficando apenas com a sua influência nietzschiana.

---

[441] KELSEN, Hans. *O que é a Justiça?* São Paulo: Martins Fontes, 2001, p. 4/5.

[442] FINNIS, John. *A Grand Tour of Legal Theory.* In Philosophy of Law – Collected Essays: Volume IV. Reino Unido: Oxford University Press, 2011, p. 99.

[443] *"Es ist, letzten Endes, unser Gefühl, unser Wille, nicht unser Verstand, das emotionale, nicht das rationale Element unseres Bewusstseins, das den Konflikt lost."* (KELSEN, Hans. *Was ist Gerechtigkeit?*. Alemanha: Philipp Reclam, 2000, p. 16).

[444] Essa suposta "genealogia da moral" também influencia, fortemente, o pensamento empírico-pragmático na teoria do direito, analisado no tópico anterior, representando, assim, um ponto de contato entre essas duas tradições jurídicas. (FINNIS, John. *A Grand Tour of Legal Theory.* In Philosophy of Law – Collected Essays: Volume IV. Reino Unido: Orxford University Press, 2011, p. 99)

[445] ADOMEIT, Klaus. *Rechtstheorie für Studenten. Normlogik – Methodenlehre – Rechtspolitologie,* 1. Aufl., Heidelberg, Hamburg, 1979.

ANÁLISE DE PRESSUPOSTOS METAÉTICOS EM DIFERENTES TRADIÇÕES JURÍDICAS

Essas considerações permitem visualizar com maior clareza os pressupostos metaéticos que fundamentam o pensamento kelseniano.

Para PAULSON, o positivismo jurídico kelseniano, em razão da complexidade dos elementos que fundamentam o seu esquema teórico, deve ser compreendido como portando uma justificação metaética com dupla dimensão, já que, de acordo com a tese da normatividade sustentada por KELSEN, a moralidade não pode ser jamais objeto de conhecimento (científico), enquanto que a estrutura normativa do direito é passível, sim, de apreciação científico-objetiva, desde que os dados que são relevantes ao direito (e.g. as lei positivas, as decisões judiciais etc...) sejam analisados apenas com base nas condições formais do seu conhecimento (aí localizada a forte inspiração kantiana de KELSEN), ou seja, a estruturação normativa que esses dados podem revelar[446]. Nesses termos, o positivismo jurídico – mais especificamente, a versão proposta por KELSEN – deve ser visto como uma forma de não cognitivismo em relação a juízos morais (que pode indicar uma espécie de amoralismo ou de emotivismo, dependendo da fase do pensamento kelseniano), mas seria uma forma de cognitivismo em relação às normas jurídicas[447]. Teríamos, portanto, como pressupostos metaéticos:

(i) o *não cognitivismo moral*, o qual nega ser possível ao ser humano conhecer, produzir e comunicar juízos de valor que sejam verdadeiros e objetivos, na medida em que não há qualquer sentido em se falar em fatos morais ou verdades relevantes ao campo da ação humana. Isso ocorre porque juízos morais seriam ou manifestações irracionais do arbítrio do agente ou apenas expressões de seus sentimentos ou atitudes emocionais, as quais representariam a motivação que uma pessoa adota para agir de determinado modo, inexistindo qualquer critério objetivo que possa ser invocado

---

[446] *"Die Rechtstheorie wird so zu einer von allem ethisch-politischen Werturteil befreiten, möglichst exakten Strukturanalyse des positive Rechts."* (KELSEN, Hans. *Reine Rechtslehre*. Alemanha: Mohr Siebeck, 2008, p. 72).

[447] Novamente, cabe mencionar que não se está aqui defendendo que tal postura bipartida seja, em si, coerente ou verdadeira (tais argumentos deverão ser avançados pelo defensor do positivismo).

para mensurar o conteúdo dessa ação[448]. Isso significa dizer que juízos de certo/errado (bom/ruim ou justo/injusto) não possuem qualquer referência verdadeira e direta ao conteúdo concreto da ação humana, pois inexiste critério racional exterior que permita conhecê-los ou mensurá-los;

(ii) o *cognitivismo normativo,* o qual pressupõe que o fenômeno jurídico possa ser fundamentado de forma objetiva, exclusivamente, com base na sua dimensão deontológica, de modo que o fundamento último do direito exigiria apenas a compreensão do papel que a norma – estruturalmente considerada – exerce sobre as nossas práticas. O fenômeno jurídico torna-se inteligível tão somente com base na forma como se justifica a produção válida de uma norma jurídica, a qual se legitima tão somente com base na compatibilidade que essa manifesta perante outra norma ou diante do sistema normativo como um todo[449]. De acordo com essa concepção, juridicidade é sinônimo de normatividade positiva[450]. Em uma concepção normativista, portanto, o direito representa todo e qualquer agregado de comandos que são produzidos por meio de um determinado procedimento que atribui a eles o *status* vinculante no que diz respeito à ação humana, justificando-os, por meio desse processo, como partes integrantes de um único sistema normativo também considerado, em si, válido. O direito compreendido como mero catálogo de regras não possui, pois, qualquer dimensão material nem ontológica que fundamente a

---

[448] *"Das Problem der Wert ist vor allem und in erster Linie das Problem der Wertkonflikte. Und dieses Problem kann nicht mit den Mitteln rationaler Erkenntnis gelöst werden. Die Antwort auf die sich hier ergebenden Fragen ist stets ein Urteil, das in letzter Linie von emotionalen Faktoren bestimmt wird und daher einen höchst subjektiven Charakter hat. Das heisst, dass es gültig nur ist für das urteilende Subjekt und in diesem Sinn relative."* (KELSEN, Hans. *Was ist Gerechtigkeit?.* Alemanha: Philipp Reclam, 2000, p. 15).

[449] *"Die Rechtsnorm wird zum Rechtssatz, der die Grundform des Gesetzes aufweist."* (KELSEN, Hans. *Reine Rechtslehre.* Alemanha: Mohr Siebeck, 2008, p. 34).

[450] *"The only source of normativity, and therefore of the normativity of a particular norm, is positivity, that is, the actual willing of that norm by a superior; reason, even the rationality of logic and uncontroversial legal reasoning by subsumption of facts under rules, can never substitute for will".* (FINNIS, John. *A Grand Tour of Legal Theory.* In Philosophy of Law – Collected Essays: Volume IV. Reino Unido: Orxford University Press, 2011, p. 100)

ANÁLISE DE PRESSUPOSTOS METAÉTICOS EM DIFERENTES TRADIÇÕES JURÍDICAS

sua existência[451]. É exatamente por causa desse pressuposto cognitivista – referente apenas às normas jurídicas – que KELSEN define o direito como sendo uma ordem normativa que atribui sentido objetivo à conduta humana, sendo que a norma não será captada por meio de um juízo prático compreendido por meio da sua função de representação de uma realidade nem com base na sua função de afetação do agente submetido a tal comando[452]. Na verdade, para KELSEN, a estrutura da norma projeta apenas algo que DEVE-ser (*Sollen*), ou seja, ela não é a mera representação de um fato que se manifesta na realidade e que impõe aceitação nem é um elemento, em si, motivador do agente a buscar realizar determinado plano de ação, na medida em que apenas projeta uma prescrição que é capaz de direcionar o agente a uma consequência possível e desejada pelo legislador[453]. O que motiva o agente não é o conteúdo prescritivo da norma, mas, na verdade, o receio de receber a carga sancionatória que está atrelada à prescrição desejada pelo legislador[454]. Assim, para KELSEN, *"a sua conduta tem um valor positivo ou negativo, **não por ser desejada ou querida** – ela mesma ou a conduta oposta –, mas porque é conforme a uma norma ou a contradiz."* Em termos metaéticos, isso significa dizer que, para o cognitivismo normativo, apenas a estrutura da norma poder ser conhecida e compreendida em sentido objetivo, tendo em vista, exclusivamente, a função de direcionamento do juízo prático que analisará a ação a ser realizada com base em tal comando positivado por outrem[455]. Com efeito, o que atribui objetividade

---

[451] VOEGELIN, Eric. *The nature of Law and related legal writings, in The Collected works of Eric Voegelin – Volume 27.* EUA: Lousiana State University Press: 1991, p. 30.

[452] Vide o item 2.4.

[453] *"... so bedeutet dieses 'Sollen' – als Kategorie des Rechts – nur den spezifischen Sinn, in dem Rechtsbedingung und Rechtsfolge im Rechtssatz zusammengehören. Diese Kategorie des Rechts hat... eine rein formalen Charakter. Sie bleibt anwendbar, welchen Inhalt immer die so verknüpften Tatbestände haben, welcher Art immer die als Recht zu begreifenden Akte sein mögen. Keiner gesellschaftlichen Wirklichkeit kann wegen ihrer inhaltlichen Gestaltung die Vereinbarkeit mit dieser Rechtskategorie bestritten werden."* (KELSEN, Hans. *Reine Rechtslehre.* Alemanha: Mohr Siebeck, 2008, p. 36).

[454] Vide item *Das Recht als Zwangsnorm.* (KELSEN, Hans. *Reine Rechtslehre.* Alemanha: Mohr Siebeck, 2008, p. 37)

[455] Vide, novamente, o item 2.4.

a determinado sentido subjetivo de um ato de vontade (a dimensão não cognitivista do positivismo jurídico, como se viu) é o fato de existir uma norma jurídica que preveja, abstratamente, um determinado fato, agregando a ele determinado conteúdo valorativo, o qual deverá prescrever como o agente deve se comportar naquele contexto (caso realize com sucesso um juízo prático que o direciona àquele resultado). Diante disso, uma conduta humana que pode ser percebida como o sentido subjetivo de um ato de vontade por ser compreendida como dotada de objetividade quando seu conteúdo for concordante com aquele previsto em uma norma jurídica.

Essa postura teórica somente é passível de ser desenvolvida com o mínimo de coerência, uma vez que ela se sustenta na suposta existência de uma fragmentação do universo prático no qual se encontra o direito e a moral, na medida em que desenvolve uma tese explicativa da nossa realidade prática que adota uma separação absoluta entre proposições morais e proposições jurídica[456], o que se desenvolve por meio da já analisada tese da separação (*Trennungsthese*)[457]. Essa postura, conforme já se viu, escora-se na pressuposição de que a nossa realidade prática e as ações humanas nelas realizadas podem ser definidas e compreendidas de modo fragmentado, como se fosse possível se separar a forma deontológica e o conteúdo axiológico de um comando que direciona a ação humana e como se não existisse qualquer unidade em relação aos juízos e proposições práticas que seriam capazes de explicar e analisar as ações humanas. Assim, nesse contexto, a nossa realidade seria formada por inúmeros sistemas normativos (ética, direito, regras de etiqueta etc...) que não teriam, entre si, qualquer ponto de contato necessário, de modo que poderia soar plausível falar-se em um padrão normativo que pode ser conhecido racionalmente de acordo com a sua estrutura, mas cujo conteúdo é não

---

[456] *"Sie von ihm zu befreien, ist das Bemühen der Reinen Rechtslehre, die den Begriff der Rechtsnorm von dem der Moralnorm, aus dem er hervorgegangen, völlig loslöst und die Eigengesetzlichkeit des Rechts auch gegenüber dem Sittengesetz sicherstellt."* (KELSEN, Hans. *Reine Rechtslehre*. Alemanha: Mohr Siebeck, 2008, p. 33).

[457] Vide 1.1.2.

ANÁLISE DE PRESSUPOSTOS METAÉTICOS EM DIFERENTES TRADIÇÕES JURÍDICAS

captável pela razão[458]. É essa fragmentação da experiência jurídica em estrutura normativa dotada de objetividade e conteúdo avaliativo dotado de traços volitivos arbitrários que permite ao positivista qualificar a sua postura teórica como sendo, ao mesmo tempo, não cognitivista em termos morais e cognitivista em termos normativos. Essa ruptura no tecido metaético que embasa o positivismo jurídico gera consequências nada sutis no que diz respeito à efetiva compreensão do fenômeno jurídico.

Em primeiro lugar, o não cognitivismo moral aplicado ao fenômeno jurídico é deficiente em explicar a razão pela qual os operadores do direito insistem em emitir juízos de valor – sempre com intenção de objetividade – quando pretendem justificar a legitimidade ou a ilegitimidade de uma norma jurídica positiva. Ora, se um juízo de valor não pudesse, em si, agregar qualquer objetividade seria necessário, no mínimo, explicar porque as pessoas insistiriam nessa prática ilusória e sem sentido. Na verdade, mesmo que existam casos periféricos em que o juízo de valor que escora o nosso raciocínio jurídico seja nebuloso e de difícil objetivação, na grande maioria dos casos os juízos de certo e errado que apoiam um determinado argumento jurídico não são emitidos nem recebidos como sendo mera manifestação sentimental daquele que o enuncia. Assim, quando emitimos os juízos *"o infanticídio é errado", "os atos processuais devem ter um prazo"* ou *"deve-se tributar somente a situação que seja manifestadora de riqueza econômica"*, tais enunciados, em regra geral, não são recebidos (por aquele que entende o seu conteúdo) como sendo a projeção de um mero sentimento pessoal. Com efeito, o não cognitivismo moral aplicado ao direito simplesmente não dá conta de explicar como utilizamos, ordinariamente, a linguagem prática e jurídica, na qual juízos de valor são sempre invocados e recebidos com alguma pretensão de objetividade.

Em segundo lugar, o não cognitivismo moral é incapaz de impedir que eventual conteúdo axiológico perverso ou absurdo seja absorvido pelo direito por força de eventual ato de vontade que o introduza em normas jurídicas[459], as quais, diante da inexistência de critérios objetivos

---

[458] CATENACCI, Imerio Jorge. *Introducción al derecho.* Astrea, 2006, p. 209.

[459] *"Eine norm kann auch einen sinnlosen Inhalt haben. Dann ist aber keine Interpretation imstande, ihr einen Sinn abzugewinnen. Denn durch Interpretation kann aus seiner Norm nicht herausgeholt werden, was nicht schon vorher in ihr enthalten war."* (KELSEN, Hans. *Reine Rechtslehre.* Alemanha: Mohr Siebeck, 2008, p. 114).

METAÉTICA E A FUNDAMENTAÇÃO DO DIREITO

que permitam diferenciar juízos morais verdadeiros de falsos, acabariam sendo legitimadas. Para KELSEN, o problema de normas jurídicas com conteúdo manifestamente injusto não deveria preocupar o profissional do direito, já que representaria elemento estranho ao objeto de uma teoria, verdadeiramente, científica aplicada ao direito. Diante disso, o não cognitivismo aplicado ao direito acaba viabilizando a instauração de um puro voluntarismo, em que o critério último de aferição do que pode ser admitido como conteúdo jurídico próprio é a manifestação volitiva daquele com competência para positivar normas jurídicas, a qual não passa de uma representação do seu arbítrio ou das suas preferências pessoais que não poderiam ser, nos seus fundamentos, submetidas ao tribunal da razão. Com isso, assume-se postura teórica que (sendo contraditária com a intenção inicial do projeto de purificação do direito proposto por KELSEN[460]), acaba legitimando, na mesma medida, tanto sistemas jurídicos adequados e desejáveis, quanto sistemas jurídicos injustos e perversos.

Por fim, a adoção do cognitivismo normativo assume como corolário natural do seu projeto teórico a adoção de um formalismo metodológico que é aplicado na fundamentação e na objetivação do direito. De acordo com tal postura, a análise do fenômeno jurídico pressupõe tão somente seja compreendido o processo de feitura dos atos normativos, exigindo, para a análise de sua legitimação, apenas a averiguação da compatibilidade da norma sendo produzida com aquelas que já se encontram em vigor. Conforme já destacado, relega-se a um segundo plano – ou, talvez, ao esquecimento – os problemas relacionados com propósitos materiais que se buscam promover por meio do direito[461]. Para sustentar tal projeto, como já se viu, o normativismo tende a fragmentar o espaço social no qual age o ser humano, separando a realidade (o plano do ser) do espaço intelectual em que deve ser pensada a coletânea de normas válidas (o plano do dever-ser) que serão aplicadas na regulação dos conflitos, sendo que, nesse processo, uma esfera não pode predeterminar a outra, sendo a faticidade mero elemento hipotético – totalmente manipulável – da estrutura normativa[462]. O direito, em si considerado, portanto, não possui

---

[460] Vide, mais uma vez, a crítica da falsa objetividade do direito.

[461] VOEGELIN, Eric. Op. cit., pp. 27/8.

[462] *"Normatividade e faticidade são 'planos inteiramente distintos'; o dever-ser permanece intocado pelo ser e conserva a sua esfera inviolável para o pensamento normativista, ao passo que na realidade*

ANÁLISE DE PRESSUPOSTOS METAÉTICOS EM DIFERENTES TRADIÇÕES JURÍDICAS

fins materiais a serem promovidos, mas possui apenas *"pontos de imputação abstratos"*[463], os quais são, autonomamente, indicados pela norma jurídica, independentemente de fins que subjazem tais relações jurídicas.

Como se vê, portanto, com base em todo o exposto, independentemente dos ataques de incoerência e de implausibilidade relativamente às premissas metaéticas contraditórias adotadas pelo positivismo de KELSEN[464], o que não pode ser afirmado em relação a sua visão positivista – e esse é o principal objetivo deste estudo – é que ela seja desprovida de quaisquer pressupostos dotados de contornos éticos. Muito pelo contrário, já que o positivismo jurídico kelseniano desenvolve uma tese metaética bastante peculiar e própria e se escora em fundamentos éticos substanciais que não podem ser desprezados (*e.g.*, a fragmentação da realidade prática entre ser e dever-ser, a natureza arbitrária de juízos morais, a força objetiva da estrutura de uma norma jurídica, a pretensão ética de garantir certeza e segurança na aplicação do direito, mesmo ao custo de se abdicar de qualquer esforço explicativo do conteúdo desejável ou adequado das normas jurídicas etc...).

---

concreta todas as distinções de direito e não-direito, ordem e desordem se transformam, do ponto de vista normativista, em pressupostos materiais da aplicação da norma." (SCHMITT, Carl. *Sobre os três tipos de pensamento jurídico. In* MACEDO JR., Ronaldo Porto. *Carl Schmitt e a fundamentação do Direito.* São Paulo: Max Limonad, 2001, p. 173)

[463] SCHMITT, Carl. *Sobre os três tipos de pensamento jurídico. In* MACEDO JR., Ronaldo Porto. *Carl Schmitt e a fundamentação do Direito.* São Paulo: Max Limonad, 2001, p. 177.

[464] Esse possível paradoxo cognitivista/não-cognitivista presente no positivismo jurídico, já havia sido identificado por HART: *"Common to all these variants is the insistence that judgments of what ought to be done, because they contain such "non-cognitive" elements, cannot be argued for or established by rational methods as statements of fact can be, and cannot be shown to follow from any statement of fact but only from other judgments of what ought to be done in conjunction with some statement of fact. We cannot, on such a theory, demonstrate, e.g., that an action was wrong, ought not to have been done, merely by showing that it consisted of the deliberate infliction of pain solely for the gratification of the agent. We only show it to be wrong if we add to those verifiable "cognitive" statements of fact a general principle not itself verifiable or "cognitive" that the infliction of pain in ouch circumstances is wrong, ought not to be done. Together with this general distinction between statements of what is and what ought to be go sharp parallel distinctions between statements about means and statements of moral ends. We can rationally discover and debate what are appropriate means to given ends, but ends are not rationally discoverable or debatable; they are 'fiats of the will', expressions of 'emotions', 'preferences', or 'attitudes'."* (HART, Herbert. *Positivism and the Separation of Law and Morals.* Estados Unidos da América: *Harvard Law Review*, Vol. 71, 1958, pp. 529-593).

METAÉTICA E A FUNDAMENTAÇÃO DO DIREITO

4.3. Direito como integridade: cognitivismo moral com relativismo jurídico

> "Law as integrity denies that statements of law are either backward-looking factual reports o conventionalism or the forward-looking instrumental programs of legal pragmatism. It insists that legal claims are interpretive judgments and therefore combine backward- and forward-looking elements; they interpret contemporary legal practice seen as an unfolding political narrative."[465]

Até aqui se analisou como são incorporados pressupostos metaéticos de traços não cognitivistas por duas tradições que, certamente, são bastante representativas do pensamento jurídico contemporâneo. Cabe, agora, apresentar outras duas correntes jurídicas que permitem ilustrar como a teoria do direito incorpora, entre as suas premissas mais básicas, pressupostos metaéticos de estilo cognitivista. Assim, como já referido, serão aqui utilizados como exemplos de tradições jurídicas que adotam o cognitivismo moral como ponto de partida a proposta hermenêutica do *direito como integridade* desenvolvida por Ronald DWORKIN e a teoria da lei natural, de inspiração tomista, tal como apresentada por John FINNIS. Conforme será demonstrado, ambas as propostas teóricas almejam justificar a nossa prática jurídica por meio de considerações morais que manifestam alguma pretensão de objetividade prática, razão pela qual reconhecerão que as proposições que dão forma ao fenômeno jurídico podem ser qualificadas – em sentido forte ou fraco – como verdadeiras. Haverá, obviamente, divergências importantes no que se refere à existência de uma realidade prática objetiva, no que se refere ao modo pelo qual essa objetividade é formada, bem como no que se refere ao status dos juízos práticos que podem ser formulados como verdadeiros dentro de cada contexto jurídico. Por isso, será aqui sustentado que a primeira proposta cognitivista (*direito como integridade*) apresentará uma versão que almeja uma objetividade fraca e diluída no que tange ao conteúdo das proposições jurídicas que podem ser produzidas dentro de uma determinada realidade social, na medida em que nega a possibilidade de falarmos em fatos morais substantivos, caracterizados como independentes e

---

[465] DWORKIN, Ronald. *Law's Empire.* Estados Unidos da América: Harvard University Press, 1986, p. 225.

ANÁLISE DE PRESSUPOSTOS METAÉTICOS EM DIFERENTES TRADIÇÕES JURÍDICAS

pré-convencionais, de modo que a objetividade jurídica é criada apenas por meio de um processo interpretativo-argumentativo contingente que visa a resgatar a leitura mais coerente e integrada das regras formadoras de um sistema jurídico com os princípios morais que estão em vigor em uma comunidade. Por outro lado, a segunda proposta cognitivista (teoria da lei natural) tem a pretensão de organizar um esquema explicativo do fenômeno jurídico que é dotado de uma objetividade em sentido forte, a qual está pautada em bens ou valores que representam razões básicas para a ação humana, que podem ser consideradas fundamentos práticos universais, autoevidentes e pré-convencionais. As consequências, bem como os méritos e os deméritos das diferenças teóricas de cada proposta serão analisadas nos seus respectivos tópicos. Vejamos, portanto, em primeiro lugar, os pressupostos cognitivistas que podem ser reconduzidos à visão dworkiniana no sentido de que o direito representa um fenômeno social que adquire inteligibilidade apenas por meio de um processo construtivo-interpretativo que vise a justificar determinadas práticas sociais da forma mais coerente possível.

Neste tópico, pretende-se sustentar que a proposta teórica desenvolvida por DWORKIN, ao defender a sua visão do *direito como integridade*, assume traços metaéticos – mesmo que ele rejeite isso[466] – que reproduzem algumas ideias centrais do cognitivismo moral de estilo construtivista[467], na medida em que reconhece a possibilidade de se falar em uma objetividade moral, a qual representa o produto final de um processo de construção de significados e que se desenvolve, primordialmente, a partir de um plano idealizado, dentro do qual essa objetividade é confeccionada. Por isso, o sentido que o autor atribui a tal objetividade será aqui qualificado como assumindo sentido fraco e diluído, na medida em que a atribuição de objetividade a uma proposição prática não será estabelecida por força de um critério substancial independente ou pré-convencional, mas sempre dependerá dos elementos formais que compõem um processo interpretativo-argumentativo, por meio do qual, segundo ele, o intérprete busca resgatar e atribuir a uma prática social a *melhor* significação, *i.e.*, a mais coerente, tendo em vista o conteúdo de princípios morais que estejam em

---

[466] Tal ponto será analisado com mais vagar no item 4.3.3. Vide *Justice for Hedgehogs*. Estados Unidos da América: Harvard University Press, 2011, p. 24 e pp. 67/8.
[467] Vide item 3.2.5.

METAÉTICA E A FUNDAMENTAÇÃO DO DIREITO

vigor e sejam aceitos em uma determinada comunidade política. Assim, DWORKIN rejeita as pressuposições adotadas por correntes cognitivistas de estilo realista que reconhecem a possibilidade de se falar em *fatos morais*, os quais poderiam ser entendidos como sendo fundamento para a justificação de juízos práticos verdadeiros. Para DWORKIN até é possível falar-se em proposições práticas que assumam, dentro do nosso discurso rotineiro, a noção de verdade ou de falsidade, mas tais critérios somente podem ser, linguisticamente, aplicados dentro de cada contexto prático, tendo em vista os princípios morais que são aceitos em cada comunidade. Exatamente por essa razão, considerando os compromissos metaéticos que são (inconscientemente) adotados por ele, sustentar-se-á aqui que a objetividade fraca almejada dentro do esquema coerentista do *direito como integridade* poderá acarretar uma postura relativista no que tange ao efetivo conteúdo das nossas práticas jurídicas. Assim, o construtivismo hermenêutico projetado por DWORKIN[468] quando desenvolvido diante do enfoque central do debate jurídico por ele próprio proposto, qual seja, a existência de uma resposta correta para casos difíceis, acabará deixando um enorme espaço decisório que permitirá – mesmo que não seja essa a sua intenção – que soluções concretas, entre si conflitantes, sejam justificadas e legitimadas dentro do sistema jurídico.

Essas conclusões serão aqui demonstradas por meio da análise textual das ideias apresentadas nas três obras centrais de DWORKIN, quais sejam: *Taking rights seriously, A Matter of Principle* e *Law's Empire*[469]. Cabe, porém,

---

[468] A idealização dworkiniana certamente busca inspiração no construtivismo político proposto por John RAWLS (*Law's Empire*. Estados Unidos da América: Harvard University Press, 1986, pp. 192/193). Vide ainda *Justice for Hedgehogs*: *"Rawls plainly had in mind ... not a sociological but an interpretive search for overlapping consensus. (...) That is an important and, in my view, feasible project."* (Estados Unidos da América: Harvard University Press, 2011, p. 66)

[469] KAUFMANN, Arthur; HASSEMER, Winfried; NEUMANN, Ulfrid. *Einfürung in Rechtsphilosophie und Rechtstheorie der Gegenwart*. Alemanha: C.F. Müller, 2011, p. 107. Os outros escritos de DWORKIN poderiam ser defendidos, por alguns, como sendo aqueles que apresentariam, efetivamente, o *"verdadeiro"* pensamento do autor, principalmente o seu livro mais recente, *Justice for Hedgehogs* (Estados Unidos da América: Harvard University Press, 2011). No entanto, não se pode negar que as três obras clássicas do autor apresentam a versão mais completa da sua visão do *direito como integridade*, as quais lhe atribuíram toda a fama e renome, tendo elas, inclusive, sido submetidas ao intenso escrutínio dos críticos. Não seria exargero reconhecer que a essência do pensamento de DWORKIN está sintetizada nos dois artigos sobre integridade que constam do livro *Law's Empire*. Além disso, as ideias

ANÁLISE DE PRESSUPOSTOS METAÉTICOS EM DIFERENTES TRADIÇÕES JURÍDICAS

ressaltar que a reconstrução do pensamento de DWORKIN, bem como a identificação da tradição metaética a qual ele se vincula representa tarefa, extremamente, árdua. E isso se deve aos seguintes fatos:

(i) suas obras são compostas por uma série de artigos independentes, agregados em livros por força de escolhas editoriais, o que dificulta a visualização do seu pensamento em termos sistemáticos, principalmente por causa das constantes oscilações em suas posturas[470];

(ii) seus textos carecem, em grande medida, de notas e de explicações acerca das fontes primárias das ideias que ele está desenvolvendo, passando a impressão de que seus conceitos são todos inéditos e que não possuem base de inspiração, como se nenhuma tradição filosófica estaria lhe fornecendo a matriz teórica para a elaboração da sua proposta teórica; e, como consequência dessa segunda constatação;

(iii) ele não manifesta com clareza os compromissos metaéticos que ele pretende assumir, na medida em que, em um excerto do seu texto, ele indica adesão a pressupostos cognitivistas[471] (principalmente quando critica o ceticismo, o positivismo jurídico e o

---

reproduzidas nas três obras mencionadas, mesmo que aditadas por textos mais recentes, jamais chegaram a ser renegadas pelo autor, de modo que é plausível assumir que as ideias veiculadas por meio desses livros ainda são aceitas como corretas pelo autor.

[470] Segundo MELLO, o pensamento de DWORKIN poderia ser dividido em três fases. Primeiramente, em *Taking Rights Seriously*, defende ele a conexão entre o direito e a moral, por força dos princípios morais que estão implícitos em um sistema jurídico e que se revelam por meio de decisões judiciais tomadas diante de casos difíceis (*hard cases*). Em uma segunda fase, em *Law's Empire*, DWORKIN desenvolve o seu conceito de integridade, o qual exige que o sistema jurídico seja interpretado a partir de um ideal de coerência entre as regras jurídicas em vigor e os valores morais, a qual viabiliza a melhor interpretação possível das práticas sociais que estão em vigor em uma comunidade política. Por fim, em uma terceira e última fase, desenvolvida em *Justice for Hedgehogs*, DWORKIN passa a considerar o direito como uma parte integrante da moral, adotando, assim, uma *concepção monista*, na qual a moral, o direito e a política são considerados dimensões específicas de uma moralidade geral. (MELLO, Cláudio Ari. *Verdade Moral e Método Jurídico na Teoria Constitucional de Ronald Dworkin*. Inédito)

[471] *"According to law as integrity, propositions of law are true if they figure in or follow from the principles of justice, fairness, and procedural due process that provide the best constructive interpretation of*

pragmatismo) para, em seguida, retroceder e reconhecer a presença de elementos, por exemplo, emotivistas na justificação da nossa prática jurídica[472].

Exatamente por causa dessas dificuldades, pretende-se aqui ilustrar a visão dworkiniana do *direito como integridade*, fazendo sempre remissão direta ao texto do autor. Assim, pretende-se demonstrar, nos itens que seguem, a tentativa de DWORKIN de se colocar no meio do caminho – como uma terceira via – entre o não cognitivismo trilhado pelas versões positivistas mais comuns e o cognitivismo forte, de estilo realista, projetado pelos defensores da teoria da lei natural. E, para tanto, será necessário reproduzir a sua ideia coerentista do *direito como integridade*, a qual vislumbra o fenômeno jurídico como sendo um processo de construção interpretativa da nossa realidade prática por meio do desenvolvimento de uma narrativa (emulando a interpretação literária) que reconstitua a *melhor* interpretação dos princípios morais que estão em vigor em uma determinada comunidade política. Somente assim será possível revelar, ao final, os pressupostos metaéticos que podem estar por trás da proposta dworkiniana de explicação do direito.

4.3.1. Uma proposta intermediária entre o positivismo jurídico e o jusnaturalismo

DWORKIN, sem dúvida alguma, elabora a sua proposta explicativa do fenômeno jurídico, pensando, primeiramente, na crítica e na desconstrução de outras três propostas rivais, as quais, entende ele, comentem graves falhas no que se refere à elaboração do conceito de direito, bem como no que se refere à estruturação de um método adequado à correta compreensão do fenômeno jurídico. Por isso, a visão dworkiniana acerca do direito pode ser vista como uma resposta aos defeitos que ele visualiza no positivismo jurídico (ou convencionalismo), no pragmatismo e no

---

the community's legal practice." (Law's Empire. Estados Unidos da América: Harvard University Press, 1986, p. 225).

[472] *"Any judge will develop, in the course of his training and experience, a fairly individualized working conception of law on which he will rely, perhaps unthinkingly, in making these various judgments and decisions, and the judgments will then be, for him, a matter of feel or instinct rather than analysis." (Law's Empire.* Estados Unidos da América: Harvard University Press, 1986, p. 256)

ANÁLISE DE PRESSUPOSTOS METAÉTICOS EM DIFERENTES TRADIÇÕES JURÍDICAS

jusnaturalismo. Todas essas posturas, segundo ele, cometeriam o erro de definir a prática jurídica apenas a partir do nível semântico da nossa atividade linguística[473]. Para DWORKIN, tanto a justificação de valores morais objetivos, quanto a reconstrução do conceito de direito não podem ser pautadas em fatos naturais nem pode depender de elementos, puramente, semânticos, convencionais ou metafísicos, na medida em que a compreensão de tais elementos exigiria uma atitude meramente descritiva, com pretensões de suposta neutralidade, o que seria uma tarefa inviável de ser promovida no direito, na medida em que estaria desprezando a dimensão avaliativa e construtiva que o intérprete exerce quando da realização desse fenômeno prático. Por isso, DWORKIN rejeita qualquer possibilidade de se tratar o fenômeno jurídico como se ele dependesse ou de fatos naturais (*e.g.*, convenções positivadas por determinado legislador) ou de elementos metafísicos de estilo jusnaturalista[474], os quais pressuporiam, segundo ele, que a significação dos objetos pudesse estar, fisicamente, conectada na realidade[475]. A esse dilema crítico DWORKIN atribui o nome de *aguilhão semântico (semantic sting)*[476] e, para ele, a forma de se superar os supostos defeitos das posturas caracterizadas como

---

[473] *"Semantic theories suppose that lawyers and judges use mainly the same criteria (though these are hidden and unrecognized) in deciding when propositions of law are true or false; they suppose that lawyers actually agree about the grounds of law." (Law's Empire.* Estados Unidos da América: Harvard University Press, 1986, p. 33).

[474] *"Dworkin rejeita o jusnaturalismo porque entende que as teses do direito natural estão baseadas em uma concepção insustentável de realismo moral metafísico. As teorias jusnaturalistas afirmam que existem valores morais na "estrutura do universo" (fabric of the universe) e que a mente humana pode conhecê-los e explicá-los adequadamente a ponto de poder sustentar proposições verdadeiras acerca desses fatos morais. Para Dworkin, qualquer teoria fundada na tese de que existem fatos morais na 'estrutura do universo' é falsa. Os valores morais são objetivos porque podem ser demonstrados como verdadeiros por meio da argumentação adequada, não porque correspondem a fatos existentes no mundo natural."* (MELLO, Cláudio Ari. *Verdade Moral e Método Jurídico na Teoria Constitucional de Ronald Dworkin*. Inédito) No tópico seguinte, pretende-se demonstrar que é absolutamente errônea a visão de que é eminentemente descritiva e axiolociamente neutra a postura que defende a existência, racionalmente, vinculante da lei natural. O conceito de um juízo prático, para a postura jusnaturalista, de modo algum pode ser representado como sendo apenas descritivo (vide, novamente, item 2.4 e, a seguir, o item 4.4.1).

[475] *A Matter of Principle*. Estados Unidos da América: Harvard University Press, 1985, p. 167.

[476] *Law's Empire*. Estados Unidos da América: Harvard University Press, 1986, p. 45. Vide, ainda, MELLO, Cláudio Ari. *Verdade Moral e Método Jurídico na Teoria Constitucional de Ronald Dworkin*. Inédito.

METAÉTICA E A FUNDAMENTAÇÃO DO DIREITO

semânticas seria por meio de uma *atitude interpretativa*[477], a qual trata o fenômeno jurídico como um conceito necessariamente *interpretativo*[478].

Para se compreender com mais clareza o escopo de tal crítica e o significado da proposta de definir o direito em termos interpretativos, mostra-se necessário visualizar a preocupação central manejada pelo DWORKIN ao assumir uma postura que pretende se colocar entre o positivismo jurídico e o jusnaturalismo[479].

Uma das preocupações centrais de DWORKIN diz respeito à possibilidade ou não de pressupormos a existência de uma resposta correta para todos os problemas jurídicos, inclusive, aqueles casos concretos que são, por ele, definidos como *casos difíceis (hard cases)*, ou seja, aquelas disputas ocorridas no direito em relação às quais o catálogo de regras vigentes não seria capaz de fornecer uma solução objetiva e unívoca, de modo que a resolução de tais impasses jurídicos poderia ou deveria se dar por meio do recurso à interpretação dos princípios que receberiam aceitação em uma determinada comunidade jurídica. Assim, no contexto desse debate, existiriam os defensores da tese de que não há uma resposta correta (*no right answer thesis*) e os defensores da tese, entre eles DWORKIN[480], de que há uma resposta correta para todo e qualquer dilema jurídico[481].

A possibilidade de existir uma solução concreta para todos os casos jurídicos deveria pressupor que o sistema jurídico possuísse um determinado número de conceitos (*e.g.*, contrato válido, responsabilidade civil, crime etc...) em relação aos quais os juízes teriam um dever de aplicação aos casos concretos sempre que se materializasse a situação de

---

[477] *Law's Empire*. Estados Unidos da América: Harvard University Press, 1986, pp. 46/47.

[478] *"Law is an enterprise such that propositions of law do not describe the real world in the way ordinary propositions do, but rather are propositions whose assertions is warranted by ground rules like those in the literary exercise."* (*A Matter of Principle*. Estados Unidos da América: Harvard University Press, 1985, p. 135).

[479] THOM BROOKS, *"Between Natural Law and Legal Positivism: Dworkin and Hegel on Legal Theory"*, Apud MELLO, Cláudio Ari. *Verdade Moral e Método Jurídico na Teoria Constitucional de Ronald Dworkin*. Inédito.

[480] *A Matter of Principle*. Estados Unidos da América: Harvard University Press, 1985, p. 119.

[481] *"Er ist überzeugt, dass es für einen Fall immer nur eine richtige Lösung geben kann."* (KAUFMANN, Arthur; HASSEMER, Winfried; NEUMANN, Ulfrid. *Einfürung in Rechtsphilosophie und Rechtstheorie der Gegenwart*. Alemanha: C.F. Müller, 2011, p. 107)

ANÁLISE DE PRESSUPOSTOS METAÉTICOS EM DIFERENTES TRADIÇÕES JURÍDICAS

sua incidência. Tais conceitos seriam denominados de *conceitos dispositivos*[482] e seguiriam uma tese bivalente, ou seja, dependendo de cada caso, haveria duas possibilidades aplicativas: ou se está diante da situação de sua incidência (de modo que o juiz possui um dever se aplicá-lo ao caso) ou não se está diante da situação de sua incidência (de modo que o juiz possui um dever de não aplicá-lo ao caso). No entanto, para DWORKIN, essa compreensão bivalente de aplicação de conceitos dispositivos na resolução de disputas jurídicas simplesmente não se mostra suficiente, na medida em que tal visão conforme já se destacou, pressuporia uma teoria meramente semântica do fenômeno jurídico, segundo a qual as proposições jurídicas seriam idênticas às respectivas proposições sobre os deveres oficiais de sua aplicação aos casos. Isso, por sua vez, exigiria que os conceitos dispositivos tivessem uma relação necessária – e não apenas contingente – com determinados eventos que poderiam ocorrer na realidade. Essa pressuposição, segundo DWORKIN, esconderia um tipo especial de relação que os conceitos dispositivos exercem na argumentação jurídica, pois estaria obscurecendo o fato desses conceitos exercerem a função de construir um tipo de ponte entre os eventos a que eles se reportam e as conclusões jurídicas acerca de direitos e deveres relacionados a eles[483]. Além disso, o tratamento meramente semântico dos conceitos jurídicos não conseguiria explicar como e porque existe tamanha divergência interpretativa e argumentativa dentro do direito.

Para DWORKIN, portanto, os defeitos daquilo que ele denomina de teoria semântica na explicação do fenômeno jurídico estariam presentes tanto nas versões mais comuns do positivismo jurídico[484], quanto na postura daqueles que defendem a existência de uma lei natural[485]. Nas duas posturas, segundo ele, a fundamentação do direito pressuporia

---

[482] *"Dispositive concepts are used to describe the occasions of official duty, but it does not follow that these concepts must themselves have the same structure as the concept of duty."* (*A Matter of Principle*. Estados Unidos da América: Harvard University Press, 1985, p. 124)

[483] *A Matter of Principle*. Estados Unidos da América: Harvard University Press, 1985, p. 125.

[484] *"Semantic theories like positivism crimp language by denying us the opportunity to use 'law' in this flexible way, depending on context or point. They insist that we must choose, once and for all, between 'wide' or preinterpretive and narrow or interpretive sense."* (*Law's Empire*. Estados Unidos da América: Harvard University Press, 1986, p. 104).

[485] *"Law as integrity supplemented, when integrity gives out, by some version of natural law theory? This is not a very important objection; it only suggests a different way of reporting the conclusions it*

METAÉTICA E A FUNDAMENTAÇÃO DO DIREITO

conceitos jurídicos estanques que teriam um vínculo necessário com fatos justificadores de sua aplicação, os quais, supostamente, não dependeriam de um processo construtivo de interpretação para que fosse viável a sua aplicação aos casos. Em primeiro lugar, para o defensor do positivismo, teríamos uma análise descritiva dos fenômenos sociais que produzem validamente o direito[486]. Já para o defensor da lei natural, o fenômeno jurídico pressuporia a descrição de essências naturais que estariam presentes no tecido do universo (*fabric of the universe*[487]).

Assim, a dimensão mais relevante para a compreensão do direito não seria a de analisar proposições que descreveriam determinados estados de coisas que justificariam a aplicação de regras a casos, mas exigiria uma leitura contextual da narrativa dentro da qual o direito é interpretado, criado e aplicado, de modo, não apenas histórico e retrospectivo, mas também prospectivo, contínuo e criativo da nossa realidade jurídica. Desse modo, um conceito interpretativo do direito assumiria uma perspectiva, não apenas descritiva, mas também crítica e construtiva dos significados de uma determinada prática social, a qual buscaria identificar e reconstruir os valores e as finalidades que melhor justificam essa prática.

Como se vê, a proposta intermediária sugerida por DWORKIN atribui máxima importância à atitude interpretativa que se deve ter para a correta compreensão do fenômeno jurídico, razão pela qual se mostra necessário esclarecer, de modo mais detalhado, nos itens seguem, porque e como se desenvolve essa compreensão interpretativa do direito.

4.3.2. O conceito de integridade e o Direito como interpretação

Como se viu, as visões semânticas do direito representariam, para DWORKIN, apenas teorias sobre a nossa prática jurídica, as quais representariam propostas rivais que estariam disputando espaço com a concepção interpretativa do direito por ele defendida. Obviamente, para DWORKIN, a sua perspectiva hermenêutica seria a que melhor

---

no longer challenges." (*Law's Empire*. Estados Unidos da América: Harvard University Press, 1986, p. 263)

[486] "*Legal positivists believe that propositions of law are indeed wholly descriptive: they are pieces of history*". (*A Matter of Principle*. Estados Unidos da América: Harvard University Press, 1985, p. 147).

[487] DWORKIN, Ronald. *Justice for Hedgehogs*. Estados Unidos da América: Harvard University Press, 2011, p. 55.

ANÁLISE DE PRESSUPOSTOS METAÉTICOS EM DIFERENTES TRADIÇÕES JURÍDICAS

conseguiria esclarecer a verdadeira composição do direito, na medida em que seria a única que teria identificado o correto método de aplicação e de resolução de caso no direito.

Para fazer justiça ao pensamento dworkiniano, pelo menos três conceitos formadores da sua tese básica devem ser bem esclarecidos, quais sejam: a noção da construção do direito por meio de uma interpretação narrativa, de estilo quase literário, a sua visão de integridade como ideal de coerência e a possibilidade de o direito ser formado por proposições verdadeiras e objetivas. Assim sendo, vejamos cada ponto em separado.

O Direito como interpretação e a analogia com a narrativa literária

Conforme se destacou no tópico anterior, para DWORKIN, as proposições jurídicas não são meramente descritivas de uma realidade relacionada a um contexto de ação que poderia ser definido como, naturalmente, objetivo, do mesmo modo que não podem ser compreendidas como meras expressões da intencionalidade daqueles responsáveis pela feitura do direito[488]. Ambas tradições jurídicas seriam falhas, pois estariam a pressupor que um plano de ação poderia ser qualificado como legítimo ou conforme o direito apenas em razão do fato de alguém assim ter desejado ou em razão do fato de existir uma teoria moral verdadeira que estaria fundamentando, de modo independente, essa afirmação. Segundo ele a melhor alternativa para se compreender o fenômeno jurídico seria aquela que trilhasse o seguinte raciocínio: proposições jurídicas[489] não são nem descritivas de um contexto histórico-jurídico nem são apenas uma avaliação a temporal de como proposições jurídicas deveriam ser formuladas, mas, na verdade, devem ser compreendidas como interpretativas, na medida em que agregam tanto elementos descritivos de uma

---

[488] *"One is to suppose that controversial propositions of law, like affirmative action statements, are not descriptive at all but are rather expressions of what the speaker wants the law to be. Another is more ambitious: controversial statements are attempts to describe pure objective or natural law, which exists in virtue of objective moral truth rather than historical decision."* (*A Matter of Principle.* Estados Unidos da América: Harvard University Press, 1985, p. 147)

[489] *"Let us call 'propositions of law' all the various statements and claims people make about what law allows or prohibits or entitles them to have."* (*Law's Empire.* Estados Unidos da América: Harvard University Press, 1986, p. 4).

METAÉTICA E A FUNDAMENTAÇÃO DO DIREITO

realidade histórica, como elementos avaliativos acerca da *melhor* leitura possível de seu significado[490].

Por essa razão, pretendendo se sobrepor às versões rivais no que se refere à explicação do fenômeno jurídico, DWORKIN projeta uma proposta integralmente interpretativa do direito, a qual é melhor desenvolvida quando vista sob a ótica da interpretação artística e literária[491]. Assim, o direito seria como literatura[492], exatamente porque possuiria o direito uma essência interpretativa, não apenas por força do modo como os operadores do direito lidam com regras jurídicas, mas também de forma ampla e irrestrita no que diz respeito a sua própria composição essencial do direito. Por isso, sendo o fenômeno jurídico, eminentemente, interpretativo, a melhor forma de compreendê-lo, para DWORKIN, exigiria uma comparação com a interpretação literária[493].

Para tanto, DWORKIN propõe o que ele chama de *Hipótese Estética*, a qual pressupõe que uma prática social possa ser desenvolvida por meio de uma técnica hermenêutica que seja capaz de revelar a melhor leitura possível do significado de um determinado objeto (seja de um texto jurídico, seja de uma obra de arte)[494]. A forma de interpretação dessa prática social segue, portanto, o modelo da interpretação artística, na medida em que tanto o direito, quanto outra atividade social corporificam-se em algo que foi objeto de criação por parte de outras pessoas e que forma uma entidade distinta daqueles que a criaram[495]. Essa aproximação entre direito e arte literária, porém, exige que se diferencie a interpretação criativa (aplicável a ambos) da interpretação, puramente, científica, na qual a intenção é apenas a de se relevar os elementos que existem em

---

[490] *A Matter of Principle.* Estados Unidos da América: Harvard University Press, 1985, p. 147.

[491] *"Lawyers would do well to study literary and other forms of artistic interpretation."* (*A Matter of Principle.* Estados Unidos da América: Harvard University Press, 1985, p. 148)

[492] *"We can usefully compare the judge deciding what the law is on some issue ... with the literary critic teasing out the various dimensions of value in a complex play or poem. (...) Judges, however, are authors as well as critics."*(*Law's Empire.* Estados Unidos da América: Harvard University Press, 1986, pp. 228/9).

[493] *A Matter of Principle.* Estados Unidos da América: Harvard University Press, 1985, p. 146.

[494] *"... an interpretation of a piece of literature attempts to show which reading (or speaking or directing or acting) the text reveals it as the best work of art."* (*A Matter of Principle.* Estados Unidos da América: Harvard University Press, 1985, p. 149).

[495] *Law's Empire.* Estados Unidos da América: Harvard University Press, 1986, p. 50.

ANÁLISE DE PRESSUPOSTOS METAÉTICOS EM DIFERENTES TRADIÇÕES JURÍDICAS

determinada realidade sendo analisada pelo cientista. Assim, a interpretação criativa – que se diferenciaria da interpretação semântica de conceitos dispositivos – sempre almejará decifrar a intenção e os objetivos daquele que elaborou o objeto sendo interpretado[496]. Isso significa dizer que a interpretação criativa terá uma feição construtiva[497], na medida em que o intérprete estará constituindo a significação final que se atribui ao objeto de interpretação, com o intuito de impor "a melhor forma" que tal objeto poderia assumir[498].

No entanto, no direito, exige-se uma consistência que não seja apenas narrativo-literária, mas uma consistência normativa, a qual deve levar em considerações elementos mínimos que já estão presentes no texto das regras jurídicas vigentes. Assim, a metodologia que permitiria a reconstrução de um raciocínio jurídico seria aquela que emulasse uma técnica literária capaz de relevar a *melhor* interpretação possível de um texto, o que pressupõe, não apenas um método para a reconstrução de significados implícitos no material que será interpretado, mas também pressupõe uma subteoria da identidade (*i.e.*, de correspondência), de modo a permitir diferenciar o que é interpretar um texto (*i.e.*, mantendo-se a sua originalidade) e ler um texto de modo a criar algo completamente novo (*i.e.*, sem manter contato com o texto original).

É por essas razões que o direito deveria ser compreendido como seguindo um método bastante próximo ao da literatura. Ora, da mesma forma em que o artista cria a sua obra na mesma medida em que a está interpretando, o jurista também deveria visualizar a sua tarefa como sendo uma atitude de interpretação criativa da prática jurídica (segundo DWORKIN, pelo menos no que se refere aos casos difíceis). Um juiz seria, pois, como uma espécie romancista que estaria, juntamente com outros, escrevendo uma obra coletiva, sendo cada autor responsável pela escrita de um capítulo, mas tendo, previamente, lido, interpretado e criticado

---

[496] *Law's Empire*. Estados Unidos da América: Harvard University Press, 1986, p. 51.

[497] *"Roughly, constructive interpretation is a matter of imposing purpose on an object or practice in order to make of it the best possible example of the form or genre to which it is taken to belong."* (*Law's Empire*. Estados Unidos da América: Harvard University Press, 1986, p. 52)

[498] *"If our community does indeed accept the abstract 'conceptual' idea that legal rights are those flowing from past political decisions according to **the best interpretation of what that means**, then this helps to explain the complex relation between law and other social phenomena."* (*Law's Empire*. Estados Unidos da América: Harvard University Press, 1986, p. 96 – grifou-se).

METAÉTICA E A FUNDAMENTAÇÃO DO DIREITO

os capítulos anteriores dessa mesma obra[499]. Assim, ao aplicar regras e princípios a determinado caso, estaria ele desenvolvendo o significado das proposições jurídicas dentro de uma cadeia interpretativa (*The chain of Law*), na qual os juízes não deveriam apenas descobrir o significados do material jurídico produzido no passado, mas também elaborar a melhor solução possível para o caso presente, de modo a justificar a coerência entre a sua decisão atual e o conjunto de decisões que formaram o direito no passado[500].

É, portanto, dentro desse esquema narrativo e criativo de significados que se compreende o papel da interpretação na construção da nossa *realidade jurídica objetiva*. Nesse contexto, o processo interpretativo exerceria uma função criativa e constitutiva de todas as instituições e práticas jurídicas concretas, inclusive, por exemplo, no que se refere ao conceito de justiça[501]. Para DWORKIN o conteúdo do que é justo não pode receber nenhuma definição semântica, de modo que não pode ser formulado em termos de regras. Na verdade, a noção de justiça somente pode ser apresentada em termos daqueles conceitos abstratos que podem ser argumentados como sendo os elementos mínimos aceitos por uma determinada comunidade. Assim, tais elementos incontroversos sobre justiça podem fornecer os argumentos que apontam para o conceito de justiça que se sobrepõe em determinada comunidade, o qual regula a forma como são apresentadas as variadas concepções de justiça defendidas

---

[499] *"In this enterprise a group of novelists writes a novel seriatim; each novelist in the chain interprets the chapters he has been given in order to write a new chapter, which is then added to what the next novelist receives, and so on. Each has the job of writing his chapter so as to make the novel being constructed the best it can, and the complexity of this task models the complexity of deciding a hard case under law as integrity."* (*Law's Empire*. Estados Unidos da América: Harvard University Press, 1986, p. 229)

[500] *"Each judge is then like a novelist in the chain. He or she must read through what other judges have said, or their state of mind when they said it, but to reach an opinion about what these judges collectively have done, in the way that each of our novelists formed an opinion about the collective novel so far written. (...) He must interpret what has gone before because he has a responsibility to advance the enterprise in hand rather than strike out in some new direction of his own."* (*A Matter of Principle*. Estados Unidos da América: Harvard University Press, 1985, p. 159). Vide, ainda, GUEST, Stephen. *Ronald Dworkin*. Estados Unidos da América: Stanford Law Books, 3ª edição, 2012, p. 85.

[501] *"...justice is an institution we interpret."* (*Law's Empire*. Estados Unidos da América: Harvard University Press, 1986, p. 73).

nessa mesma comunidade. Nesse ponto, mostra-se relevante a diferenciação que DWORKIN promove em relação às noções de *conceito* e de *concepção*, as quais são separadas tendo em vista o grau de abstração com que um objeto ou uma prática social é esclarecido ou justificado. Assim, o *conceito* de uma prática social demonstra o primeiro nível – mais abstrato – com que uma prática pode ser justificada, ilustrando aqueles elementos que são mais aceitos e são incontroversos em relação à prática que é adotada dentro da comunidade. Já a *concepção* de uma prática aponta para o segundo nível definicional, o qual manifesta as diferentes dimensões e as variadas formas de concretização que o conceito pode manifestar, ilustrando a controvérsia latente que há nesta instância[502]. Por isso, uma comunidade política pode apresentar um conceito de justiça que toca naqueles elementos mais paradigmáticos e pouco controversos acerca do que é devido para cada cidadão[503], ao passo que pode ainda divergir sobre as inúmeras concepções de justiça que são disputadas e discutidas naquele espaço social e que ilustram as divergências acerca de como o conceito de justiça pode ser concretizado e efetivado. Por isso, o direito visto como integridade representará aquela proposta que consegue resgatar a melhor concepção de justiça que pode ser compartilhada em uma determinada comunidade política[504].

Além disso, para DWORKIN, a atividade interpretativa no direito deveria ser dividida em três etapas.

Primeiramente, teríamos a fase *pré-interpretativa*. Nessa etapa, o aplicador do direito estaria apenas coletando e analisando o conjunto de elementos jurídicos positivados que formam o sistema jurídico de uma comunidade política, como, por exemplo, a sua constituição, as suas leis

---

[502] *"The contrast between concept and conception is here a contrast between levels of abstraction at which the interpretation of the practice can be studied. At the first level agreement collects around discrete ideas that are uncontroversially employed in all interpretations; at the second the controversy latent in this abstraction is identified and taken up."* (*Law's Empire*. Estados Unidos da América: Harvard University Press, 1986, p. 71)

[503] *"It is paradigmatic for us now that punishing innocent people is unjust, that slavery is unjust, that stealing from the poor for the rich is unjust. Most of us would reject out of hand any conception that seemed to require or permit punishing the innocent."* (*Law's Empire*. Estados Unidos da América: Harvard University Press, 1986, p. 75)

[504] *"... so that arguments over justice can be understood as arguments about the best conception of that concept."* (*Law's Empire*. Estados Unidos da América: Harvard University Press, 1986, p. 74)

METAÉTICA E A FUNDAMENTAÇÃO DO DIREITO

vigentes, os seus costumes e os precedentes dos tribunais[505]. Nesta fase, para DWORKIN, já seria necessário um grande nível de consenso social em relação ao conteúdo das práticas sociais sendo interpretadas[506]. Isso porque, nesse momento, estar-se-ia apenas coletando a informação jurídica pertinente ao caso e não se estaria construído a melhor interpretação dentro de um cenário de divergência. Tal etapa seria, de qualquer modo, interpretativa, mas estaria fornecendo apenas as premissas básicas consensuais para o desenvolvimento de argumentos jurídicos que poderão ser levados em consideração nas outras etapas do processo hermenêutico[507]. Conforme bem destaca MELLO[508], as propostas rivais rejeitadas por DWORKIN, principalmente o positivismo jurídico, ficariam satisfeitas apenas com esta etapa preparatória do raciocínio jurídico.

Em segundo lugar, haveria a etapa propriamente *interpretativa* desse processo, na qual seriam apresentadas e contrastadas as possíveis justificações dos conceitos jurídicos primários coletados na já analisada fase pré-interpretativa. Essa etapa seria promovida com o intuito de argumentar e justificar a função e a razão de ser da prática social que deveria ou não ser realizada em determinado contexto de ação[509]. Assim, o aplicador do direito deve buscar construir uma interpretação sistemática que possa ser justificada como sendo a mais coerente dentre as variadas alternativas que poderiam ser elaboradas a partir dos textos jurídicos relevantes. Para tanto, deve o intérprete desenvolver e apresentar as teorias morais e políticas capazes de fornecer o critério para essa *"melhor interpretação"*, a qual, dentro da metodologia hermenêutica proposta por DWORKIN,

---

[505] *"... in which the rules and standards taken to provide the tentative content of the practice are identified." (Law's Empire.* Estados Unidos da América: Harvard University Press, 1986, pp. 65/6).
[506] *Law's Empire.* Estados Unidos da América: Harvard University Press, 1986, p. 66. Nesse sentido: *"Dworkin supposes a level of description which secures a level of consensus... and so, in Dworkin's terms, is pre-interpretive – because there is reasonable consensus about the content of the rules".* (GUEST, Stephen. *Ronald Dworkin.* Estados Unidos da América: Stanford Law Books, 3ª edição, 2012, pp. 66/7).
[507] *"the interpretive atitude cannot survive unless members of the same interpretive community share at least roughly the same assumptions about this* [material bruto obtido na fase pré-interpretativa]" *(Law's Empire.* Estados Unidos da América: Harvard University Press, 1986, p. 67).
[508] MELLO, Cláudio Ari. *Verdade Moral e Método Jurídico na Teoria Constitucional de Ronald Dworkin.* Inédito.
[509] *Law's Empire.* Estados Unidos da América: Harvard University Press, 1986, p. 66.

ANÁLISE DE PRESSUPOSTOS METAÉTICOS EM DIFERENTES TRADIÇÕES JURÍDICAS

dependeria de uma análise que passaria por duas dimensões, quais sejam a dimensão da compatibilidade (*fit*) e a da moralidade política (*political morality*). A primeira, segundo DWORKIN, indicaria que a teoria política a ser utilizada na explicação do direito seria aquela que fosse capaz de melhor justificar o material legislativo que veio a ser estabelecido. Assim, entre duas teorias rivais, deveríamos selecionar aquela que fosse capaz de justificar a maior quantidade de material jurídico que veio a ser efetivamente positivado[510]. Nesta dimensão, portanto, podemos afirmar que teríamos um critério quantitativo. Já a segunda forneceria o critério qualitativo, por meio do qual seria possível promover-se o desempate moral entre duas teorias políticas que fossem capazes de justificar, em condições de igualdade, a compatibilidade do material jurídico em vigor. A teoria a ser escolhida seria aquela capaz de melhor justificar em termos políticos e morais os direitos que poderiam ser extraídos do material jurídico em vigor[511]. E é, precisamente, nesse ponto, que surge a relevância da ideia de *integridade*, a qual representa o critério final para a resolução de conflitos jurídicos considerados difíceis e que dá fechamento a toda concepção dworkiniana da teoria interpretativa do direito.

Por fim, teríamos uma fase *pós-interpretativa*, na qual se abriria a possibilidade de revisão e reforma (*i.e.*, uma espécie de sintonia fina) das conclusões práticas que foram desenvolvidas na fase interpretativa anterior, com o intuito de apresentar o sentido "real" da prática social e jurídica sendo submetida a esse processo de interpretação[512].

É, portanto, dentro desse esquema interpretativo que DWORKIN pressupõe que, em última instância, seria sempre possível pressupormos a existência de uma resposta certa para os problemas que enfrentamos

---

[510] *"The dimension of fit supposes that one political theory is pro tanto better than another if, roughly speaking, someone who held that theory would, in its service, enact more of what is settled than would someone who held the other."* (*A Matter of Principle*. Estados Unidos da América: Harvard University Press, 1985, p. 143).

[511] *"We accept integrity as a political ideal because we want to treat our political community as one of principle, and citizens of a community of principle aim not simply at common principles, as if uniformity were all they wanted, but the best common principles politics can find."* (*Law's Empire*. Estados Unidos da América: Harvard University Press, 1986, p. 263)

[512] *"Finally, there must be a postinterpretive or reforming stage, at which he adjusts his sense of what the practice 'really' requires so as better to serve the justification he accepts at the interpretive stage."* (*Law's Empire*. Estados Unidos da América: Harvard University Press, 1986, p. 66).

METAÉTICA E A FUNDAMENTAÇÃO DO DIREITO

no direito. Isso porque, adotando-se a perspectiva narrativa e construtiva proposta por DWORKIN, podemos reconhecer que a resposta correta estará dependendo não apenas de cada sistema jurídico em que essas disputas difíceis forem apresentadas, mas estará, na verdade, dependendo da *melhor* interpretação que poderá ser desenvolvida pelos operadores do direito vinculados a esse mesmo sistema[513]. Se essa atitude interpretativa for adotada, segundo DWORKIN, os casos em que não haveria uma resposta correta seriam extremamente raros ou, inclusive, inexistentes[514].

A integridade no Direito e o seu ideal de coerência

Conforme se viu, o resgate da *melhor* interpretação possível, para DWORKIN, seria definido por meio de um critério, qual seja o da integridade na interpretação do significado de um objeto (*e.g.*, uma obra de arte ou um texto jurídico). Por sua vez, o critério da integridade no que se refere à efetiva significação do objeto de interpretação é definido pela coerência com que se consegue justificar o maior número de proposições que formam aquilo sendo interpretado[515].

Com efeito, pode-se dizer que a ideia mais ampla que perfaz o pensamento de DWORKIN, ao caracterizar o direito como sendo um fenômeno social interpretativo, é a da integridade, a qual se manifesta por meio de dois princípios políticos, um regulador da atividade legislativa e outro regulador da atividade jurisdicional. O primeiro princípio exige que o legislador formule um sistema total de leis que seja moralmente coerente, enquanto que o segundo princípio exige que o juiz aplique tais leis de

---

[513] *"Can we imagine questions that might be raised within a legal system that would have no right answer for the same sort of reason? That must depend upon the legal system, of course, but it also depends upon how we understand and expand the claim ... that a proposition of law is sound if it figures in the best justification that can be provided for the body of legal propositions taken to be settled."* (*A Matter of Principle*. Estados Unidos da América: Harvard University Press, 1985, p. 143)

[514] *"The availability of this second dimension makes it even less likely that any particular case will have no right answer."* (*A Matter of Principle*. Estados Unidos da América: Harvard University Press, 1985, p. 143).

[515] *"An interpretive style will also be sensitive to the interpreter's opinions about coherence or integrity in art. An interpretation cannot make a work of art more distinguished if it makes large part of the text irrelevant, or much of the incident accidental, or a great part of the trope or style unintegrated and answering only to independent standards of fine writing."* (*A Matter of Principle*. Estados Unidos da América: Harvard University Press, 1985, p. 150)

ANÁLISE DE PRESSUPOSTOS METAÉTICOS EM DIFERENTES TRADIÇÕES JURÍDICAS

modo a garantir o máximo possível de coerência entre as suas proposições jurídicas, visando a identificar os padrões morais que estão implícitos em tais princípios[516]. O ideal da integridade, portanto, não é outra coisa senão a busca por uma coerência no que diz respeito à formulação e a aplicação de proposições jurídicas, tendo em vista um conjunto de princípios morais que está, implicitamente, em vigor em uma comunidade política.

A integridade, nessa esteira, é compreendida como sendo a maior virtude que uma prática social pode manifestar[517], mesmo que outros valores também devam ser combinados na resolução de conflitos jurídicos, sendo os mais relevantes a justiça, a igualdade e o devido processo legal[518]. É por essa razão que, para DWORKIN, uma comunidade que aceita o ideal da integridade terá uma série de vantagens substanciais (mesmo que o processo interpretativo antes exposto possa ser definido em termos meramente formais), quais sejam[519]: *(a)* tal comunidade adquirirá autoridade moral para o uso da coerção social; *(b)* fornecerá uma proteção contra a parcialidade e a corrupção oficial; *(c)* tornará mais eficiente o direito, na medida em que, a partir do momento em que o direito vier a ser regulado não apenas por regras, mas também por princípios morais, as pessoas se tornarão mais sofisticadas e complexas ao compreenderem que as práticas jurídicas podem ser realizadas, independentemente de um detalhamento legislativo ou de resolução de conflitos pelo Judiciário; e *(d)* aprofundará o relacionamento dos cidadãos com os padrões públicos que vigoram na sua comunidade, tornando cada indivíduo mais fiel[520] e

---

[516] *Law's Empire*. Estados Unidos da América: Harvard University Press, 1986, pp. 176 e 217.

[517] *Law's Empire*. Estados Unidos da América: Harvard University Press, 1986, p. 178.

[518] *"According to law as integrity, propositions of law are true if they figure in or follow from the principles of justice, fairness, and procedural due process that provide the best constructive interpretation of the community's legal practice."* (*Law's Empire*. Estados Unidos da América: Harvard University Press, 1986, p. 225). *Vide, ainda*, KAUFMANN, Arthur; HASSEMER, Winfried; NEUMANN, Ulfrid: *"Das neue ist, dass Dworkin nicht nur 'Rules', sondern auch 'General Principles of Law' (er nennt hauptsächlich drei Grundwerte: Gerechtigkeit, Fairness und Rechtsstaatlichkeit), die – entgegen positivistischer Auffassung – rechtlich bindend sind, und zwar für alle Staatsgewalten: Legislative, Judikative, Exekutive."* (*Einfürung in Rechtsphilosophie und Rechtstheorie der Gegenwart*. Alemanha: C.F. Müller, 2011, p. 107)

[519] *Law's Empire*. Estados Unidos da América: Harvard University Press, 1986, pp. 188/9.

[520] *"Integrity infuses political and private occasions each with the spirit of the other to the benefit of both. (...) It becomes a more protestant idea: fidelity to a scheme of principle each citizen has a responsibility*

METAÉTICA E A FUNDAMENTAÇÃO DO DIREITO

mais fraterno[521]. Assim, o modelo de comunidade proposto por DWORKIN é aquele que ele chama de modelo de princípios, o que significa dizer que os integrantes dessa comunidade terão uma visão mais compreensiva acerca daquilo que os une, pois saberão que não serão governados apenas por um catálogo de regras, mas sim pelos compromissos assumidos em relação a um conjunto de princípios morais[522].

A noção de integridade como coerência é sabidamente um ideal a ser perseguido e não um projeto concreto que poderia ser ambicionado em uma realidade social específica, na medida em que não se poderia pretender alcançar uma integral coerência entre todas as regras positivas que estão, efetivamente, em vigor[523]. É exatamente por isso que a metodologia que DWORKIN fornece ao seu leitor, como forma de permitir visualizar como se poderia concretizar o ideal de integridade como coerência por ele proposto, exige ainda mais um nível de idealização, i.e., pressupõe imaginarmos o processo hermenêutico antes descrito sendo realizado por um julgador perfeito, dotado de poderes intelectuais super--humanos, o qual se submeteria a analisar casos difíceis em condições também idealizadas[524]. Esse juiz super-humano seria, para DWORKIN, o chamado *juiz Hércules*[525]. Seria, portanto, de acordo com a perspectiva desse Magistrado idealizado que o processo narrativo de interpretação

---

to identify, ultimately for himself, as his community's scheme." (*Law's Empire*. Estados Unidos da América: Harvard University Press, 1986, p. 190).

[521] *"...the promise that law will be chosen, changed, developed and interpreted in an overall principled way. A community of principle, faithful to that promise, can claim the authority of a genuine associative community and can therefore claim moral legitimacy – that its collective decisions are matters of obligation and not bare power – in the name of fraternity."* (*Law's Empire*. Estados Unidos da América: Harvard University Press, 1986, p. 214).

[522] *Law's Empire*. Estados Unidos da América: Harvard University Press, 1986, p. 211.

[523] *"We cannot bring all the various statutory and common-law rules our judges enforce under a single coherent scheme of principle. (...) But we nevertheless accept integrity as a political ideal."* (*Law's Empire*. Estados Unidos da América: Harvard University Press, 1986, p. 184).

[524] *"I must try to exhibit that complex structure of legal interpretation, and I shall use for that purpose an imaginary judge of superhuman intellectual powers and patience who accepts law as integrity. (...) He is a careful judge, a judge of method."* (*Law's Empire*. Estados Unidos da América: Harvard University Press, 1986, p. 239/40).

[525] Sobre o ponto, vide ainda KAUFMANN, Arthur; HASSEMER, Winfried; NEUMANN, Ulfrid. *Einfürung in Rechtsphilosophie und Rechtstheorie der Gegenwart*. Alemanha: C.F. Müller, 2011, p. 107.

do direito deveria ser pensado, o que permitiria traçar o paradigma de coerência (também ideal) que poderia ser buscado, concretamente, pelos reais operadores do direito. Obviamente, a idealização desse processo interpretativo-construtivo, que almeja máxima coerência, provoca uma série de profundas e importantes consequências metaéticas, as quais, porém, serão analisadas no item 4.3.3 que segue.

Objetividade e verdade moral

Destacou-se até aqui que, para DWORKIN, o direito é um fenômeno social necessariamente argumentativo, razão pela qual a nossa prática jurídica não pode ser fundamentada nem em meras convenções sociais nem em essências morais que possam ter contornos independentes daqueles que atuam nessa mesma prática. Na verdade, o critério de justificação do direito deverá ser sempre constituído e criado por meio de um processo interpretativo que seja capaz de fornecer os melhores argumentos para a resolução de problemas jurídicos concretos. Por sua vez, esse critério de justificação é para DWORKIN sintetizado na ideia de integridade, o que significa reconhecer que a melhor interpretação possível, dentro de um contexto argumentativo, será aquela que for a mais coerente tanto com as regras que formam o sistema jurídico, como também com os princípios morais vigentes naquela comunidade política. Ao assim organizar nesses termos o seu esquema explicativo do fenômeno jurídico, DWORKIN, por certo, pretende justificar tanto a necessidade de atingirmos um sentido objetivo no direito[526], como também a própria possibilidade de se falar em proposições jurídicas que possam ser qualificadas como verdadeiras[527].

A primeira constatação surge como evidente a partir do momento em que se pretende justificar o direito como sendo uma prática interpretativa que sempre almeja um ideal de coerência. Afinal, é da própria

---

[526] *"We cannot defend a theory of justice without defending, as part of the same enterprise, a theory of moral objectivity."* (DWORKIN, Ronald. *Justice for Hedgehogs*. Estados Unidos da América: Harvard University Press, 2011, p. 8).

[527] *"Law is a social phenomenon. But its complexity, function, and consequence all depend on one special feature of its structure. Legal practice, unlike many other social phenomena, is argumentative. Every actor in the practice understands that what it permits or requires depends on the truth of certain propositions that are given sense only by within the practice; the practice consists in large part in deploying and arguing about these propositions"* (*Law's Empire*. Estados Unidos da América: Harvard University Press, 1986, p. 13).

METAÉTICA E A FUNDAMENTAÇÃO DO DIREITO

estrutura de um raciocínio valorativo que busca coerência a intenção de se justificar como sendo capaz de produzir conclusões que observem um parâmetro mínimo de objetividade[528]. Ora, quem deseja ser coerente na execução de um processo interpretativo, também deseja, pelo menos de modo aparente, apresentar um raciocínio que possa objetivamente compartilhado, de modo a convencer os outros acerca do conteúdo de tais conclusões. Aliás, se assim não fosse, o próprio processo interpretativo perderia, totalmente, o seu sentido, já que interpretar é sempre buscar a revelação de algo que está além dos traços pessoais e particulares do intérprete.

Já em relação à segunda constatação, conforme se verá no tópico seguinte, a busca por máxima coerência pode representar, sim, uma concepção de verdade que se encontra bem sedimentada no debate filosófico contemporâneo. E mesmo que assim não fosse, não se poderia desprezar o fato de as pessoas comuns e os operadores do direito em geral, na sua prática diária, sempre agirem e argumentarem pressupondo a existência de verdades e de falsidades no direito – i.e., a existência de respostas corretas para os problemas jurídicos –, mesmo que tais proposições verdadeiras e falsas não sejam pensadas em termos de realidades metafísicas independentes[529]. Assim, segundo MELLO, existem, para DWORKIN, *"verdades jurídicas no sentido de que existem respostas certas para todas as questões de direito, controversas ou não, e essas verdades jurídicas são o produto de uma argumentação consistente e adequada do conjunto de valores morais que estão contidos no próprio sistema jurídico ou que decorrem das funções típicas do direito"*[530].

No entanto, é importante destacar que a visão dworkiniana, de que existem proposições jurídicas verdadeiras, pressupõe a possibilidade de se adicionar algum tipo especial de evidência a uma opinião ou a uma

---

[528] *"I argue, then, that political morality depends on interpretation and that interpretation depends on value. I has become obvious by now, I suppose, that I belive that there are objective truths about values."* (DWORKIN, Ronald. *Justice for Hedgehogs.* Estados Unidos da América: Harvard University Press, 2011, p. 7).

[529] *"Lawyer and judges and ordinary people generally assume that some propositions of law, at least, can be true or false. But no one thinks they report the declarations of some ghostly figure: they are not about what Law whispered to the planets."* (*Law's Empire.* Estados Unidos da América: Harvard University Press, 1986, p. 4).

[530] MELLO, Cláudio Ari. *Verdade Moral e Método Jurídico na Teoria Constitucional de Ronald Dworkin.* Inédito.

ANÁLISE DE PRESSUPOSTOS METAÉTICOS EM DIFERENTES TRADIÇÕES JURÍDICAS

justificação subjetiva que tenha dado forma a esse tipo de proposição[531]. Essa qualidade especial que uma proposição jurídica pode assumir não é outra coisa senão a própria noção de integridade como coerência, de modo que se justifica a veracidade de uma proposição jurídica (*e.g.*, *escravidão é uma prática injusta* ou *aborto é um ato legítimo*) tendo em vista a coerência com que se justifica o conteúdo desse mesma proposição diante dos demais princípios morais que são, implicitamente, aceitos na comunidade política em que se está justificando essa mesma proposição.

No entanto, não se pode deixar de referir que tal estratégia teórica, no sentido de afirmar a existência de verdades jurídicas que são construídas por meio de um processo argumentativo, é utilizada por DWORKIN com o intuito de superar o (ou evadir-se do) importante debate filosófico em que se pretende esclarecer se o processo interpretativo inicia por uma descoberta de um determinado elemento que está presente na realidade sendo interpretada ou se o processo interpretativo é puramente criativo, a partir da perspectiva do intérprete, no que se refere à composição do objeto interpretado. O interessante é que, para DWORKIN, a sua proposta interpretativa por ele ventilada estaria, simultaneamente, consagrando e rejeitando as duas possibilidades explicativas acerca da natureza de um processo hermenêutico[532].

É precisamente essa indefinição que nos leva a vislumbrar o sentido de objetividade em DWORKIN como sendo uma noção fraca e diluída de objetividade[533]. Isso ocorre porque o uso de tal expressão não visa a ilustrar uma instância última e independente de justificação, mas visa tão somente a reforçar ou redobrar a ênfase de uma convicção coletiva que se pode ter acerca de uma proposição que seja aceita contingentemente ou que seja considerada estabelecida em uma comunidade específica[534]. O sentido fraco de objetividade identificado em DWORKIN se justifica

---

[531] *Law's Empire.* Estados Unidos da América: Harvard University Press, 1986, p. 80.

[532] *"So law as integrity rejects as unhelpful the ancient question whether judges find or invent law; we understand legal reasoning, it suggests, only by seeing the sense in which they do both and neither."* (*Law's Empire.* Estados Unidos da América: Harvard University Press, 1986, p. 225).

[533] Em contraposição à objetividade forte proposta pelo cognitivismo realista, a ser exemplificado no item 4.4.

[534] *"We use the language of objectivity, not to give our ordinary moral or interpretive claims a bizarre metaphysical base, but to repeat them, perhaps in a more precise way to emphasize or qualify their content."* (*Law's Empire.* Estados Unidos da América: Harvard University Press, 1986, p. 81)

METAÉTICA E A FUNDAMENTAÇÃO DO DIREITO

na medida em que a análise de uma prática jurídica projeta dois direcionamentos, um em relação ao passado e outro em relação ao futuro do direito, o qual é redigido pelo Juiz (caracterizado como uma espécie de romancista). Com efeito, em relação ao passado há, sem dúvida alguma, uma objetividade a ser buscada, pois o intérprete deve obediência mínima ao material legislativo já produzido em um sistema jurídico, o qual não pode ser simplesmente desprezado pelo juiz nem pode ser modificado ao seu livre arbítrio[535]. Cabe lembrar que o processo interpretativo em DWORKIN pressupõe uma subteoria da identidade, o que permite diferenciar o interpretar um texto do criar um texto novo. Por outro lado, dentro da dimensão prospectiva do processo argumentativo, haveria uma ampla margem criativa no que se refere a melhor interpretação dos direitos em disputa em cada caso, situação em que estaria o juiz autorizado a constituir o direito aplicável naquele contexto (*i.e.*, o juiz está autorizado, no sentido metafórico antes descrito, a escrever mais um capítulo da obra coletiva que é o fenômeno jurídico).

4.3.3. Os pressupostos metaéticos do *direito como integridade*

Na sua obra mais recente[536], a qual seria para alguns a obra definitiva para a compreensão do pensamento de DWORKIN[537], defende ele a peculiar postura de que a metaética, como um todo, representaria um empreendimento teórico irrelevante e sem sentido[538], na medida em que

---

[535] *A Matter of Principle.* Estados Unidos da América: Harvard University Press, 1985, p. 160.

[536] *Justice for Hedgehogs.* Estados Unidos da América: Harvard University Press, 2011.

[537] MELLO, Cláudio Ari. *Verdade Moral e Método Jurídico na Teoria Constitucional de Ronald Dworkin.* Inédito. Essa postura, porém, não é por nós aqui compartilhada, na medida em que entendemos que a triologia antes mencionada é a mais fiel representante do pensamento de DWORKIN, até porque, conforme já referido, essas três obras contêm as principais ideias do autor, as quais são a fonte básica de análise por parte dos seus críticos e jamais foram rejeitadas ou renegadas por DWORKIN. Não adotamos, pois, a postura de que a melhor interpretação do pensamento de um autor é sempre aquela que se fia no seu livro mais recente, como se o pensamento do autor fosse sempre um repositório precário de ideias, aguardando atualização, atualização essa que estaria autorizada a corrigir todos os defeitos apontados pela crítica no passado, sendo, ainda, capaz de apagar ou revisar, radicalmente, os esquemas teóricos desenvolvidos em fase anteriores da carreira desse pensador, mesmo que esses possam ser considerados versões maduras de seu pensamento.

[538] DWORKIN, Ronald. *Justice for Hedgehogs.* Estados Unidos da América: Harvard University Press, 2011, p. 24 e pp. 67/8.

ANÁLISE DE PRESSUPOSTOS METAÉTICOS EM DIFERENTES TRADIÇÕES JURÍDICAS

as respostas sobre a verdade moral e o conhecimento moral não seriam ramos separados das teorias morais substanciais. Para ele, não haveria, portanto, qualquer necessidade de se justificar qualquer aproximação entre o conhecimento teórico-especulativo e o teórico-prático, na medida em que todo conhecimento prático seria de natureza, integralmente, moral. Como forma de superar essa tentativa de reconciliação que seria, para ele, uma postura típica das teses metaéticas, pretende DWORKIN desenvolver o que ele chama de *epistemologia moral,* a qual seria simultaneamente uma proposta epistemológica e uma teoria moral substantiva. Por essa razão, entende ele que qualquer teoria do valor deveria apresentar, simultaneamente, uma teoria da verdade[539]. Assim, para DWORKIN, as disputas entre tendências "realistas" e "antirrealistas" (*rectius,* congnitivista e não cognitivistas) representam falsos dilemas que sequer deveriam ser levados a sério[540].

No entanto, essa desconsideração total acerca dos propósitos da metaética é, simplesmente, infundada, ilustrando, na verdade, um equívoco de DWORKIN no que, efetivamente, é o objeto próprio da metaética, a qual, em nenhum momento, descarta a necessidade de pressupostos metaéticos estarem sempre apegados a uma determinada proposta ética substancial, a partir do momento em que se analisa, de forma mais profunda e detalhada, qualquer teoria prática concreta. Na verdade, a metaética se apresenta como uma subdisciplina da filosofia prática, na medida em que permite dividir, provisoriamente, a explicação de uma teoria moral específica, de modo tornar mais homogêneo o debate moral e para garantir maior clareza às ideias que estão sendo veiculadas por cada teórico moral, contribuindo, inclusive, para uma compreensão mais didática das divergências que surgem nesse ambiente de discussão. É evidente que a metaética não é um pressuposto necessário para qualquer raciocínio prático que seja executado no dia-a-dia de alguém, pois nenhuma pessoa

---

[539] *"A substantive theory of value must include, not wait for, a theory of truth in value."* (DWORKIN, Ronald. *Justice for Hedgehogs.* Estados Unidos da América: Harvard University Press, 2011, p. 24).

[540] *"Each of these different 'realist' and 'anti-realist' projects evaporates when we take the independence of value seriously. Then there is no more need to 'reconcile' a practical and a theoretical point of view than there is to reconcile physical facts about a book or psychological facts about its author with an interpretation of its poetry that ignores both."* (DWORKIN, Ronald. *Justice for Hedgehogs.* Estados Unidos da América: Harvard University Press, 2011, p. 10)

METAÉTICA E A FUNDAMENTAÇÃO DO DIREITO

concreta, antes de agir, primeiro pensa na proposta metaética que está sendo por ela adotada, para somente depois promover o juízo de valor que irá pautar o seu agir.

Aliás, é tão evidente a falha na compreensão de DWORKIN acerca do que, efetivamente, representa o propósito da metaética que, no mesmo capítulo em que ele rechaça a legitimidade dessa disciplina prática como um todo, avança ele teses tipicamente metaéticas, como, por exemplo, a de que seria evidente a existência de verdades morais[541]. MELLO[542], inclusive, resume, com precisão, as premissas básicas que são adotadas por DWORKIN na elaboração da sua concepção do direito, quais sejam:

(i) existem verdades morais objetivas que podem ser captadas pela mente humana;

(ii) a objetividade dos valores morais é obtida por meio de uma argumentação construtiva pautada pela coerência;

(iii) o direito mantém relação direta com a moral, podendo, inclusive, ser caracterizado como um sub-ramo da moralidade em geral; e

(iv) o Judiciário representa a instituição social mais habilitada para assumir a tarefa de reconstruir os valores morais objetivos que devem ser efetivados em uma democracia constitucional.

Ora, os itens *i* e *ii* ilustram, claramente, teses metaéticas específicas, as quais não podem ser adequadamente compreendidas nem solvidas fora desse ambiente de debate[543]. Conforme se analisou na Introdução

---

[541] *"That there are truths about value is an obvious, inescapable fact."* (DWORKIN, Ronald. *Justice for Hedgehogs*. Estados Unidos da América: Harvard University Press, 2011, p. 24). Aliás, não se pode deixar de referir que, caso DWORKIN atribuísse relevância à disciplina da metaética, possivelmente, não ficaria ele tão tranquilo na afirmação da evidência de que existem verdades morais, principalmente considerando a necessidade de, pela metaética, darmos conta das posturas não cognitivistas que rejeitam, radicalmente, tal pressuposto.

[542] MELLO, Cláudio Ari. *Verdade Moral e Método Jurídico na Teoria Constitucional de Ronald Dworkin*. Inédito. A ordem das premissas foi por nós alterada, de modo a colocar em primeiro lugar aquelas premissas que assumem contornos que são claramente metaéticos.

[543] *"...if I am right that there are no non evaluative, second-order, meta-ethical truths about value, then we cannot believe either that value judgements are true, when they are true, not in virtue of any matching but in view od the substantive case that can be made for them."* (DWORKIN, Ronald. *Justice for Hedgehogs*. Estados Unidos da América: Harvard University Press, 2011, p. 11)

deste trabalho, toda e qualquer proposta ética mais abarcante sempre poderá ser decodificada em termos de pressupostos metaéticos que estarão sendo assumidos – mesmo que implicitamente – por meio da afirmação ou da rejeição daqueles elementos mais básicos para se compreender o raciocínio prático e a ação humana que a partir dele poderá ser derivada. Assim, representa uma afirmação sem sentido a constatação de DWORKIN de que os seus conceitos éticos estariam a prescindir de qualquer pressuposto metaético, precisamente porque na maior parte dos capítulos que compõem a obra *Justice for Hedgehogs* não está ele defendendo outra coisa senão uma proposta específica de ordenação de determinados pressupostos metaéticos (na medida em que discute o conceito de verdade e de objetividade na moral, bem como o de coerência na interpretação de práticas sociais). Todas essas teses manifestam elementos metaéticos mesmo que o autor se negue a atribuir a elas essa nomenclatura. Com efeito, de nada adianta a DWORKIN pretender desqualificar a metaética como disciplina relevante para a resolução dos problemas práticos, se ele mesmo dedica inúmeras páginas do seu último livro a esse mesmo debate. Ora, querer sair do debate ou negar-se a dele participar não é o mesmo que justificar a sua suposta irrelevância.

É precisamente por força dessa dificuldade conceitual que DWORKIN é ambíguo em relação a sua postura referente a uma série de considerações metaéticas relevantes. Do mesmo modo, não é ele claro no que diz respeito a sua adesão a uma corrente cognitivista ou a uma corrente não cognitivista, até porque pretende ele se qualificar em posição que estaria além dessas duas categorias teóricas primárias. Cabe, portanto, analisar em que medida a adoção de tal postura intermediária é viável e em que medida essa indecisão metaética não compromete a própria higidez da proposta teórica que ele desenvolve. Por essa razão, em seguida, submetemos à apreciação crítica três pressupostos (metaéticos, mesmo que assim não denomine DWORKIN) que fundamentam a visão do *direito como integridade*, quais sejam: **(a)** o conceito de verdade como coerência, **(b)** a consequências de se adotar uma concepção de objetividade em sentido fraco e **(c)** a viabilidade de se buscar a melhor interpretação possível dentro da moldura teórica proposta por DWORKIN.

O conceito de verdade como coerência em Dworkin

Primeiramente, considerando-se o pressuposto do pensamento dworkiniano no sentido de que existem proposições jurídicas que podem ser, dentro de determinado contexto prático, qualificadas como objetivas e verdadeiras, bem como o pressuposto de que, para ele, objetividade equivale a identificar a cadeia de interpretação, dentre as inúmeras disponíveis, que pode ser argumentada e justificada como sendo a mais coerente, cabe averiguar qual o sentido que se pode atribuir a sua concepção de verdade. Alem disso, cabe analisar quais as consequências metaéticas que se podem extrair das pressuposições assumidas por DWORKIN tendo em vista essa concepção de verdade.

Seguindo os ensinamentos de TUGENDHAT e WOLF[544], as três principais concepções de verdade são: (a) *verdade enquanto correspondência*, (b) *verdade enquanto coerência* e (c) *verdade enquanto consenso*. Cabe, aqui, analisar, sinteticamente, cada uma dessas concepções.

Na perspectiva clássica, o conhecimento que é produzido por meio das virtudes intelectuais indica sempre uma referência estrutural do objeto sendo conhecido com o pensamento do ser racional humano, relacionamento este a que se dá o nome de verdade (*alétheia*). Por isso, a tarefa primária e a função do intelecto humano é sempre a verdade[545]. E o vínculo relacional que se estabelece entre a coisa a ser conhecida e a possibilidade de sua qualificação como verdadeira pressupõe a capacidade de a alma (mente) humana captar intelectualmente a essência dessa coisa. Com efeito, o conceito de verdade pressupõe e existência de essências no mundo que poderão se compatibilizar com o intelecto humano que possui, em potência, a capacidade de apreendê-las. Essa capacidade de correspondência do intelecto com essências colocadas no mundo é, modernamente, interpretada como indicando uma atividade de mero espelhamento, cópia ou retrato[546], o que, no entanto, representa

---

[544] TUGENDHAT, Ernst. WOLF. Ursula. *Propedêutica Lógico-Semântica*: Rio de Janeiro, Vozes, 2005.

[545] ARISTÓTELES. BARNES, Jonathan (editor). Nicomachaen Ethics in *The Complete Works of Aristotle, Vols. I & II*. Estados Unidos da América: Princeton University Press, 1995.

[546] *"Na tradição do realismo, a mente não é considerada um espelho (metáfora passiva que não faz jus à atividade e liberdade do intelecto ao conhecer, mas flama espiritual totalmente aberta, não como faculdade do indubitável, mas do universal."* (SPROVIERO, Mário Bruno. Verdade e a evidência – Estudo Introdutório. in *Verdade e Conhecimento*. São Paulo: Martins Fontes, 1ª edição, 2002, p. 84).

ANÁLISE DE PRESSUPOSTOS METAÉTICOS EM DIFERENTES TRADIÇÕES JURÍDICAS

equívoco, pois, a concepção clássica jamais atribuiu caráter mecanicista à captação da verdade, mas sim trabalhava com a noção de intencionalidade[547] e com a dimensão reflexiva de um juízo verdadeiro[548].

Assim, em sua versão clássica, a concepção de verdade aplicável a esse modo de conhecer o mundo relaciona-se estritamente com a ideia de correspondência ou de adequação, de modo que, de acordo com essa tradição, a *"verdade é uma adequação do intelecto e da coisa" (veritas est adequatio intellectus et rei*)[549]. Tradicionalmente, essa concepção é regularmente associada à tradição aristotélico-tomista, sendo o conceito de verdade enquanto adequação anunciado por ARISTÓTELES por meio da seguinte proposição (qualificada por críticos modernos como mera tautologia, redundância ou superficialidade[550]): *a verdade corresponde a afirmar que é, algo que é e negar que não é, algo que não é*[551]. Contemporaneamente, tal concepção recebeu uma releitura pelo lógico e matemático polonês, Alfred TARSKI, segundo o qual, formalizando o raciocínio adotado pela tradição aristotélica[552], dá ênfase à dimensão semântica das proposições verdadeiras, afirmando, com isso, que a verdade deve ser materialmente adequada ao mundo e

---

[547] Sobre a intencionalidade da verdade, vide AYESTA, Cruz Gonçalez. *La verdad como bien según Tomás de Aquino.* Espanha: EUNSA, 2006, pp. 117 e ss.

[548] *"Es preciso ... concluir que la verdad se conece en el juicio por la reflexión del entendimiento. Reflexión que permite que lo conocido se pueda atribuir a la realidad, mediante la composición, o separarlo de ella, por la división. Reflexión que nos lleva también a la conclusión de que la afirmación y la negación no son operaciones posteriores a la síntesis judicativa, sino que se dan en ella, por cuanto, al volver sobre sí misma, la inteligencia se conoce como adecuada o como inadecuada a lo real, expresando mediante la composición o la división proposicionales su ser o su no-ser veritativos."* (SEGURA, Carmen. *La dimension reflexiva de la verdad – uma interpretacion de Tomás de Aquino.* Espanha: Eunsa, 1991, p. 196); vide, ainda, AYESTA, Cruz Gonçalez. *La verdad como bien según Tomás de Aquino.* Espanha: EUNSA, 2006, pp. 136 e ss.

[549] AQUINO, Tomás de. *Verdade e Conhecimento.* São Paulo: Martins Fontes, 1ª edição, 2002.

[550] *"A chamada teoria da redundância afirma contudo que o significado da palavra 'verdadeiro' se esgotaria na equivalência: sempre que dizemos de um enunciado que ele é verdadeiro, podemos, ao invés disso, usar simplesmente o próprio enunciado. A palavra 'verdadeiro' é portanto redundante, supérfula."* (TUGENDHAT, Ernst. WOLF. Ursula. *Propedêutica Lógico-Semântica*: Rio de Janeiro, Vozes, 2005, p. 173).

[551] ARISTÓTELES. BARNES, Jonathan (editor). Metaphysics IV, 7, 1011b25-27 *in The Complete Works of Aristotle,* Estados Unidos da América: Princeton University Press, *Vol. I.,* 1995, p. 1597.

[552] TUGENDHAT, Ernst. WOLF. Ursula. *Propedêutica Lógico-Semântica*: Rio de Janeiro, Vozes, 2005, p. 172.

formalmente correta[553]. Desse modo, TARSKI realiza uma atualização moderna do conceito clássico de verdade, afirmando que *"A verdade de uma oração consiste em seu acordo (ou correspondência) com a realidade"*[554]

Essa concepção de verdade, portanto, parte de uma compreensão primária acerca da ontologia do mundo (algo majoritariamente negado nos dias de hoje), qual seja a de que o mundo é dotado de uma determinada composição objetiva, relativamente ordenada, que se apresenta com antecedência aos indivíduos. A objetividade de que é dotada a realidade impõe uma prioridade do objeto sobre o sujeito, de modo que a dimensão veritativa de determinada coisa sendo conhecida ou de determinada proposição a ela referente é definida de modo relativamente independente às perspectivas subjetivas dos seres pensantes. Dito de outro modo, mesmo que o sujeito cognoscente seja, por certo, um elemento indispensável à captação da verdade, não é a consciência individual desse sujeito pensante que é responsável por uma fixação autônoma de um critério de construção da *"verdade"*. Assim, de acordo com esta tradição, a objetividade que se agrega ao conceito de verdade jamais poderá ser compreendida como tendo sido propriamente constituída pelo sujeito. A perspectiva do indivíduo é necessariamente compreendida como uma apreensão parcial e limitada da realidade, razão pela qual não pode, coerentemente, exercer uma força criativa plena daquilo que se reconhece como verdadeiro (coisa ou proposição), já que "verdade" é conceitualmente definida como a instância final e plena para se atestar a objetividade de algo como algo. Ora, a instância inferior e limitada da perspectiva do indivíduo não poderia ser entendida como a causa criadora de uma instância superior e plena identificada com o conceito de verdade. Assim, o modo de a perspectiva individual captar algo como verdadeiro exige, não um movimento constitutivo autônomo sobre a realidade, mas uma adequação, correspondência, compatibilização do intelecto limitado com a parcela da realidade que se intenciona conhecer.

---

[553] O conceito semântico de verdade desenvolvido por TARSKI é ilustrado pela conhecida proposição: *"A afirmação 'a neve é branca' é verdadeira se e somente se, a neve for branca"* (TARSKI, Alfred. *Logic, Semantics, Meta-Mathematics.* Estados Unidos da América: Hackett Publishing Company, 1983).

[554] SPROVIERO, Mário Bruno. Verdade e a evidência – Estudo Introdutório. in *Verdade e Conhecimento.* São Paulo: Martins Fontes, 1ª edição, 2002, p. 84.

ANÁLISE DE PRESSUPOSTOS METAÉTICOS EM DIFERENTES TRADIÇÕES JURÍDICAS

Nesses termos, para que seja possível alcançar a verdade nas coisas que se apresentam no mundo e nos enunciados (ou sequência de enunciados), a tradição clássica vai identificar a necessidade de se fazerem presentes três elementos indispensáveis, quais sejam: **(a)** a existência da realidade, dotada de uma composição ontológica independente e anterior a atos intelectuais dos seres pensantes limitados; **(b)** a presença de um sujeito cognoscente, dotado de uma racionalidade minimamente desenvolvida; e **(c)** que se instaure um vínculo racional entre o contido em **(a)** e em **(b)** por meio de um juízo reflexivo[555] acerca da correspondência do intelecto à realidade[556].

Em segundo lugar, identificamos uma concepção idealista da verdade, normalmente atribuída a pensadores modernos como DESCARTES, KANT e HEGEL[557]. Trata-se de concepção segundo a qual, para atingir-se a verdade, é necessária a integral coerência ou concordância do conhecimento consigo mesmo[558] ou a concordância do conhecimento com o seu objeto[559]. Temos, pois, de acordo com esta tradição, a verdade equiparada ao pensamento que se dobra sobre si mesmo, de modo integralmente coerente. Neste contexto, portanto, verdade equivale à coerência interna entre uma proposição intelectual com a totalidade das demais asserções intelectuais que já se encontram bem fundadas na mente de um sujeito racional[560].

---

[555] SEGURA, Carmen. *La dimension reflexiva de la verdad – uma interpretacion de Tomás de Aquino*. Espanha: Eunsa, 1991.

[556] De acordo com essa tradição, o intelecto do sujeito cognoscente é, metaforicamente, representada por uma flama com uma parcial abertura para o mundo (receptáculo das essências das coisas). O ser das coisas é, pois, representado por uma luminosidade. Acessar a verdade é ser iluminado, enquanto que a tentativa de acessar algumas verdades podem "cegar" o intelecto do homem. (AQUINO, Tomás de. *Verdade e Conhecimento*. São Paulo: Martins Fontes, 1ª edição, 2002).

[557] SPROVIERO, Mário Bruno. Verdade e a evidência – Estudo Introdutório. in *Verdade e Conhecimento*. São Paulo: Martins Fontes, 1ª edição, 2002, p. 86; e TUGENDHAT, Ernst. WOLF. Ursula. *Propedêutica Lógico-Semântica*: Rio de Janeiro, Vozes, 2005, p. 188.

[558] KANT, Immanuel. *Logik*. Apud. SPROVIERO, Mário Bruno. Verdade e a evidência – Estudo Introdutório. in *Verdade e Conhecimento*. São Paulo: Martins Fontes, 1ª edição, 2002, p. 87.

[559] KANT, Immanuel *Critique of Pure Reason*. Estados Unidos da América: Bedford/St. Martin, 1965.

[560] Por isso, para Hegel *"A verdade é o todo."* (Fenomenologia do espírito, p. 21 *Apud* TUGENDHAT, Ernst. WOLF. Ursula. *Propedêutica Lógico-Semântica*: Rio de Janeiro, Vozes, 2005, p. 188)

METAÉTICA E A FUNDAMENTAÇÃO DO DIREITO

Com isso, a concordância do pensamento consigo mesmo não pode ser equiparada com a mera coerência recíproca entre proposições limitadas e específicas, mas deve ser entendida como a unidade que se estabelece entre o pensamento subjetivo com o pensamento racional objetivo[561].

A objetividade que se extrai do conceito de verdade, de acordo com esta concepção, equivale à objetividade do pensamento, o que se reduz à validade universal de um juízo que se impõe racionalmente a todos os seres humanos. Por meio de tais juízos de universalização que almejam a identificação de uma integral coerência do pensamento consigo mesmo, pretende-se organizar um método ou um procedimento específico que supostamente possibilita a certificação de enunciados como verdadeiros (método este que estaria ausente na concepção clássica de verdade enquanto adequação)[562].

Esse procedimento de certificação da verdade exige, não uma busca intencional pela dimensão ontológica da realidade de modo a se captar a essência das coisas colocadas no mundo, mas um regresso à consciência do sujeito pensante. Com isso, essa concepção de verdade abre mão da ideia da intencionalidade do sujeito diante de um determinado objeto externo que exigirá, em alguma medida, conformação de intelecto e coisa, e passa a adotar a noção da verdade como um processo de abstração do puro conhecimento que fica adstrito à imanência do sujeito. Tal verdade imanentista seria *"a que nasce e se desenvolve com o sujeito, enquanto conhecimento em ato"*[563]. Neste contexto, portanto, o pensar subjetivo é

[561] SPROVIERO, Mário Bruno. Verdade e a evidência – Estudo Introdutório. in *Verdade e Conhecimento*. São Paulo: Martins Fontes, 1ª edição, 2002, p. 87.

[562] Para uma versão mais contemporânea desta visão, vide DAVIDSON, Donald. *Uma Teoria Coerencial da Verdade e do conhecimento*. In CARRILHO. Manuel Maria. Epistemologia: Posições e Críticas. Portugal: Fundação Calouste Gulbenkian, 1991. *"Uma forma talvez melhor de pôr a situação é dizer que há uma presunção a favor da verdade de uma crença que coere com uma massa significativa de crenças. (...) Assim, ... se o conhecimento é uma crença verdadeira justificada, então pareceria que todas as crenças verdadeiras de um crente consistente constituiriam conhecimento. (...) Todas as crenças são assim justificadas neste sentido: são suportadas por numerosas outras crenças (de outro modo não seriam as crenças que são), e têm uma presunção a favor da sua verdade. A presunção aumenta quanto mais significativo for o corpo de crenças com a qual a crença coere. ... Do ponto de vista do intérprete, a metodologia reforça uma presunção geral de verdade..."*. (Op. cit. pp. 332/59 – grifou-se)

[563] SPROVIERO, Mário Bruno. Verdade e a evidência – Estudo Introdutório. in *Verdade e Conhecimento*. São Paulo: Martins Fontes, 1ª edição, 2002, p. 88.

ANÁLISE DE PRESSUPOSTOS METAÉTICOS EM DIFERENTES TRADIÇÕES JURÍDICAS

que se torna móvel produtor da objetividade das coisas e o palco no qual a integral coerência das proposições pode ser construída e aferida. De acordo com essa tradição, o procedimento metodológico de apreensão do verdadeiro, pressupõe um sujeito cognoscente, compreendido como uma entidade puramente racional, o qual é capaz de produzir uma determinada asserção intelectual que será verdadeira se e somente se for estabelecida uma integral coerência interna deste enunciado particular com as demais proposições intelectuais formadoras do conhecimento.

Em terceiro lugar, encontramos a concepção de verdade contemporânea, a qual se desenvolve como um corretivo necessário para remediar a crise da verdade que se instaurou no chamado mundo pós-nietzschiano, em que posturas céticas e relativistas passam a ser amplamente compartilhadas pelo senso comum. Trata-se da concepção consensual de verdade elaborada com maior rigor pela tradição da Pós-modernidade. Segundo essa concepção, a verdade é o resultado de um acordo sobre uma proposição conflitiva referente à realidade, firmado entre parceiros que firmam vínculos intersubjetivos em um ambiente ideal de comunicação[564]. O ponto de destaque dessa tradição é a adoção de uma perspectiva intersubjetiva, em que se dá atenção primordial ao modo como os seres humanos compreendem e articulam linguisticamente seus enunciados em um ambiente plural e como comunicam perante aos demais os seus argumentos (e recebem contra-argumentos) nas situações de proposições conflitivas com o intuito de produzir convencimento. Assim, tal enfoque

---

[564] Tal concepção foi bem trabalhada por HABERMAS, pelo menos no período mais destacado do desenvolvimento do seu pensamento (*Verdad y justificación*. Espanha: Trotta, 2002, pp. 246/9). Imperativo, porém, ressaltar que, em seus escritos mais recentes, HABERMAS tem reconhecido exageros e equívocos de sua postura passada, afirmando a necessidade de se render, ao menos em parte, à concepção clássica de verdade enquanto correspondência: *"[A] verdade que alegamos para uma proposição aqui e agora, no nosso contexto e na nossa linguagem, deve transcender qualquer contexto dado de justificação. Segundo uma forte intuição que nós temos, a verdade é uma propriedade que as proposições não podem perder – uma vez que uma proposição é verdadeira, ela é verdadeira para sempre e para qualquer público, não só para nós. Por outro lado, as asserções bem justificadas podem se revelar falsas, nós associamnos à verdade de uma proposição uma alegação que aponta para além de todos os dados justificativos disponíveis. (...) Até a pouco tempo, eu procurava explicar a verdade em função de uma justificabilidade ideal. De lá para cá, percebi que essa assimilação não pode dar certo. Reformulei o antigo conceito discursivo de verdade, que não é errado, mas é pelo menos incompleto."* (HABERMAS. Jürgen. *A Ética da Discussão e a Questão da Verdade*. São Paulo: Martins Fontes, 2004, pp. 59/60)

METAÉTICA E A FUNDAMENTAÇÃO DO DIREITO

intersubjetivo e comunicativo da verdade exige que se organize, para a obtenção de um critério seguro de aferição da veracidade, um processo discursivo ideal no qual se fixam previamente as condições epistêmicas que produzirão, ao final, um acordo vinculante a todos. O empreendimento da verdade consensual, portanto, exige a fixação e a observância de algum tipo de procedimento que garantiria a certificação final de consenso acerca de proposições divergentes, o qual, em última instância, deverá ser compreendido e aceito por todos os parceiros do discurso como se verdade fosse. A verdade consensual pressupõe, pois, condições idealizadas para que seja promovido o debate entre seres linguísticos[565]. De acordo com esta concepção, o consenso que se forma por meio de tal projeção idealizada de um debate entre parceiros de comunicação é o mais próximo que poderemos chegar de um critério pragmático de verdade. O que não se exige de tal concepção, como noção necessária e expressa ao acesso à verdade, é o reconhecimento prévio de que haja uma dimensão ontológica da realidade que se pudesse afirmar como objetiva com antecedência à apreensão intelectual de indivíduos pensantes. Nesta tradição, portanto, os parceiros dos vínculos linguísticos exercem uma força constitutiva – em maior ou menor grau – sobre os objetos sendo conhecidos e, inclusive, sobre a própria realidade na qual interagem.

Considerando-se a crítica semântica que DWORKIN desenvolve em relação a considerações metafísicas e a sua rejeição de que possam existir essências morais, evidentemente, não compartilha ele da possibilidade de falarmos em uma concepção de verdade como adequação tanto no campo da moralidade em geral, quanto no campo do direito. Além disso, não se poderia afirmar que DWORKIN desenvolva uma concepção consensual de

---

[565] Sinteticamente, Habermas afirma ser necessária a presença das seguintes características para que seja desenvolvida a atividade discursiva que produzirá o consenso equiparável com a verdade:
– Todos os participantes devem ter acesso ao discurso – **Acesso Universal**.
– Todos participantes devem ter igual oportunidade de interpretar e afirmar – **Igual Participação**.
– Só podem participar os agentes que manifestem seus desejos e sentimentos reais – **Veracidade das intenções do agente**.
– Entre os agentes deve haver uma **reciprocidade das expectativas** dos comportamentos, buscando afastar privilégios entre os agentes do discurso.

ANÁLISE DE PRESSUPOSTOS METAÉTICOS EM DIFERENTES TRADIÇÕES JURÍDICAS

verdade, mesmo que manifeste inúmeras considerações que o aproximem desta corrente (*e.g.*, a noção de atingir-se a verdade por meio da depuração dos argumentos que ilustrem a melhor interpretação disponível dentro de cada contexto de cada debate), na medida em que o seu ideal de coerência, em tese, pode ser atingido individualmente – independentemente da articulação intersubjetiva de argumentos e contra-argumentos – o que é facilmente ilustrado por meio do seu recurso argumentativo do juiz Hércules, o qual é capaz de alcançar, monocraticamente, a resposta correta para casos difíceis.

Por outro lado, não faltam provas textuais de que DWORKIN equaciona o seu critério de objetividade moral e jurídica a uma concepção de *"verdade enquanto coerência"*[566]. Tal concepção, sem dúvida alguma, tem sua quota de mérito ao bem enfatizar a importância da coerência do pensamento consigo mesmo, já que estabelecer a coerência máxima (consistência) entre os enunciados relevantes é condição de possibilidade para um raciocínio verdadeiro. Isso ocorre porque não se mostra possível fixar algo como verdadeiro quando se está diante de duas proposições contraditórias entre si, pois, em relação a elas, uma será necessariamente verdadeira e a outra necessariamente falsa. Assim, a identificação de incoerência entre enunciados será, de fato, um critério adequado para revelar a existência de falsidades (mesmo que apenas parciais[567]) dentro de um sistema proposicional, mesmo que a coerência, por si só, não permita especificar, entre as proposições contraditórias, quais são falsas e quais são verdadeiras. De qualquer modo, mesmo que útil à identificação do falso, a coerência não é equivalente à verdade, mas é apenas uma

---

[566] *"An interpretive style will also be sensitive to the interpreter's opinions about coherence or integrity in art. An interpretation cannot make a work of art more distinguished if it makes large part of the text irrelevant, or much of the incident accidental, or a great part of the trope or style unintegrated and answering only to independent standards of fine writing."* (*A Matter of Principle*. Estados Unidos da América: Harvard University Press, 1985, p. 150); Vide, ainda, *"Judges who accept the interpretive ideal of integrity decide hard cases by trying to find, in some coherent set of principles about people's rights and duties, the best constructive interpretation of the political structure and legal doctrine of their community."* (*Law's Empire*. Estados Unidos da América: Harvard University Press, 1986, p. 255).

[567] Obviamente, não se nega a possibilidade de ambas proposições contraditórias serem falsas, nos casos em que ambas se mostrarem incompatíveis com a realidade.

METAÉTICA E A FUNDAMENTAÇÃO DO DIREITO

condição para que esta seja alcançada[568]. Isso porque é possível haver proposições que são entre si integralmente coerentes, mas, mesmo assim, falsas, já que não manifestam efetiva correspondência com a realidade[569]. Impõe-se concluir, portanto, que a verdade representa elemento adicional que necessariamente está além da e não se identifica com a mera coerência[570].

A objetividade em sentido fraco

Conforme já destacado, não é nada fácil o enquadramento do pensamento de DWORKIN dentre as propostas metaética categorizadas no Capítulo 3. Mesmo que ele seja um autor que afirme a possibilidade de verdades práticas e busque concretizar algum sentido de objetividade por meio do seu ideal de coerência, inúmeras dúvidas surgem quanto aos reais compromissos metaéticos que ele esteja disposto a assumir.

Assim, mesmo que defenda abertamente a possibilidade de argumentarmos para a criação de proposições jurídicas verdadeiras, DWORKIN ora pode ser caracterizado como um verdadeiro cognitivista (de estilo construtivista, na medida em que a objetividade moral é constituída por meio do sua noção de integridade), ora dá sinais que ele estaria se filiando – sutilmente – a correntes não cognitivistas (aparentando traços emotivistas).

---

[568] *"Em uma teoria, como em geral em todo conjunto de enunciados expressos todos juntos com uma única pretensão de verdade, é condição necessária (embora não suficiente) para sua verdade o fato de eles serem consistentes uns com os outros. Seja então aqui aceito que por coerência deva ser entendido apenas consistência (ausência de contradições)."* (TUGENDHAT, Ernst. WOLF. Ursula. *Propedêutica Lógico-Semântica*: Rio de Janeiro, Vozes, 2005, p. 188)

[569] *"Uma mera proposição empírica como 'o corvo é branco' é coerente com as regras do mundo animal, mas sua falsidade só pode ser constatada empiricamente. Para decidir a questão da verdade, há que referir-se à realidade."* (SPROVIERO, Mário Bruno. Verdade e a evidência – Estudo Introdutório. in *Verdade e Conhecimento*. São Paulo: Martins Fontes, 1ª edição, 2002, p. 90).

[570] Por isso, bem colocada a crítica de SPROVIERO relativamente à concepção coerentista de verdade: *"O idealismo tende à verdade imanente, ao fechamento num sistema, ao conhecimento não-intencional. Aspira a uma verdade criada por seu espírito e para si, não aceita a verdade dada, não aceita o dado e não deveria aceitar a experiência. Sua verdade não deveria então transcender seu próprio espírito, valendo só para este. (...) O idealismo para ater-se a seu rígido imanentismo vê-se obrigado a deduzir desta sua única verdade a totalidade permanecendo num sistema fechado."* (SPROVIERO, Mário Bruno. Verdade e a evidência – Estudo Introdutório. in *Verdade e Conhecimento*. São Paulo: Martins Fontes, 1ª edição, 2002, p. 91)

ANÁLISE DE PRESSUPOSTOS METAÉTICOS EM DIFERENTES TRADIÇÕES JURÍDICAS

Assim, por um lado, DWORKIN se mostra como um cognitivista reticente ou indeciso, na medida em que, em inúmeras oportunidades, coloca em segundo plano a importância de se afirmar a existência de juízos objetivos que possam ser caracterizados como verdadeiros (ou falsos)[571]. DWORKIN dá, por exemplo, demonstrações de que admite uma espécie de cognitivismo em relação às ciências naturais, na medida em que reconhece a possibilidade de teorias científicas encontrarem correspondência em fatos reais[572]. No entanto, a atitude interpretativa que forma o direito certamente não pressupõe o mesmo tipo de observação empírica que permite a construção de uma teoria puramente científica. Isso porque, para ele, devemos diferenciar os juízos e as preferências que normalmente permitem a formulação de uma teoria mais ou menos complexa. Assim, a preferência entre sorvete de sabor de chocolate ou baunilha não é um juízo acerca de um determinado estado de coisas em si considerado. Por isso, para DWORKIN, a análise interpretativa do fenômeno jurídico se colocaria no meio do caminho entre juízos científicos acerca de uma realidade e preferências subjetivas acerca de sabores de sorvete. Para ele, as convicções acerca da integridade do direito, pautadas pelas duas dimensões antes referidas (compatibilidade e valor moral), forneceriam aos intérpretes limites e padrões interpretativos que poderiam ser aplicados na resolução dos casos difíceis no direito[573]. Ocorre que, mesmo que tenha ele comparado a prática jurídica com a atividade artístico-literária, chega DWORKIN a reconhecer que os juízos estéticos devem ser compreendidos como subjetivos, na medida em que não passíveis de demonstração, simulando, de forma bastante próxima, o argumento típico do positivismo lógico que seria típico do Círculo de Viena (conforme visto no item 4.2).

Nesse ponto, mais uma vez, verificamos a grande dificuldade que se enfrenta ao pretender identificar, com maior precisão, os compromissos

---

[571] *"Objectivity is another matter. It is an open question, I think, whether the main judgments we make about art can properly be said to be true or false, valid or invalid."* (*A Matter of Principle*. Estados Unidos da América: Harvard University Press, 1985, p. 153)

[572] *"Facts check theories in science because the overall theoretical apparatus of science is complex enough to allow internal tensions, checks and balances. This would be impossible if there were no functional distinctions within the system of scientific knowledge among various kinds and levels of beliefs."* (*A Matter of Principle*. Estados Unidos da América: Harvard University Press, 1985, p. 170).

[573] *A Matter of Principle*. Estados Unidos da América: Harvard University Press, 1985, p. 170.

METAÉTICA E A FUNDAMENTAÇÃO DO DIREITO

metaéticos que estão sendo assumidos por DWORKIN. Conforme já referido, o seu texto ora aponta para uma adesão a um tipo de cognitivismo fraco, com a possibilidade de se falar em objetividade e em proposições verdadeiras aplicáveis no campo do direito, mas ora se apresenta como uma postura que expressamente rejeita tais possibilidades[574]. Tanto é verdade que DWORKIN recebe críticas simultâneas das mais variadas correntes metaéticas, sendo caracterizado ora como céticos, ora emotivista ora como realista moral.

Essa indecisão metaética pode ser vista com clareza a partir do exemplo que DWORKIN fornece em relação à escravidão, situação em que, aparentemente, afirma[575] e, depois, rejeita[576] a possibilidade de falarmos em fatos morais. Primeiramente, ele afirma que a escravidão é injusta (não em termos universais, mas apenas no *"mundo moderno"*), reconhecendo que a proposição que atesta tal injustiça não poderá ser reconhecida como dotada de objetividade[577], mas apenas afirmada de modo mais ou menos enfático (o que, certamente, aponta para resquícios emotivistas que estariam presentes nesse modo de visualização dos juízos

---

[574] *"I see no point in trying to find some general argument that moral or political or legal or aesthetic or interpretive judgments are objective."* (*A Matter of Principle*. Estados Unidos da América: Harvard University Press, 1985, p. 171). Sobre o ponto veja o capítulo 7 de GUEST, Stephen. *Ronald Dworkin*. Estados Unidos da América: Stanford Law Books, 3ª edição, 2012, p. 124 e ss.

[575] *"Suppose, for example, there are moral facts, which are not simply physical facts or facts about the thoughts or attitudes of peoples. I do not mean that there are what are sometimes called 'transcendent' or 'Platonic' moral facts; indeed I do not know what these would be. I mean only to suppose that a particular social institution like slavery might be unjust, not because people think it unjust, or have conventions according to which it is unjust, or anything of the sort, but just because slavery is unjust. If there are such moral facts, then propositions of law might rationally be supposed to be true even if lawyers continue to disagree about the propositions after all hard facts are know or stipulated. It might be true in virtue of a moral fact which is not known or stipulated."* (*A Matter of Principle*. Estados Unidos da América: Harvard University Press, 1985, p. 138).

[576] *"I shall not ... try to make plausible the Idea that moral facts exist, but I shall try to support the idea that some facts besides hard facts do."*(*A Matter of Principle*. Estados Unidos da América: Harvard University Press, 1985, p. 138).

[577] *"...slavery is unjust in the circumstances of the modern world. I Think I have arguments for this view, though I know that if these arguments were challenged I would in the end have to rest on convictions for which I had no further direct argument. (...) I know that I do not because, so far as I can tell, it is not a further claim at all but just the same claim put in a slightly more emphatic form."* (*A Matter of Principle*. Estados Unidos da América: Harvard University Press, 1985, p. 171).

práticos[578]). Por isso, em determinados excertos dos seus textos mais antigos, ele chega a afirmar que não haveria qualquer vantagem em se afirmar a objetividade de juízos morais que condenam a escravidão, a qual seria, na teoria contemporânea um tanto artificial[579].

Uma vez estabelecida essa visão que rejeitaria o discurso objetividade em relação a proposições jurídicas, o que permitiria qualificar o projeto da integridade do direito como sendo algo próximo de um não cognitivismo, DWORKIN surpreende o seu leitor ao apresentar inúmeras afirmações que poderiam ser lidas como uma tentativa de se restaurar os seus compromissos com o cognitivismo moral e com a pretensão de objetividade que se poderia resgatar na compreensão do direito. Mais uma vez o seu exemplo tocaria na proposição que qualifica a escravidão como injusta. Mesmo tendo ele afirmado que a injustiça envolvendo a escravidão não poderia ser tomada como sendo algo objetivo, como estando a representar um juízo verdadeiro sobre um estado de coisas, ele expressamente rejeita a possibilidade de se reconhecer que tal qualificação possa ser definida como sendo apenas *"a sua opinião"* sobre a escravidão ou que apenas um desejo que ele gostaria que todos compartilhassem sobre a escravidão. Essas colocações seriam necessárias para se evitar, segundo DWORKIN, fosse qualificada a sua postura como possuindo abertura para o ceticismo ou emotivismo.

Com efeito, seria necessário assumir que dentro do pensamento dworkiniano haveria um sentido específico em que poderíamos utilizar a noção de proposições verdadeiras dentro do campo moral e jurídico. Para ele, portanto, deveríamos diferenciar o uso do termo verdade dentro de um tipo de jogo ou atividade e o termo verdade em sentido real e objetivo, como estando fora da atividade humana[580]. Assim, as expressões "real" ou "objetivamente" não são capazes de modificar o sentido

---

[578] *"Any judge will develop, in the course of his training and experience, a fairly individualized working conception of law on which he will rely, perhaps unthinkingly, in making these various judgments and decisions, and the judgments will then be, for him, a matter of feel or instinct rather than analysis."* (*Law's Empire*. Estados Unidos da América: Harvard University Press, 1986, p. 256)

[579] *"I think the whole issue of objectivity ... is a kind of fake."* (*A Matter of Principle*. Estados Unidos da América: Harvard University Press, 1985, p. 172)

[580] *A Matter of Principle*. Estados Unidos da América: Harvard University Press, 1985, p. 173.

METAÉTICA E A FUNDAMENTAÇÃO DO DIREITO

de juízos práticos, mas apenas adquirem sentido (como um paliativo de objetividade) na medida em que fazem parte de um empreendimento humano coletivo[581]. Isso fica evidente quando DWORKIN afirma que a busca pelo ideal de integridade não representa um projeto que vise a fornecer elementos coerentes que possam ser aplicados de modo uniforme entre variadas comunidades políticas, cada uma com suas práticas sociais, mas é um critério que somente pode ser aplicados dentro de uma comunidade específica[582]. Assim, o que é coerente em um contexto social poderia ser visto como incoerente em outro contexto social. O ideal de integridade, portanto, projeta, em última análise, uma coerência interna com os compromissos e valores morais que já são aceitos e aplicados pelos tribunais de uma comunidade, o que mostra que a integridade acaba sendo um critério contingente e paroquial. Veja-se, portanto que, para DWORKIN, só há se falar em juízos verdadeiros dentro de uma ordem prática contingente e pré-estabelecida, a qual somente é relevada por meio da interpretação criativa dessa mesma realidade prática. Ora, se a veracidade dependerá de cada contexto de interpretação, evidentemente não se pode deixar de questionar o tipo de objetividade que poderá ser efetivamente concretizada por DWORKIN.

Nessa esteira, prega-se, em verdade, a existência de uma objetividade fraca e diluída, dentro da qual é difícil visualizar a existência de elementos pré-convencionais que estariam a restringir as opções do legislador e dos aplicadores do direito. Não se poderia, portanto, deixar de vislumbrar o risco de o *direito como integridade* acabar incorrendo, inclusive, em uma espécie ainda mais profunda de ceticismo (velado) ou, pelo menos, uma forma de relativismo moral, dentro do qual o conceito de verdade prática dependerá sempre do contexto histórico de aplicação das proposições

---

[581] *"... the words 'objectively' and 'really' cannot change the sense of moral or interpretive judgments. If moral or aesthetic or interpretive judgments have the sense and force they do just because they figure in a collective human enterprise, then such judgments cannot have 'real' sense and a 'real' truth value which transcend that enterprise and somehow take hold of the 'real' world."* (A Matter of Principle. Estados Unidos da América: Harvard University Press, 1985, p. 174)

[582] *"**Integrity holds within political communities, not among them,** so any opinion we have about the scope of the requirements of coherence makes assumptions about the size and character of these communities."* (*Law's Empire*. Estados Unidos da América: Harvard University Press, 1986, p. 185 – grifou-se).

ANÁLISE DE PRESSUPOSTOS METAÉTICOS EM DIFERENTES TRADIÇÕES JURÍDICAS

jurídicas já fixadas de acordo com as convenções políticas e jurídicas estabelecidas em cada comunidade[583].

Como se vê, a noção de objetividade em DWORKIN é apenas mais uma instância argumentativa de um jogo linguístico que pode ser compartilhado pelos integrantes de uma realidade social contingente e específica[584]. Por isso, mesmo assumindo-se uma pretensão de objetividade diante do fenômeno jurídico, a proposta dworkiniana, no final das contas, deixa em aberto uma ampla margem para a indeterminação, de modo a permitir a instauração de um relativismo jurídico no que diz respeito às possíveis respostas que os problemas práticos poderão receber. Diante dessa constatação, não se poderia deixar de vislumbrar amplo espaço para o desenvolvimento de um relativismo moral e cultural dentro da proposta de integridade desenvolvida por DWORKIN[585].

A busca ideal pela melhor interpretação

Conforme já descrito, a noção do *direito como integridade* assume o fenômeno jurídico como sendo um fenômeno integralmente interpretativo, por meio do qual os operadores do direito (prioritariamente os juízes) devem assumir uma atitude interpretativa, de modo a constituir as respostas corretas para casos práticos difíceis por meio do resgate da leitura mais coerente das regras jurídicas que formam um sistema jurídico com os princípios morais que são aceitos, implicitamente, em determinada comunidade política.

---

[583] Contra tais acusações DWORKIN apenas rejeita as qualificações recebidas, repetindo a noção de que a verdade prática é sempre interna e circunstancial, dizendo que: *"But that is not what I said. I said that the question of what 'independence' and 'reality' are, for any practice, is a question within that practice, so that whether moral judgments can be objective is itself a moral question, and whether there is objectivity in interpretation is itself a question of interpretation."* (*A Matter of Principle*. Estados Unidos da América: Harvard University Press, 1985, p. 174)

[584] *"So there is no important difference in philosophical category or standing between the statement that slavery is wrong and the statement that there is a right answer to the question of slavery, namely that it is wrong."* (*Law's Empire*. Estados Unidos da América: Harvard University Press, 1986, p. 82)

[585] *"The history of the thesis that justice is a matter of treating persons in accordance with their rights is a warning that there are no short cuts to the determination of what is Just. In the end Dworkinian rights leave us in a muddy pool of moral argument from which we are unlikely to be rescued on the chimerical life-raft of so-called moral rights, however fundamental and legally rooted they are alleged to be."* (CAMPBELL. Tom. *Justice*. Estados Unidos da América: St. Martin Press, 2ª edição, 2001, pp. 90/1).

METAÉTICA E A FUNDAMENTAÇÃO DO DIREITO

O problema dessa definição de uma atitude interpretação aplicável na análise e na avaliação de uma prática social (incluindo o direito) é que ela se mostra dependente do conceito de a *melhor forma* ou *o significado de acordo com a melhor luz*[586]. Ocorre que a noção de *melhor* é sempre relacional, *i.e.*, sempre exige vislumbrar a existência de um objeto sendo comparado a um standard ou critério que serve de comparação. Assim, *melhor* é sempre dependente de um critério comparativo superior que permita afirmar aquilo sendo submetido a esse critério como sendo adequado, superior ou inferior. Ora, se a atitude interpretativa depende da possibilidade de se constituir o significado de uma prática, de modo a se resgatar a sua melhor significação, não há como se negar a necessidade de um *standard* ou critério comparativo superior que permitiria, logicamente, contrastar e identificar as interpretações possíveis e disponíveis que seriam superiores daquelas que seriam inferiores e passíveis de rejeição. A questão é que esse possível critério superior (que permite o próprio uso da linguagem em termos de *"a melhor interpretação"*) não pode ele próprio ser submetido à interpretação criativa sustentada por DWORKIN, sob pena de se submeter também esse necessário critério comparativo a outro critério ainda superior, o que reconduziria a *"atitude interpretativa"* a uma recondução ao infinito.

Com efeito, ou se admite que existam elementos necessários atributivos de inteligibilidade a uma prática social que não estão, diretamente, submetidos ao processo interpretativo criativo e constitutivo ou se reconhece que a *"atitude interpretativa"* proposta por DWORKIN estará deixando em aberto e sem solução o critério final que deveria guiar o operador do direito que desejasse seguir o seu processo interpretativo e integrativo

---

[586] A busca pela melhor interpretação está presente em inúmeros trechos da obra de DWORKIN. Veja, exemplificativamente, os seguintes excertos: *"Judges who accept the interpretive ideal of integrity decide hard cases by trying to find, in some coherent set of principles about people's rights and duties, **the best constructive interpretation** of the political structure and legal doctrine of their community."* (*Law's Empire*. Estados Unidos da América: Harvard University Press, 1986, p. 255 – grifou-se), *"Law as integrity replies that the grounds of law lie in integrity, in the **best constructive interpretation** of past legal decisions,, and that law is therefore sensitive to justice in the way Hercules recognizes."* (*Law's Empire*. Estados Unidos da América: Harvard University Press, 1986, p. 262) e *"So law as integrity, with its elaborate and top-heavy structure is at **best a conception** for hard cases alone."* (*Law's Empire*. Estados Unidos da América: Harvard University Press, 1986, p. 265).

ANÁLISE DE PRESSUPOSTOS METAÉTICOS EM DIFERENTES TRADIÇÕES JURÍDICAS

de criação do significado das nossas práticas jurídicas. Dito de outro modo, o direito como integridade ou deve reconhecer a existência de elementos independentes e não interpretativos (o que reconduz a uma postura contraditória e negadora das premissas metaéticas, inicialmente, traçadas por DWORKIN) ou se reconhece que o critério determinante para se produzir as respostas corretas para os casos difíceis dentro do direito estará deixando em aberto o elemento final e definitivo que dá fechamento à própria estrutura de explicação do fenômeno jurídico segundo o autor. Isso porque a noção de integridade como coerência não fornece um critério substancial de identificação da *"melhor interpretação"* dentre duas ou mais possibilidades de interpretação, entre si, coerentes.

Aliás, o recurso a princípios morais que permitiriam identificar essa melhor interpretação também não resolve tal dilema, já que os princípios morais também são submetidos ao processo interpretativo que é criativo e constitutivo da nossa realidade prática (lembre-se, mais uma vez, que todas as fases interpretativas propostas por DWORKIN, são, em si, também interpretativas). Desse modo, sempre poderá ser questionado como e porque estarão sendo impostos tais princípios morais e não outros, de modo que a coerência interna do sistema jurídico, mesmo que dependente de elementos morais que não estão diretamente presentes no catálogo de regras vigentes, ainda terá que receber justificações adicionais sobre o que fundamentaria a vinculação de tais princípios morais, o que não se pode dar em termos de convencionalismos nem em razão da existência de uma lei natural, pois o autor rejeita, categoricamente, tanto posturas positivistas, quanto posturas jusnaturalistas[587]. Assim, não lhe resta alternativa senão a de sustentar que tais princípios morais também são produtos de um processo interpretativo que constituem a sua validade e vigência dentro de uma comunidade política, de modo que mais uma vez se cai no problema da fundamentação do ponto de partida em termos de definição *"da melhor"* interpretação dos efetivos princípios morais e políticos que estarão em vigor. Novamente, *"o melhor"* princípio moral sempre exigirá – logicamente – a existência de uma instância superior

---

[587] *"Law as integrity supplemented, when integrity gives out, by some version of natural law theory? This is not a very important objection; it only suggests a different way of reporting the conclusions it no longer challenges."* (*Law's Empire*. Estados Unidos da América: Harvard University Press, 1986, p. 263)

METAÉTICA E A FUNDAMENTAÇÃO DO DIREITO

que permita realizar esse contraste e essa comparação. E mais uma vez, o *"melhor"* não pode ser constituído por meio de uma atitude interpretativa, sob pena de se trilhar uma linha infinita de argumentação.

Em segundo lugar, para DWORKIN, todo processo interpretativo assume, como estrutura formal, a noção de intencionalidade, o que significa dizer que a interpretação, no seu sentido mais básico, não é outra coisa senão a atividade de identificar as intenções e os objetivos que foram formulados por meio da tomada de uma decisão por parte daquele que elabora o objeto sendo interpretado[588]. Veja-se, portanto, que a atitude interpretativa dá ênfase à figura do sujeito, seja no que se refere ao objeto de interpretação, seja no que se refere ao processo criativo-constitutivo que fornecerá o resultado final desse processo hermenêutico. Assim, esse modo de explicar o direito e o respectivo processo hermenêutico que o constitui não consegue se livrar de resquícios subjetivistas em relação ao papel do intérprete e relativistas em relação ao conteúdo final do direito, na medida em que o processo interpretativo dependerá, em última instância, da atitude criativa daquele autorizado pelo sistema para identificar a *"melhor"* interpretação para cada caso, *i.e.*, aquela solução que essa pessoa defina como a mais coerente, a mais integra e mais compatível com os princípios morais e políticos que estão em vigor em uma determinada comunidade e que somente podem ser qualificados como verdadeiros na medida em que aceitos dentro do contexto social específico daquela mesma comunidade.

Poder-se-ia, obviamente, contra-argumentar que a busca pela melhor interpretação possível seria apenas mais um elemento dentro do processo idealizado que é estruturado por DWORKIN, na medida em que essa *melhor interpretação*, na verdade, deveria ser pensada pelo operador do direito real e concreto como sendo tão somente aquela resposta de máxima coerência que estaria apenas ao alcance da figura imaginária do super-juiz Hércules. Isso é plausível porque DWORKIN reconhece

---

[588] *"...the concept of intention nevertheless provides the formal structure for all interpretive claims. I mean that an interpretation is by nature the report of a purpose; it proposes a way of seeing what is interpreted – a social practice or tradition as much as a text or a painting – as if this were the **product of a decision to pursue one set of themes or visions or purposes, one 'point', rather than another.**"* (*Law's Empire*. Estados Unidos da América: Harvard University Press, 1986, pp. 58/9 – grifou-se)

de antemão que nenhum juiz real será, efetivamente, capaz de realizar a aplicação do direito a casos concretos de modo a, efetivamente, concretizar o ideal de coerência que é promovido pelo Juiz Hércules[589]. Ora, se se sabe que nenhum juiz real conseguirá projetar uma coerência ampla e integral entre as proposições jurídicas e os princípios morais que regulam uma comunidade política, caberia questionar qual seria o efetivo mérito de se aceitar uma metodologia pautada em um princípio de máxima coerência interna, mas que, em verdade, se dá por satisfeita com uma coerência apenas precária e parcial. Aliás, não se pode esquecer que a coerência de alguns fragmentos do sistema jurídico sempre poderá estar escondendo uma profunda incoerência no que se refere a outros elementos relevantes desse mesmo sistema jurídico. Assim, a metodologia do juiz Hércules poderá mascarar profundas incoerências particulares, legitimando, assim, proposições que são compatíveis com uma parcela dos princípios morais aceitos, mas que são incoerentes com um ou outro princípio moral que também pode estar em vigor naquela comunidade política.

Por isso, caberia, inclusive, questionar quais seriam os méritos e vantagens metodológicas de se projetar o ideal vago de um juiz super-humano que realizaria a sua tarefa de aplicação do direito de um modo e sob condições que, sabidamente, jamais estarão disponíveis a uma pessoa real de carne e osso. Ao se admitir que a busca por coerência representa, em verdade, apenas um projeto idealizado e hipotético, a própria pretensão de se defender a existência de objetividade no direito a partir de tal critério de coerência perde a quase totalidade da sua força. Isso porque um método que não pode ser aplicado em um contexto real, com o mínimo de segurança, não é verdadeiramente um método[590].

Curiosamente, a proposta construtivista de DWORKIN coloca a interpretação como sendo não apenas o elemento primário da inteligibilidade das nossas práticas jurídicas, como também representa ela o resultado

---

[589] *"No actual judge could compose anything approaching a full interpretation of all of his community's law at once. That is why we are imagining a Herculean judge of superhuman talents and endless time. But an actual judge can imitate Hercules in a limited way."* (*Law's Empire*. Estados Unidos da América: Harvard University Press, 1986, p. 245)

[590] Em sentido contrário, vide GUEST, Stephen. *Ronald Dworkin*. Estados Unidos da América: Stanford Law Books, 3ª edição, 2012. Segundo GUEST, a idealização da integridade projetaria um mundo *"ideal real"* que poderia resolver problemas do mundo *"real real"*. (op. cit., p. 68).

final de um processo hermenêutico[591]. Com isso, mesmo que bastante implausível e possivelmente circular, o critério de justificação do direito é tanto a sua própria causa, como é também o produto final do desenrolar da sua metodologia. É nesse contexto que DWORKIN não vislumbra a necessidade do seu *direito como integridade* dar importância ao debate filosófico que questiona se a interpretação seria ou um processo de descoberta de significado mínimo ou de constituição da significação por parte do intérprete que cria a sua realidade (classicamente as duas propostas rivais que se apresentam dentro do contexto desse debate clássico). Isso ocorre porque DOWRKIN entende que é viável afirmar as duas coisas ao mesmo tempo, tendo em vista que o seu ideal de coerência pode atribuir ao processo de interpretação a tarefa de ser, simultaneamente, o seu próprio ponto de partida e o seu fim último. Assim, em outros termos, DWORKIN qualifica a interpretação como se ela pudesse ser o ovo e a galinha ao mesmo tempo.

Diante de todas essas indefinições metaéticas a proposta de DWORKIN acaba deixando o seu leitor com mais dúvidas do que com respostas[592], colocando-o em uma posição em que fica receoso de afirmar a existência de respostas objetivas não apenas para casos difíceis, mas, inclusive, para aqueles casos que seriam fáceis.

4.4. Teoria da lei natural: cognitivismo moral de estilo realista

> *"There are many basic reasons for action. Each directs us to a basic good which is intrinsically good for any human being. And each can be instantiated in indefinitely many ways in one's own life and one's own communities, as well in the lives of other people and other communities."*[593]

---

[591] *"Law as integrity is different: it is both the product of and the inspiration for comprehensive interpretation of legal practice."* (*Law's Empire*. Estados Unidos da América: Harvard University Press, 1986, p. 226)

[592] *"Eines der vielen Probleme, die hier auftauchen, ist dies, ob die allgemeinen Rechtprinzipen nicht viel zu abstract und inhaltsarm sind, als dass man allein darein zu richtigen konkreten Rechtsentscheidungen kommen könnte."* (KAUFMANN, Arthur; HASSEMER, Winfried; NEUMANN, Ulfrid. *Einfürung in Rechtsphilosophie und Rechtstheorie der Gegenwart*. Alemanha: C.F. Müller, 2011, p. 108).

[593] FINNIS, John. *Aquinas*, p. 103.

4.4.1. A teoria da lei natural segundo John Finnis[594]

Para finalizar o projeto que vem sendo desenvolvido neste estudo, mostra-se necessário demonstrar um exemplo de tradição jurídica que incorpora pressupostos metaéticos que seguem uma matriz cognitivista de estilo realista e que assume uma pretensão de objetividade mais intensa, não apenas orientada pela estrutura de validação das normas jurídicas nem pela forma como uma determinada sociedade incorpora, hermeneuticamente, determinados valores, mas pautada na crença de que existem determinados princípios pré-convencionais e evidentes que fornecem os elementos materiais mínimos para se justificar uma ação humana como racional e razoável. Assim, para se discorrer sobre uma proposta teórica que pretende explicar o fenômeno jurídico em termos de um realismo moral, tal como definido no item 3.2.6, possivelmente, a melhor candidata (talvez a única) apta a ocupar tal posição seja a teoria da lei natural (ou do direito natural), mais comumente conhecida pela alcunha genérica de *jusnaturalismo*. Uma postura jusnaturalista diante do fenômeno jurídico representa uma forma de realismo moral, na medida em que pressupõe que o direito possui uma dimensão existencial que pode ser analisada e conhecida em sentido objetivo, de modo semelhante como são analisadas as demais parcelas da vida em sociedade[595]. Assim, conforme se pretende demonstrar, esses fundamentos jurídicos (que não são apenas morais) podem ser reconstruídos como diretrizes racionais e objetivas que orientam e direcionam a atividade do aplicador do direito, sempre que este elege um determinado plano normativo, bem como a deliberação daquele que deseja compreender os parâmetros jurídicos que guiam a sua ação.

Conforme já se viu até aqui, não há dúvida de que o direito pode assumir significados distintos, tendo em vista os diferentes pressupostos metaéticos que cada tradição assume como verdadeiros. No entanto, adotando-se a perspectiva da teoria da lei natural, o direito, genericamente falando, pode ser representado como sendo formado por um conjunto de critérios que dispõe sobre juízos corretos e adequados acerca de uma questão prática (conduta ou ação) pertinente ao ser humano, sempre

---

[594] Agradeço a Elton Somensi pelos comentários e sugestões que muito contribuíram para a versão final deste capítulo.

[595] CATENACCI, Imerio Jorge. *Introducción al derecho*. Astrea, 2006, p. 209.

METAÉTICA E A FUNDAMENTAÇÃO DO DIREITO

refletindo um padrão que permite qualificar as opções disponíveis àquele que desenvolve um raciocínio prático como boas ou más, corretas ou incorretas, desejáveis ou indesejáveis[596].

Neste trabalho, conforme já referido no item 3.2.6, para o resgate de tais elementos substanciais que esclarecem o sentido específico de uma lei natural que fundamenta a experiência jurídica, adota-se a tradição filosófica do realismo ontológico desenvolvido por ARISTÓTELES e Tomás de AQUINO, focando-se, mais especificamente, nas considerações do segundo autor sobre a lei natural e a sua relação nos limites racionais que se apresentam ao legislador ao promulgar uma lei positiva. Conforme já se destacou, tal tradição filosófica é incorporada no pensamento jurídico por meio de correntes jusnaturalistas, as quais, sem dúvida alguma, não recebem adesão tranquila e pacífica no cenário jurídico contemporâneo, representando, na verdade, a forma de fundamentação do direito que mais rapidamente é desprezada, mesmo que tal rejeição se dê independentemente da leitura efetiva e sistemática daquelas fontes que bem representam essa tradição filosófica. Não obstante essa constatação, é interessante notar que a teoria da lei natural, infinitamente atacada e rejeitada, sempre acaba retornando com força e vigor[597], podendo-se falar, inclusive, em um *"eterno retorno"* da tradição do *Direito Natural*[598]. A precipitada rejeição da ideia de uma lei natural que predetermina, minimamente, o conteúdo racional da lei positiva sempre parte de preconceitos infundados ou de críticas que não podem sequer ser reconduzidas ao texto daqueles que defendem tal visão, razão pela qual tais críticas terão de ser aqui, sucintamente, rebatidas.

---

[596] FINNIS, John. *A Grand Tour of Legal Theory*. In Philosophy of Law – Collected Essays: Volume IV. Reino Unido: Oxford University Press, 2011, p. 91.

[597] SIMON, Yves. *The Tradition of Natural Law*. EUA: Fordham, 1992, p. 3.

[598] ROMMEN, Heinrich. *Die ewige Wiederkehr des Naturrechts*. Leipzig: Hegner, 1936. Mesmo que uma teoria sobre a lei natural possa ser popular ou voltar à moda, a lei natural em si considerada deve ser tida como ahistórica e não submetida as opiniões ou adesões que ela recebe. Nesse sentido, vale o alterta de FINNIS: *"But of natural law itself, strictly speaking, there could be no 'history'. Natural law could not rise, decline, be revived or stage 'eternal returns'. It could not have achievements to its credit. It could not be held responsible for disasters of the humam spirit, or atrocities of humam practice."* (*Natural Law and Natural Rights*. Reino Unido: Oxford University Press, 2000, p. 24)

Sustenta-se aqui que o realismo ontológico desenvolvido por AQUINO é, teoricamente, superior às três alternativas já analisadas nos tópicos anteriores, exatamente porque consegue melhor integrar e organizar os pressupostos metaéticos e as distintas funções do juízo prático analisadas nos itens 2.1 e 2.4. Isso ocorre porque a tradição da lei natural possui elementos que conjugam duas tendências teóricas que poderiam ser, em um primeiro momento, consideradas, entre si, incompatíveis, quais sejam: a adoção de premissas que se refletem, em grande medida, naquilo que já compartilhamos como senso comum e a pretensão de fornecer elementos ordenadores e explicativos da nossa realidade prática, a qual é considerada em toda a sua complexidade – e não analisada, isoladamente, em fragmentos –, na medida em que pretende ser descrita e captada por meio de juízos práticos que exercem, simultaneamente, uma função de representação, afetação e direcionamento[599]. Assim, para esclarecer o que direciona o ser humano, ou seja, o que é capaz de regular a ação humana, compreendida na sua dimensão existencial (aí, por óbvio, contido o fenômeno jurídico), o tomismo não pressupõe nenhum esquema hipotético nem algum tipo de experimento mental fictício que tivesse de ser aceito para que fossem justificáveis as premissas primeiras do seu raciocínio. Vale-se ele, na verdade, de pressupostos que se fundamentam, da forma mais básica, naquilo que as pessoas já pressupõem como necessário para o entendimento da ação humana.

Com efeito, mesmo que algumas conclusões alcançadas por AQUINO não sejam admitidas pelo leitor contemporâneo, pode-se dizer que as premissas que ele adota são básicas, intuitivas e quase indisputadas para maior parte das pessoas, precisamente porque refletem algum traço real da experiência humana. A arquitetura teórica que ele pressupõe não é apenas epistemológica, psicológica ou empírica, mas é também ontológica, na medida em que pressupõe que há uma ordem natural para as coisas e que existem fins materiais objetivos que direcionam, racionalmente, a ação humana, sendo, por outro lado, estéril, segundo essa visão, a tentativa de se explicar a ação humana fazendo-se referência apenas às estruturas epistemológicas (formais) que limitam o pensamento ou aos fatores psicológicos sub-racionais que afetam sensivelmente os agentes humanos ou ainda os fatores sociológicos (convencionais e culturais) que

---

[599] Vide item 2.4.

METAÉTICA E A FUNDAMENTAÇÃO DO DIREITO

podem restringir, contextualmente, o agir de alguém. Por isso, AQUINO pode ser visto como um pensador que está no meio do caminho entre o extremo racionalismo deontológico de KANT e o radical empirismo e ceticismo de HUME[600]. Isso significa que AQUINO não se dá por satisfeito com a indiferença e a esterilidade de um formalismo normativo, do mesmo modo que não se conforma com a postura teórica que viabiliza a atitude anárquica e incontinente do amoralista e do emotivista. É trilhando, portanto, esse meio termo tomista que se pretende aqui analisar o pensamento de um jurista que capta, com rigor, os pressupostos cognitivistas e realistas que embasam a concepção de lei natural que é adotada por AQUINO ao esclarecer os princípios fundantes da nossa realidade prática e, mais especificamente, do fenômeno jurídico.

No entanto, essa tarefa, por certo, não é imune à polêmica. Isso porque é incomensurável a vastidão de propostas teóricas que assumem a pretensão de esclarecer o *verdadeiro* sentido da noção de lei natural em Tomás de AQUINO, não existindo um autor que ocupe a posição privilegiada de ser o intérprete oficial do pensamento tomista (mesmo que inúmeros autores se arroguem dessa pretensão). Além disso, o número de disputas internas dentro da própria tradição tomista não possui qualquer comparação no que se refere às divergências entre as propostas explicativas que são desenvolvidas dentro das demais tradições jurídicas aqui já analisadas. Assim, analisando-se em termos quantitativos e em termos de persistência histórica as variadas doutrinas da lei natural (o que, obviamente, não diz nada sobre o mérito de tal postura) adquirem um volume insuperável e incontrastável, caso se pretendesse compará-las com os esforços teóricos que poderiam ser catalogados a partir das diferentes tentativas de se explicar o direito em termos empíricos, normativos ou interpretativos. Com efeito, se é arriscada a eleição de um autor que poderia ser apresentado como o fiel representante das três tradições jurídicas que já foram aqui enfrentadas, a escolha de um autor para aqui veicular a voz da tradição da lei natural certamente poderá provocar revolta e imediata acusação de parcialidade ou de simplismo. Esse tipo de crítica, porém, já é, em si, um indício da maior complexidade e sofisticação que a teoria da lei natural manifesta. Mesmo que passível de crítica, a escolha de Oliver Wendell

---

[600] PORTER, Jean. *Nature as Reason – A Thomistic Theory of the Natural Law*. EUA: Eerdmans, 2005. p. 249.

ANÁLISE DE PRESSUPOSTOS METAÉTICOS EM DIFERENTES TRADIÇÕES JURÍDICAS

HOLMES Jr., Hans KELSEN e Ronald DWORKIN, como representantes, respectivamente, do empirismo jurídico, do positivismo jurídico e da visão do direito como interpretação, jamais poderá ser caracterizada como arbitrária ou como absolutamente distanciada da nossa realidade teórico-especulativa acerca do direito. Evidentemente, alguém poderá sustentar que outros autores também estariam aptos a bem representar as respectivas correntes de pensamento, mas, certamente, ninguém, poderá afirmar que tais autores não mantêm qualquer proximidade com as tradições jurídicas a eles atribuídas.

Por outro lado, quando se trata de eleger apenas um autor contemporâneo que seja capaz de representar as ideias que são incorporadas pela doutrina da lei natural, a dificuldade dessa escolha se amplia exponencialmente. Isso porque a escolha de qualquer autor que venha a ser indicado como o representante do pensamento jusnaturalista irá gerar críticas e ataques simultâneos em três frentes distintas, quais sejam: receberá intensas críticas dos filósofos que se opõem ao realismo moral, receberá ataques dos teóricos do direito que, tradicionalmente, rejeitam qualquer proposta jusnaturalista e ainda receberá críticas daqueles que se qualificam como defensores da existência de uma lei natural, mas que rejeitam que esse determinado autor tenha, fielmente, incorporado as ideias originais da tradição tomista. Esse tipo de risco, portanto, é aqui assumido de modo consciente, tendo em vista que a intenção deste trabalho, conforme já referido inúmeras vezes, não é a de promover uma completa análise crítica das tradições jurídicas aqui referidas, mas apenas a de resgatar os fundamentos metaéticos que cada uma adota, com o intuito de demonstrar a presença constante de elementos morais em qualquer tipo de teorização sobre o direito.

Feito esse longo esclarecimento, cabe referir que o autor contemporâneo escolhido como fiel representante da teoria da lei natural é John FINNIS, o qual será aqui utilizado como porta-voz da tradição tomista – mesmo que muitos rejeitem essa possibilidade[601] –, não com o intuito de promover uma ampla e completa descrição do seu pensamento, mas apenas com a intenção de ilustrar os fatores fundantes da experiência jurídica, enquanto fenômeno que integra a unidade da nossa ordem

---

[601] Por exemplo PORTER, Jean. *Nature as Reason – A Thomistic Theory of the Natural Law.* EUA: Eerdmans, 2005.

METAÉTICA E A FUNDAMENTAÇÃO DO DIREITO

prática, pretendendo, com isso, trazer à tona os pressupostos cogniti-vistas e realistas que embasam essa visão. Para tanto, quatro escritos de FINNIS serão aqui utilizados como referência, quais sejam: a clássica obra jurídica *Natural Law and Natural Rights*[602], o livro *Aquinas*, obra mais madura que sintetiza com maior fidelidade o pensamento tomista[603], o artigo *A Grand Tour of Legal Theory*[604], bem como o curto resumo de sua visão contido no livro *Direito Natural em Tomás de Aquino – Sua reinserção no contexto do juspositivismo analítico*[605]. Obviamente, outros autores representativos da tradição tomista também serão aqui cita-dos nos pontos que não comprometam a exposição do pensamento de FINNIS.

Segundo FINNIS, a história da filosofia moral demonstra que a expres-são *natural* surge pela primeira vez na dialética travada entre Platão e os céticos, os quais sustentavam que, em última instância, prevalece sempre a vontade do mais forte e do egoísta sobre aqueles mais fracos[606]. Por isso, o termo *natural*, contido na expressão lei natural ou direito natural, indica a pressuposição de que existem alguns critérios e padrões sobre o agir humano, cuja normatividade é anterior (lógico e ontologicamente) a qualquer escolha humana. Esses parâmetros racionais antecedentes não são, pois, produto de qualquer decisão individual ou coletiva nem positi-vação, de modo que não podem ser revogados, não importando quantas vezes sejam desrespeitados ou agredidos. Reconhecer a existência des-ses parâmetros pré-convencionais é reconhecer que existem *"realidades básicas que são naturais"*. Esses elementos, aliás, são constitutivos do que é deliberar como razoabilidade, de modo que é possível qualificar como irrazoáveis – nesse particular – as pessoas e as culturas que sistematica-mente desprezam esses padrões racionais pré-convencionais na escolha de seus planos de ação particulares ou no estabelecimento de políticas

---

[602] *Natural Law and Natural Rights.* Reino Unido: Oxford University Press, 2000.

[603] FINNIS, John. *Aquinas.* Inglaterra: Oxford University Press, 2004.

[604] FINNIS, John. *A Grand Tour of Legal Theory.* In Philosophy of Law – Collected Essays: Volume IV. Reino Unido: Oxford University Press, 2011.

[605] *Direito Natural em Tomás de Aquino – Sua reinserção no contexto do juspositivismo analítico.* Porto Alegre: Fabris, 2007 (Tradutor Leandro Cordioli e Revisor Elton Somensi).

[606] FINNIS, John. *A Grand Tour of Legal Theory.* In Philosophy of Law – Collected Essays: Volume IV. Reino Unido: Orxford University Press, 2011, p. 93.

ANÁLISE DE PRESSUPOSTOS METAÉTICOS EM DIFERENTES TRADIÇÕES JURÍDICAS

públicas[607]. Para FINNIS, essas escolhas particulares podem ser consideradas não naturais na medida em que são irrazoáveis, pois negligenciam a promoção concreta de um bem básico humano, i.e., a realização de um fim primário, o qual pode ser racionalmente compreendido como necessário ao aperfeiçoamento dos seres humanos[608].

Diante disso, para FINNIS, os princípios da lei natural poderiam ser compreendidos a partir de três perspectivas distintas (todas elas inter-relacionadas):

(i) seriam princípios práticos básicos que indicam, primariamente, as formas básicas de realização humana, o que permitiria compreender os bens mínimos que o ser humano visualiza como dignos de serem perseguidos;

(ii) forneceriam exigências metodológicas da razoabilidade prática, as quais permitiriam, didaticamente, distinguir o pensamento prático correto do incorreto, fornecendo critérios que facilitariam a identificação e aplicação de juízos sobre ações moralmente corretas, diferenciando-as das incorretas; e

(iii) forneceriam pautas morais gerais que permitem justificar e legitimar o exercício de autoridade dentro de uma comunidade política[609].

Por isso, a visão de FINNIS acerca do papel da lei natural seria a de, essencialmente, indicar princípios da razoabilidade prática que se articulariam como formas básicas de realização humana, as quais, em última instância, atribuiriam normatividade aos critérios que direcionam e coordenam as nossas ações, na medida em que atuam como exigências básicas da própria razão prática. Esses bens básicos que indicariam princípios práticos primários da articulação da nossa racionalidade prática foram listados, pela primeira vez, por FINNIS em seu *"Natural Law and Natural Rights"*, sendo que tal lista, de acordo com a primeira tentativa

---

[607] FINNIS, John. *A Grand Tour of Legal Theory*. In Philosophy of Law – Collected Essays: Volume IV. Reino Unido: Orxford University Press, 2011, p. 91.

[608] FINNIS, John. *A Grand Tour of Legal Theory*. In Philosophy of Law – Collected Essays: Volume IV. Reino Unido: Orxford University Press, 2011, p. 92.

[609] *Natural Law and Natural Rights*. Reino Unido: Oxford University Press, 2000, p. 23.

de sua justificação por parte de FINNIS[610], incluiria sete itens que se apresentariam como *"o substrato avaliativo para todos os juízos morais"*[611].

A lista de sete bens básicos elaborada por FINNIS apresentaria *(1)* a vida (busca pela autopreservação, envolvendo todos aqueles fatores que colocam os seres humanos em boa forma para a autodeterminação, incluindo a procriação), *(2)* o conhecimento (participação, como fim em si mesmo, e não apenas com intenções utilitárias e pragmáticas, na atividade de busca pela verdade), *(3)* o lúdico (participação em atividades performáticas, físicas ou intelectuais, que se justificam como fim em si mesmo), *(4)* a experiência estética (envolvimento – independentemente de ação – em evento que permite aproximação do belo), *(5)* a sociabilidade/ amizade (colaboração com as demais pessoas como fim em si mesmo ou agir de modo a almejar exclusivamente o bem/fim de um amigo), *(6)* a razoabilidade prática (capacidade de escolher inteligentemente opções vida e de moldar o próprio caráter) e *(7)* a religião (possibilidade de questionamento que transcendem a esfera individual acerca da ordenação universal das coisas, bem como sobre o fundamento da liberdade e razão humanas) como bens ou finalidades indispensáveis à compreensão central das ações práticas que definiriam aquilo que é valoroso na existência humana[612].

Para FINNIS, em primeiro lugar, a compreensão de um bem básico não parte necessariamente de uma projeção normativa acerca dos comandos universais que devem guiar a ação humana nem de elementos biológicos ou psicossociais que estão imbuídos na anatomia humana ou na experiência cultural contingente dos seres humanos, o que, obviamente, o afasta das demais tradições jurídicas já analisadas neste estudo. Na verdade, FINNIS esclarece seu conceito de bem básico partindo da sua

---

[610] Essa primeira tentativa de listar bens básicos veio a ser posteriormente revista e readequada por FINNIS, de modo a melhor compatibilizá-la com a lista de fins indispensáveis ao ser humano apresentada pelo próprio Tomás de AQUINO. Nos tópicos que seguem, portanto, essa lista precária apresentada por FINNIS no livro *Natural Law and Natural Rights* deverá ser revisitada, tendo em vista as propostas mais bem acabadas desenvolvidas pelo autor nas suas obras posteriores, em especial no livro *Aquinas*. Essa ideia é retomada no artigo mais recente de FINNIS: FINNIS, John. *Natural Law Theory: Its Past and its Present*. The American Journal of Jurisprudence: Oxford University Press, vol. 57, 2012, p. 84.

[611] *Natural Law and Natural Rights*. Reino Unido: Oxford University Press, 2000, pp. 59 e ss.

[612] *Natural Law and Natural Rights*. Reino Unido: Oxford University Press, 2000, pp. 59 e 86/9.

pretensão de identificar teoricamente os pontos de partida (*principium*) que são indispensáveis à descrição de todo e qualquer raciocínio prático para o ser humano. Dito de outro modo, um bem básico representa para FINNIS um valor ou um princípio que se apresenta, fática e valorativamente, como uma boa razão para guiar e ordenar a ação humana. Com isso, um bem básico fornece um ponto de partida para a compreensão e explicação de um raciocínio prático, sem o qual não haverá como descrever, de forma plena, coerente e inteligível, a ação humana bem orientada. Por essa razão, o bem básico se apresenta como uma razão para agir que possui um valor intrínseco, ou seja, algo que é desejável por si mesmo, independentemente de qualquer intenção utilitária ou pragmática adicional, e que, por isso, não exigirá a demonstração ou justificação adicional de qualquer outro elemento para motivar aquela ação humana em particular.

Assim sendo, os bens básicos, para FINNIS, possuem algumas características substanciais que lhes são particulares, quais sejam: *a)* eles são óbvios, autoevidentes e inquestionáveis, não havendo motivo suficiente para duvidar do seu valor[613]; *b)* eles não extraem seu fundamento de nenhum outro princípio prático (caso contrário, essa fonte de derivação seria, em verdade, o bem básico), sendo, portanto, um princípio não derivado[614]; *c)* quando perseguidos em uma ação particular, eles partirão de um desejo verdadeiro[615]; *d)* por isso, são objetivos, já que a sua validade e justificabilidade não é questão de mera convenção nem de interesses individuais[616]; e *e)* representarão a premissa maior de um silogismo prático, o qual exigirá ainda ser organizado a partir de uma premissa menor que agregará juízos factuais relevantes que pretendem bem captar e representar as circunstâncias concretas nas quais se deseja agir[617]. No entanto, o único artifício de convencimento que FINNIS encontra para justificar o *status* evidente, objetivo e universal da participação dos bens básicos na descrição de todo raciocínio prático escora-se em argumento de autorrefutação e de contradição performativa que, em sua opinião,

---

[613] *Natural Law and Natural Rights*. Reino Unido: Oxford University Press, 2000, pp. 64 e ss.

[614] *Natural Law and Natural Rights*. Reino Unido: Oxford University Press, 2000, p. 70.

[615] Vide item 2.1.1.

[616] *Natural Law and Natural Rights*. Reino Unido: Oxford University Press, 2000, pp. 69 e ss.

[617] O conceito de juízo prático como representação será nesse ponto relevante. Vide item 2.4.

sempre estará presente na atitude ou na proposição do cético que venha a negar valor objetivo a um bem básico. Por isso, defende FINNIS que:

> *"The sceptical assertion that knowledge is not a good is operationally self-refuting. For one who makes such an assertion, intending it as a serious contribution to rational discussion, is implicitly committed to the proposition that he belives his assertion is worth making, and worth qua true; he thus is committed to the proposition that he belives that truth is a good worth pursuing or knowing. But the sens of his original assertion was precisely that truth is not a good worth pursuing or knowing. Thus he is implicitly committed to formally contradictory beliefs."[618]*

Ao definir o caráter autoevidente, objetivo e universal dos bens básicos FINNIS assume um pressuposto objetivo pré-convencional, *i.e.*, os elementos constitutivos dos princípios primeiros da razão prática não estão disponíveis à livre definição por parte dos agentes práticos. FINNIS assume, assim, abertamente um pressuposto metaético cognitivista, ao defender a existência de elementos objetivos que definem a ação humana de modo a transcender o escopo de interesses imediatos e particulares, assumindo, pois, que haja um conteúdo mínimo que forma e ilustra o raciocínio prático de todos os seres humanos. Defende-se, com isso, que existem parcelas da realidade que são indisponíveis aos seres humanos nas situações em que se deseja agir de modo racionalmente orientado. Corolário dessa afirmação é o fato de que ao menos algumas das asserções avançadas por FINNIS deverão ser axiomaticamente tomadas como verdadeiras, para fins teóricos e práticos, o que leva, por consequência, à aceitação, de início, por aquele que desejar compartilhar da estrutura proposta por FINNIS, que alguns elementos do raciocínio prático (mais especificamente, os seus princípios primeiros) não poderão ser alvo de mera convenção e que sequer se apresentarão na deliberação prática como tópicos que poderão, em si, ser objeto de aceitação ou rejeição. Isso, obviamente, produz uma rejeição radical de qualquer tentativa de combinação dessa postura com as demais formas de cognitivismo já referidas neste estudo, como, por exemplo, o contratualismo, convencionalismo ou, ainda, qualquer tipo de construtivismo[619].

---

[618] *Natural Law and Natural Rights.* Reino Unido: Oxford University Press, 2000, pp. 74/5.
[619] Vide item 3.2.5.

Consequentemente, a sua conceituação de bem básico trará ainda repercussões reflexas no campo da política e do direito. Isso porque a aceitação como objetiva e evidente da lista de bens básicos não permitirá que se afirme, no ponto de partida, uma ampla e irrestrita abertura no que se refere às opções que serão admissíveis na organização de um plano de vida individual e que, coletivamente, poderão ser promovidas na seara política ou no campo do direito, principalmente no que se refere à criação de disposições normativas positivas por meio de ato do legislador. Na verdade, ela irá impor, necessariamente, uma série de delimitações às opções de vida e de ação que poderão ser discutidas na instância política, já que deverá ser reprochada, como contrária ao raciocínio prático bem executado, toda postura que não esteja a afirmar ou promover, em algum grau (i.e., com alguma intensidade), um ou outro bem básico. Desse modo, se está correto FINNIS na sua descrição da lei natural, a atividade de criação de leis somente será bem executada quando, no seio da comunidade, forem promovidas deliberações práticas que não apenas compatibilizem do modo mais vantajoso e harmônico os interesses da maioria ou daquele grupo que manejou com sucesso determinada estratégia política, mas que se prestem a facilitar ou concretizar uma das instanciações possíveis dos bens básicos aos seres humanos.

Opondo-se a tal visão, a crítica à tradição da lei natural, tal como defendida por FINNIS, normalmente vislumbra dois defeitos nesse tipo de descrição do fenômeno jurídico, seja no que se refere à possibilidade de ser uma alternativa legítima na fundamentação do direito, seja no que se refere a sua apresentação como verdadeira representante do pensamento jusnaturalista.

Primeiramente, sustenta-se que esses esforços teóricos substituem a compreensão ontológica do direito por uma versão jusnaturalista meramente epistemológica, já que se afastam da visão de que a dimensão normativa da lei natural deve ser derivada de uma natureza, mais especificamente da natureza humana[620]. Assim, para os críticos, a verdadeira teoria da lei natural pressupõe que se deve descobrir o que o ser humano deve fazer por meio da compreensão acerca de fatos sobre a natureza

---

[620] GEORGE, Robert P. *Natural Law and Human Nature*. In *Natural Law Theory – Contemporary Essays*. Estados Unidos da América: Oxford University Press, 1994, p. 31.

humana[621]. Em segundo lugar, se critica a pressuposição de que uma teoria ética que tenha a pretensão de fundamentar o direito possa assumir a existência de elementos teóricos que fossem conceituados como autoevidentes. Isso porque tais proposições tomadas como autoevidentes seriam implausíveis quando invocadas em discussões de ética normativa ou de teoria política (*e.g.*, legitimidade do aborto, eutanásia, pena de morte etc...) ou ainda poderiam ser, simplesmente, rejeitadas por aqueles indivíduos que não desejassem aceitar essa suposta autoevidência.

Quanto à primeira crítica, deve-se afirmar, com máxima transparência, que ela é simplesmente falsa. Isso porque, em nenhum momento, FINNIS rejeita que a compreensão da natureza humana seja relevante para se ter um entendimento pleno dos bens básicos e das normas morais que direcionam, de forma primária, a ação humana. Na verdade, a afirmação de que existem determinados bens básicos que direcionam a conduta humana somente é possível após se reconhecer que os seres humanos possuem uma natureza específica definida por meio de determinados fins materiais que devem ser promovidos e aperfeiçoados por meio de ações concretas. Assim, raciocinando em sentido inverso, pode-se dizer que do fato de termos uma natureza específica é possível identificar quais os fins que devem ser promovidos como forma de aperfeiçoamento da nossa essência humana. O que FINNIS rejeita é uma suposta afirmação jusnaturalista no sentido de que as proposições da lei natural seriam meras derivações imediatas que são alcançadas por meio da análise da composição orgânica, biológica ou sociológica dos seres humanos[622]. Se a natureza humana é definida nesses termos restritivos, evidentemente, a especificação da lei natural não passa por esse tipo de fundamentação. GEORGE, aliás, conceitua, com precisão, como devem ser compreendidas essas razões básicas que direcionam e fundamentam a ação humana:

---

[621] GEORGE, Robert P. *Natural Law and Human Nature*. In *Natural Law Theory – Contemporary Essays*. Estados Unidos da América: Oxford University Press, 1994, p. 33.

[622] É nesse sentido que deve ser entendida a leitura que FINNIS faz de AQUINO ao referir que *"the way to discover what is morally right (virtue) and wrong (vice) is to ask, not what is in accordance with human nature, but what is reasonable."* (*Natural Law and Natural Rights*. Reino Unido: Oxford University Press, 2000, p. 36).

ANÁLISE DE PRESSUPOSTOS METAÉTICOS EM DIFERENTES TRADIÇÕES JURÍDICAS

"Basic reasons for action are simply ends (goods) whose intelligible point can be grasped without the benefit of a deduction or inference by anyone who knows what the terms referring to them signify. Such reasons can frequently be defended by indirect (dialectical) arguments that bring other knowledge to bear to highlight the rational unacceptability of denying them."[623]

Em segundo lugar, também se mostra absolutamente equivocada a acusação de que FINNIS tenha alguma vez sustentado que questões específicas de ética normativa seriam autoevidentes ou seriam inferências diretas de outras premissas autoevidentes. Ora, em nenhum excerto conhecido dos seus escritos é possível localizar a afirmação de que, por exemplo, conclusões de um raciocínio prático que sustentem a imoralidade do aborto ou da eutanásia sejam evidentes ou indemonstráveis ou ainda que nenhuma premissa anterior deva ser, dialeticamente, demonstrada. Também jamais se sustentou que essa resposta seja dedução direta de outra premissa cuja veracidade fosse justificada como autoevidente. Para se superar essa obscuridade na compreensão do pensamento do teórico de FINNIS deve-se ressaltar que as razões básicas para a ação humana, que representam princípios primeiros de um raciocínio prático, assumem uma indeterminabilidade no que se referem ao seu conteúdo que não são capazes de especificar ou justificar, por si só, uma ação humana concreta. Na verdade, essas razões básicas são conhecidas, não por meio de inferência ou dedução, mas por meio da compreensão imediata de que determinados fins são necessários para o aperfeiçoamento humano, representando assim um norte que é capaz de direcionar o agir humano. A inteligibilidade desses fins básicos é primária e fundamental de tal modo que não existem razões anteriores para justificar tais fins como sendo dignos de serem buscados e promovidos. Assim, nenhuma derivação prévia é exigida, pois, esses são fins, conceitualmente, primários e pontos de partida para posteriores deduções práticas.

Com efeito, mesmo que algumas premissas primárias devam ser vistas como autoevidentes (e a explicitação desse raciocínio será feita nos tópicos que seguem), já que representam o que, da forma mais imediata, é para ser perseguido pelo ser humano, de nenhum modo se pode afirmar que

---

[623] GEORGE, Robert P. *Natural Law and Human Nature*. In *Natural Law Theory – Contemporary Essays*. Estados Unidos da América: Oxford University Press, 1994, p. 37.

METAÉTICA E A FUNDAMENTAÇÃO DO DIREITO

as conclusões de um raciocínio prático sejam autoevidentes ou que sejam simples derivações de premissas autoevidentes. Ora, as razões básicas para a ação não representam normas morais já especificadas, quanto ao seu conteúdo, mas apenas princípios ou linhas gerais que direcionam e orientam a conduta humana[624]. Além disso, não é satisfatório o argumento de que a premissa autoevidente pode ser desconstituída pelo simples fato de alguém querer rejeitar tal autoevidência. Na verdade, qualquer proposição pode ser, faticamente, rejeitada por um indivíduo e isso, por certo, não representa motivo, sequer provisório, para se rejeitar a validade do argumento que está sendo apresentado[625]. Isso porque do fato, em si considerado, de eu rejeitar valor a uma proposição não diz nada sobre a sua possível veracidade, na medida em que a veracidade de um juízo proposicional ilustra uma das suas qualidades internas e não refere, imediatamente, nenhum atributo do sujeito que pode ou não aderir e compartilhar tal juízo.

4.4.2. Conceito de lei e tipos de lei

Partindo-se dessas primeiras considerações acerca da lei natural apresentadas por FINNIS no seu *Natural Law and Natural Rights*, cabe aprofundar a exposição que ele faz do pensamento tomista tendo em vista outros conceitos fundamentais dessa visão jusnaturalista, os quais são explorados e melhor esclarecidos nas suas obras posteriores, principalmente no livro *Aquinas*. Seguindo-se a tradição tomista, deve-se, portanto, ilustrar qual o sentido de lei que é adotado, que tipos de leis ordenam a realidade e como essas influenciam e direcionam a ação humana.

De acordo com a tradição tomista, para entender-se o que orienta e direciona a vontade humana na eleição do plano de ação que será executado, é necessário, antes de mais nada, compreender-se as leis – em sentido amplo – que se impõem sobre ela[626]. Por isso, o questionamento primário

---

[624] GEORGE, Robert P. *Natural Law and Human Nature*. In *Natural Law Theory – Contemporary Essays*. Estados Unidos da América: Oxford University Press, 1994, p. 37.

[625] GEORGE, Robert P. *Natural Law and Human Nature*. In *Natural Law Theory – Contemporary Essays*. Estados Unidos da América: Oxford University Press, 1994, p. 37.

[626] FINNIS, John. *Direito Natural em Tomás de Aquino – Sua reinserção no contexto do juspositivismo analítico*. Porto Alegre: Fabris, 2007 (Tradutor Leandro Cordioli e Revisor Elton Somensi), p. 71 e ss. Vide, ainda, GILSON, Etienne. *The Philosophy of St. Thomas Aquinas*. Estado Unidos da América: Dorset Press, 1948, p. 324.

ANÁLISE DE PRESSUPOSTOS METAÉTICOS EM DIFERENTES TRADIÇÕES JURÍDICAS

que se apresenta, ao se indagar sobre os fatores que direcionam a conduta humana, é no sentido de saber o que é uma lei. Esse questionamento é básico não apenas para o entendimento da realidade humana, mas para a compreensão da ordem de qualquer objeto que se apresenta no universo. Por isso, a compreensão do que é uma lei, não é privilégio exclusivo do jurista, como frequentemente se pensa, mas é indicativo de um padrão que é capaz de analisar e avaliar que todas as dimensões da realidade. Assim, na sua extensão mais universal, uma lei significa tão somente a existência de uma regra ou medida (*regula et mensura*) racional que orienta e direciona algo a determinado fim[627], de modo que, em qualquer seara onde há algo sendo realizado, haverá uma regra ou medida perante a qual este estará se conformando e, por consequência, existirá uma lei que poderá articular racionalmente essa mesma regra ou medida. Dito de modo simples, invocar a existência de uma lei é apenas indicar que existe um padrão racional que se presta a medir/analisar determinada parcela da realidade. Por isso, diz-se que a razão é a forma da lei, já que sempre pressuposta nas situações em que lei se manifesta efetivamente. Visto por outra perspectiva, pode-se dizer que é da forma da lei visar à orientação e à coordenação racional de determinado projeto[628]. Isso, por óbvio, não significa dizer que toda lei humana positiva virá a consagrar sempre um padrão de plena racionalidade. Na verdade, isso jamais será o caso, já que, por força das limitações humanas, uma lei positiva sempre pode, *a priori*, ser aperfeiçoada em um elemento ou outro, motivo pelo qual sempre poderia, em tese, se revestir de um maior grau de racionalidade. A noção de lei, portanto, não pode ser vista como indicando um único conjunto de ocorrências, como se se referisse, univocamente, àquilo que compreendemos como lei convencionada por seres humanos em um contexto social específico. Na verdade, a lei segue uma definição analógica[629], possuindo um campo plurívoco de significações, indicando

---

[627] *Summa Theologiea*. I-II, Questão 90, Artigo 1. (Obs: nas citações que seguirão será adotada a abreviação *"ST, q. a."*)

[628] FINNIS, John. *Direito Natural em Tomás de Aquino – Sua reinserção no contexto do juspositivismo analítico*. Porto Alegre: Fabris, 2007 (Tradutor Leandro Cordioli e Revisor Elton Somensi), p. 72.

[629] KLUXEN, Wolfgang. *Lex Naturalis bei Thomas von Aquin*. Alemanha: Westdeutscher Verlag, 2001, p. 34.

METAÉTICA E A FUNDAMENTAÇÃO DO DIREITO

inúmeras instâncias distintas de manifestação e, inclusive, concretizando graus distintos de racionalidade[630].

Como se vê, AQUINO, certamente, não pode ser qualificado como legalista, já que a ação humana não é por ele explicada apenas com base na compreensão formal daquelas leis que regulam, contingentemente, o agir humano. Com efeito, o ponto de partida para o entendimento do sentido pleno de lei, pressupõe responder a pergunta: que tipos de leis existem na realidade? Partindo-se da tradição tomista, três tipos de lei são aqui relevantes: a *lei eterna*, a *lei natural* e a *lei humana*[631]. Não caberia reconstruir todo o argumento de AQUINO para justificar a existência de tais leis, bastando, para fins do esclarecimento que aqui se almeja, apenas diferenciá-las sinteticamente. Vejamos, pois, tais conceitos:

(a) Pressupondo-se que o mundo possa de ser compreendido racionalmente, já que ordenado por leis que direcionam a existência ao seu fim próprio, afirma AQUINO que há uma lei eterna que atribui ordem a essa mesma realidade[632]. A lei eterna regula e organiza a totalidade da ordem ontológica, pois se reporta ao *ser* em toda a sua extensão, agregando, assim, regras e medidas racionais imutáveis e universais que ordenam todos os seres. Importante destacar que a lei eterna não é uma *"lei religiosa"*[633], mas apenas

---

[630] HAMPE, Michael. *Eine kleine Geschichte des Naturgesetzbegriffs*. Alemanha: Suhrkamp, 2007, p. 44.

[631] No sistema tomista, há ainda a *lei divina* que representa a positivação direta de preceitos contidos na lei eterna, por meio de revelação. Essas considerações, porém, não são determinantes para o argumento metaético que aqui se pretende desenvolver, razão pela qual não necessitará ser aqui analisada. Isso se deve ao fato de não se pretender aqui – tendo em vista a limitação temática deste estudo – desenvolver nem analisar qualquer concepção teológica da realidade, a qual está pressuposta na ideia da lei divina. Entendemos que, aqui, deve ser assumida como suficiente e satisfatória a argumentação de FINNIS no sentido de que o conhecimento, o consentimento e a aplicação das proposições relacionadas à lei natural é viável independentemente de qualquer aceitação ou comprovação da existência de Deus. (FINNIS, John. *Natural Law and Natural Rights*. Reino Unido: Oxford University Press, 2000, pp. 48 e 49).

[632] ST, I-II, q. 93, a.1-2. Vide, ainda, HOLZHEU, Elena. *Thomas von Aquin: Summa Theologica – Sind 'lex aeterna' und 'lex naturalis' identisch?* Alemanha: GRIN Verlagsprogramm, 2009, pp. 5-6.

[633] O mesmo também deve ser tido em relação à lei natural, de modo a afastar a rotineira crítica direcionada ao jusnaturalismo no sentido de que, fundamentado o direito desse modo,

ANÁLISE DE PRESSUPOSTOS METAÉTICOS EM DIFERENTES TRADIÇÕES JURÍDICAS

uma lei atemporal sobre como é ordenado o *ser*, a qual pode ser conhecida por todos, não em si, mas pelos seus efeitos[634]. Na verdade, a lei eterna governa todas as coisas contidas no universo, abarcando tanto as leis físicas, quanto as leis práticas (aplicáveis à ação humana). A primeira governa os objetos contidos no universo segundo uma necessidade causal. A segunda governa agentes que são dotados de vontade e livre arbítrio, mas que os orienta segundo uma necessidade racional. Veja-se que a lei eterna, agregando em si, o sentido mais pleno do que é ordenar racionalmente determinado objeto, representa o caso central de lei, sendo as outras espécies significações analógicas derivadas desse primeiro sentido focal.

(b) A lei natural, dentro dessa ordem, seria a forma, tipicamente, humana de participação na lei eterna[635]. Dito de outro modo, a lei natural é a participação específica do ser racional na lei que orienta todos os seres postos na realidade, motivo pelo qual a lei natural mantém relação analógica próxima com a ideia de racionalidade, estando, pois, ao acesso do homem, por meio do exercício da reflexão racional que lhe é própria[636]. Pressupõe-se, assim, que a atividade da criatura racional que é o ser humano está sempre direcionada a um fim, o qual, nesse contexto, pode ser entendido como a realização de um bem (verdadeiro ou aparente) para aquele que age. Esse direcionamento racional que

---

estar-se-ia impondo a aceitação de uma definição religiosa do sistema jurídico. Na verdade, conforme se argumentará, os preceitos da lei natural são verdades práticas primárias que são conhecidas, em princípio, por qualquer pessoa, independentemente de qualquer apelo à revelação divina (ST, I-II, q. 100, a. I.). Vide, ainda, MOORE, Michael S. *Good without God. In Natural Law, Liberalism and Morality*. Inglaterra: Oxford University Press, pp. 221-270.

[634] Desse modo, qualquer pessoa (inclusive um ateu) que sabe que roubar é errado, está conhecendo algo sobre a lei eterna – e a lei natural que dela participa – mesmo que não reconheça que tal proposição seja lei eterna. Do mesmo modo, eu posso saber que objetos físicos quando largados de certa altura cairão no chão, mesmo que não conheça a formulação da lei da gravidade.

[635] ST, I-II, q. 91, a. 3. FINNIS, John. *Direito Natural em Tomás de Aquino – Sua reinserção no contexto do juspositivismo analítico*. Porto Alegre: Fabris, 2007 (Tradutor Leandro Cordioli e Revisor Elton Somensi), p. 71; Vide, ainda, HOLZHEU, Elena. Op. cit., pp. 6-8.

[636] FINNIS, John. *Aquinas*. Inglaterra: Oxford University Press, 2004, pp. 79-80.

METAÉTICA E A FUNDAMENTAÇÃO DO DIREITO

dispõe sobre a atividade humana pode ser conhecido e expressado por meio de preceitos, ou seja, proposições ou comandos[637]. Assim, para AQUINO o conteúdo da lei natural é conhecido por todos os seres humanos em algum nível, mesmo nos casos em que isso não seja passível de articulação linguística. Os preceitos da lei natural, porém, revestem-se de certo grau de indeterminação e abstração no que tange ao conteúdo das exigências que orientam a atividade humana, já que dispõem apenas sobre o mínimo de racionalidade que regula o agir humano. Assim, na maior parte dos casos, um raciocínio prático concreto (i.e., o raciocínio de como se deve agir em um contexto específico) não poderá se pautar apenas em preceitos da lei natural, devendo ser complementado por razões que constam de outro parâmetro de racionalidade.

(c) Para AQUINO sempre haverá a necessidade de lei humana (*i.e.*, lei positiva), a qual, sendo produto da atividade humana, assume a função de, voluntariamente, concretizar determinados preceitos da lei natural[638]. Tal função, por certo, inúmeras vezes fica aquém do que seria desejável, já que sempre poderá ser o caso de um conjunto de legisladores que, por ignorância ou má-fé, escolhem padrão normativo que não acolhe a regra e a medida que seria racionalmente adequada. O homem, portanto, por meio da sua vontade livre, pode escolher concretizar (ou não) os padrões racionais que podem ser conhecidos ao se especular e se delibar sobre o conteúdo da lei natural[639]. Por essa razão, o relacionamento do homem para com os preceitos da lei natural é sempre ativo, ou seja, a participação racional do homem sempre passa pela intervenção da sua capacidade volitiva, permitindo que ele descubra – em maior ou menor grau – preceitos da lei natural e escolha em que medida esses serão incorporados na sua prática

---

[637] MCINERNY, Ralph. *Ethica Thomista – The Moral Philosophy of Thomas Aquinas.* EUA: CUA, 1997, p. 40.

[638] AQUINO define a lei como sendo *"uma ordem racional dirigida ao bem comum e promulgada por quem tem o cargo de governo da comunidade" ("... definitio legis, quae nihil est aliud quam quaedam rationis ordinatio ad bonum commune, ab eo qui curam communitatis habet, promulgata."* – ST, I-II, q. 90, a.4). Vide, ainda, HOLZHEU, Elena. Op. cit., p. 9.

[639] FINNIS, John. *Aquinas.* Inglaterra: Oxford University Press, 2004, p. 257.

jurídica contingente. Isso faz com que a lei humana seja também compreendida analogicamente como lei, pois agrega em si alguma forma de padrão racional que orienta a ação humana. Isso porque, mesmo que não tenha a função própria de agregar preceitos imutáveis e necessários, mas sim contingentes e particulares, sempre se prestará a enunciar um grau – oscilante e variável – de racionalidade. Como se vê, AQUINO não é, de nenhum modo, um filósofo idealista, já que está pronto a reconhecer que a lei humana, sempre imperfeita em um sentido ou outro (i.e., sempre passível de aperfeiçoamento), ainda é guiada por um parâmetro de racionalidade (o que não deveria ser chocante, pois é evidente que as leis positivas, em termos comparativos, sempre podem ser avaliadas como melhores ou piores). Nesse sentido, a lei humana deve, inclusive, ser compreendida como indispensável para a adequada orientação racional da ação humana[640].

Como se vê, a divisão proposta por AQUINO não poderia ser, mesmo para autores contemporâneos, tomada como extravagante ou absurda em todos os seus pontos. Primeiramente, não é nada polêmica a afirmação de que existem, na realidade, leis que são positivadas, voluntariamente, pelos seres humanos. Também – talvez – não seja controversa a conclusão de que existem leis lógicas e físicas que limitam o pensamento e que determinam ou orientam os demais entes que existem na realidade (incluídos, nessa esfera também os próprios seres humanos, enquanto entes corpóreos submetidos aos parâmetros desse tipo de legislação). A controvérsia surge, por óbvio, quando se questiona a possibilidade de existirem leis que possam ser compreendidas como sendo uma instância na qual estão fixados padrões racionais que se prestam a avaliar a retidão e a adequação das leis humanas positivas e que não fundamentam o seu valor em qualquer convenção humana prévia, mas sim em elementos que podem ser justificados, universalmente, tendo em vista a própria natureza racional do ser humano, enquanto ser que age buscando realizar um fim adequado e compatível com um plano de vida que é projetado e, por

---

[640] FINNIS, John. *Direito Natural em Tomás de Aquino – Sua reinserção no contexto do juspositivismo analítico*. Porto Alegre: Fabris, 2007 (Tradutor Leandro Cordioli e Revisor Elton Somensi), p. 72.

METAÉTICA E A FUNDAMENTAÇÃO DO DIREITO

ele, justificado como sendo compatível com a razão (mesmo que apenas em aparência). Até a Modernidade[641], nenhum pensador (à exceção dos sofistas) havia colocado em dúvida a existência de leis que seriam naturais ao ser humano e que não teriam a sua fundamentação baseada no desejo de, coletivamente, seguirmos tais preceitos. Mesmo que assim seja, não podemos esquecer que a vivência prática do direito ainda fornece alguns indícios de que existiriam tais critérios pré-convencionais e pré-positivos no momento em que desenvolvemos a atividade argumentativa no direito. Isso pode ser visto sempre que sustentamos os méritos e os deméritos de determinada lei humana a ser positivada (i.e., uma análise jurídica *de lege ferenda*) e, inclusive, quando sustentamos a iniquidade de uma lei positiva baseada em critérios metajurídicos, ou seja, que são verdadeiros independentemente de positivação (e.g., os postulados da proibição do excesso, da proporcionalidade e da razoabilidade[642]). Por exemplo, podemos criticar como ilegítima qualquer lei que imponha um ônus opressivo ou excessivo sobre determinado indivíduo, como acarreta uma disposição legal que impute uma penalidade incompatível com a infração cometida (*e.g.*, a perda da propriedade de um automóvel por passar o semáforo com sinal vermelho) ou quando se imponha tributação que seja, automaticamente, confiscatória (e.g., tributo cobrado à alíquota de 100% do valor do patrimônio pertencente a indivíduo). Nesses casos, a lei não estará coordenando razoavelmente a ação dos destinatários desse comando legal, uma vez que a tomada extrema ou abusiva de patrimônio privado é incompatível com a razão, i.e., com os fins que devem ser concretizados por meio da ação humana, o que justifica a existência desse preceito proibitivo independentemente de positivação expressa que impeça esse tipo de prática[643].

---

[641] VOEGELIN, Eric. *Op. cit.*

[642] Para o esclarecimento de tais conceitos jurídicos, vide ÁVILA, Humberto. *Teoria dos Princípios – da definição à aplicação dos princípios jurídicos*. São Paulo: Editora Malheiros, 12ª edição, 2011.

[643] Não se quer dizer, com isso, que a positivação da regra que proíbe a punição incompatível com a ofensa ou a tributação confiscatória seja inócua e desnecessária. Na verdade, é sempre desejável a enunciação pública de um enunciado racionalmente necessário.

4.4.3. A ideia de lei natural e os seus níveis de especificação

Feitos esses esclarecimentos, cabe esclarecer como é possível, segundo a tradição tomista, justificar-se a ideia de uma lei natural que delimita, racionalmente, as opções que o legislador humano deve buscar concretizar em um contexto jurídico específico. Para se compreender o sentido correto em que a lei natural é proposta por AQUINO, mostra-se necessário esclarecer o sentido próprio de *"lei"* e de *"natural"*. Conforme já destacado, *lei*, em sentido amplo, deve ser compreendida como qualquer preceito que rege e mede, racionalmente, algo, tendo em vista o fim próprio desse objeto. Lei, portanto, é indicativo do direcionamento ou da ordenação racional de algo, tendo em vista a concretização de um fim que seja condizente com a realização ou aperfeiçoamento desse objeto[644].

Já *natureza* representa um conceito mais complexo, o qual, frequentemente, é mal compreendido por autores modernos e contemporâneos. Para AQUINO, que segue as lições ontológicas desenvolvidas por ARISTÓTELES, o conceito de natureza pode ser compreendido, pelo menos, em três sentidos distintos (mas intercomunicáveis), quais sejam: como essência, como razão e como pré-convencional. Em um primeiro sentido, natureza representa aquilo que reflete a essência de algo, tendo em vista as suas causas, ou seja, aqueles princípios (não no sentido técnico-jurídico) que garantem a composição necessária de determinado objeto. Mesmo que essa não seja a forma contemporânea de se entender o termo *"natureza"*, tal conceito, na tradição filosófica clássica, é assumido como indicativo do que atribui inteligibilidade última a determinado ser, ou seja, aquilo que permite analisar racionalmente os seus princípios operativos mais básicos. Como se vê, *"natureza"*, nesse contexto filosófico, não pode ser compreendida restritivamente, como indicando apenas aquela dimensão física ou corpórea que determinado objeto manifesta exteriormente. Por isso, quando se fala, por exemplo, em natureza humana, não se está apontando apenas para as propriedades biológicas que predeterminam a composição orgânica e o comportamento físico humano. AQUINO, por certo, rejeitaria categoricamente todas as posturas fiscalistas, bastante comuns hoje em dia, do mesmo modo que também reprovaria

---

[644] FINNIS, John. *Direito Natural em Tomás de Aquino – Sua reinserção no contexto do juspositivismo analítico*. Porto Alegre: Fabris, 2007 (Tradutor Leandro Cordioli e Revisor Elton Somensi), p. 71.

METAÉTICA E A FUNDAMENTAÇÃO DO DIREITO

qualquer espécie de behaviorismo[645] aplicado na compreensão racional do agir humano. Exatamente por essa razão, a lei natural não pode ser confundida com a noção moderna de *"lei da natureza"*[646], a qual, nesse contexto, representa aquilo que regula causalmente os objetos contidos no universo físico[647].

Na verdade, um dos pressupostos básicos de uma teoria da lei natural é o de que existem diretivas verdadeiras para a ação humana, as quais são identificadas, não com base na descrição de propriedades físicas ou orgânicas dos seres humanos, mas sim a partir da análise das *potencialidades humanas*, em especial a capacidade racional que é própria e exclusiva dos seres humanos. Por isso, o teórico da lei natural assume que, em relação à ação humana, a *"natureza é razão"*, na medida em que a razão é uma capacidade natural própria da criatura humana, já que essa pode ser definida com base no seu funcionamento racional, diferenciando-a de outros seres desprovidos de capacidade racional[648]. Assim, *"natureza enquanto razão"* indica que os seres humanos visam a realizar a sua natureza própria quando executam ações na sua vida concreta[649]. Não se pode negar que o ser humano seja, em um sentido relevante, determinado, em parte, pela sua composição física e orgânica, mas esses fatores não são os elementos que garantem inteligibilidade plena à ação humana, *i.e.*, naquela medida em que a conduta humana é realizada por um agente que é capaz de agir com racionalidade (o que não significa afirmar que esse, em realidade, assim sempre agirá). Assim, em relação à atividade humana, mesmo que haja um ponto de contato relevante entre a sua *"natureza enquanto natureza"* e a sua *"natureza enquanto razão"*, não se pode

---

[645] A ação humana somente pode ser compreendida pelos fatores físicos que predeterminam o comportamento do ser humano, tal como ocorre com outros seres biológicos que se movimentam com base em impulsos e estímulos exteriores.

[646] *"Such a natural law, though sharply and cleanly distinguishable from laws of nature that govern entities and processes (including many aspects of human reality) independently of any understanding or choices, is factually (that is ontologically: in the order of being) dependent upon natural reality that we find, not make."* (FINNIS, John. *Natural Law Theory: Its Past and its Present*. The American Journal of Jurisprudence: Oxford University Press, vol. 57, 2012, p. 85).

[647] HAMPE, Michael. *Eine kleine Geschichte des Naturgesetzbegriffs*. Alemanha: Suhrkamp, 2007.

[648] FINNIS, John. *Direito Natural em Tomás de Aquino – Sua reinserção no contexto do juspositivismo analítico*. Porto Alegre: Fabris, 2007, p. 38.

[649] PORTER, Jean. *Op. cit.*, p. 71.

ANÁLISE DE PRESSUPOSTOS METAÉTICOS EM DIFERENTES TRADIÇÕES JURÍDICAS

assumir que a lei natural seja referente a essa primeira dimensão. A lei natural, na verdade, em nenhum momento busca derivar conclusões sobre o agir humano com base na análise simplista de como se dá o funcionamento biológico dos seres humanos[650], mas sim extrai conclusões tendo em vista as exigências que a razão apresenta quando o ser humano pretende executar uma ação visando a um fim inteligível. Pressupõe-se aqui, portanto, que todo ser humano, ao analisar as alternativas de ação que se apresentam diante de si, é capaz de perceber (mesmo antes de qualquer articulação linguística) a existência de fins que direcionam o seu agir, o que pode é traduzido, pela tradição tomista, como sendo bens humanos inteligíveis que representam formas de nosso aperfeiçoamento ou benefício. Esses bens humanos básicos dão forma racional aos fins que pretendemos realizar, representando razões primeiras para a ação[651]. Esse ponto, por certo, necessita, ainda, de esclarecimentos adicionais, o que será realizado em seguida.

Um terceiro sentido relevante de *"natureza"* toca na ideia já explorada, relacionada com à noção de que existem elementos pré-convencionais que delimita as opções racionais que estão à disposição do ser humano quando pretende realizar um plano de ação. Segundo PORTER *"qualquer fundamento pré-convencional de práticas sociais ou normas morais pode ser compreendido como um tipo de natureza"*[652]. Assim, em algumas situações, quando se afirma que X é da natureza de algo, está-se apenas indicando que determinada propriedade não é, livremente, convencionada pelo ser humano, de modo que tal elemento constitutivo não está, em verdade, a sua disposição volitiva. Um esclarecimento importante deve ser aqui apresentado. Afirmar que há uma natureza pré-convencional para determinado objeto não significa dizer que o ser humano não possa, volitivamente, corromper aquele traço que seria racional e necessário por meio de escolhas concretas que venha a promover. Ilustrando esse

---

[650] *Natural Law and Natural Rights.* Reino Unido: Oxford University Press, 2000, pp. 33/4; PORTER, Jean. *Op. cit.*, p. 76.

[651] Esses bens são básicos e primários no sentido de que não podem ser reconduzidos ao sentido de nenhum outro fim ou bem que seja mais básico e que estivesse o fundamentando. Representam, pois, fins em si mesmos que não são meios para outros fins posteriores. (FINNIS, John. *Aquinas.* Inglaterra: Oxford University Press, 2004, p. 79). No mesmo sentido, *Natural Law and Natural Rights.* Reino Unido: Oxford University Press, 2000, Capítulos III e IV.

[652] PORTER, Jean. Op. cit., p. 68.

METAÉTICA E A FUNDAMENTAÇÃO DO DIREITO

argumento com um exemplo de ordem constitucional, pode-se afirmar que a ideia de dignidade intrínseca do ser humano impede que os indivíduos humanos sejam submetidos a práticas estatais degradantes e corrompíveis de sua integridade mínima. O reconhecimento de dignidade humana como sendo um grau de proteção que é garantido a todos será, analiticamente, contraditório com a aceitação ou legitimação, mesmo que excepcional, de qualquer atividade que possa, por exemplo, ser caracterizada como tortura. E essa proteção mínima garantida a todos não pode ser compreendida como simples opção convencional e volitiva de um Poder Constituinte ou de um eventual tratado internacional que enuncia tal proposição como valor a ser perseguido por todos, mas, em verdade, reflete um traço necessário e pré-convencional que é inerente à compreensão racional daquilo que é um ser humano, do que é viver em sociedade e do que é estar submetido ao império jurídico do Estado. Pensar de outro modo seria aceitar que a integridade física e moral de cada cidadão estivesse à livre disposição do legislador que pudesse – consciente e intencionalmente – optar por submeter os indivíduos a tortura ou a qualquer outro tratamento, sabidamente, degradante e, ao assim proceder, nenhum equívoco jurídico estaria praticando, ou seja, nenhuma violação às exigências mínimas da razão estaria cometendo.

É possível, portanto, que uma entidade estatal, empiricamente, legitime a prática de tortura e invoque razões de ordem pública para justificar eventual tratamento degradante a determinados indivíduos? Evidentemente, muitas ordens jurídicas contemporâneas admitem, direta ou indiretamente, a prática de tortura ou ainda de outras medidas agressivas à dignidade humana e essa será uma possibilidade concreta que sempre existirá[653]. No entanto, reconhecer que existem elementos pré-convencionais que restringem as opções materiais do legislador, significa preservar uma instância crítica e pré-positiva (o que não é o mesmo que *pré-jurídico* ou, simplesmente, *moral*) que permite avaliar os méritos e deméritos das opções legislativas, contingentemente, adotadas.

Somando-se as ideias de lei como preceito que mede ou regula determinado objeto e de natureza como essência, racional e pré-convencional

---

[653] Sobre a possibilidade de leis injustas vide FINNIS, John. *Aquinas*. Inglaterra: Oxford University Press, 2004, p. 266 e ss.; Vide, ainda, FINNIS, John. *Direito Natural em Tomás de Aquino – Sua reinserção no contexto do juspositivismo analítico*. Porto Alegre: Fabris, 2007, p. 75.

na qual se atribui inteligibilidade última a determinado objeto, pode-se afirmar, seguindo AQUINO, é possível falar-se em uma lei natural referente ao ser humano, na medida em que essa comporta diretivas verdadeiras sobre o modo adequado de se avaliar esse agir, sendo que a compreensão de tais preceitos fornecem critérios últimos para a análise racional da ação humana[654]. A lei natural, portanto, agrega um conjunto de preceitos que são compreendidos racionalmente e que direcionam as ações que são adequadas à natureza humana, proibindo aquelas que são a ela contrárias[655], dando base àqueles elementos que garantem a ela inteligibilidade e o mínimo de racionalidade[656]. Obviamente muitas derivações equivocadas podem ser extraídas dessas conclusões, por isso algumas especificações ainda serão necessárias.

Nesse ponto, de qualquer modo, podem ser sintetizadas três teses que deverão ser assumidas por aquele que rejeita qualquer possibilidade de se vislumbrar a existência de uma lei natural. Aquele que nega a possibilidade de se falar em lei natural deverá afirmar uma ou mais das seguintes premissas (todas elas emanando pressupostos de estilo não cognitivistas):

(i) não existem elementos objetivos pré-convencionais que limitam as opções práticas que podem ser perseguidas pelo ser humano, individual ou coletivamente considerado;

(ii) não existem parâmetros racionais mínimos que se prestam a, substancialmente, medir e regular a ação humana; e

(iii) não existem fins materiais comuns entre os seres humanos, os quais poderiam garantir inteligibilidade e razoabilidade ao agir humano.

Por outro lado, se essas três premissas forem aceitas, grande parte do convencimento em relação à existência de uma lei natural já foi realizado, bastando apenas realizar o esforço de especificação dos preceitos da lei natural, bem como a ilustração de como a lei positiva participa do exercício da razão prática pelo ser humano. No entanto, antes de se prosseguir,

---

[654] FINNIS, John. *Aquinas.* Inglaterra: Oxford University Press, 2004, p. 79; MCINERNY, Ralph. *Ethica Thomista – The Moral Philosophy of Thomas Aquinas.* EUA: CUA Press, 1997, p. 40.
[655] Sobre a dimensão prescritiva da lei natural vide KLUXEN, Wolfgang Op. cit., p. 30.
[656] PORTER, Jean. Op. cit., p. 69.

impõe-se realizar um último esclarecimento, de modo a afastar a equivocada compreensão de que, sendo a lei natural formulada em termos de preceitos, seria ela, na verdade, apenas o reflexo de uma expressão linguística do ser humano, reconduzindo-se, assim, à conclusão de que a linguagem seria, de fato, constitutiva de toda a realidade, inclusive da lei natural. Na verdade, a expressão da lei natural não se identifica, integralmente, com o seu conhecimento, mas sim dele deriva[657]. Conhece-se a lei na medida em que nos sentimos inclinados a agir racionalmente em busca de um bem ou fim verdadeiro e isso não exige que articulemos, previamente, os conhecimentos que nos movem nem que formulemos linguisticamente nossos raciocínios. De fato, a expressão linguística é a melhor forma de conhecer e de cumprir a lei, mas apenas para aquele que já a assume como expressão de uma vontade dirigida a um determinado bem. A linguagem não possui a última palavra sobre a ação humana, porque o homem descobre o sentido do seu agir tanto por trás da linguagem, no caso das paixões sensíveis, quanto por cima dela, como demonstram aquelas experiências em que nem sempre podemos explicar porque agimos ou porque acreditamos que deveríamos agir, ainda quando há total clareza de que se está respondendo a um imperativo racional[658]. Os preceitos da lei natural, portanto, ainda que racionais, não se identificam plenamente com sua expressão linguística. Com efeito, ainda que a linguagem exerça um importantíssimo papel para o conhecimento e a comunicação da lei natural, não se pode afirmar que o seu fundamento esteja localizado no modo como a expressamos linguisticamente[659].

---

[657] MURILLO, José Ignácio. *La Expressión Lingüística de la Ley Natural. In CRUZ*, Juan Cruz (editor). *La Ley Natural como fundamento moral e jurídico en Domingo de Soto*. Espanha: EUNSA, 2007, p. 147.

[658] Nesse ponto, mostra-se interessante referir-se à ideia de WITTGENSTEIN de *"forma de vida"* que sempre fundamentaria os *"jogos de linguagem"* dos quais nos valemos para agir e para nos comunicar. WITTGENSTEIN, Ludwig. *Philosophische Untersuchungen*. Alemanha: Suhrkamp, 2003 (Vide Proposição n. 23: *"Das Wort 'Sprachspiel' soll hier hervorheben, daß das Sprechen der Sprache ein Teil ist einer Tätigkeit, oder einer Lebensform."*)

[659] *"Since one can fail to express what one means, and can struggle to find words to convey what one has in mind, and since language expands closely in the wake of advancing knowledge and (real and apparent) understanding, it is clear that language is never truly fundamental. Still, our intellectual endeavours make little progress without the assistance of language and the shared and shareable insights, beliefs, and judgments it conveys. Among our intellectual endeavours are, of course, our law, and our discourses de lege lata and de lege ferenda, and de lege reformanda – about what the law is,*

ANÁLISE DE PRESSUPOSTOS METAÉTICOS EM DIFERENTES TRADIÇÕES JURÍDICAS

A comunicação linguística se dá com base em ações e atos comunicativos, os quais são atos proferidos por pessoas, que são, por sua vez, orientadas pela lei natural. Sem ela, a linguagem não poderia alcançar o seu fim nem o seu exercício não poderia ser avaliado, plenamente, como bem sucedido. A ação e a linguagem são, pois, dois modos distintos, mas correlatos, de esclarecer os motivos que direcionam o indivíduo a um fim. Do mesmo modo que as palavras podem explicar determinada ação, muitas vezes, algumas ações são o único modo concreto de se compreender adequadamente determinadas palavras[660].

Do exposto até aqui, cabe, ainda, definir se a lei natural é formada por meio de um único preceito que seria capaz de dispor sobre a totalidade arquitetura racional que orienta e direciona a ação humana ou se seria formada por vários preceitos, os quais possuem estrutura, conteúdo e posição distintos dentro da ordenação completa das diretivas da ação humana[661]. Em última instância, tal questionamento visa a analisar se o ser humano, quando age observando parâmetros racionais, está sendo motivado por apenas um tipo de fim ou se existem inúmeros fins objetivos que são para ele naturais e que, por isso, são compreendidos como um bem que atribui sentido ao seu agir. Para a possível surpresa daquele que critica, apressadamente, AQUINO, responde ele que existem inúmeros preceitos formadores da lei natural[662], os quais indicam uma pluralidade de fins verdadeiros que podem direcionar e motivar a ação humana[663]. Cabe relembrar que, na tradição clássica, os conceitos de bem e fim são interdefiníveis[664], pois compreender que é possível agir visando a um bem é entender que a ação possui um objetivo que é inteligível e, possivelmente, justificável aos demais. Além disso, tais preceitos devem ser

---

what the law there should be, and on improving the laws we have." (FINNIS, John. *A Grand Tour of Legal Theory.* In Philosophy of Law – Collected Essays: Volume IV. Reino Unido: Orxford University Press, 2011, p. 131).

[660] MURILLO, José Ignácio. Op. cit., p. 148.

[661] FINNIS, John. *Aquinas.* Inglaterra: Oxford University Press, 2004, p. 79.

[662] ST, I-II, q. 94, a. 2.

[663] "*... practical reason's judgments are true when they accurately anticipate – are in anticipatory correspondence to – the human good that can be realized (call it fulfillment or flourishing) by actions in accordance with them.* (FINNIS, John. *Natural Law Theory: Its Past and its Present.* The American Journal of Jurisprudence: Oxford University Press, vol. 57, 2012, p. 88)

[664] FINNIS, John. *Aquinas.* Inglaterra: Oxford University Press, 2004, p. 80.

METAÉTICA E A FUNDAMENTAÇÃO DO DIREITO

compreendidos como exercendo funções distintas no que se refere à participação da razão no agir humano, sendo possível, inclusive, ordená--los em níveis distintos de determinação no que tange ao seu conteúdo prático. Assim sendo, a lei natural, de acordo com a tradição tomista, é formada por três *instâncias*, nas quais os preceitos da razão ordenam a ação humana para os fins que lhe são compatíveis[665].

AQUINO não fornece uma lista completa de quais seriam esses bens humanos básicos que representam razões primárias para a ação[666], mas apenas reconhece que são plurais os preceitos da lei natural, sendo certo, porém, que esses são todos reconduzidos a um primeiro princípio fundamental e unificante de todos os outros. Por isso, em seu nível mais básico, a lei natural é composta por um princípio primeiro ou primário (*prima*) que direciona, em um sentido amplo, todas as ações humanas (*prima principia operum humanorum*)[667]. Com efeito, assim como em outros campos do conhecimento, a razão prática – que é ordenada pela lei natural – pressupõe a existência de um primeiro princípio que dá base a (*i.e.*, é fundante e constitutivo de) todos os raciocínios referentes à ação humana[668]. Esse primeiro princípio prático deve ser entendido como autoevidente, na medida em que a sua veracidade não pressupõe nenhuma demonstração prévia[669]. Nesse sentido, a validade e a veracidade desse primeiro princípio prático são indemonstráveis, já que ele é, conceitualmente, o ponto de partida para toda a reflexão posterior sobre o agir humano. Isso significa dizer que é, com base nele, que se torna possível entender o processo de justificação racional da ação humana,

---

[665] GILSON, Etienne. *The Philosophy of St. Thomas Aquinas*. Estado Unidos da América: Dorset Press, 1948, p. 327; MCINERNY, Ralph. Op. cit., p. 57; KREEF, Peter. *Summa of the Summa*. EUA: Ignatius, 1990.

[666] Tal projeto seria inexeqüível, exatamente porque é inviável pretender-se especificar, aprioristicamente, todos os fins materiais que orientam o ser humano, mesmo que seja possível prever uma lista mínima dos bens básicos que representam suas razões objetivas. Vide, ainda, FINNIS, John. *Direito Natural em Tomás de Aquino – Sua reinserção no contexto do juspositivismo analítico*. Porto Alegre: Fabris, 2007, p. 37.

[667] *Natural Law and Natural Rights*. Reino Unido: Oxford University Press, 2000, pp. 30/2.

[668] KLUXEN, Wolfgang. Op. cit., p. 35; GILSON, Etienne. Op. cit., p. 327; FINNIS, John. *Direito Natural em Tomás de Aquino – Sua reinserção no contexto do juspositivismo analítico*. Porto Alegre: Fabris, 2007, p. 33.

[669] FINNIS, John. *Aquinas*. Inglaterra: Oxford University Press, 2004, p. 87; e MCINERNY, Ralph. Op. cit., p. 41.

ANÁLISE DE PRESSUPOSTOS METAÉTICOS EM DIFERENTES TRADIÇÕES JURÍDICAS

sob pena de se incorrer em um regresso ao infinito, *i.e.*, uma justificação sem fim dos motivos que levam o ser humano a agir.

O primeiro princípio do raciocínio prático, desse modo, possui o mesmo status teórico dos primeiros princípios da razão especulativa, os quais, também autoevidentes e indemonstráveis, são o ponto de partida para qualquer demonstração lógica ou teórica[670]. Assim como a compreensão teórica de um determinado objeto exige o entendimento do primeiro princípio lógico da não contradição, o qual enuncia que é *impossível que uma coisa possa ser e não ser ao mesmo tempo* (ou que *ninguém, simultaneamente, pode afirmar e negar algo sobre a mesma coisa*; ou ainda que *uma proposição não pode ser, simultaneamente, verdadeira e falsa*), também a compreensão básica do que direciona a ação humana pressupõe a aceitação de um princípio fundante do raciocínio prático[671]. Dito de outro modo, os princípios primeiros da razão teórica dão forma ao pensamento, enquanto que os primeiros princípios da razão prática dão forma à ação humana. Com efeito, qual elemento poderia exercer, no raciocínio prático, a função que o *ser* ocupa para o raciocínio teorético? Para AQUINO, assim como para ARISTÓTELES, do mesmo modo que o *ser* – enquanto elemento ontológico mais básico – representa a primeira coisa, intelectualmente, apreendida pela mente humana, o *bem* enquanto fim (verdadeiro ou aparente) é aquilo que a dimensão prática da mente humana, primeiramente, capta quando elege um determinado plano de ação[672]. O agente sempre delibera projetando um fim que é a razão do seu agir e esse fim, invariavelmente, assume a forma de um bem[673] (mesmo que, precariamente, apenas na perspectiva subjetiva do agente), o qual pode ou não, na contingência da realidade, estar, racionalmente, ordenado. Nesse sentido, pode-se afirmar que um bem (verdadeiro ou aparente) é sempre aquilo que a pessoa almeja quando age. O *bem* não deve ser entendido como mero interesse individual que se visa a concretizar por meio da execução de uma atividade, mas deve ser compreendido, nesta instância, como o conceito que atribui formalidade a qualquer objeto que é perseguido

---

[670] FINNIS, John. *Aquinas*, p. 86.

[671] FINNIS, John. *Direito Natural em Tomás de Aquino – Sua reinserção no contexto do juspositivismo analítico*. Porto Alegre: Fabris, 2007, p. 34.

[672] MCINERNY, Ralph. Op. cit., p. 42

[673] FINNIS, John. *Aquinas*. Inglaterra: Oxford University Press, 2004, p. 87.

METAÉTICA E A FUNDAMENTAÇÃO DO DIREITO

por meio da ação humana, da mesma forma que o *ser* é o que dá forma ao pensamento como um todo. Por essa razão, o primeiro princípio da razão prática, o qual representa o preceito fundamental da lei natural, consagra essa noção básica e universal acerca da própria natureza racional da ação humana, sendo formulado nos seguintes termos: *"o bem é para ser realizado e perseguido e o mal é para ser evitado"*[674].

Esse primeiro princípio, ainda não dotado de qualquer qualificação substancial, é sabidamente formal[675], já que apenas dispõe sobre a forma que direciona toda e qualquer ação humana, sendo possível assim for-malizá-lo: X (*e.g.*, vida humana) é um *bem* a ser perseguido e preservado e aquilo que prejudica ou obstaculiza a preservação de X é um mau e deve ser evitado[676]. As ações que promovem tal *bem* representam meios de realização desses fins básicos e as ações *más* (i.e., erradas, inadequa-das, injustas etc...) são meios de corrupção ou obstaculização desses fins básicos e, por isso, devem ser evitadas. Sendo tal primeiro princípio autoevidente e indemonstrável, é ele, mesmo que precariamente, acessí-vel a todas as pessoas, as quais atendem aos seus termos em todas as suas ações concretas, mesmo quando não possuem consciência plena da sua forma e da sua articulação linguística. Aliás, mesmo juízos práticos que sejam, *in concreto,* equivocados podem ser reconduzidos ao escopo desse primeiro princípio, o que não invalida o princípio, mas apenas demonstra que a adequação verdadeira dos seus termos no caso concreto não foi bem sucedida por aquele que agiu. Impõe-se esclarecer que essa qualificação do primeiro princípio do raciocínio prático somente é possível por causa do sentido generalíssimo dos termos que o integram, bem como por causa da própria definição de bem como sendo aquilo que sempre atribui sentido teleológico a toda a ação humana. Por isso, não se deve atribuir ingenuidade a AQUINO, presumindo-se que estaria ele afirmando que o ser humano sempre realiza ações boas quando executa concretamente os seus planos[677]. Na verdade, a invocação do primeiro princípio prático não

---

[674] ST, I-II, q. 94, a. 2.

[675] FINNIS, John. *Direito Natural em Tomás de Aquino – Sua reinserção no contexto do juspositi-vismo analítico.* Porto Alegre: Fabris, 2007, p. 33.

[676] FINNIS, John. *Aquinas.* Inglaterra: Oxford University Press, 2004, p. 87.

[677] Na verdade, a compreensão tomista acerca do agir humano representa um meio-termo ponderado entre dois extremos que podem ser atribuídos a HOBBES, segundo o qual o ser humano é mal por natureza e deve ter seus impulsos auto-interessados contidos por

se presta a legitimar imediatamente nenhuma ação concreta. A autoevidência, a mera formalidade do conceito de *"bem enquanto fim"* e o escopo universal do primeiro princípio prático são fatores que impedem que ele seja invocado como uma razão concreta e específica para a justificação de um plano de ação[678]. Isso significa dizer que ninguém explica a sua própria ação invocando apenas o primeiro princípio da razão prática, já que nenhuma ação pode ser, efetivamente, esclarecida apenas pela afirmação de que *"eu persegui um bem"*, do mesmo modo que ninguém daria um conselho sobre como agir, simplesmente, enunciando que *"é racional que você evite um mal"*. O primeiro princípio prático, portanto, mesmo que não seja uma razão explícita para justificar-se um modo de agir, representa o suporte teórico que permite explicar a causa última de toda e qualquer ação humana, refletindo, precisamente, o mesmo papel que o primeiro princípio teorético da não contradição exerce em toda demonstração teórica, ao manifestar algo sempre verdadeiro acerca do conhecimento, mesmo que nada específico possa ser apenas por meio dele comprovado. Com efeito, também o primeiro princípio do raciocínio prático manifesta algo verdadeiro e necessário sobre toda e qualquer ação humana, mesmo que outros preceitos sejam necessários na especificação do conteúdo racional mínimo que direciona a ação humana.

Diante da insuficiência do primeiro princípio para a motivação e avaliação do agir humano, é necessária a identificação de outros preceitos da lei natural que sejam mais específicos no direcionamento racional da ação humana. Esses preceitos de segunda ordem representam uma particularização do primeiro princípio, estando, pois, na mesma seara da lei natural e não em dimensão, totalmente, distinta do raciocínio prático[679]. Diante disso, afirma AQUINO que todos os demais preceitos da

---

imposições estatais exteriores, e a ROSSEAU e o seu conceito de bom selvagem, de acordo com o qual o ser humano é, por natureza, integro e bom, tornado mal pela sociedade humana. AQUINO pressupõe que o ser humano tem a capacidade de agir racionalmente e assim alcançar bem básicos inteligíveis, mas essa capacidade pode não ser, concretamente, exercitada, por inúmeros fatores interiores e exteriores que influenciam a deliberação prática do agente. (KREEF, Peter. *Summa of the Summa*. EUA: Ignatius, 1990)

[678] FINNIS, John. *Direito Natural em Tomás de Aquino – Sua reinserção no contexto do juspositivismo analítico*. Porto Alegre: Fabris, 2007, p. 34.

[679] MCINERNY, Ralph. Op. cit., p. 43.

METAÉTICA E A FUNDAMENTAÇÃO DO DIREITO

lei natural encontram-se pautados a partir daquele primeiro princípio[680], os quais são derivados das *"inclinações naturais" (naturalem inclinationem)*[681] do ser humano[682], já que a *"lei natural acompanha a natureza do homem"*. A análise desses preceitos primários da lei natural que se localizam em um segundo nível de especificação racional parte de uma estratificação ontológica que é desenhada tendo em vista a composição essencial do ser humano, na medida em que este é um ser *(a)* vivo *(b)* animal *(c)* dotado de capacidade racional. Desse modo, os fins básicos de um ser com essa composição ontológica apontam para os bens mínimos que esse ser assume como uma inclinação natural, *i.e.*, *(a)* aquilo que mantém em comum com todas as substâncias, *(b)* aquilo que mantém em comum com outros animais e *(c)* aquilo que lhe é específico enquanto ser racional[683]. Com efeito, expõe AQUINO que *"a ordem dos preceitos da lei natural é baseada na ordem das inclinações naturais"*, a qual projeta três fins primários e básicos a todo ser humano, os quais assumem a forma racional de um bem: *(a)* a inclinação do ser humano segundo a natureza que compartilha com as demais substâncias vivas, ou seja, a *busca pela conservação da sua existência*, o que projeta a *preservação da vida humana* como um preceito da lei natural, já que seu contrário conduziria ao perecimento da sua existência individual; *(b)* a inclinação do ser humano naquilo que ele compartilha, essencialmente, com outros animais, qual seja, a *necessidade de procriação* e de *cuidado para com a sua prole*, já que o seu contrário levaria ao perecimento do gênero humano como um todo; e *(c)* a inclinação do homem conforme aquela essência que lhe é própria e peculiar, ou seja, tudo que diz respeito a sua dimensão racional, como, por exemplo, a *busca pela verdade* (conhecimento) e a *vida em sociedade* (sociabilidade humana), sob pena de o ser humano não viabilizar a realização de fins básicos que são inerentes a sua racionalidade.

---

[680] ST, I-II, q. 94, a. 2.

[681] Aqui, inclinação natural deve ser entendida no sentido efetivamente pretendido por AQUINO, ou seja, não no sentido de um mero impulso ou instinto sensorial – significação essa que a crítica, apressadamente, imputa à tradição tomista – mas como aquilo que racionalmente direciona o ser humano aos fins que atendem ao aperfeiçoamento dos seus traços essenciais.

[682] GILSON, Etienne. Op. cit., p. 328.

[683] FINNIS, John. *Aquinas*. Inglaterra: Oxford University Press, 2004, p. 82.

ANÁLISE DE PRESSUPOSTOS METAÉTICOS EM DIFERENTES TRADIÇÕES JURÍDICAS

Como se vê, sendo o homem um ser dotado de uma essência complexa, mostra-se necessário, em um primeiro esforço de especificação do primeiro princípio do raciocínio prático, a identificação de um grupo de preceitos que ordenam e direcionam, materialmente, a ação conforme as diferentes essências básicas do ser humano. Esses fins básicos que orientam, racionalmente, a ação humana são constitutivos da própria experiência humana, na medida em que a ela atribuem inteligibilidade no sentido mais primário. Os três preceitos que compõem esse segundo nível da lei natural não são, propriamente, deduzidos do primeiro princípio prático, tendo em vista que o seu conteúdo não pode ser demonstrado diretamente dos termos contidos no enunciado *"o bem é para ser realizado e perseguido e o mal é para ser evitado"*. De qualquer modo, eles podem, em raciocínio inverso, ser reconduzidos a esse primeiro princípio, já que todos esses preceitos *"comungam de uma mesma raiz"*[684]. Além disso, segundo FINNIS, tais preceitos da lei natural não são proposições indicativas (*i.e.*, meramente descritivas da realidade), no sentido de apontar o que é ou será, empiricamente, realizado, do mesmo modo, que não são proposições imperativas (*i.e.*, meramente prescritivas), no sentido de impor um comando ou uma ordem. São, na verdade, proposições *diretivas,* de modo que apenas capturam a ideia de direcionamento acerca do que é *é-para-ser* (*is-to-be*) realizado. Assim, dentro desse esquema explicativo, não encontramos a bifurcação da realidade, tipicamente Moderna, na qual há apenas os dois planos estanques do *ser,* captado pela descrição, e do *dever-ser,* orientado por meio de prescrições. Na verdade, encontramos como fundamento último do plano empírico (que descreve os fatos) e do plano deôntico (que prescreve os deveres), o *plano diretivo* (que orienta o ser humano a bens básicos em relação aos quais ele se inclina, racionalmente, sempre que pretende realizar um fim). Por isso, esses preceitos primeiros da lei natural, além de diretivos, são indemonstráveis e autoevidentes, pois eles são o ponto de partida material de um raciocínio prático (sendo que o princípio prático fundamental, antes analisado, representa o seu ponto de partida formal)[685].

---

[684] ST, I-II, q. 94, a. 2. Vide, ainda, KREEF, Peter. *Summa of the Summa.* Op. cit., p. 514, nota 266.
[685] Eles não são conhecidos por meio de uma dedução que parte de raciocínios materiais prévios, já que são eles que consagram as primeiras premissas substanciais do raciocínio prático. Eles são conhecidos, na verdade, por meio de *indução,* ou seja, por meio de experiências

METAÉTICA E A FUNDAMENTAÇÃO DO DIREITO

Nesta instância da lei natural, encontram-se, pois, preceitos materiais que direcionam e organizam a ação humana em um sentido ainda primário, na medida em que o ser humano pretende, racionalmente, promover determinados fins objetivos captados como bens básicos, como, por exemplo, a preservação da vida, a constituição de família, o conhecimento, a vida em comunidade, entre outras práticas sociais racionais ou razoáveis[686], incluindo-se aqui, inclusive, a aquisição privada de propriedade[687]. Aliás, ao que interessa ao presente trabalho, é importante destacar que, neste nível da lei natural, também são passíveis de formulação inúmeros *preceitos de justiça*, os quais dispõem sobre direcionamento racional, não da ação humana em geral nem individualmente considerada, mas enquanto essa participa de uma relação jurídica. Os preceitos da lei natural, ao apresentarem proposições que indicam o que, racionalmente, direciona o ser humano, também contêm preceitos naturais mais específicos que se prestam a orientar o ser humano em suas relações jurídicas, ou seja, nas relações que orientam um indivíduo ao se relacionar com outro indivíduo (ou com a coletividade como um todo), de modo a definir o que é devido, concretamente, às partes que formam esse vínculo. Tais preceitos de justiça, portanto, sempre almejam, não apenas a realização de um bem básico/fim verdadeiro, mas também a fixação, preservação ou reestabelecimento de uma relação de igualdade estabelecida entre as partes. Assim, a igualdade básica e essencial de todos os seres humanos é a presunção que está por trás de todas as relações de justiça[688]. Desse modo, tais preceitos de justiça, são capazes de fundamentar objetiva e

e do contado direto com certas práticas humanas que ilustram, imediatamente, a veracidade de tal conteúdo. Mesmo que eles não sejam demonstráveis por meio de dedução, eles podem (e devem) ser defendidos, dialeticamente, por meio de argumentos, que podem partir de experiências concretas ou de outras derivações posteriores, o que poderá ser necessário, principalmente, em relação aos céticos (ST, I-II, q. 66, a. 5.), demonstrando-se a esse que as suas próprias ações e projetos são orientados pressupondo a existência de tais fins comuns e básicos (FINNIS, John. *Aquinas*, p. 87-8).

[686] GILSON, Etienne. Op. cit., p. 328.

[687] *"And so the human person has natural ownership of exterior things, because through his reason and will he is able to make use of them for his benefit, as if they were made for him, for more imperfect things always exist for the sake of more perfect things... the possession of exterior things is natural to the person."* (ST II-II, q. 66, a.1.)

[688] FINNIS, John. *Aquinas*, p. 188.

materialmente as mais variadas práticas jurídicas reguladas a partir de um sistema jurídico positivo.

Como se vê, os fins materiais antes mencionados, estando pautados em preceitos da lei natural que sempre coordenam e garantem inteligibilidade à ação humana[689], devem ser compreendidos como razões básicas que se manifestam como exigências universais e necessárias para o agir humano. E a dimensão universal e necessária de tais preceitos da lei natural faz com que esses sejam, em um sentido, vistos como absolutos no que se refere ao direcionamento da ação humana, ou seja, podem representar preceitos que não admitem exceções. Dito de outro modo, esses fins básicos devem ser entendidos, neste nível de análise da lei natural, como incomensuráveis, o que significa dizer que um fim material não representa simples derivação de outro, não sendo mensurável com base nas vantagens geradas pela promoção (ou rejeição) de outro fim.

Mesmo que assim seja, não se pode pensar que todos os preceitos da lei natural são dotados de contornos absolutos que imponham comandos desprovidos de exceção. Para AQUINO[690], além do preceito prático fundamental (o primeiro princípio prático) e dos preceitos primários (os três fins básicos que estruturam racionalmente toda ação humana direcionada a um fim verdadeiro), a lei natural também é composta por preceitos racionais secundários, os quais, mesmo projetando diretivos que servem de parâmetro racional para a avaliação da conduta humana, manifestam maior grau de especificação que impede que sejam definidos como absolutos. Considerando-se que os preceitos primários da lei natural ainda são dotados de um alto grau de indeterminabilidade, permitindo, assim, incontáveis formas de concretização dos fins materiais mínimos que projetam, mostra-se necessário que essa indeterminação seja especificada por preceitos que formam um *terceiro nível da lei natural*, no qual se explicitam o que é para ser realizado pelo ser humano, na medida em que o seu agir for, racionalmente, orientado. Com efeito, relativamente aos preceitos secundários da lei natural, não se pode atribuir a eles o traço da autoevidência, razão pela qual não são conhecidos, imediatamente, por todos e exigirão sempre uma demonstração posterior, de modo a viabilizar o seu entendimento e, inclusive, convencer aos demais acerca

[689] FINNIS, John. *Aquinas*, p. 35.
[690] ST, I-II, q. 94, a. 4.

METAÉTICA E A FUNDAMENTAÇÃO DO DIREITO

da sua veracidade. Ninguém (ou quase ninguém) chega a duvidar de que, em sentido geral e indeterminado, a pessoa deve *"realizar o bem"* ou *"buscar mais conhecimento"* ou *"preservar a sua vida"* ou *"viabilizar a vida em sociedade"*. Na verdade, o desacordo intelectual e o dissenso social somente surgem quando são apresentados questionamentos específicos sobre a forma concreta de promover tais fins básicos. É exatamente por isso que a definição das exigências racionais e razoáveis para se promover, adequadamente, tais objetivos primários em um contexto histórico e social concreto pressupõe a identificação de tais preceitos secundários da lei natural. A concretização desses preceitos, portanto, é sempre relativa e variável, já que são eles válidos para a maioria dos casos, pressupondo, assim, uma situação de normalidade para a sua incidência. A aplicação de preceitos secundários, portanto, jamais será evidente, ficando sempre na dependência das particularidades do contexto em que tais proposições forem aplicadas, até porque a razão prática trata, prioritariamente, das coisas contingentes e não das coisas necessárias, que é objeto imediato da razão teórica. AQUINO ilustra esse raciocínio valendo-se do preceito – jurídico, é interessante notar – que enuncia que *"os depósitos devem ser restituídos"*[691]. Tal preceito secundário pode ser racionalmente derivado de um preceito primário que afirmaria que *"os bens privados devem ser entregues ao seu legítimo proprietário"* o que, por sua vez, pode ser derivado da captação da *propriedade privada* com um fim básico, a qual, por isso, é para ser preservada e protegida. Na instância primária de um raciocínio prático são formulados preceitos – ainda dotados de certa generalidade e indeterminabilidade – universais e necessários, razão pela qual seriam desprovidos de exceção. Já o preceito secundário *"os depósitos devem ser restituídos"* possui valor relativo, passível de exceções, conforme as particularidades do caso em que tiver de ser aplicado, como, por exemplo, no caso em que armas tenham sido confiadas a terceiro em depósito, as quais não poderiam ser, sob pena de irrazoabilidade, restituídas ao seu proprietário, caso esteja esse, temporariamente, afetado por algum tipo de loucura.

Como se percebe, os preceitos secundários da lei natural fixam uma ponte de justificação entre as exigências mínimas da razão prática e as proposições normativas contingentes e convencionais que serão

---

[691] ST, I-II, q. 94, a. 4.

ANÁLISE DE PRESSUPOSTOS METAÉTICOS EM DIFERENTES TRADIÇÕES JURÍDICAS

introduzidas por meio da lei positiva humana, a qual, como se sabe, é capaz de apresentar inúmeras minúcias e especificação que no se refere ao modo pelo qual o ser humano poderá realizar um fim concreto. No entanto, quanto maior for o condicionamento e o detalhamento adotado pela lei, maior será a relativização dos preceitos da lei natural que estão ali pressupostos e, por consequência, *"quanto mais numerosas condições particulares forem postas* [na lei], *tanto mais serão os modos de falhar"*[692]. Veja-se, pois, que a epistemologia prática proposta por AQUINO supera as pretensões do formalismo normativo ou de qualquer outra forma de construtivismo, pois abre espaço para, simultaneamente, justificarmos princípios práticos de modo absoluto e de modo relativo[693].

4.4.4. A necessidade de positivação: a lei humana como derivação e determinação da lei natural

Reconhecer a existência de lei natural como critério pré-convencional que direciona racionalmente a ação humana não significa, de nenhum modo, desprezar a função da lei positiva na regulação do agir humano. AQUINO não é de nenhum modo idealista ao pressupor que a só- -compreensão dos preceitos da lei natural seria suficiente para que os seres humanos pudessem coordenar, coletivamente, os seus planos de ação. Isso porque a lei natural, nos seus limites, não é suficiente para direcionar integralmente a ação humana executada em determinado contexto específico. Na verdade, considerando-se o grau de generalidade dos preceitos da lei natural, será sempre necessária uma especificação concreta das condições nas quais e dos meios pelos quais os fins básicos serão promovidos dentro de um contexto social específico. Assim, será sempre indispensável a edição de preceitos jurídicos positivos, os quais, naqueles enunciados mais particulares e condicionais sobre o meio de atingimento de determinado fim, ilustram os elementos convencionais que os membros daquela sociedade entenderam por bem adotar.

O raciocínio prático reporta-se, pois, ainda a um quarto nível de preceitos, os quais agregam elementos convencionais, refletindo a forma concreta e contingente (das incontáveis alternativas razoáveis que poderiam ser ambicionadas naquele contexto específico) de aplicação dos preceitos

---

[692] ST, I-II, q. 94, a. 4.
[693] FINNIS, John. *Aquinas*, p. 163.

METAÉTICA E A FUNDAMENTAÇÃO DO DIREITO

da lei natural formulados nos níveis anteriores. Por isso, a lei humana positiva, segundo AQUINO, não é apenas um item adicional desejável ou bem-vindo, mas é de máxima importância para a organização racional do agir humano coletivo. Três razões podem ser sintetizadas para justificar a necessidade das leis humanas:

(i) elas são necessárias na especificação dos critérios de aplicação dos preceitos primários e secundários da lei natural, os quais indicam os elementos contingentes e os condicionamentos que deverão ser observados em cada circunstância;

(ii) a lei exerce uma função pedagógica na educação difusa do ser humano, indicando a forma, presumidamente, adequada de agir nos casos comuns e mais frequentes (ou seja, quando diante de situação de normalidade, o racional para o ser humano é agir conforme o preceito contido na lei humana positiva); e

(iii) considerando-se que não se pode esperar de todos os seres humanos cumpram, espontaneamente, os preceitos exigidos pela lei natural, a lei positiva é necessária como meio de estimular ou forçar aqueles que não se sentem inclinados a cumprir a lei, por meio da fixação de sanções e penalidades[694].

No entanto, tendo em vista a especificidade do conteúdo de tais preceitos convencionais, bem como a contingência na qual esses produzidos, a parte convencional de uma norma jurídica positiva jamais poderá ser compreendida como projetando uma prescrição racionalmente necessária, devendo, por isso, essa parcela da norma jurídica ser considerada apenas contingente. Assim, o conteúdo próprio da norma jurídica positiva (*i.e.*, aqueles elementos que não são, em si, referências diretas à lei natural, mas meramente elementos convencionais) não possuem conteúdo auto-evidente, exigindo sempre uma determinação das regras de ação, tarefa de especificação essa que será realizada por meio de deliberação pública e de técnica legislativa. No entanto, mais uma vez, quanto maior o grau de especificação e de determinação das regras positivas que orientam a ação humana, maior será a ocorrência de confusão, obscuridade e divergências interpretativas. A positivação da lei humana pressupõe, portanto,

[694] *Natural Law and Natural Rights.* Reino Unido: Oxford University Press, 2000, p. 28.

um processo de derivação e integração em relação aos preceitos da lei natural, o que indica a necessidade de um ajustamento concreto das normas jurídicas que venham a ser postas pela vontade humana, a qual deve buscar compatibilizar-se, da melhor forma possível, com as exigências da racionalidade prática que compõem as três instâncias da lei natural antes analisadas. Para AQUINO, existem dois modos de derivação da lei natural na produção da lei humana positiva[695]:

a) *por conclusão (conclusiones ex principiis)*, ou seja, como sendo uma dedução oriunda de premissas anteriores. Os preceitos da lei natural, por força da generalidade do seu conteúdo, ainda são desprovidos de um grau pleno de determinação sobre como agir em um caso concreto, de modo que não se mostra viável a resolução de problemas práticos concretos com base na sua só-invocação. Assim, a lei humana uma vez positivada, pode ser compreendida como uma dedução parcial das razões objetivas que informam o conteúdo de um preceito natural. É por essa razão que as leis humanas positivadas podem ser avaliadas com base no princípio racional que orienta a sua criação. Temos aqui um raciocínio dedutivo que mantém, em termos analógicos, alguma semelhança com o raciocínio dedutivo das ciências. Por exemplo, a conclusão *"não se deve matar"* pode ser deduzida da premissa mais ampla *"Não se deve lesar outrem"*, a qual é reconduzida ao fim básico *preservação da vida*. O dever normativo de não matar outrem, portanto, reflete, em parte, um preceito racional e necessário, mesmo que as particularidades da penalidade que será aplicada aquele que violar tal comando (*e.g.*, 30 anos de cadeia, prisão perpétua, trabalhos forçados etc...) devam ser especificadas, por meio de determinação, pela lei positiva.

b) *por determinação (determinationes)*[696]: considerando-se novamente o grau de indeterminabilidade inerente a um preceito da lei natural, deve-se reconhecer que a criação de uma lei humana positiva sempre projetará um espaço deliberativo que fica à livre

---

[695] ST, I-II, 95, 2. FINNIS, John. *Aquinas*, pp. 266 e 267. Vide, ainda, KLUXEN, Wolfgang. Op. cit., p. 43.

[696] FINNIS, John. *Aquinas*, p. 135 e p. 267 e ss.

METAÉTICA E A FUNDAMENTAÇÃO DO DIREITO

escolha do legislador, o qual sempre terá diante de si – não apenas um – mas inúmeros percursos de ação que poderão ser eleitos como forma razoável de se concretizar e especificar o conteúdo da lei natural. Dentro do campo da *determinatio*, o legislador ou o aplicador do direito é compreendido, analogicamente, como um arquiteto, na medida em que, do mesmo modo em que o artesão pode construir uma casa ou uma mesa com grande margem de liberdade, tendo em vista apenas uma ideia geral do objeto que será construído, também mantém grande margem de liberdade aquele com autoridade para especificar e positivar o conteúdo particular uma norma jurídica. Assim, na seara da *determinatio*, está-se diante de comandos que representam matérias jurídicas que são, puramente, positivas[697], *i.e.*, exclusivamente, convencionais. Essas determinações convencionais, porém, não manifestam opções racionais ilimitadas, pois não são todas aquelas opções empiricamente realizáveis pelo ser humano[698] que podem ser racionalmente justificadas perante os preceitos da lei natural[699]. Assim, dentre as opções razoáveis que podem ser reconduzidas ao padrão racional indeterminado que consta de um preceito da lei natural, o legislador poderá, livremente, eleger aquele que entende mais adequado e compatível ao contexto no qual essa lei humana será aplicada, sendo evidente que outra possibilidade de determinação (inclusive oposta à adotada pelo legislador) poderia ter sido eleita e positivada[700]. Por exemplo, o legislador de trânsito poderia fixar o sentido do tráfego pela direita, mesmo que fosse, igualmente, razoável que ele fixasse o sentido do trânsito pela esquerda. No entanto, uma vez positivada uma dessas opções, a determinação da lei positiva torna-se não apenas obrigatória, em

---

[697] FINNIS, John. *Aquinas*, p. 268.

[698] Dito de outro modo, as opções legislativas localizadas no espaço lógico entre o que é humanamente impossível e o que é humanamente necessário.

[699] *"... the classic theory of determinatio acknowledges plainly that in a good many cases there is no one right answer, but rather a number of right (not-wrong) answers..."* (FINNIS, John. *A Grand Tour of Legal Theory. In Philosophy of Law – Collected Essays*: Volume IV. Reino Unido: Oxford University Press, 2011, p. 132).

[700] *"...one can readily acknowledge that the application of practical principles often call for a determination which (by definition) could reasonably have been different."* (FINNIS, John. *Aquinas*, p. 271)

sentido jurídico, mas também vinculante em sentido moral[701]. Considerando-se o espaço que a chamada *"determinação"* ocupa na positivação dos preceitos jurídicos que serão adotados, simplesmente não há como se afirmar – conforme, comumente, é feito pela crítica direcionada ao jusnaturalismo – que se estaria pressupondo o conhecimento total do fenômeno jurídico por meio de pura dedução. Esse, simplesmente, não é caso! Não há uma pura dedução normativa, uma vez que o conteúdo final da lei humana jamais poderá ser, simplesmente, extraído por meio de uma especulação teórica acerca daquilo que estaria implícito na lei natural. A ação humana, no seu nível mais concreto de execução, sempre deverá ser guiada por alguns elementos que somente podem ser conhecidos com base naquelas escolhas particulares (e convencionais) que o legislador entendeu por bem adotar. Assim, em última instância, sempre caberá ao legislador escolher, por meio de técnica legislativa, um conteúdo determinado que direcionará, *in concreto*, a ação humana compreendida nas suas circunstâncias específicas. Por exemplo, o preceito natural *"não se deve matar"*, contém uma ampla variedade de opções que podem ser eleitas para se dar concretização a esse preceito, permitindo a positivação de um preceito jurídico-normativo que afirme *"Quem matar, deve receber pena de X"*, sendo que X é determinado pelo legislador, refletindo a parcela da norma positiva que é meramente convencional. Do mesmo modo, uma lei processual pode fixar o prazo de um recurso em 15 dias, sendo que a especificação de *"15 dias"* representa ato de determinação do legislador, o qual, porém, parte, invariavelmente, da pressuposição racional de que todos os atos processuais devem ter um prazo específico, com o intuito de se resguardar o mínimo de eficiência e previsibilidade no trâmite de um processo. Ou ainda se pode dar um exemplo em matéria tributária, analisando-se a proposição jurídica que enuncia que *"Aquele que possuir imóvel rural com mais de 5.000 hectares e com menos de 30% de Grau de Utilização, deverá pagar, anualmente, 20%*

---

[701] FINNIS, John. *Aquinas*, p. 268. Vide, ainda, FINNIS, John. *Natural Law Theory: Its Past and its Present*. The American Journal of Jurisprudence: Oxford University Press, vol. 57, 2012, p. 94.

de Imposto"[702], sendo que tal proposição apresenta os elementos *"5.000 hectares", "menos de 30% de Grau de Utilização"* e *"20%"* como sendo parcelas meramente convencionais da norma tributária, as quais poderiam, evidentemente, ter sido positivadas com outro conteúdo também razoável. Com efeito, os preceitos normativos que são simples determinações do conteúdo da lei natural refletem uma dimensão convencional da norma jurídica, não possuindo a mesma força vinculante e mesmo grau de racionalidade dos preceitos da lei natural.

O direito natural, ao remeter a deliberação prática a uma ordem normativa objetiva e racional, pressupõe que existe um núcleo de juridicidade que, por força da sua intrínseca racionalidade, não é livremente constituído pelo intelecto humano, mas entendido por meio do exercício da razão prática. O ser humano, portanto, não pode desconstituir os preceitos da lei natural, pelo simples fato deles não se encontrarem a sua disposição volitiva. Pode, em verdade, somente escolher, por força da sua livre vontade, positivar normas que sigam ou não, em maior ou menor grau, esse parâmetro racional. Assim, os preceitos da lei natural são orientações imperativas que guiam a atividade legislativa, mesmo que não sejam dotadas de força cogente capaz obrigar, fisicamente, o legislador humano a segui-los. Por isso, a lei natural pode ser vista como o fundamento que subjaz todo o sistema normativo positivo, seja por meio da sua especificação adequada em um ordenamento concreto, seja quando é invocado, argumentativamente, para demonstrar falhas ou equívocos nas opções de legislativas concretas que vieram a ser adotadas. A lei humana positiva, por outro lado, sempre manifestará algum grau de imperfeição, não por um defeito a ele inerente, mas pelo simples motivo dela ser, *a priori*, sempre passível de aprimoramento posterior em um ou outro dos seus elementos convencionais.

A teoria da lei natural em nenhum momento despreza a relevância da positivação de leis na determinação dos padrões normativos que regulam a ação humana. Na verdade, AQUINO é, precisamente, aquele que introduz o termo *"lei positiva"* na discussão da filosofia moral, reconhecendo a importância de uma comunidade política positivar e publicizar os padrões

---

[702] Vide tabela anexa à Lei nº 9.393, de 19 de dezembro de 1996.

ANÁLISE DE PRESSUPOSTOS METAÉTICOS EM DIFERENTES TRADIÇÕES JURÍDICAS

normativos que coordenam a vida no respectivo contexto social[703]. Assim, carece de sentido o ataque, comumente, apresentado pelo positivista no sentido de sustentar que o jusnaturalista estaria desprezando a relevância da positivação da lei na compreensão do fenômeno jurídico. Isso é, simplesmente, inverídico.

Além disso, como se viu no item 1.1.2, o positivista pretende apartar-se da tradição da lei natural afirmando que, para ele, não existiria qualquer relação necessária entre o direito e a moral. O jusnaturalista também reconhece que não há uma conexão necessária entre um conteúdo moral e a determinação específica de todas as proposições jurídico-positivas, na medida em que o jusnaturalista, de nenhum modo, fecha os olhos ao fato de existirem, faticamente, inúmeras leis que são imorais, arbitrárias e injustas. Na verdade, o teórico da lei natural se diferencia, sim, do positivista pelo fato de não estar disposto a reconhecer que qualquer coisa que seja promulgada como lei possa ser compreendida como direito em sentido pleno, pelo só fato desse comando partir de uma fonte social reconhecida como autorizada e válida[704].

4.4.5. Os pressupostos metaéticos da teoria da lei natural

Partindo-se, portanto, da crítica já apresentada em relação às demais tradições jurídicas já analisadas neste trabalho (empirismo jurídico, positivismo jurídico e direito como integridade), seis teses podem ser atribuídas à teoria da lei natural, as quais são rejeitadas, integral ou parcialmente, pelas referidas propostas rivais. Vejamos tais teses:

(i) há uma realidade prática objetiva que aponta para bens humanos básicos que fundamentam razões primárias que direcionam o agir humano e que permitem justificar, racionalmente, os planos de ação que são adotados individual ou coletivamente em sociedade;

(ii) tais bens básicos devem ser compreendidos como autoevidentes e pré-convencionais, no sentido de que a sua veracidade e o seu valor

---

[703] FINNIS, John. *A Grand Tour of Legal Theory. In Philosophy of Law – Collected Essays*: Volume IV. Reino Unido: Orxford University Press, 2011, p. 100.

[704] FINNIS, John. *A Grand Tour of Legal Theory. In Philosophy of Law – Collected Essays*: Volume IV. Reino Unido: Oxford University Press, 2011, p. 105.

moral não exigem demonstração por meio de premissas anteriores ou mais fundamentais, bem como não podem ser compreendidos como sendo justificados e fundamentados no fato de um indivíduo ou de uma coletividade terem a eles atribuído relevância ou terem a eles aderido, convencionalmente, por meio de acordos sociais;

(iii) o entendimento e a concretização prática de tais bens básicos pressupõe a possibilidade de emissão de juízos de valor (certo/errado; bom/mau; justo/injusto) que podem ser conhecidos objetivamente e comunicados com inteligibilidade, o que permite sejam qualificados como verdadeiros e como relevantes para a compreensão científica do direito;

(iv) a motivação subjetiva que tais bens básicos exercem sobre o indivíduo, ao influenciá-lo e direcioná-lo na persecução de determinado fim relevante para o seu plano de vida, não pode ser compreendida em termos sub-racionais, impulsivos ou, meramente, emotivos;

(v) o conhecimento dessa realidade prática não se esgota no seu conhecimento linguístico, de modo que a linguagem (jurídica) não é, por si, constitutiva da realidade (jurídica), existindo, pois, uma dimensão ontológica que não está à livre disposição do arbítrio humano;

(vi) o direito não possui a estrutura lógica da norma jurídica como o mínimo irredutível do fenômeno jurídico (*i.e.*, o jurídico não se esgota no normativo), de modo que a fundamentação racional da prática jurídica não se esgota na identificação formal da validade da norma, pois o conteúdo valorativo que essa assume é sempre relevante para, em última instância, justificar ou não a sua legitimidade.

Como se vê, analisando-se essas teses que podem ser atribuídas à teoria da lei natural desenvolvida por John FINNIS, percebe-se, com máxima clareza, que essa proposta teórica desenvolve uma postura cognitivista diante do fenômeno jurídico, adotando, mais especificamente, os pressupostos que são assumidos pelo realismo moral, o qual, como se viu no item 3.2.6, afirma que:

a) proposições morais são do tipo que sempre podem ser avaliadas como verdadeiras ou falsas (mesmo que por aproximação);

ANÁLISE DE PRESSUPOSTOS METAÉTICOS EM DIFERENTES TRADIÇÕES JURÍDICAS

b) a veracidade ou falsidade de uma proposição moral é sempre independente doas opiniões ou teorias morais que alguém possa sustentar;

c) os cânones morais (e também os científicos) que são assumidos como verdadeiros formam, na maior parte das vezes, um método confiável para produzirmos conhecimento moral e, inclusive, aprimorá-lo[705].

O cognitivismo realista que dá substrato à ideia de uma lei natural permite pressupor que existem limites materiais mínimos e pré-convencionais que devem delimitar e devem direcionar a atividade do legislador e do aplicador do direito quando esses pretendem eleger, positivar ou concretizar determinado padrão normativo que irá regular a conduta humana. Essas considerações referentes aos pressupostos metaéticos de estilo realista que dão fundamento a teoria da lei natural desenvolvida por FINNIS a partir do pensamento de AQUINO exigem alguns esclarecimentos adicionais no que se refere ao sentido de pré-convencional aplicável no direito, bem como no que se refere às diferentes funções que o juízo prático exerce dentro desse esquema explicativo jusnaturalista. Tais esclarecimentos se prestam a demonstrar a maior complexidade descritiva que se assume diante do fenômeno jurídico a partir da moldura metaética fornecida pelo realismo moral, além de ilustrar melhor porque a postura jusnaturalista permite atribuir ao direito uma visão de objetividade plena e em sentido forte e não, meramente, uma objetividade formalizada ou estrutural ou construída por meio de algum processo de idealização da nossa realidade prática.

O primeiro esclarecimento necessário toca na contraposição de visões que, talvez, seja a mais fundamental na disputa entre o formalismo ou o construtivismo normativo, de um lado, e o jusnaturalismo, de outro lado, qual seja, a da existência ou não de elementos materiais que seriam *pré-convencionais* no direito, *i.e.*, que não estariam à livre disposição racional do legislador humano. Como se vê, a primeira consideração relevante apresentada pelo jusnaturalista não possui nada de chocante, pois apenas pressupõe que, em relação à ação humana, existem exigências materiais

---

[705] BOYD, Richard. *How to be a moral realist*. In SAYRE-MCCORD, Geoffrey (editor). *Essays on Moral Realism*. Estados Unidos da América: Cornell University Press, 1988, p. 182.

METAÉTICA E A FUNDAMENTAÇÃO DO DIREITO

que são anteriores a qualquer convenção humana, de modo que existem requisitos pré-convencionais que limitam o agir humano[706]. Assim, para os teóricos da lei natural é possível fixar-se, de forma inteligível e significativa, relações e distinções entre as leis humanas (costumes e práticas sociais) fixadas de modo contingente, de um lado, e padrões pré-convencionais que compõem e dão forma à própria experiência humana, sendo que é a partir desses últimos que se torna possível especificar a forma e o conteúdo daquilo que será convencionado. Isso significa reconhecer que toda convenção social contingente pode ser analisada, mesmo que só parcialmente, com base dos seus elementos pré-convencionais e essa análise terá relevância na compreensão daquilo que orienta a ação humana[707].

A segunda distinção relevante está no fato de o jusnaturalismo rejeitar a noção corrente de que o direito é um fenômeno exclusivamente atrelado ao conceito de norma jurídica positiva, cuja validade pode ser fruto de um processo construtivo que lhe atribua objetividade. De acordo com essa tradição, juridicidade não é sinônimo de positividade normativa. No entanto, conforme já sustentado nos tópicos anteriores, isso não significa dizer que a lei positiva seja irrelevante para a compreensão do Direito. Na verdade, a existência de uma norma jurídica positiva é a forma mais comum e rotineira de se acessar o direito vigente em determinada comunidade jurídica. Isso, porém, não significa dizer que o acesso à lei positiva seja a única forma de se refletir e se compreender o fenômeno jurídico. O jusnaturalismo tomista, portanto, manifesta uma maior profundidade explicativa do direito, na medida em que pretende esclarecer quais elementos pré-convencionais delimitam racionalmente a prática jurídica, sem, com isso, descuidar-se da natureza também fundamental da lei positiva que participa da regulação da ação humana. Para AQUINO, as duas

[706] PORTER, Jean. Op. cit., p. 11.

[707] Para uma visão recente que trilha com ênfase o ceticismo ontológico na compreensão do fenômeno jurídico, pressupondo, assim, que o Direito é fruto, exclusivamente, de uma construção social, sem qualquer base pré-convencional, portanto, vide SCHAUER, Frederick. *On the Nature of the Nature of Law*. Alemanha: *Archiv für Rechts und Sozialphilosophie*, 2011. O seguinte excerto é ilustrativo dessa visão: *"Law is a social construction and neither a natural kind nor anything akin to a proper name. Accordingly, like many (or perhaps all) human artifacts, law may not be subject to an essentialist understanding at all, and thus to assume that only an essentialist description of the concept of law will reflect law's nature is potentially to embark on a path that may stifle rather than enrich our understanding".*

ANÁLISE DE PRESSUPOSTOS METAÉTICOS EM DIFERENTES TRADIÇÕES JURÍDICAS

dimensões do direito são de máxima relevância, já que a ação humana pode ser justificada como legítima de dois modos distintos: com base na sua adequação natural e com base na sua adequação convencional. A primeira escorar-se-ia apenas na dimensão racional da justificação de uma prática humana, o que pode indicar a existência de um direito natural atribuível àquele que participa de relações jurídicas. A segunda indicaria a retidão de um comportamento por força de uma convenção ou de um acordo formal que teria sido fixado naquele contexto jurídico específico. No entanto, a objetividade plena que se almeja no direito somente é atingida quando há uma mínima compatibilidade entre as duas instâncias que o raciocínio prático pode assumir (*i.e.*, a reflexão sobre o que é natural e o que é meramente convencional no campo da praticidade humana). Diante disso, positividade significaria apenas adequação ao convencionado em determinado contexto social, ou seja, a conformidade com aquilo que foi legislado, dimensão essa que não pode ser equacionada com a totalidade do direito. Assim, a dimensão positiva do direito seria, simplesmente, a sua manifestação externa, representando tão somente a compreensão de uma das causas do fenômeno jurídico (entre as outras causas relevantes, como, por exemplo, a sua causa material e a sua causa final).

Se assim não fosse, poderíamos chegar ao absurdo de pensar que a força vinculante do sentido intrínseco de uma máxima jurídica ou de um enunciado fundamental do direito estaria sempre dependendo do fato exterior referente à sua positivação. Com isso, o valor de veracidade e de convencimento que um enunciado jurídico básico comporta poderia ser, a qualquer momento, suprimido, bastando, para tanto, a revogação das normas jurídicas positivas que o enunciam. Se tudo no direito pudesse ser compreendido como fruto de construto convencional, inexistindo nada de pré-convencional que delimitasse essa prática, bastaria a revogação do convencionado para modificar-se ilimitadamente o direito. No entanto, tal visão, além de inverossímil, é inviável. Por exemplo, a objetividade de alguns preceitos negativos que regulam necessariamente a nossa prática jurídica, como a proibição da tortura, do assassinato, do roubo ou do estupro, não podem jamais ser compreendidos como, simplesmente, convencionais, como se fossem comandos passíveis de revogação pelo legislador humano. Isso porque o próprio uso gramatical comum de certas palavras demonstra que algumas práticas proibidas pelo direito ilustram comportamentos humanos, invariavelmente, perversos e sempre

METAÉTICA E A FUNDAMENTAÇÃO DO DIREITO

inadequados, enquanto desatendem a tais mandamentos proibitivos, na medida em que não se pode afirmar – mantendo-se o mínimo de significação e inteligibilidade – que a prática de tais ações proibitivas sejam, em alguns casos, adequadas, justas ou boas, salvo, no caso, do uso metafórico de tais expressões[708]. Assim, soa gramaticalmente inadequada ou, inclusive, absurda a referência à *boa* tortura, ao *bom* assassinato ou ao *bom* estupro, por exemplo. Mesmo que houvesse revogação das disposições legais que proíbem tais práticas, nada se alteraria no que se refere à racionalidade e razoabilidade prática da proibição de tais condutas humanas.

Também não se pode perder de vista que a positivação de norma jurídica, em uma dimensão empírica, também só ilustra um desejo de que seja ela observada e cumprida. Seguindo o mesmo exemplo, uma norma proibitiva da tortura, do homicídio, do roubo ou do estupro jamais será garantia absoluta de que tais práticas jamais serão praticadas naquela sociedade. Isso porque a positivação de uma norma jurídica, mesmo que demande, teoricamente, cogência na sua aplicação, nunca possui os meios concretos para garantir a sua própria efetivação, já que a sua eficácia social sempre depende, pelo menos, de autoridades públicas que as aplique aos casos concretos. Por isso, mesmo diante da positivação inequívoca da norma jurídica que proíba a tortura, o assassinato, o roubo ou o estupro, nada pode garantir que o sentido intrínseco dessa norma deixe de ser consagrado em casos concretos, bastando apenas que a autoridade pública responsável pela sua aplicação (e.g. a administração pública ou o Judiciário) venha a concluir que determinada prática concreta não é o caso específico de tais práticas. Como se vê, se a crítica em relação à tese jusnaturalista diz respeito à falta de cogência dos preceitos racionais que formam a lei natural, o mesmo defeito também não poderia ser totalmente descartado – ao menos em uma dimensão empírica – quando se está diante de normas jurídicas positivas, as quais também sempre poderão deixar de receber efetividade, bastando, para isso, que assim deseje aquele responsável por sua aplicação. É exatamente por essa razão que os predicados justos e injustos reportam-se, primariamente,

---

[708] *"...such actions always twart the human ideal. There is no way that you can murder well, steal well, commit adultery well – except metaphorically. Any moral code is going to have a fair proportion of such negative absolutes."* (MCINERNY, Ralph. *Ethica Thomista – The Moral Philosophy of Thomas Aquinas.* EUA: CUA, 1997, p. 47)

ANÁLISE DE PRESSUPOSTOS METAÉTICOS EM DIFERENTES TRADIÇÕES JURÍDICAS

a ações humanas. Já o uso das expressões justo e injusto em relação a instituições ou a normas é sempre secundário, projetando o sentido de que justo ou injusto é a atividade que é promovida dentro ou por meio dessas instituições ou normas[709]. Por isso a noção de justiça aplica-se às relações a outras pessoas e, nesse sentido, pode ser definido em termos de verdadeiro ou falso[710].

Em terceiro lugar, é importante compreender qual a função específica que o juízo prático pode exercer dentro da moldura teórica projetada pela teoria da lei natural. Segundo FINNIS, os preceitos da lei natural não são proposições apenas indicativas (*i.e.*, meramente descritivas da nossa realidade empírica), no sentido de apontar o que é ou será, empiricamente, realizado, do mesmo modo, que não são proposições apenas imperativas (*i.e.*, meramente prescritivas), no sentido de impor um comando ou uma ordem. São, na verdade, proposições *diretivas,* de modo que apenas capturam a ideia de direcionamento acerca do que *é-para-ser* (*is-to-be*) realizado[711]. Assim, dentro desse esquema explicativo, não encontramos a bifurcação da realidade, tipicamente Moderna, na qual há apenas os dois planos estanques do *ser,* captado pela descrição, e do *dever-ser,* orientado por meio de prescrições. Na verdade, encontramos como fundamento último do plano empírico (que descreve os fatos) e do plano deôntico (que prescreve os deveres), o *plano diretivo* (que orienta o ser humano a bens básicos em relação aos quais ele se inclina, racionalmente, sempre que pretende realizar um fim)[712]. Dentro dessa estrutura, o juízo prático é compreendido, simultaneamente, a partir da sua função de afetação (na medida em que as emoções humanas não podem ser desprezadas como fator relevante na motivação do agente), na sua função de representação (na medida em que a identificação da ação adequada em cada contexto depender de uma adequada captação dos fatores empíricos e sociais contingentes que são relevantes naquele caso concreto), bem como na

---

[709] HOERSTER, Norbert. *Recht und Moral.* Alemanha: Reclams Universal Bibliothek, 2002, p. 142.

[710] HOERSTER, Norbert. *Recht und Moral.* Alemanha: Reclams Universal Bibliothek, 2002, p. 143.

[711] FINNIS, John. *Direito Natural em Tomás de Aquino – Sua reinserção no contexto do juspositivismo analítico.* Porto Alegre: Fabris, 2007 (Tradutor Leandro Cordioli e Revisor Elton Somensi), pp. 10 e 34.

[712] FINNIS, John. *Aquinas.* Inglaterra: Oxford University Press, 2004, p. 89/90.

sua função de direcionamento (na medida em que a ação humana não é apenas regulada normativamente por meio de comandos racionais, mas também direcionada pela busca de determinado bem ou fim que é para ser compreendido como indispensável à realização humana)[713].

Conforme se vê, a tradição da lei natural de estilo tomista adota uma postura que pretende esclarecer e justificar todos os elementos que são relevantes na composição da ação humana, de modo que não dá primazia a um de seus fatores constitutivos em prejuízo de outros nem afirma, de forma a reduzir a complexidade da nossa realidade prática, que somos movidos por apenas um elemento determinante na formação do nosso agir. Isso ocorre porque a tradição da lei natural dá relevância às emoções que podem motivar o agente prático[714], sem incorrer em um emotivismo, atribui importância à lei humana positiva[715], sem cair em um normativismo positivista, e também vislumbra a importância da adequada compreensão do contexto fático em que a ação correta é para ser executada, sem, porém, culminar em um bruto empirismo ou determinismo. A maior complexidade do cognitivismo realista que fornece o substrato metaético à tradição da lei natural permite que se elabore um esquema explicativo de nossa realidade prática que não incorra em nenhuma espécie de reducionismo no que tange à descrição e a apreciação crítica do fenômeno jurídico.

Em síntese, para o jusnaturalista, as leis positivas de uma comunidade política específica, por certo, podem ser consideradas boas razões para um indivíduo agir de determinado modo. No entanto, isso apenas indica que as proposições de uma norma positiva apresentam-se como motivos imediatos para se agir de determinado modo, já que, após uma reflexão prática mais profunda, deve-se compreender que as verdadeiras razões que direcionam a ação humana são de natureza moral. Por isso, compreender de modo pleno o que atribui autoridade a uma lei é entender as

---

[713] Sobre as funções de afetação, representação e direcionamento, vide, novamente, o item 2.4.

[714] *"Emotions enhance the goodness of good choice and actions. Any ideal of passionless, unemotional rational action is constantly repudiated by Aquinas."* (FINNIS, John. *Aquinas.* Inglaterra: Oxford University Press, 2004, p. 75)

[715] *"The moral standard(s) are to that extent, and for that reason, to be counted as part of the law. They are, as some say, 'included' within or 'incorporated' into the community's law."* (FINNIS, John. *A Grand Tour of Legal Theory. In Philosophy of Law – Collected Essays*: Volume IV. Reino Unido: Oxford University Press, 2011, p. 102).

ANÁLISE DE PRESSUPOSTOS METAÉTICOS EM DIFERENTES TRADIÇÕES JURÍDICAS

razões morais que estão na base das respectivas proposições jurídicas[716]. Considerando que a filosofia prática se dedica a analisar e definir o que são boas razões para agir, as suas disciplinas internas mais específicas – ética, política e direito – assumem uma dimensão prática plena[717], na medida em que sempre buscam justificar por meio de juízos práticos elementos que sejam, simultaneamente, compatíveis com a nossa realidade moral, possam ser motivos legítimos que afetam o agente humano e que o direcionam racionalmente a executar determinado plano de ação[718].

---

[716] FINNIS, John. *A Grand Tour of Legal Theory. In Philosophy of Law – Collected Essays*: Volume IV. Reino Unido: Oxford University Press, 2011, p. 103.

[717] FINNIS, John. *A Grand Tour of Legal Theory. In Philosophy of Law – Collected Essays*: Volume IV. Reino Unido: Oxford University Press, 2011, p. 111.

[718] Vide, novamente, o item 2.4.

Conclusões

Pretendeu-se demonstrar neste trabalho que toda tradição filosófica que pretende definir e justificar o critério para uma ação humana correta/adequada ou incorreta/inadequada assume determinadas pressuposições metaéticas que tocam em problemas práticos de primeira ordem, como, por exemplo, a existência ou não de uma realidade moral, a possibilidade ou não de se falar em fatos morais e a necessidade de organizarmos nossa linguagem moral por meio do uso de proposições que podem ser qualificadas como verdadeiras ou falsas. Para demonstrar que esses pressupostos metaéticos estão implícitos em qualquer teoria moral, mostrou-se necessário conceituar e classificar aquelas que, hoje, são definidas como as principais correntes metaéticas desenvolvidas na filosofia moral. Em um segundo momento deste estudo, buscou-se apontar as possíveis influências que essas variadas tradições metaéticas exercem na formação de alguma das mais destacadas e relevantes correntes do pensamento jurídico.

Com base nesse plano, pretendeu-se defender e demonstrar os seguintes argumentos, que podem ser assim sintetizadas:

(a) O debate sobre o chamado *"problema da demarcação"*, envolvendo a separação ou a vinculação entre sistemas morais e sistemas jurídicos (ou dito de forma mais precisa, entre um conjunto de proposições morais e um conjunto de proposições jurídicas), que, no século passado, foi assumido pela maioria dos teóricos como o

ponto de partida necessário para o esclarecimento da essência do direito e para a justificação da autoridade de uma norma jurídica, pode ser categorizado a partir de três teses rivais, quais sejam:

(a.1) A *tese da separação (Trennungsthese)*, segundo a qual a *"Moral"* e o *"Direito"* estariam posicionados, paralelamente, um ao lado do outro, como objetos isolados, havendo uma independência absoluta de um sistema proposicional em relação ao outro, na medida em que não se pode confundir o que, de fato, é o direito válido, com aquilo que poderia ser um conjunto ideal de proposições normativas;

(a.2) A *tese da conexão forte (starke Verbindungsthese)*, segundo a qual a *"Moral"* e o *"Direito"* estariam, de modo indissolvível, fundidas em uma mesma realidade, sendo que a *"Moral"* possui um escopo mais amplo e, ao mesmo tempo, todo abarcante do fenômeno jurídico, o qual, em verdade, não seria outra coisa senão uma dedução lógica de proposições morais, axiologicamente, mais relevantes e determinantes; e

(a.3) A *tese da conexão fraca (schwache Verbindungsthese)*, segundo a qual existe um ponto de interconexão entre a *"Moral"* e o *"Direito"*, na medida em que, mesmo possuindo o *"Direito"* certa independência conceitual diante da *"Moral"*, deveriam as proposições jurídicas observar um *"mínimo moral"*, não podendo, portanto, o seu conteúdo ser nem absurdo nem excessivamente injusto.

(b) Conforme se demonstrou, o problema da demarcação deve ser compreendido como um falso dilema, na medida em que:

(b.1) representa um problema teórico que somente existe por causa de uma atitude prévia que é restritiva tanto na caracterização do fenômeno moral, quanto na delimitação do fenômeno jurídico, de modo que pode ser superada a caracterização desse confronto de ideias como um dilema mediante uma modificação da perspectiva que se adota;

(b.2) toda tentativa de se explicar o fenômeno jurídico pressupõe alguma tese que, ao menos, busque esclarecer o tipo

CONCLUSÕES

de raciocínio que é ou que deve ser esperado daquele que realiza uma ação com consciência e intencionalidade ou que atribua algum status específico ao juízo que é desenvolvido pelo produtor ou pelo destinatário de uma norma qualquer; e

(b.3) essas teses explicativas não podem ser vistas como excluindo ou incluindo o fenômeno moral, na medida em que são todas teses que, por essência e invariavelmente, se revestem de algum substrato ético, de modo que representam questionamentos teórico-práticos que dispõem sobre os fatores constitutivos dos raciocínios que tem por objeto a ação humana e sobre o ambiente em que esses são produzidos.

(c) Com efeito, assumindo-se que é perene a participação e/ou influência da ética na compreensão do fenômeno jurídico, mostrou-se necessário resgatar elementos conceituais que permitissem uma análise teórica da moral e do direito que se sobrepusesse e superasse o debate dicotômico sobre a separação ou a vinculação desses dois sistemas de proposições.

(d) Para tanto, promoveu-se uma redefinição e ampliação do escopo de análise no qual os fenômenos moral e jurídico estão localizados, valendo-se, assim, da perspectiva mais abrangente adotada pela disciplina da metaética, a qual, por meio das concepções do cognitivismo e não cognitivismo moral:

(d.1) é capaz de assumir uma pretensão toda abarcante das mais variadas posturas teóricas que pretendem esclarecer e justificar quais os elementos mais básicos que fundamentam a ação humana;

(d.2) desenvolve um o vocabulário que pretende resolver disputas ético-teóricas de primeira ordem, o que permite dividir e ordenar com maior precisão e detalhamento as mais diferentes tradições éticas substanciais, tendo em vista o esquema conceitual comum que a metaética fornece, facilitando, assim, a visualização didática dos mais variados modos de relacionamento e de interpenetração que há entre a moral e o direito;

(d.3) permite responder questionamentos que deverão ser enfrentados por todo aquele que tem a pretensão de defender alguma tese relacionada ao campo de conhecimento prático – *i.e.*, aquele que tem como objeto a ação humana –, uma vez que deverá, por exemplo, enfrentar e responder questões sobre a existência de uma realidade moral ou de fatos morais, sobre a possível objetividade dos juízos de valor, sobre como esses são produzidos e qual o status epistemológico que esses possuem (e.g. desejos e meras atitudes emocionais, simples opiniões individuais, convenções elegidas e positivadas ou tipos de crenças que podem ser verdadeiras ou falsas), ou ainda se é possível comunicar e certificar a retidão de tais juízos.

(e) Para se bem compreender o objeto próprio da metaética, bem como a função explicativa que essa pode exercer, mostrou-se necessário responder um conjunto de perguntas básicas que são pertinentes não apenas à ação humana, mas também referentes à formação do pensamento humano. Mais especificamente, analisou-se, de modo sucinto, o papel que o desejo, a crença, a justificação devem ou podem exercer na formação de um juízo prático, bem como se discorreu sobre as diferentes dimensões que um juízo prático pode assumir, dependendo da corrente metaética que se esteja desenvolvendo. Em síntese, destacou-se que:

(e.1) as razões práticas, *i.e.*, que impulsionam uma ação, são comumente expressadas, tanto por desejos, quanto por crenças, sendo que uma crença pode ser compreendida como uma representação intelectual do mundo que é formulada em nossa mente, enquanto que um desejo representa o modo pelo qual buscamos introduzir no mundo um novo modo de representá-lo;

(e.2) da mesma forma como a razão teórica – que tem como objeto o conhecimento – e a razão prática – que tem como objeto a ação – mantêm um ponto de interconexão, deve-se também reconhecer que tanto a crença, quanto o desejo manifestam uma ligação no que se refere à estrutura de uma ação, sendo que o primeiro pode funcionar como direcionador ou limitador da ação que será praticada, enquanto que o segundo exercerá a função de propulsionar o movimento humano que pode ou não executar o referido plano de ação;

(e.3) na medida em que crenças e desejos formam a estrutura primária de uma ação humana, a qual pode ser, em cada caso, qualificada como racional ou irracional, mostra-se necessário agregar a tais elementos o conceito de justificabilidade, já que as ações concretas deverão ser analisadas e avaliadas em razão da possibilidade de sua justificação;

(e.4) a justificação pode ser compreendida como *uma propriedade* que poderá ou não pertencer a uma crença ou a um desejo, sendo que, de acordo com AUDI[719], quatro são as principais fontes de justificação, quais sejam: *(i)* a percepção; *(ii)* a introspecção; *(iii)* a memória; e *(iv)* a razão;

(e.5) um juízo prático – diferentemente de um juízo puramente teórico – pode ser analisado a partir de três dimensões diferentes, na medida em que pode ser compreendido a partir de sua *função descritiva* ou a partir do seu *aspecto expressivo* ou, ainda, a partir do seu *traço prescritivo*[720], o que significa dizer que a atividade judicativa referente a uma ação humana pode refletir uma descrição da realidade em que esse agir foi executado, poderá ilustrar as motivações que levaram o agente a seguir esse plano de ação ou poderá indicar a fundamentação normativa que seria adequada na avaliação e no direcionamento do agente relativamente ao plano de ação por ele executado.

(f) Com base em tais definições, demonstrou-se que um juízo prático, dependendo da tradição metaética que estiver sendo analisada, poderá ser compreendido como:

---

[719] AUDI, Robert. *The Architecture of Reason – The Structure and Substance of Rationality*. Estados Unidos da América: Oxford University Press, 2001, p. 16.

[720] BIRNBACHER, Dieter. *Analytische Einführung in die Ethik*. Alemanha: Walter de Gruyter, 2ª edição, 2007, p. 336.

METAÉTICA E A FUNDAMENTAÇÃO DO DIREITO

(f.1) desprovido de qualquer sentido e carente de objetividade, representando, assim, uma mera falsificação da nossa realidade prática que coloca o ser humano em uma posição de constante ilusão diante das noções de certo e errado;

(f.2) uma simples atitude emocional, a qual, mesmo que seja passível de análise empírica e psicológica, não pode ser, racionalmente, sopesada e avaliada com base em um critério objetivo, que seja passível de ser conhecido e comunicado a terceiros;

(f.3) mero reflexo da opinião individual daquele que o emite, de modo que ilustra uma crença pessoal sobre a realidade, que não pode ser contrastada com a crença que venha a ser adotada por outro sujeito;

(f.4) uma proposição que pode ser justificada perante os demais, mas, em última instância, assume como critério de justificação o fato de apenas refletir os traços contingentes de uma cultura específica ou de uma convenção que, historicamente, tenha sido adotada em um contexto prático específico, de modo que, fora desses limites culturais, geográficos ou históricos, não há qualquer objetividade moral;

(f.5) a concretização de proposições normativas ideais, as quais não se fiam em convenções humanas contingentes ou históricas, mas representam o resultado final de um procedimento mental hipotético que, em razão dos seus traços necessariamente racionais, são capazes de garantir algum sentido de objetividade ao sistema moral como um todo;

(f.6) proposições pautadas em crenças que o ser humano produz e é capaz de comunicar aos demais, as quais assumem a pretensão de captarem – com maior ou menor de veracidade ou de falsidade – a realidade moral portadora de determinadas propriedades objetivas que permite justificar uma ação humana como correta/boa/justa.

(g) Essas diferentes caracterizações de um juízo prático foram relevantes, como ponto de partida, para se identificar os traços essenciais das seis tradições metaéticas que foram, aqui, analisadas, quais sejam: o *Amoralismo*, o *Emotivismo*, o *Subjetivismo*, o *Relativismo*

CONCLUSÕES

Moral, o *Construtivismo* e o *Realismo*. Cada uma das referidas tradições metaéticas foram caracterizadas nos seguintes termos:

(g.1) *Amoralismo*: representa a forma mais acentuada de não cognitivismo moral, de acordo com a qual não há como se falar na existência de uma realidade moral dotada de objetividade, na medida em que serão sempre falsos os juízos práticos que tenham a intenção de captar o valor objetivo de uma ação, de modo que toda a tentativa de se argumentar em termos de certo e errado será uma atividade ilusória, retórica e enganadora;

(g.2) *Emotivismo*: representa a forma mais moderada de não cognitivismo moral, já que, mesmo rejeitando a possibilidade de se falar em realidade moral ou em fatos morais, admite que o conceito de juízos práticos pode ser útil em um sentido instrumental, mas esse irá apenas representar, de fato, tão somente a projeção de um desejo ou de um reflexo sensorial, sendo, em última instância, identificável apenas como o resultado de um impulso de prazer ou de dor;

(g.3) *Subjetivismo*: postura metaética híbrida, pois se coloca em posição intermediária no que se refere às premissas básicas do não cognitivismo e do cognitivismo moral. Afirma que um juízo prático não pode assumir sentido objetivo, na medida em que nenhuma significação valorativa pode ser apresentada em termos que transcendam o indivíduo que está formulando essa mesma proposição, de modo que o "verdadeiro" está sempre adstrito aos parâmetros intelectuais de cada sujeito, o qual apenas projeta crenças individuais ou opiniões subjetivas sobre qualquer tema moral;

(g.4) *Relativismo Moral*: representa uma forma periférica de cognitivismo, pois reconhece a possibilidade de se falar em uma realidade moral, mas essa é sempre contingente e está sempre topograficamente delimitada (por uma cultura, uma identidade nacional, por regionalismos etc...). Assim, os juízos práticos são representacionais, pois a sua retidão é definida de acordo com a capacidade de se descrever quais padrões de conduta estão em vigor, aqui e agora, e são qualificados como certos ou errados, de acordo com cada *"sistema de coordenadas"* (cultura, nação, sistema jurídico em vigor);

(g.5) *Construtivismo*: representa a forma moderada de cognitivismo, de acordo com a qual é possível falar-se em uma espécie realidade moral objetiva, desde que compreendida apenas como uma estrutura intelectual, idealmente projetada, que permite especular sobre os elementos normativos mínimos que justificam uma ação como racional. Nesse sentido, um juízo prático será fruto da capacidade de bem compreender quais são as exigências normativas que direcionam e delimitam, idealmente, a ação humana, sendo que o conjunto de tais exigências ideais produz e constitui o que é correto e incorreto para todo aquele que pretende justificar racionalmente o seu agir;

(g.6) *Realismo*: representa a forma mais intensa de cognitivismo, pois defende que há uma realidade moral em sentido objetivo pleno, a qual ilustra a forma como, rotineiramente, usamos a linguagem para nos reportar a determinadas propriedades morais que, em parte, descrevem e, em parte, direcionam o nosso agir a algo que pode ser compreendido como bom ou correto. Com efeito, pressupõe-se que seja possível a formulação de crenças verdadeiras sobre determinadas propriedades morais que são capazes de coordenar e de justificar como boa ou correta, de modo independente – *i.e.*, seu valor não depende de adesão coletiva nem das opiniões individuais acerca desses estados de coisas –, uma ação humana concreta, tendo em vista um fim que se deseje realizar.

(h) A partir dessas considerações metaéticas, sustentou-se que mesmo as mais diferentes tradições jusfilosóficas poderiam ser, entre si, comparadas e reunificadas com base no esquema conceitual proposto, especialmente porque as visões metaéticas aqui analisadas não representam, em si, teorias éticas específicas, mas sim formas de se articular e de se identificar os pressupostos básicos que fundamentam de modo primário toda a qualquer proposta teórica no campo do conhecimento prático.

CONCLUSÕES

(i) Com isso, pretendeu-se sustentar que o escopo todo abarcante da metaética seria capaz de melhor esclarecer a influência perene que moral exerce sobre o fenômeno jurídico. Para ilustrar tal argumento, buscou-se submeter aos parâmetros da metaética quatro das principais tradições contemporâneas da filosofia do direito, quais sejam: o empirismo jurídico, o positivismo jurídico, o direito como integridade e a tradição da lei natural.

(j) Relativamente ao empirismo jurídico (costumeiramente denominado de *"realismo"* jurídico, denominação esta que não foi adotada neste estudo), utilizou-se a proposta teórica de Oliver Wendell HOLMES JUNIOR[721] para demonstrar que esta visão sobre o fenômeno jurídico estaria desenvolvendo, em termos metaéticos, um não cognitivismo emotivista que acabaria, ao final, dando abertura para a instauração de uma espécie de ceticismo jurídico, uma vez que:

(j.1) reduziria o objeto do direito a sua dimensão factual e delimitaria o seu método de pesquisa àquele que seria típico das ciências naturais, na medida em que pressupõe que seja possível definir e antecipar o conteúdo do direito por meio de simples observação das evidências empíricas acerca daquilo que afeta sensitivamente a figura do juiz;

(j.2) defenderia um determinismo naturalista, o qual parte de um ceticismo ontológico e adota uma concepção fisicalista da realidade, a qual afirmaria que seria apenas real e existente aquilo que possui composição física, de modo que o direito – não sendo, por óbvio, dotado de corporalidade física – deveria ser visto como algo, integralmente, artificial (*i.e.*, convencional). Neste cenário, o operador do direito – principalmente o juiz – poderia agir com *discricionariedade ilimitada* no que tange à definição do conteúdo definitivo do direito;

(j.3) adotaria um pragmatismo ético, de modo que o direito assume uma função totalmente instrumental, ou seja, o

---

[721] HOLMES JUNIOR, Oliver Wendell. *The Path of the Law*. Estados Unidos da América: Nu Vision Publications, 2007.

exercício da atividade jurídica representa sempre um meio para atingir qualquer fim (sendo esse totalmente indeterminado, podendo agregar qualquer conteúdo desejado pelo magistrado);

(j.4) admitiria que o juiz é, essencialmente, um agente que responde a estímulos externos, de modo que as decisões que toma não são outra coisa senão uma resposta emotiva ou sensitiva aos fatos que são a ele apresentados, razão pela qual a prática do direito seria apenas uma tentativa de fazer um prognóstico acerca daqueles fatores que irão afetar o juiz na hora de decidir.

(l) Relativamente ao positivismo jurídico, a Teoria Pura do Direito de Hans KELSEN[722] serviu para ilustrar uma visão do fenômeno jurídico que representaria também uma forma de não cognitivismo moral, mas que tem a pretensão de garantir algum tipo de objetividade, pelo menos dentro do espectro formal e normativo do direito. Em síntese, sustentou-se que os pressupostos do pensamento kelseniano seguiriam:

(l.1) um não cognitivismo moral, na medida em que ele nega a possibilidade de juízos de valor serem verdadeiros e objetivos, na medida em que, para KELSEN, todo e qualquer conteúdo que uma norma venha a assumir será sempre o reflexo de um juízo subjetivo de valor que foi realizado por aquele com competência para a produção válida dessa mesma estrutura normativa; e

(l.2) um cognitivista normativo, na medida em que o fenômeno jurídico pode ser fundamentado de modo objetivo, mas isso apenas com base na sua dimensão deontológica, o que significa dizer que, para KELSEN, o direito torna-se inteligível tão somente a partir do momento em que se justifica a produção válida de uma norma jurídica, a qual se legitima em razão da sua compatibilidade perante outra norma superior, o que culmina na validação suprema por parte de uma

---

[722] KELSEN, Hans. *Reine Rechtslehre.* Alemanha: Mohr Siebeck, 2008.

CONCLUSÕES

norma hipotética ou fictícia. De acordo com essa concepção, juridicidade seria sinônimo de normatividade positiva.

(m) Relativamente à concepção de *Direito como Integridade*[723], desenvolvida por Ronald DWORKIN, sustentou-se que tal postura assume traços metaéticos – mesmo que rejeitados pelo autor – que:

(m.1) reproduzem algumas ideias centrais do cognitivismo moral de estilo construtivista, na medida em que reconhece a possibilidade de se falar em uma objetividade moral, a qual representa o produto final de um processo de construção de significados e que se desenvolve, primordialmente, a partir de um plano idealizado, dentro do qual essa objetividade é confeccionada;

(m.2) representam uma versão fraca e diluída de objetividade, na medida em que a qualidade objetiva de uma proposição prática não será estabelecida por força de um critério substancial independente ou pré-convencional, mas sempre dependerá dos elementos formais que compõem um processo interpretativo-argumentativo, por meio do qual, segundo ele, o intérprete busca regastar e atribuir a uma prática social a *melhor* significação, *i.e.*, a mais coerente, tendo em vista o conteúdo de princípios morais que estejam em vigor e sejam aceitos em uma determinada comunidade política.

(m.3) adotam uma concepção coerentista de verdade aplicável ao campo do conhecimento prático (moral, política e direito), a qual, porém, sempre será insuficiente para a fundamentação da veracidade de uma proposição, na medida em que é sempre possível justificar-se a integral coerência de um conjunto de proposições, mas, mesmo assim, podem elas ser, individualmente, falsas, já que podem não manifestar efetiva correspondência com a realidade. Com efeito, a verdade representa elemento adicional que necessariamente está além da e não se identifica com a mera coerência; e

---

[723] DWORKIN, Ronald. *Law's Empire*. Estados Unidos da América: Harvard University Press, 1986.

METAÉTICA E A FUNDAMENTAÇÃO DO DIREITO

(m.4) acabam permitindo que a noção de integridade projetada por DWORKIN seja lida como veiculando um possível relativismo moral, uma vez que o seu ideal de integridade não pretende fornecer elementos coerentes que possam ser aplicados de modo uniforme entre variadas comunidades políticas, cada uma com suas práticas sociais, mas representa, na verdade, um critério de objetividade que somente pode ser aplicados dentro de uma comunidade específica. Com isso, o que é coerente em um contexto social poderia ser visto como incoerente em outro contexto social, de modo que o ideal de integridade projeta, em última análise, uma coerência interna com os compromissos e valores morais que já são aceitos e aplicados pelos tribunais de uma comunidade, o que mostra que a integridade acaba sendo um critério contingente e paroquial.

(n) Por fim, analisou-se um exemplo de tradição jurídica que incorpora pressupostos metaéticos que seguem uma matriz cognitivista de estilo realista e que assume uma pretensão de objetividade mais intensa, não apenas orientada pela estrutura de validação das normas jurídicas nem pela forma como uma determinada sociedade incorpora, hermeneuticamente, determinados valores, mas pautada na crença de que existem determinados princípios pré-convencionais e evidentes que fornecem os elementos materiais mínimos para se justificar uma ação humana como racional e razoável. Para essa exposição, utilizou-se a teoria tomista da lei natural, partindo-se da leitura proposta por John FINNIS[724]. Em síntese, seis teses metaéticas foram identificadas na elaboração da teoria da lei natural estruturada por FINNIS, quais sejam:

(n.1) há uma realidade prática objetiva que aponta para bens humanos básicos que fundamentam razões primárias que direcionam o agir humano e que permitem justificar,

---

[724] FINNIS, John. *Natural Law and Natural Rights*. Reino Unido: Oxford University Press, 2000 e FINNIS, John. *Aquinas*. Inglaterra: Oxford University Press, 2004.

CONCLUSÕES

racionalmente, os planos de ação que são adotados individual ou coletivamente em sociedade;

(n.2) tais bens básicos devem ser compreendidos como autoevidentes e pré-convencionais, no sentido de que a sua veracidade e o seu valor moral não exigem demonstração por meio de premissas anteriores ou mais fundamentais, bem como não podem ser compreendidos como sendo justificados e fundamentados no fato de um indivíduo ou de uma coletividade terem a eles atribuído relevância ou terem a eles aderido, convencionalmente, por meio de acordos sociais;

(n.3) o entendimento e a concretização prática de tais bens básicos pressupõe a possibilidade de emissão de juízos de valor (certo/errado; bom/mau; justo/injusto) que podem ser conhecidos objetivamente e comunicados com inteligibilidade, o que permite sejam qualificados como verdadeiros e como relevantes para a compreensão científica do direito;

(n.4) a motivação subjetiva que tais bens básicos exercem sobre o indivíduo, ao influenciá-lo e direcioná-lo na persecução de determinado fim relevante para o seu plano de vida, não pode ser compreendida em termos sub-racionais, impulsivos ou, meramente, emotivos;

(n.5) o conhecimento dessa realidade prática não se esgota no seu conhecimento linguístico, de modo que a linguagem (jurídica) não é, por si, constitutiva da realidade (jurídica), existindo, pois, uma dimensão ontológica que não está à livre disposição do arbítrio humano;

(n.6) o direito não possui a estrutura lógica da norma jurídica como o mínimo irredutível do fenômeno jurídico (*i.e.*, o jurídico não se esgota no normativo), de modo que a fundamentação racional da prática jurídica não se esgota na identificação formal da validade da norma, pois o conteúdo valorativo que essa assume é sempre relevante para, em última instância, justificar ou não a sua legitimidade.

REFERÊNCIAS

ALEXY, Robert. *Theorie der Grundrechte*. Alemanha: Suhrkamp, 1986.

__. *Begriff und Geltung des Rechts*. Alemanha: Alber Studienausgabe, 2005;

AQUINO, Tomás de. *Commentary on Aristotle's Nicomachean Ethics*. Estados Unidos da América: Dumb Ox Books, 1993;

__. *Truth (Quaestiones disputatae de veritate)*. Estados Unidos da América: Hackett publishing Company, Inc., Volumes I-III, 1994;

__. *Verdade e Conhecimento*. São Paulo: Martins Fontes, 1ª edição, 2002;

__. *Summa Teológica. I – II. Cuestión 94. De la Ley Natural*. Espanha: Mare Nostrum Comunicanión, 2000;

ARISTÓTELES. BARNES, Jonathan (editor). *The Complete Works of Aristotle, Vols. I & II*. Estados Unidos da América: Princeton University Press, 1995;

ÁVILA, Humberto. *Teoria dos Princípios – da definição à aplicação dos princípios jurídicos*. São Paulo: Editora Malheiros, 12ª edição, 2011;

AYER, A.J. *Logical Positivism*. Estados Unidos da América: The Free Press, 1959;

__. *Critique of Ethics and Theology*. In MCCORD-SAYRE, Geoffrey (Ed.). *Essays on Moral Realism*. Estados Unidos da América: Cornell University Press, 1988;

AYESTA, Cruz Gonçalez. *La verdad como bien según Tomás de Aquino*. Espanha: EUNSA, 2006;

AUDI, Robert. *The Architecture of Reason – The Structure and Substance of Rationality*. Estados Unidos da América: Oxford University Press, 2001;

__. *Practical Reasoning and Ethical Decision*. Estados Unidos da América: Routledge, 2006;

BARZOTTO, Luis Fernando. *O Positivismo Jurídico Contemporâneo: Uma introdução a Kelsen, Ross e Hart*. Unisinos, 1999;

BIRNBACHER, Dieter. *Analytische Einführung in die Ethik*. Alemanha: Walter de Gruyter, 2ª edição, 2007;

BOBBIO, Norberto. *O Positivismo Jurídico – Lições de Filosofia do Direito*. Brasil: Cone, 1999;

BOYD, Richard. *How to be a moral realist*. In MCCORD-SAYRE, Geoffrey (Ed.). *Essays on Moral Realism*. Estados Unidos da América: Cornell University Press, 1988;

CAMPBELL. Tom. *Justice*. Estados Unidos da América: St. Martin Press, 2ª edição, 2001;

CATENACCI, Imerio Jorge. *Introducción al derecho*. Argentina: Astrea, 2006;

COMTE, Auguste. Editora Magisterio Casals, 1987;

CHRISHOLM, R. M. *Theory of Knowledge*. Englewood Cliffs, Prentice-Hall, 3a Edição, 1989;

DAVIDSON, Donald. *Uma Teoria Coerencial da Verdade e do conhecimento*. In CARRILHO. Manuel Maria. *Epistemologia: Posições e Críticas*. Portugal: Fundação Calouste Gulbenkian, 1991;

DWORKIN, Ronald. *Taking Rights Seriously*. Estados Unidos da América: Harvard University Press, 1978;

___. *A Matter of Principle*. Estados Unidos da América: Harvard University Press, 1985;

___. *Law's Empire*. Estados Unidos da América: Harvard University Press, 1986;

___. *Justice in Robes*. Inglaterra: Harvard University Press, 2006;

___. *Justice for Hedgehogs*. Estados Unidos da América: Harvard University Press, 2011.

FABRO, Cornelio. *Percepción y Pensamiento*. Espanha: EUNSA, 1962;

FISCHER III, William; HORWITZ, Morton; REED, Thomas. *American Legal Realism*. Estados Unidos da América: Oxford University Press, 1993;

FRANKENA, William. *Moral Philosophy at Mid-Century; In The Philosophical Review*, n. 60, 1951, p. 44-55;

FERREIRA NETO, Arthur Maria. *Justiça como realização de capacidades humanas básicas*. Porto Alegre: EDIPUCRS, 2009;

FINNIS, John. *Moral Absolutes – Tradition, Revision, and Truth*. Estados Unidos da América: Catholic Univ of Amer, 1991;

___. *Natural Law and Natural Rights*. Reino Unido: Oxford University Press, 2000;

___. *Aquinas*. Estados Unidos da América: Oxford University Press, 2004;

___. *Fundamentals of Ethics*. Estados Unidos da América: Georgetown, 1983;

___. *A Grand Tour of Legal Theory*. In Philosophy of Law – Collected Essays: Volume IV. Reino Unido: Orxford University Press, 2011;

___. CORDIOLI, Leandro; SOMENSI, Elton (Tradutor e Revisor). *Direito Natural em Tomás de Aquino – Sua reinserção no contexto do juspositivismo analítico*. Porto Alegre: Fabris, 2007;

___. *Natural Law Theory: Its Past and its Present*. The American Journal of Jurisprudence: Oxford University Press, vol. 57, 2012;

___. *Coexisting Normative Orders? Yes, but No*. The American Journal of Jurisprudence: Oxford University Press, vol. 57, 2012;

REFERÊNCIAS

FRANK, Jerome. *Courts on Trial. Myth and Reality in American Justice*. Estados Unidos da América: Princeton University Press, 1973;

GEORGE, Robert P. *Natural Law and Human Nature*. In *Natural Law Theory – Contemporary Essays*. Estados Unidos da América: Oxford University Press, 1994;

GILSON, Etienne. *The Philosophy of St. Thomas Aquinas*. Estado Unidos da América: Dorset Press, 1948;

GOLDMAN, Alvin. *Epistemology and Cognition*. Estados Unidos da América: Harvard University Press, 1986;

GUEST, Stephen. *Ronald Dworkin*. Estados Unidos da América: Stanford Law Books, 3ª edição, 2012;

HABERMAS. Jürgen. *Vorstudien und Ergänzungen zur Theorie des kommunikativen Handelns*. Alemanha: Suhrkamp, 1995;

__. *The Theory of Communication Action – Reason and Rationalization of Society*. Londres: Heinemann, 1984;

__. *Verdad y justificación*. Espanha: Trotta, 2002;

__. *A Ética da Discussão e a Questão da Verdade*. São Paulo: Martins Fontes, 2004;

HAMPE, Michael. *Eine kleine Geschichte des Naturgesetzbegriffs*. Alemanha: Suhrkamp, 2007;

HARMAN, Gilbert; THOMSON, Judith Jarvis. *Moral relativism and Moral objectivity*. Estados Unidos da América: Blackwell Publishers, 1996;

HART, Herbert. *Positivism and the Separation of Law and Morals*. Estados Unidos da América: *Harvard Law Review*, Vol. 71, 1958, pp. 529-593;

__. *The Concept of Law*. Reino Unido: Oxofrd University Press, 1961.

HILBER, Wolfgang (Coord.). *Lexicon der Philosophie*. Alemanha: 7Hill;

HOERSTER, Norbert. *Recht und Moral*. Alemanha: Reclams Universal Bibliothek, 2002;

__. *Was ist Moral? Eine philosophische Einführung*. Alemanha: Reclams Universal Bibliothek, 2008;

HOLMES JUNIOR, Oliver Wendell. *The Common Law*. Estados Unidos da América: Digireads.com, 2005;

__. *The Path of the Law*. Estados Unidos da América: Nu Vision Publications, 2007;

HOLZHEU, Elena. *Thomas von Aquin: Summa Theologica – Sind 'lex aeterna' und 'lex naturalis' identisch?* Alemanha: GRIN Verlagsprogramm, 2009;

HUME, David. *Treatise of Human Nature*. Estados Unidos da América: Oxford University Press, 2ª Edição, 1978;

__. *An Enquiry Concerning the Principles of Morals*. *British Moralists*, Seções I e II, pars. 563, 600, 1777;

KAHNEMAN, Daniel. *Thinking, Fast and Slow*. Estados Unidos da América: Farrar, Straus and Giroux, 2011;

KAUFMANN, Arthur; HASSEMER, Winfried; NEUMANN, Ulfrid. *Einfürung in Rechtsphilosophie und Rechtstheorie der Gegenwart*. Alemanha: C.F. Müller, 2011;

KELSEN, Hans. *Was ist Gerechtigkeit?*. Alemanha: Philipp Reclam, 2000;

___. *Reine Rechtslehre*. Alemanha: Mohr Siebeck, 2008;

KIRSTE, Stephan. *Einfürung in die Rechtsphilosophie*. Alemanha: WBG, 2010;

KLUXEN, Wolfgang. *Lex Naturalis bei Thomas von Aquin*. Alemanha: Westdeutscher Verlag, 2001;

KOSGARRD, Christine. *Realism and Constructivism in Twentieth-Century Moral Philosophy*. Estados Unidos da América: Philosophy Documentation Center, 2003;

KUTSCHERA, Franz von. *Grundlagen der Ethik*. Alemanha: WdeG, 1982;

LEGARRE, Santiago. *Derivation of Positive from Natural Law revisited*. The American Journal of Jurisprudence: Oxford University Press, vol. 57, 2012;

LEITER, Brian. *The Demarcation Problem in Jurisprudence: A New Case for Scepticism*. Reino Unido: Oxford Journal for Legal Studies, 2011;

___. *Naturalizing Jurisprudence – Essays on American Legal Realism and Naturalism in legal philosophy*. Estados Unidos da América: Oxford University Press, 2011;

MACKIE, J. L. *Ethics – Inventing Right and Wrong*. Reino Unido: Penguin Books, 1978;

___. *Hume's Moral Theory*. Reino Unido: Routledge & Kegan Paul: 1980;

___. *The subjectivity of values*. In MCCORD-SAYRE, Geoffrey (Ed.). *Essays on Moral Realism*. Estados Unidos da América: Cornell University Press, 1988;

MACINTYRE, Alasdair. *Three Rival Versions of Moral Enquiry: Encyclopaedia, Genealogy and Tradition*. Estados Unidos da América: University of Notre Dame, 1990;

MCCORD-SAYRE, Geoffrey (Ed.). *Essays on Moral Realism*. Estados Unidos da América: Cornell University Press, 1988;

MCINERNY, Ralph. *Ethica Thomista – The Moral Philosophy of Thomas Aquinas*. EUA: CUA, 1997;

MELLO, Cláudio Ari. *Verdade Moral e Método Jurídico na Teoria Constitucional de Ronald Dworkin*. Inédito.

MOORE, Michael S. *Law as a functional Kind, in GEORGE, Robert P. (Ed.), Natural Law Theory – Contempory essays:* Estados Unidos da América, Oxford University Press, 1994;

___. *Good without God. In Natural Law, Liberalism and Morality*. Inglaterra: Oxford University Press, 2002;

NEURATH, Otto; HANH, Hans; CARNAP, Rudolf; GOMES, Nelson (tradutor) *A Concepção Científica do Mundo*. Inédito;

PAULSON, Stanley L. *Normativity and Norms: Critical Perspectives on Kelsenian Themes*. Reino Unido: Oxford University Press, 1999;

PEREIRA, Oswaldo Porchat. *Ciência e Dialética em Aristóteles*. São Paulo: UNESP, 2000;

POUND, Roscoe. *An Introduction to the Philosophy of Law*. Estados Unidos da América: BiblioBazaar, 2009;

REFERÊNCIAS

QUINE, W.V.O. *Epistemology naturalized. In Ontological Relativity and other Essays.* Estado Unidos da América: Columbia University Press, 1969;

RAWLS, John. *A Theory of Justice.* Estados Unidos da América: Harvard University Press, 2001;

___. *Political Liberalism.* Estados Unidos da América: Columbia University Press, 1996;

___. *Collected Papers.* India: Oxford University Press, 1999;

___. *Kantian Constructivism in moral theory, in Collected Papers.* India: Oxford University Press, 1999;

___. *Lectures on the History of Moral Philosophy.* Estados Unidos da América: Harvard University Press, 2000;

___. *Law of Peoples.* Estados Unidos da América: Harvard University Press, 2003;

___. *Justice as fairness – A restatment.* Estados Unidos da América: Universal Press, 2004;

___. *Lectures on the History of Political Philosophy.* Estados Unidos da América: Harvard University Press, 2007;

RAZ, Joseph. *The Authority of Law.* Reino Unido: Oxofrd University Press, 2ª Edição, 2009.

ROMMEN, Heinrich. *Die ewige Wiederkehr des Naturrechts.* Leipzig: Hegner, 1936;

PIETREK, Torsten. *Phänomenologische Metaethik.* Alemanha: Createspace, 2011;

PLANTINGA. Alvin. *The Nature of Necessity. Inglaterra:* Oxford University Press, 2010;

PORTER, Jean. *Nature as Reason – A Thomistic Theory of the Natural Law.* EUA: Eerdmans, 2005;

SAYRE-MCCORD, Geoffrey. *Many moral Moral Realisms, in* SAYRE-MCCORD, Geoffrey (Ed.). *Essays on Moral Realism.* Estados Unidos da América: Cornell University Press, 1988;

SAYRE-MCCORD, Geoffrey (editor). *Essays on Moral Realism.* Estados Unidos da América: Cornell University Press, 1988;

SCHAUER, Frederick. *Playing By the Rules: A Philosophical Examination of RuleBased Decision-Making in Law and in Life.* Estados Unidos da América: Oxford University Press, 1991;

___. *On the Nature of the Nature of Law.* Alemanha: *Archiv für Rechts und Sozialphilosophie,* 2011;

SCHMITT, Carl. *Sobre os três tipos de pensamento jurídico. In* MACEDO JR., Ronaldo Porto. *Carl Schmitt e a fundamentação do Direito.* São Paulo: Max Limonad, 2001;

SEGURA, Carmen. *La dimension reflexiva de la verdad – uma interpretacion de Tomás de Aquino.* Espanha: Eunsa, 1991;

SHAFFER-LANDAU, Russ. *Moral Realism – A Defence.* Estados Unidos da América: Oxford University Press, 2009, Reimpressão;

SMITH, Michael. *The Moral Problem.* Estados Unidos da América: Blackwell Publishers, 2005;

SIMON, Yves. *The Tradition of Natural Law.* EUA: Fordham, 1992;

METAÉTICA E A FUNDAMENTAÇÃO DO DIREITO

__. *Practical Knowledge*. Estados Unidos da América: Fordham, 1991;

SOSA, Ernst. *Knowledge in perspective*. Estados Unidos da América: Cambridge University Press, 1991;

SPROVIERO, Mário Bruno. Verdade e a evidência – Estudo Introdutório. in *Verdade e Conhecimento*. São Paulo: Martins Fontes, 1ª edição, 2002;

SUPERSON, Anita. *The moral Skeptic*. Estados Unidos da América: Oxford University Press, 2009;

TARSKI, Alfred. *Logic, Semantics, Meta-Mathematics*. Estados Unidos da América: Hackett Publishing Company, 1983;

TUGENDHAT, Ernst. WOLF. Ursula. *Propedêutica Lógico-Semântica*: Rio de Janeiro, Vozes, 2005;

VOEGELIN, Eric. *The nature of Law and related legal writings, in The Collected works of Eric Voegelin – Volume 27*. Estados Unidos da América: Lousiana State University Press: 1991;

WEBER, Thadeu. *Ética e Filosofia Política: Hegel e o formalismo kantiano*. Porto Alegre: EDIPUCRS, 1999;

WILLIAMS, Bernard. *Morality*. Estados Unidos da América: Cambridge University Press, 1993;

WITTGENSTEIN, Ludwig. *Philosophische Untersuchungen*. Alemanha: Suhrkamp, 2003;

ZENTHÖFER, Jochen. *Rechtsphilosophie*. Alemanha: Richter, 2011.